이 책을 사랑하는
_____ 님께 드립니다.

가정사역 중심의
새 밀레니엄 교회

가정사역 중심의
새 밀레니엄 교회

마이크, 수잔 도기비치 지음
홍원팔 목사 옮김

 도서출판바울

RESTORING
The EARLY CHURCH

MIKE AND SUSAN DOWGIEWICZ

Paul Publishing Co.

All rights reserved
Printed in the United States of America
ISBN 1-888582-04-9
Copyright © 1996 Mike and Susan Dowgiewicz
Restoration Ministries
3595 Webb Bridge Road
Alpharetta, Georgia 30202
770-740-1658, email:mikedowg@aol.com

Aslan Group Publishing
3595 Webb Bridge Road
Alpharetta, Georgia 30202
770-442-1500, FAX 770-442-1844

Copyright © 1999/Korea by Paul Publishing Co.

추●천●서

어떤 신학자는 "하나님이 직접 만드신 기관은 교회와 가정밖에 없다"라고 하였습니다. 이것은 가정의 원리가 하나님께 있다는 의미입니다. 그리스도인의 가정뿐만 아니라 모든 가정은 하나님의 기관입니다. 그래서 교회에서는 가정을 작은 교회라고 하며 교회를 큰 가정이라고 합니다. 그리고 기독교는 가장 가정적인 종교입니다. 하나님을 아버지라고 하며, 예수님을 신랑이라고 하며, 성도를 하나님의 자녀라고 하며, 서로를 형제 자매라고 하며, 교회를 하나님의 집이라고 합니다.

산업사회와 정보사회를 비유하여 개미사회와 거미사회라고 합니다. 산업사회는 개미사회로서 부지런하게 일하는 시대이며 부지런하게 일하여 모든 것을 독점하는 사회를 말합니다. 반면에 정보사회는 거미처럼 부지런하지 않아도 되지만 거미줄을 잘 쳐야 하는 사회입니다. 거미는 부지런하지 않지만 거미줄에 먹이가 걸리면 자는 듯하다가도 얼른 달려와 먹이를 놓치지 않습니다. 정보사회에서 가장 중요한 것은 정보망을 가지는 것입니다. 그래서 부지런하지 않아도 되고 밖에 나가 돌아다니지 않아도 됩니다. 이런 사회변동은 재택산업을 발전시킴으로 가정에서 일하는 사람이 많아지게 됩니다. 이미 우리 사회도 가정중심으로 변하고 있는 것을 볼 수 있습니다. 많은 물건들이 가정으로 배달되고, 홈쇼핑과 홈뱅킹이 발달하고 있습니다. 이러한 변화가 가정중심사회를 만들게 됩니다. 따라서 21세기는 가정중심 사회(cacooning)가 될 것이라고 합니다.

재택산업이 발달하게 되면 가정에서 보내는 시간이 많아지게 될 것이고 이러한 변화는 가정을 모든 삶의 중심으로 만들 것입니다. 산업사회의 가장들은 직장에서 보내는 시간이 가장 많았지만 정보사회의 가장들은 가정에서 보내는 시간이 가장 많을 것입니다. 그래서 가정사역은 교회의 중요한 미래적 과제입니다.

이런 새로운 밀레니엄을 앞두고 가정의 원리와 전통과 의미를 새겨두는 것은 중요한 일입니다. 금번 바울서적에서 번역하여 출판하게 된 "가정사역 중심의 새 밀레니엄 교회"는 이런 가정의 중요성과 기대감을 충족시켜 주는 책입니다. 특히 저자는 가정에 대한 성경적 의미 뿐만 아니라 유대적 전통을 자세하게 기록하여 새로운 눈으로 가정을 보게 합니다. 가정에 관한 책들이 많이 있습니다만 이 책은 보기 드물게 면밀한 원리와 역사와 실천을 제공하는 가정에 대한 아주 좋은 지침서입니다. 이 한 권의 책이 미래 사회에서 가정이 가지는 중요성을 충분히 지적하며 가정에 대한 다양한 이론의 갈급함을 해소시켜 줄 수 있을 것입니다. 우리 그리스도인의 가정에 한 권씩 비치되어 가정의 훌륭한 지침서가 되기를 기대하면서 기쁜 마음으로 추천합니다.

1999년 3월
이 성 희 목사

책●머●리●에

하나님께서는 나의 아내 수잔과 나에게 다른 사람들은 거의 접할 기회가 없었던 방법을 통해서 기독교를 관찰할 수 있도록 허락해 주셨다. 1983년부터 1993년까지 수잔과 나는 기도원에서 사역을 했는데, 그 때 5,000명 이상이나 되는 거의 모든 기독교 교파 출신들의 생활을 돌보아 줄 수 있었다. 또한 8년 동안 목사들과 교회 지도자들을 상담했다. 그들은 주로 코네티컷 출신이었으며, 매사추세츠, 로드 아일랜드, 뉴 햄프셔, 그리고 뉴욕 출신도 있었다.

유명한 신학교를 졸업하고 신학교의 이사를 지낸적도 있었던 나는 현재 통용되고 있는 교회 용어를 사용하자면 '평신도'이다. 그리고 본서는 평신도를 위하여 쓰여졌다. 우리가 1993년부터 1994년까지 이스라엘에서 머무는 동안에 하나님께서 우리에게 계시해 주신 진리가 다른 사람들에게도 계시되고 있다는 사실을 발견했다. "시온아 네가 네 자식을 격동시켜 헬라 자식을 치게 하며 너로 용사의 칼과 같게 하리라"(슥9:13)

우리는 예루살렘에서 열렸던 기도회에서 이 구절에 대한 설명을 처음으로 들었다. 그 기도회가 있은 후 수 개월 동안 하나님께서는 본서의 기초가 되는 자료와 정보가 있는 곳으로 우리를 인도해 주셨다. 우리는 하나님께서 우리에게 제공해 주신 두가지의 메시지를 본서 전체를 통하여 더욱 상세하게 설명할 것이다.

첫째, 성령께서는 신앙인들과 하나님과의 관계성, 신앙인들과 사람들과의 관계성에 대해서 성경적인 히브리인들이 가지고 있었던 이해를 오늘날 예수님을 따르는 사람들에게 회복시켜 주고 계신다. 초대 교회는 성경적인 히브리인들이 가지고 있었던 위와 같은 이해구조를 통해서 주님과 관계를 맺고 있었다. 히브리적 이해는 여러분과 하나님 사이에 있는 관계성의 깊이에 영향을 주며 다른 사람들과의 관계와도 불가분하게 연결되어 있다. 예를 들자면 초대 교회시대 때 히브리 크리스천의 결혼이 가지고 있는 의미는 "만약에 예수 그리스도와 나와의 관계가 어떠한지를 알기 원한다면 내가 나의 배우자에 대해서 갖고 있는 사랑 속에서 그것을 찾아보라."는 말에서 알 수 있다. 하나님께서는 남편과 아내가 그들의 결혼생활을 다른 어떤 인간관계나 활동보다도 더욱 소중히 여기도록 계획하셨다. "이러므로 남자가 부모를 떠나 그 아내와 연합하여 둘이 한 몸을 이룰지로다"(창2:24). 그들의 상호적 사랑은 예수님과 맺고 있는 관계성을 가시적으로 표현한 것이어야만 했다. 이혼이나 잘못된 인간관계로 인해서 고통을 당하는 사람들은 성경에 나타나 있는 히브리적 원리들을 탐색하고 적용함으로써 하나님과의 친밀성 회복할 수 있다.

성령께서는 아버지들의 마음을 가족들에게 향하도록 돌려 놓으신다

(말 4:6을 보라). 초대 교회에서 히브리적인 가정은 영적인 발전의 기본이었다. 그것은 여전히 건전한 가족관계를 성장시키는데 기본적인 출발점이 되고 있다. 옛부터 지역사회에 살고 있는 노인들과 현인들 그리고 정신적 지도자들은 지혜와 통찰력의 보고로 인식되어왔다. 하나님께서는 다시 한 번 그들을 일으켜서 남편과 아내들, 그리고 일반적인 남자들과 여자들을 지도하고 상담해 주도록 하고 계신다. 교회가 히브리인들의 가르침으로 되돌아가는 것은 주님께서 오늘날 우리에게 각성시켜 주신 필수불가결한 명제이다.

둘째, 성령은 지금 크리스천들에게 유대인들과 화목하라고 경고하신다. 하나님께서는 아브라함의 씨, 즉 유대인들을 축복하는 자들에게 큰 복을 주시겠다고 약속하셨다. 하나님께서는 자기의 약속을 이행하기 위해서 유대 사람들을 이스라엘 땅으로 다시 모으고 계신다. "내가 너희를 열국 중에서 취하여 내고 열국 중에서 모아 데리고 고토에 들어가서 맑은 물로 너희에게 뿌려서 너희로 정결케 하되 곧 너희 모든 더러운 것에서와 모든 우상을 섬김에서 너희를 정결케 할 것이며 또 새 영을 너희 속에 두고 새 마음을 너희에게 주되"(겔36:24~26). 이러한 하나님의 역사하심을 인식한 크리스천들은 유대인을 향한 하나님의 자비에 동참할 수 있을 것이며 기꺼이 온유하고 존경하는 마음으로 그들이 그렇게 되기를 소망할 수 있을 것이다(벧전3:15~16을 보라).

우리가 본서를 쓴 이유

   어떤 의미에서 우리는 기도원에서 우리가 돌보았던 사람들을 염두에 두고 본서를 쓰고 있다. 우리는 하나님께서 이스라엘에서 우리에게 가르쳐 주신 히브리적 원리들을 좀 더 일찍 알았으면 좋았을것이라고 생각했다. 우리가 이 진리에 몰두할 때 많은 사람들이 반감을 가지게 되었다. 그러나 우리는 "만약에 그들이 이것을 듣기만 한다면 그들은 어려운 환경 속에서도 더욱 쉽게 하나님을 믿을 수 있을텐데"라고 생각했다.

   비록 인쇄매체 속에는, 격식에 얽매이지 아니하고 서로 간에 주고 받을 수 있는 기도원의 역동성은 없다 할지라도, 우리의 목표는 실제적인 어떤 것, 유용한 어떤 것, 그리고 일상생활과 관련된 어떤 것을 제공해 주는 것이다. 이 책을 통해서 여러분은 적절한 단계를 거쳐 주 예수 그리스도와 동행하는 발걸음을 강화시키고, 또 결혼과 가정과 친한 친구들 사이의 인간관계에 새로운 활력을 불어넣을 것이라 믿는다. 우리는 수세기에 걸쳐 발생한 사건들과 또 일 세기 초대 히브리 교회에 있었던 활력을 제거한 변화들에 관한 자료들을 정리했다.

   본서에 포함된 진리들 중 어떤 것은 우리가 말씀을 탐구할 때 성령을 통하여 하나님으로부터 받은 계시에 근거하고 있다. 우리는 이 진리들이 모든 면에서 성경과 일치한다고 믿고 있다. 자료들은 우리 자신들의 조사, 다른 사람들의 연구, 그리고 수 년 동안 많은 크리스천들과 개인적인 관련을 맺음으로써 우리가 직접 관찰한 것들, 그리고 여러 가지 다른 생활방식들과 다양한 교파적 교리적 신조들로부터 수집했다.

본서의 초안을 기독교계 내의 각자 자기 분야에서 신학적으로 건전하다고 인정되는 몇 분에게 보냈다. 우리는 우리의 작업이 헛되지 않기를 원했다. 거의 2년 전이었던 그 당시 우리의 생각은 '존경받는 이러한 사람들이 우리가 한 연구를 검토하고 난 후에 우리와 동일한 결론에 도달할 수 있을까?'라는 것이었다. 그러나 이와 같은 걱정과는 달리 그들은 우리의 작업을 승인하고 후원해 주었다. 그리고 그들은 대체로 두 가지 논평을 했다. 첫째는 "나는 당신이 쓴 것이 사실이라는 것을 압니다. 그러나 우리 교회에서 초대 교회의 기초로 되돌아가기 위해서 필요한 변화를 일으키기는 어려울 것입니다."라는 것이었다. 두번째는 "당신은 당신의 주장을 입증하려고 노력할 필요가 없습니다. 사람들에게 그것이 어떻게 실현되는 지를 보여주십시오."라는 것이었다. 이러한 반응을 염두해 두면서 초대 교회로 돌아가자는 본서는 역사적 탐구와 실제적 제안들을 종합한 것이다.

현재 기독교계 내에서 진행중인 환원운동의 외면적인 모습은 커다란 참나무같지만 실제로 환원운동이 가지고 있는 의미는 나무의 뿌리같이 매우 근본적이면서도 중요하다. 일 세기 교회의 히브리적 진리들은 기초적인 것이다. 다른 비유로 말하자면, 만약에 교회 사역을 컴퓨터 프로그램에 비유할 수 있다면 현재의 교회 관례들은 응용 프로그램에 비유할 수 있을 것이며 환원운동은 응용프로그램의 기초가 되는 소프트 웨어에 비유할 수 있을 것이다.

그 주제가 너무나도 광범위하고 포괄적이기 때문에 우리는 본서를 세 부분으로 나누었다.

제1부: 초대 교회시절 히브리인들의 모습

이 부분은 일 세기 동안에 메시아를 받아들인, 하나님을 두려워하는 히브리 공동체의 역사적 배경과 영향력을 제시하고 있다.

제2부: 히브리적 뿌리의 상실

이 간략한 개요는 히브리적 뿌리를 이방인의 문화와 조직으로 교체시킨 사건들을 부각시키고 있다. 이 분야에 관련된 다른 사람들의 연구와 저술이 너무나도 광범위하기 때문에 헬라의 철학과 로마의 정치제도가 교회 속으로 침입해 들어온 사실을 요약적으로 제시했다.

제3부: 예수, 가정 그리고 가족관계

마지막 부분은 크리스쳔의 성장과 발전을 위한 기본적인 분야에 초점을 맞추었다. 주님께 예배를 드리고 그의 왕국을 위하여 봉사하는 교회 생활을 포함한, 다른 모든 차원의 생활들은 바로 이러한 중심적인 분야에서 파생된다.

환원사역(Restoration Ministries)은 본서를 보조하기 위하여 특별한 훈련자료를 제공하고 있다. 보다 자세한 정보를 얻으려면 부록에 나와 있는 전화번호로 전화하라.

1996년 7월 Mike Dowgiewicz

차 례

추천서
책머리에
서문 19

제 1 부
초대 교회의 히브리적 측면들 51
제1장 초대 교회의 유대적 특징 61
제2장 히브리 성경인 구약 75
제3장 히브리적 시각 103
제4장 초대 교회 135

제 2 부
변질된 히브리적 요소들 163
제5장 히브리적 뿌리의 상실 169
제6장 교회에서 위력을 떨치고 있는 헬라철학 193
제7장 교회를 정복한 로마 221

차 례

제 3 부
초대 교회로 다시 태어나야 한다 235
제8장	여러분과 예수님의 관계	253
제9장	일 대 일	279
제10장	일 대 일	307
제11장	가정교회	339
제12장	가정교회	359
제13장	예언의 성취	389
제14장	결론	417

참고문헌　　　　　　　　　　　　　　　423
환원운동 지원단체 및 출판물　　　　　　437

서●문

왜 지금 미국교회는 위기에 처해 있는가

"잇사갈 자손 중에서 시세를 알고 이스라엘이 마땅히 행할 것을 아는 두목이 이백 명이니"(대상12:32)

이스라엘 지파들이 다윗을 왕으로 삼기 위하여 모였을 때 그들은 수많은 무리를 이루어 헤브론으로 여행했다. 특별히 한 지파, 즉 잇사갈 지파는 "시세를 알고 이스라엘이 마땅히 행할 것을 아는" 이백 명의 사람들을 데리고 왔다. 만약에 우리가 일 세기의 강력한 초대 교회가 다시 회복되는 것을 보려 한다면 우리는 현 시대를 이해하는 사람이 되어야만 한다. 만약에 우리 각자가 믿음과 용기를 가지고 있다면 예수님이 세우신 교회를 환원시키는 일에 일조를 할 수 있을 것이다. 주님을 따르는 자들로 이루어진 주님의 몸된 교회는 주님과 가족과 다른 신자들과 그리고 잃어버린 자에 대한 사랑으로 불탔다. 하나님께서 이러한 성경적 측면들을 오늘날의 교회들에게 회복시키실 때 그 백성들에게 요구하시는 것이 무엇인가를 고찰하기 전에 먼저 오늘날의 가정과 교회가 처한 현재의 상태를 평가해 보자.

칼 짐머만(Carle Zimmerman)은 그의 책 "가정과 문명(Family and Civilization)"에서 현대 가정과 교회에서 일어나는 붕괴에 대한 독특한 통찰을 제공해 주고 있다. 짐머만은 다양한 문화 속에서 가정의 발전과 붕괴를 추적하고 있다. 과거 헬라시대, 로마시대 그리고 오늘날 미국을 포함한 대부분의 문명권에서 가족관계와 가정을 보는 사회적 가치관의 변화는 비슷한 과정을 따르고 있다.

처음에는 가정을 절대적으로 존중하기 때문에 개인적 욕망들은 가정의 필요성에 종속된다. 그러나 결과적으로는 이러한 자세가 처음과는 정반대적인 자세로 바뀌게 된다. 즉 개인적 권리가 존중되고 가정에 대한 의무는 경시된다. 이것은 사회적 붕괴를 수반하는 것으로 과거 헬라와 로마에서 발생했던 패턴이며 현재 미국에서도 동일한 패턴이 작용하고 있다.

짐머만은 세 가지 형태로 가정을 분류하고 있는데 각각의 형태는 문명의 생명주기에 따라 각기 다른 시기에 우세하게 나타난다. 그것은 신뢰적인 가정, 가족적인 가정, 그리고 개인주의적인 가정이다.

신뢰적인 가정은 가장 안정적인 형태의 가정으로써 조상들이 대대로 물려준 자산과 진리를 매우 귀중하게 여긴다. 그리고 대개는 가장 나이가 많이 든 남자들에 의해서 다스려지는 가부장적 구조이다. 그러나 각각의 가족단위 내에서 중요한 문제가 발생했을 때는 모든 친척들이 개입한다. 가족적 충성심을 높이 평가하기 때문에 연장자들은 징계자로서의 역할을 수행할 수 있다. 그들은 가족들에게 특별한 순종을 요구하는

데, 그 가정이나 씨족 밖에 있는 사람들은 거기에 대해서 아무런 반응도 보이지 아니한다.

이와 같은 형태의 가정구조 내에서는 이혼은 거의 이루어지지 않는다. 개인들은 자기 자신의 이익을 가족 전체의 보다 큰 이익에 종속시키도록 기대되어진다. 가족들은 헌신적인 정신과 열심히 일하는 것을 통해서 재산과 양식을 축적한다. 이와 같은 형태의 가족적 결속은 미국 역사 초기의 최초의 이주자들이나 청교도들에게서 찾아볼 수 있다.

가정적인 가족은 개인주의와 가족적 절대권위 사이의 중간지대를 차지하고 있다. 이와 같은 형태의 가정에서 나타나는 지배적 구조는 가정적 결속과 안정의 힘을 가치있게 여기지만 개인적 표현과 새로운 아이디어를 제시할 수 있는 창조적인 자율성의 여지를 남겨 놓는다. 친족적 힘은 교회나 국가 기관에 미치지 못한다. 이혼은 자주 있는 일은 아니지만 이따금씩 발생한다. 남편과 아내는 자기들이 옳다고 믿는 가치관에 따라서 자녀를 양육해야 할 주된 책임을 갖고 있는 가족적 단위로 인식된다. 부모들은 기꺼이 자녀를 낳는 고통과 자녀를 양육하는 어려움을 감수한다. 왜냐하면 그들은 자녀를 자기 자신의 연장으로 보기 때문이다.

때때로 그것은 다음 세대의 욕구와 훈련에 초점을 맞추기 위해서 부모의 욕망을 희생시켜야만 한다는 것을 의미하기도 한다. 이와 같은 가정의 부모들은 일반적으로 자녀를 위해서 에너지와 힘과 시간과 자산을 사용하기 위하여 필요하다면 값비싼 차나 좋은 집이나 시간이 많이 드는 취미 등을 기꺼이 포기한다. 이와 같은 형태의 가족 구조는 헬라와 로마가 상업이 가장 발달했을 때 집약적으로 나타났다. 그후에 이러한 문명들이 쇠퇴했을 때 그때까지 가정과 종교기관이 맡았던 책임을 국가가 떠맡게 되었다. 1950년대에 이와 같은 구조가 미국의 대다수 가정에 특징적으로 나타났다.

가족단위 내의 결속력이 붕괴되어졌을 때 개인주의에 대한 집착이 발전한다. 이것은 개인주의적 가정의 특징이다. 각각의 사람들은 독립적으로 구별되는 단위로 인식되며, 가정에서 분리되어진다. 가족적 책임보다는 개인적 권리가 강조되어진다. 신뢰적 가정과 가족적 가정 내에서는 자기희생이 정상적이었던 반면에 개인주의적 가정 내에서는 완전하고도 태연한 이기주의가 통상적인 것이 된다. 이와 같은 형태의 문화 속에서는 자식을 낳는 것을 전제로 하지 아니하는 간통이 나타나며 이혼율이 급증하게 된다. 대다수의 사람들이 미래를 위하여 희생하지 않으려 하기 때문에 자녀들의 수가 더욱 적어진다. 종교적 도덕적 관습이 가정의 존엄성을 보호하는데 거의 영향을 미치지 못한다. "도덕적 지침을 갖지 못한 개인은 자유의 의미를 기회에서 특권으로 변경시켰다. 자신을 훈련시킬 수 있는 내적, 외적 지침들을 갖지 못한 사람은 인생의 도박자가 되며 항상 더 푸른 초원을 찾는다. 그가 불가피한 어려움에 처하게 되었을 때 그는 자신의 불행 가운데 홀로 있게 된다."[1]

독립적인 개인은 침묵을 지키는데 만족하지 아니하고 정치적 목소리를 확립하는데 동일한 어려움을 느끼고 있는 다른 사람들을 찾는다. 이 특별한 집단은 자기들의 불행을 치유할 수 있는 사회단체를 만들어 힘과 영향력을 얻을 수 있다. 가족적 가정에서 나타나는 개인적 책임 윤리와 개인주의적 가정 가운데서 나타나는 사회적 피해의식("그것은 내 잘못이 아니다.") 사이에 있는 대조적인 모습에 주목하라. 개인주의적 구조가 성행하고 있는 문명은 치열한 전투를 벌이고 있는 벌떼를 닮고 있다. 개인들은 다른 사람의 필요나 고난을 무시하고 자기 자신의 욕망과 관심에만 몰두하게 된다. 의무와 책임은 개인적 자유를 침해하는 것으로 간주된다.

개인주의적 사회의 특징들에 대해서 고찰해 보자.

첫째, 결혼은 안정적이고 헌신적인 제도로써의 그 존엄성을 잃어버린다. 언약으로써 결혼의 불가침성은 상실되어진다. 부부관계는 비교적 쉽게 '상호간에 아무런 잘못이 없는' 이유에 의해서 자주 깨진다.

둘째, 여성들이 임신과 자녀양육에 대한 관심을 잃어버림에 따라서 여성운동이 성행한다. 출생율이 감소한다. 어머니들이 더 이상 가정에서 자녀들을 양육하고 싶어하지 않기 때문에 탁아시설이 부모의 양육을 대신하게 된다.

셋째, 일반적으로 부모와 친자 관계, 그리고 부모님의 권위에 대한 경시풍조가 생긴다. 성경적인 가치관으로 자녀를 양육하고자 하는 사람들에게 부모의 역할은 더욱 어려워진다. 매스컴은 옛부터 내려오던 가치관과 전통들을 훼손시킨다.

넷째, 젊은이들은 부모나 또 다른 권위있는 사람들을 더욱더 존경하지 않는다. 청소년 범죄가 급증한다. 사법제도나 교육기관이 그와 같은 불의를 방지하지 못한다.

다섯째, 간통이 인정되고 많은 단체들 내에서 동거가 조장되어지기 까지 한다. 동거생활과 같은 변형된 결혼이 인정된다.
여섯째, 동성애, 강간, 근친상간, 아동 성추행과 같은 모든 종류의 성도착이 관용의 차원을 넘어 만연하게 된다.2)

1986년에 처음으로 기도원에 있던 목사들과 다른 사람들에게 짐머만의 견해를 말해주기 시작했을 때, 미국이 개인주의적 단계, 즉 사회적 붕괴가 일어나는 시기에 들어섰다는 사실에 대하여 그들은 만장일치로 동의했다. 우리들 중 많은 사람들은 우리나라에 어떤 일이 생기든지간에 크리스천들이 빛과 소금의 역할을 할 수 있게 하는 방법을 찾기 시작했다. 이것이 바로 본서를 쓴 목적이다.

교회는 개인주의적인 문화 속에서 어떻게 지내왔는가?

"너희가 이런 일도 행하나니 곧 눈물과 울음과 탄식으로 여호와의 단을 가리우게 하도다 그러므로 여호와께서 다시는 너희의 헌물을 돌아보지도 아니하시며 그것을 너희 손에서 기꺼이 받지도 아니하시거늘
너희는 이르기를 어찜이니이까 하는도다 이는 너와 너의 어려서 취한 아내 사이에 여호와께서 일찌기 증거하셨음을 인함이니라 그는 네 짝이요 너와 맹약한 아내로되 네가 그에게 궤사를 행하도다
여호와는 영이 유여하실지라도 오직 하나를 짓지 아니하셨느냐 어찌하여 하나만 지으셨느냐 이는 경건한 자손을 얻고자 하심이니라 그러므로 네 심령을 삼가 지켜 어려서 취한 아내에게 궤사를 행치 말지니라 이스라엘의 하나님 여호와가 이르노니 나는 이혼하는 것과 학대로 옷을 가리우는 자를 미워하노라 만군의 여호

와의 말이니라 그러므로 너희 심령을 삼가 지켜 궤사를 행치 말지니라"(말2: 13~16).

마이클 맥마너스(Michael McManus)는 많은 생각을 하게 만드는 그의 책 "결혼 구제자(Marriage Savers)"에서 교회와 결손가정에 관한 놀랄 만한 사실들을 제공하고 있다. 그는 다음과 같이 쓰고 있다. 조지 갤럽 주니어(George Gallup, Jr.)에 따르면 미국인의 3분의 2가 교인들이며, 1991년 어떤 특정한 주일 낮 예배에 전 국민중에 42%가 교회에 참석했다. 통계에 따르면 초혼자들의 73%가 교회의 축복을 받았다. 그러나 우리는 50%가 넘는 이혼율로 인해서 어려움을 당하고 있다. 분명히 미국 교회(약 300,000개의 교회들이 있다.)는 대부분의 사람들에게 영향을 미칠 수 있는 접근 수단과 잠재력을 가지고 있다. 이것은 유럽의 교회와 분명한 대조를 이루고 있다. 1986년 갤럽 여론조사에 따르면 교회 참석자의 비율이 핀란드에서는 4%, 프랑스에서는 12%, 영국에서는 14%였다.

그러나 크리스천이 거의 없는 일본에서는 미국과 비교해 볼 때 결손가정이 4분의 1밖에 안된다. 유럽의 모든 나라와 캐나다도 양친부모를 가지고 있는 가정이 미국보다 두 배가 된다. 교회가 가장 깊이 침투한 나라가 자녀 양육을 포함한 중요한 문제들에 관해서 가장 적은 영향력을 발휘한 것이다.

미 국 : 결손가정 비율 22.9%
일 본 : 결손가정 비율 5.9%

영 국 : 결손가정 비율 12.7%
프랑스 : 결손가정 비율 10.9%
서 독 : 결손가정 비율 12.5%
캐나다 : 결손가정 비율 14.8%

(자료:1992년 발표된 "아이들의 복지-국제적 비교"라는 제목의 통계청자료)

3)
이런 문화 속에서 자녀와 부모 사이의 강력한 유대관계의 퇴조는 또 다른 유해한 영향을 가져다 주었다. 1960년대에는 청소년기가 13세에서 19세까지였다. 그러나 1980년대 후반에 사회학자들은 청소년기를 12세에서 30세까지 확장시켰다(이것은 청소년기가 사춘기로 인해서 시작되고 개인이 자신의 행동이나 결정에 대해서 완전한 책임을 질 수 있을 때 끝난다는 것을 의미한다.). 결과적으로 우리 문화는 책임감을 가지고, 어른과 지도자의 역할을 맡을 준비가 되지 아니한 '성인 청소년'이라는 세대를 생산하게 되었다.

1985년에 우리는 교회에서 많은 비율을 차지하고 있는 독신자들을 위해서 사역을 해달라는 부탁을 여러 교회로부터 받았다. 우리는 각 교회들이 스스로 독신자 사역을 시작할 수 있을 때까지 2년 반 동안 그 일을 했다. 매월 개최한 음식 잔치와 연 4회 실시한 기도회에 참석한 사람들의 평균 연령은 28~29세였다. 그 그룹의 규모는 30명에서 60명까지 다양했다. 그들중 소수의 사람들만이 부모들과 함께 가정에서 거주하였고 대부분은 아파트에서 홀로 살았다.

수 개월이 지난 후 우리는 "나를 자식으로 데리고 있는 것이 즐겁습니까?"라고 부모들에게 물어볼 것을 독신자들에게 부탁했다. 대부분의 독신자들이 두려움에 사로잡혔다. 왜냐하면 그들은 부모들에게 그런 질문을 할 만한 용기를 가질수가 없었던 것이다. 그 그룹 중 대여섯명 만이 질문을 했다. 그리고 그들의 부모들은 "그렇다"라고 대답했다. 그러나 대다수의 사람들은 과거에 자기들의 기저귀를 갈아준 바로 그 사람들에게 접근하기를 두려워하는 마음을 극복할 수 없었다.

이들 중 많은 사람들은 대학졸업자였으며 자기 마음대로 쓸 수 있는 수입과 자신의 재량대로 사용할 수 있는 많은 시간 덕분에 어느 정도 개인적인 자유를 체험하고 있었다. 그들이 하는 대부분의 선택과 결정은 남는 시간을 활용하기 위해서 어떤 '장난감'을 사고 또 어떤 활동을 할 것인가에 관한 것이었다. 그들의 성숙도는 1970년대 초기에 우리가 청소년 그룹에서 지도했던 14~17세의 그것과 같았다. 우리가 어떤 충고나 제안을 할지라도 그들 대부분의 생활에는 아무런 변화도 없었다(그 당시 우리는 삼세대가 함께 사는 대가족제도의 붕괴가 개인적 성숙에 얼마나 부정적인 영향을 미쳤는지 알지 못했다.).

일 년 후에 많은 교회들이 그들 스스로 독신자 그룹을 지도할 수 있었기 때문에 우리는 독신자 사역의 의무로부터 벗어났다. 그때 빌(Bill)이라는 사람이 우리에게 찾아왔다. 그는 우리 지역에 있는 가장 큰 교회의 책임자로부터 독신자 그룹을 맡아 달라는 요청을 받고 있었다. 그리고 그 교회의 직원들 중 어떤 사람이 우리와 대화를 나누어 보라고 추천해 주었던 것이다.

소개를 받고 난 후 마이크는 빌에게 "빌, 당신은 이 땅 위에 어떤 지옥이 있는지 아십니까? 그것은 40세가 되도록 독신으로 살면서 항상 결혼하기를 원하는 것입니다."라고 말했다. 그러자 빌은 슬픈 눈으로 마이크를 응시하면서 대답했다. "나는 40세이며 독신자입니다. 그리고 결혼하기를 원합니다." 우리가 대화를 나눌 때 마이크는 빌에게 자신을 대신해서 독신자 사역을 할 수 있는 보다 나이든 노부부를 보내주실 것을 기도하라고 권고했다. 우리는 그가 40세 일찌라도 정서적으로 너무나 어리기 때문에 독신자 친구들을 적절하게 도와줄 수 없다는 사실을 발견했다. 그러나 빌은 우리의 충고를 무시했다. 그리고 2년여 동안 그 그룹과 씨름하고 난 후에 정서적인 장애를 겪게 되었다.

여러분은 있는 힘을 다해서 좋은 목적을 위하여 노력했는데도 불구하고 하나님의 목적과 때를 벗어났기 때문에 변화된 삶이라는 본질적인 열매를 거두지 못한 경우를 종종 보았을 것이다.

"여호와께서 집을 세우지 아니하시면 세우는 자의 수고가 헛되며 여호와께서 성을 지키지 아니하시면 파수꾼의 경성함이 허사로다"(시127:1)

오늘날 많은 크리스천들이 교회에서 행해지고 있는 예배와 봉사의 양식이 가지고 있는 의미가 무엇인지를 묻곤한다. 그들은 의무적으로 예배와 모임에 참석한다. 그러나 교회의 일부가 된 의미없는 많은 전통과 형식들로 인해서 부담을 느낀다. 그들은 새로운 전망과 새로운 인식의 필요성을 느낀다. 11시에 주일 예배를 시작하는 문화는 두번째 젖을 짜기 이전으로 시간을 배치한 농업사회의 특징에서 비롯된 것이다. 설교는 공식적인 장소에서 하는 강연들 중에서 가장 시대에 뒤떨어진 형태이다. 그것은 질문하고 토론하는 것을 문화적으로 금지한다.

항상 소수의 핵심적인 신자들만이 지도자의 자리를 차지하고 있다. 그리고 그 지도자들은 참여하지 않으면서 '우아한' 자세로 인정해 주는 증인들에게 둘러싸여 있다. 우리는 주일날 교회에서 우리의 일상생활을 뒤집어 놓을 어떠한 일도 생기지 않기를 원한다. 우리는 단지 '영감을 받아' 따뜻한 감정을 가지고 집으로 돌아가기를 원한다. 우리는 마음이 불편해지기를 원하지 않는다. 따라서 우리는 무의식적으로 안전하고 예측가능한 결과만을 얻을 수 있는 예배를 조직한다.

우리는 우리의 신앙이 살아 있어야만 한다고 말한다. 즉 그리스도께서 우리 안에 들어오셔서 일상생활의 모든 측면을 변화시켜야만 한다고 말한다. 그러나 정작 우리는 실생활에서 멀리 떨어진 형식화된 수업이나 설교를 통해서 이러한 신앙을 가르치고 있다. 우리는 모든 신자는 제사장이며, 은사를 받았으며, 그리고 또 그리스도의 몸된 교회 안에서 다른 사람을 일으켜 세울 책임이 있다고 말한다. 그러나 우리는 성인들을 교회로 인도하여 앉혀 놓고, 그들에게 교사나 목사의 설교를 들으라고 말한다. 그리고 어떠한 사역도 하지 않으며 아무런 책임도 지지 않는다. 다만 조용히, 그리고 질서있게 앉아 있을 뿐이다. 우리들 스스로는 그 누구에게도 도움을 주지 못한다.

우리는 부모들이 직접 자신의 자녀들을 기독교적으로 양육해야 할 책임이 있다고 말한다. 그러나 우리는 자녀들을 위해 사역하는 교회 프로그램을 더욱 더 발전시킨다. 그래서 부모들은 자식들을 교회에게 넘겨주고 교회는 그들을 양육하는 일을 해야 한다는 생각을 조장시키고 있다.
　우리가 말로 하는 것은 그리 중요하지 않다. 우리가 행동으로 하는 것이 가장 설득력이 있다. 사실상 현재 우리 교회의 패턴과 교육 프로그램은 기독교를 지적인 것으로 만들며, 부모의 무책임을 조장하며, 신자들이 서로를 위하여 사역하지 못하게 하며, 크리스천이 개인적으로 사역을 하지 않고도 편안한 마음을 느끼게 만든다.4)
　로렌스 리차드(Lawrence O. Richards)는 그의 저서 "교회를 위한 새로운 얼굴(A New face for the church)"에서 "이러한 관찰들이 현재 미국 교회의 상태를 정확하게 묘사하고 있다. 또한 직접적으로 말하면 당신은 당신의 교회에서도 위와 비슷한 현상들을 볼 수 있다."라고 말했다. 뉴욕 시 "타임즈 스퀘어 처치(Times Square Church)"의 목사인 데이비드 윌커슨(David Wilkerson)은 1994년 6월 13일자 그의 "강단 서신"에서 다음과 같이 썼다.

　교파적 교회 체계는 죽음의 고통 가운데 있는 것 같다. 그것은 세속적 세상에 아무런 영향력도 미치지 못했으며 그리스도 안에서의 능력도 없다. 교역자들의 수적 증가는 모든 측면에서 부정적 영향을 미쳤다. 즉 간통, 탐욕, 교만 등 많은 종류의 병리적 현상을 초래했다. 목사들은 오락과 쇼맨쉽을 도입하고 있으며 오늘날 많은 목사들은 죄라고 이름지을 수 있을 정도로 겁쟁이들이다. 그들은 단지 사역을 하는 시늉만 할 뿐이며, 경건의 모양만 있고 능력은 없다. 그것은 그들이 자기들의 위치 속에서 안주했기 때문이다. 그들은 하나님의 손길을 잊어버렸으며 더 이

상 하나님의 음성을 듣지 못한다.5)

1994년 5월에 윌커슨은 다음과 같이 말했다.

나는 성령의 권능과 증거를 수반하지 않는다면 복음을 완전하게 전할 수 없다고 믿는다. 성령께서 강력한 기적을 일으키시고 복음이 진실이라는 것을 입증해 주셔야만 한다. 그러나 오늘날 교회는 연약하고 무기력해졌다. 그 이유는 무엇인가? 왜냐하면 더 이상 초자연적인 것을 믿지 않기 때문이다. 신학자들은 하나님께서 어떤 시점에서부터 능력있는 역사를 수행하시지 않으셨다고 말한다. 그러나 언제 이 모든 초자연적인 활동을 중단했는지는 아무도 말할 수 없다. (저자의 논평: 이러한 신학적 입장은 수정주의를 반영하고 있다. 성경을 변경시켜서 그 의미를 현재의 문화적 신념과 기준에 맞춘 것이다.)

말세 때 교회의 기적들은 진정하고도 실제적이고 이론의 여지가 없으며 부인할 수 없을 것이다. 그러나 그것들은 잘 알려지지 않을 것이다. 그 대신에 그것들은 하나님을 알고 예수님과 친밀한 성도들, 즉 평범하고 거룩하고 개별적인 성도들의 손에서 나타날 것이다. 만약에 당신이 하나님이 사용하시기에는 너무나도 평범하다고 생각한다면 내 말을 잘 들어보라. 하나님께서는 말세의 사역을 위대한 복음전도자나 목사들을 통해서 행하지 않으실 것이다. 사실상 하나님께서는 자신의 위대한 사역을 수행하기 위해서 가정주부, 10대, 노인, 그리고 하나님을 사랑하는 모든 사람들을 필요로 하실 것이다! 6)

캘리포니아 파사데나(Pasadena California)에 있는 풀러 신학교 (Fuller Theological Seminary)의 교회성장학 교수인 피터 와그너 (C. Peter Wagner)는 "오늘의 사역(Ministries Today)"에서 다음과 같이 말했다.

범세계적인 기독교계 내에 급격한 변화가 일어나고 있다… 현재 교회의 모습은 과거 시대의 그것과 매우 다르다… 지금까지 여섯 개의 대륙에서 가장 급속히 성장한 기독교계는 전통적인 범주와는 어울리지 않는 형태의 교회이다… 그에 어울리는 명칭이 있다면 그것은 "탈교파적"이라는 용어일 것이다. 이러한 교회들은 토착적 지도력, 동시예배, 합심기도, 능력있는 사역, 법적이거나 관료적인 결합이라기 보다는 오히려 영적인 것에 근거를 둔 상호합병 등의 특징을 지니고 있다.7)

이러한 인용문들 속에 흐르는 사상적 경향은 분명하다. 즉 제도적 체계를 떠나서 신자가 개별적으로 순종할 수 있는 능력을 키워 주는, 주님에 대한 직접적인 의존으로 이행하고 있다.

"예수께서 성전에서 나가실 때 제자 중 하나가 가로되 선생님이여 보소서 이 돌들이 어떠하며 이 건물들이 어떠하니이까 예수께서 이르시되 내가 이 큰 건물들을 보느냐 돌 하나도 돌 위에 남지 않고 다 무너뜨려지리라 하시니라"(막13:1~2).

여러분은 교회의 규모나 예배당의 아름다움이 여러분을 속이지 않도록 해야만 한다. 주님께서는 무관심한 방관자들로 가득 찬 거대한 교회를 원하지 않으신다. 웨인 제이콥슨(Wayne Jacobson)은 "하나님의 임재를 향한 열정(A Passion for God's Presence)"에서 교회를 크고 비인간적인 곳으로 만들려는 사탄의 계획에 대해서 설명하고 있다.

3세기에 사탄은 마귀들과 더불어 큰 회의를 소집했다. 그는 아마 그것을 "하데스 1"이라고 불렀을 것이다. 박해가 철저히 실패했기 때문에 이 마귀들의 회의는 교회의 생명의 토대를 무너뜨릴 새로운 전략을 개발할 필요가 있었다… 그 목적은 분명했다. 그것은 박해기간 동안에도 교회를 유지시켜 준 자기 희생적인 사랑을 흩어버리고, 하나님과의 친밀성을 단절시키고, 개별적 신자의 중요성을 평가절하시키는 것이었다… 어떤 마귀가 매우 간단한 아이디어를 가지고 나타났다. "그것을 작게 만들려고 노력한 것은 아무런 효과가 없었다. 이제부터는 그것을 크게 만들자!" 만약에 교회가 갑자기 세상에서 인정을 받게 된다면 어떤 일이 발생하겠는가? 많은 사람들이 단지 사회적인 이유로 교회로 찾아올 것이다. 그들은 진정으로 하나님의 지팡이에 의지하는 사람들을 급속히 희석시킬 것이다. 그리고 그 사람들을 행복하게 만들기 위해서 그들이 계획하는 모든 프로그램들과 활동들을 상상해 보라. 분주함과 상호간의 교제를 위한 노력을 아무도 막을 수 없을 것이다. 결국 교회는 개인들을 사랑하는 대신에 서로를 씹는 기계가 될 것이다. 그들은 모든 신자들에게 개별적으로 하나님과 동행하는 방법을 가르쳐 줄 수 없을 것이다. 그래서 그들은 곧 하나님의 음성을 규칙이나 지침으로 대치하게 될 것이다. 그 기계는 전문가들에 의해서 운영해야 할 것이다. 그리고 다른 사람들은 단지 방관자요, 헌금 내는 자로 전락하게 될 것이다.8)

그와 같은 마귀의 회의가 실제적으로 있었는지 어떤지는 논란의 여지가 있다. 그러나 "규모는 성공과 일치한다."는 마귀의 목표는 오늘날의 교회를 통해서 쉽게 인식할 수 있다. 우리는 몇 해 전에 플로리다의 한 대도시에서 살고 있던 친구를 방문했다. 그 도시 주변을 돌아볼 때 친구는 비어있는 여러 개의 교회 건물들을 가리켰다. "이 교회는 과거에 5,000명이 참석했다… 이 교회는 3,000명이… 이 교회는….".라고 설명을 덧붙였다. 우리가 본 모든 교회들은 엄청난 규모로 성장했지만 내부로부터 스스로 파멸했던 것이다.

플로리다를 방문한 직후에 우리는 워싱턴 시 교외에 살고 있던 다른 친구를 방문했다. 주일 아침 예배를 드리러 가던 도중에 우리는 주요 간선도로들 중 하나를 지나가게 되었다. 친구는 이 특별한 거리가 세계에서 가장 많은 교회가 소재하고 있는 것으로 기네스북에 올랐다고 말했다. 차를 타고 가면서 그는 같은 거리에 위치하고 있는 모교회로부터 분리해 나온 많은 교회들에 대해서 말해 주었다. 흥미롭게도 우리가 예배를 드리는 동안에 그 교회 지도자는 다른 교회 지도자들로부터 온 한 통의 화해편지를 읽어주었다. 그것은 수 년 전에 그 교회에서 분열해 나간 지도자들이 그 교인들에게 보낸 것이었다.

만약에 이 두 가지 사례들이 미국 내에서 특별한 극소수의 사례들이라면 상황은 그리 심각하지 않을 것이다. 그러나 우리는 예외가 아니라 일반적인 상황에 대해서 말하고 있다. 우리의 교회들은 살아 있는 영적 기관이 아니라 인간적 기관이 되었다.

어니스트 라이트(Ernest Wright)는 "하나님의 통치(The Rule of God)"에서 이러한 생각을 다음과 같이 확증하고 있다.

하나님께서는 성령의 사역을 통해서 항상 인간의 제도존중주의와 싸우셨다. 왜냐하면 제도는 우상숭배적이고 영속적이며 자기 숭배적이기 때문이다. 그리고 사람들이 성령으로 하여금 사람의 법을 따르도록 만들기 때문이다. 우리는 우리 자신의 프로그램과 방법들과 기관들과 시간과 노력을 들이지만 결코 정신적 갈망을 만족시켜 주지 못하는 활동들을 사용하여 복음의 단순성을 얼마나 복잡하게 만들었는가? 우리의 천박한 내적 체험, 우리의 공허한 예배, 세상에 대한 비천한 모방, 이 모든 것들이 오늘날 우리가 하나님을 불완전하게 알고 있으며 또 하나님의 평화를 거의 알지 못하고 있다는 사실을 증명해 주고 있다.9)

유명한 신앙서적 저자인 존 스토트(John Stott)는 서구에서 기독교가 퇴조하는 이유와, 더욱 더 서구화되어가고 있는 현대사에서 이러한 과정을 피할 수 있는 방법으로 무엇이 있는지 설명해 달라는 요청을 받았을 때 다음과 같이 대답했다.

그것은 교회를 공격하는 데 앞장 선 철학자들로부터 시작되었다. 그들은 계시를 이성으로 대치하고자 했다… 그리고 교회는 그러한 공격에 대하여 항복할 만큼 연약했다… 교회가 퇴조하는 또 다른 이유는 진정으로 복음과 말씀 앞에 서 있지 않기 때문이다. 그것은 복음과 신약성경 가운데 나타난 진정한 기독교가 아니다… 그리스도를 따른다고 주장하는 크리스천들이 실제로는 그렇게 하지 않았기 때문에 서구에서 기독교는 퇴조했다… 만약에 크리스천들이 예수 그리스도와 같이 산다면 오늘날 세상은 우리의 발 밑에 있을 것이다. 복음을 전파하는 데 있어서 가장 큰 방해물은 교회이다. 믿음의 발판이 되어야 할 교회가 오히려 믿음의 걸림돌이 되는 경우가 자주 있다.10)

교회가 인간의 관리체제나 프로그램과의 결속을 깨뜨리지 못하는 가장 큰 이유는 제도 존중주의 즉 어떤 특별한 기능을 수행하기 위해서 세워지고 인정받은 제도가 우리의 문화 속에 너무나도 만연하고 있기 때문이다. 지금은 하나님의 말씀보다 문화가 교회에 더 큰 영향력을 행사하고 있다. 예수님과 초대 교회는 제도를 최소화했다. 그리고 사역을 행하는 데 있어서 성령의 권능과 인간관계를 더욱 선호했다. 그들은 히브리 성경과 그들 주변에 있던 단체로부터, 제사장 제도가 주님을 사랑하고 섬기는 순종적인 사람들을 배출하는 데 실패했다는 사실을 알 수 있었다.

제도적 노력은 예수님의 활력이 없는 곳에서도 외면적인 성공을 제공해 줄 수 있다. 이것이 바로 제도 속에 존재하는 속임수다. 여러분은 자신의 활동과 또 그 결과가 하나님을 기쁘시게 하고 있다고 생각한다. 그러나 그 프로그램과 오락 뒤에는 공허함이 있다. 제도존중주의는 하나님에 대한 여러분의 반응이 중단된 후에도 여러분 자신에게 어떤 좋은 점이 있다고 느끼도록 여러분을 속이고 있다.

우리의 친한 친구인 캐세이 사벨라(Casey Sabella)가 수 년 전에 영국에서 설교를 할 때 그는 교인들에게 다음과 같은 질문을 했다. "만약에 예수 그리스도께서 죽으신다면 여러분은 얼마나 오랫 동안 여러분들이 하던 일을 계속하겠습니까?" 사람들은 모든 일들이 과거에 하던 대로 계속될 것이라는 사실을 인정했다. 제도는 그들의 사회적 종교적 욕구를 충족시키기 위해서 그들이 필요로 하거나 원하는 모든 것을 제공해 주었다.

> "한 사람이 백성을 위하여 죽어서 온 민족이 망하지 않게 되는 것이 너희에게 유익한 줄을 생각지 아니하는도다 하였으니… 이날부터는 저희가 예수를 죽이려고 모의하니라"(요11:50,53).

하나님께 순종하는 것을 방해하는 또 하나의 장애물은 교회 내에 존재하고 있는 '기득권'이다. 기득권은 지위나 권력 때문에 현상을 유지하려는 사람들 가운데서 발견된다. 예를 들자면 마이크가 해군에 있을 때 그는 의회의 법률로 극복해야 할 필요가 있는 기득권에 대한 기사를 읽었다. 금세기 초에 해군함정에 비행기가 도입되어졌다. 그 비행기의 조종사들은 비행단의 통제를 받고 있었기 때문에 그 함정의 선장이 내린 직접적인 결정과는 무관했다. 해군 역사 전체를 통해서 함정의 선장은 항상 자기 배에서 발생하는 모든 일들에 대하여 총체적인 지배권을 행사하고 있었다.

선장들은 조종사의 자율권이 절대적 권위를 가진 자기들의 기득권에 위협이 된다는 사실을 인식했다. 수많은 선장들이 비행단의 성공을 위태롭게 만들려고 노력했다. 실제로 어떤 선장은 비행기가 착륙하려고 시도할 때 뱃머리를 돌림으로써 비행사의 생명을 위태롭게 만들었다. 그러므로 의회가 개입해서 비행기를 승선시킨 함정에는 비행사 자격을 가진 사람이 선장을 하도록 법률을 만들었다. 오늘날 해군의 절반 이상이 어떤 식으로든 항공술과 연관을 맺고 있다. 일단 기득권이 노출되고 도전을 받으면 변화가 생긴다.

웨인 제이콥슨(Wayne Jacobsen)은 "하나님의 임재를 향한 정열(A Passion for God's Presence)"에서 오늘날 교회 내에 존재하고 있는 기득권의 실상을 폭로하고 있다. 제이콥슨은 임금님과 새 옷이라는 이야기로 자기의 주장을 설명하고 있다. 일단의 신하들이 왕이 벌거벗은 것에 대하여 거짓말을 함으로써 자기들의 직책을 유지하려 했다. 왕이 그의 '새 옷'을 입고 거리를 지나갔을 때 기득권을 갖지 못한 어린 소년들이 "임금님이 벌거벗었다!"라고 소리쳤다. 제이콥슨은 그 우화를 교회 역사와 연관시켰다.

지금 우리가 과거의 세대들을 되돌아보는 것은 쉬운 일이다. 우리는 그들의 기득권에 참여하지 않았기 때문에 중세 동안에 신자들이 어떻게 정치적 개인적 부패에 매수되었는지 알 수 있다. 그리고 종교개혁 이전에는 돈에 팔렸고, 종교 재판 동안에는 테러와 살인에 팔렸고, 계몽주의 기간 동안에는 자연적 이성에 팔렸으며, 금세기 초에는 자유주의에 팔렸다는 것을 알 수 있다… 우리는 개인적 이익이라는 동일한 동기에 의해서 속아 포로가 되고 있다… 그것은 오늘날의 교회도 마찬가지이다. 많은 사람들이 기독교를 자기들이 원하는 대로, 자기들의 이익에 부합하는 대로 만들어 가고 있다… 사기꾼의 가면을 벗기는 데에 그리 큰 지혜가 필요하지 않다. 단지 사물을 우리가 원하는 방식대로가 아니라 실상 그대로 보기를 원하면 되는 것이다.11)

점점 더 많은 사람들이 미국교회를 가리키며 "우리는 영적으로 벌거벗었다."라고 부르짖고 있다.

"뉴 잉글랜드 교회 자료 핸드북(The New England Church Resource Handbook)"에 나오는 이야기는 기득권의 개념을 다음과 같이 설명하고 있다.

메사추세츠 주의 전 상원의원이었던 헨리 케보트 로지(Henry Cabot Lodge)는 많은 관리들이 자기들의 권한과 지위를 유지하는 것 이외에는 아무런 생각도 하지 않는다는 사실을 확신했다(이것은 정부 뿐만 아니라 교회에서도 때때로 직면하게 되는 현상이다.). 그는 "그들은 늙은 시 하스킨즈(Si Haskins)를 닮았습니다."라고 말했다.

어느날 나는 도시 외곽의 댐 위에 앉아 있는 시(Si)를 만났다.

"시, 무엇을 하고 있습니까?"

"나는 돈을 받고 생쥐를 잡고 있습니다. 생쥐들이 댐 밑을 파고 있습니다."

"저쪽에도 한 마리 있는데요." 우리는 물 위로 얼굴을 내밀고 있는 큰 쥐를 가리켰다.
"왜 당신은 그 쥐를 쏘지 않습니까?"
"당신은 내가 직업을 잃어버리기를 원하십니까?"라고 그가 물었다.13)

이스라엘의 바리새인들도 그들 자신의 기득권을 가지고 있었다. 예수님이 죽은 나사로를 살리신 이후에 많은 사람들이 예수님을 믿었다.

> "그 중에 어떤 자는 바리새인들에게 가서 예수의 하신 일을 고하니라 이에 대제사장들과 바리새인들이 공회를 모으고 가로되 이 사람이 많은 표적을 행하니 우리가 어떻게 하겠느냐
> 만일 저를 이대로 두면 모든 사람이 저를 믿을 것이요 그리고 로마인들이 와서 우리 땅과 민족을 빼앗아 가리라 하니 그 중에 한 사람 그 해 대제사장 가야바가 저희에게 말하되 너희가 아무 것도 알지 못하는도다
> 한 사람이 백성을 위하여 죽어서 온 민족이 망하지 않게 되는 것이 너희에게 유익한 줄을 생각지 아니하는도다 하였으니… 이날부터는 저희가 예수를 죽이려고 모의하니라"(요11:46-50,53)

기득권을 가진 사람들이 자기들의 위치를 보호하기 위해서 어디까지 나아갈 수 있는지 살펴 보라. "대제사장들이 나사로까지 죽이려고 모의하니 나사로 까닭에 많은 유대인들이 가서 예수를 믿음이러라"(요12:10~11). 나사로가 생명을 얻은 후에 제사장들이 자기를 죽이려고 계획하는 것을 알았다면 어떠했겠는가? 기득권이 어떻게 사람의 눈을 철저히 멀게 해서 진실을 분별하지 못하게 하는가?(그들은 자신이 하나님의

뜻을 이행하고 있다고 생각한다.)

"이는 너희로 하여금 기록한 말씀 밖에 넘어가지 말라 한 것을 우리에게서 배워 서로 대적하여 교만한 마음을 먹지 말게 하려 함이라"(고전4:6).

수정주의, 이 단어가 여러분에게 어떤 의미를 지니고 있는가? 우리들 중 대부분은 알지 못하는 사이에 그것에 의해서 미묘한 영향을 받고 있다. 렌덤 하우스 사전(Ramdom House Dictionary)은 수정주의를 "새로운 기준에 근거하여 과거를 재평가하고 또 재기술하고자 하는 것"이라고 정의하고 있다.13) 많은 교과서들이 특별한 정치적 사회적 목적 때문에 역사를 왜곡해서 기록하거나 또는 이전에는 중요시하던 사실이나 자료를 누락시키고 있다. 예를 들자면 초창기 개척시대 때 미국인들이 가졌던 영적인 유산들이 경제적 번영이라는 욕망을 위해서 대부분 수정되었다. 자기들에게 석유를 공급해 주는 아랍국가들을 달래기 위해서 몇몇 유럽의 대학들은 유대인 대학살은 결코 일어난 적이 없다고 주장하는 개정된 역사책으로 가르치고 있다.(옛 속담은 "잉크로 쓰여진 거짓말은 결코 피로 쓰여진 사실을 대체할 수 없다"라고 말하고 있다.)

성경도 수정주의로부터 안전하지 못하다. 어떤 역본은 여성운동에 순응하기 위해서 성이 없는 하나님, 즉 남성도 여성도 아닌 하나님으로 표현하고 있다. 또 어떤 역본은 합리주의와 과학에 순응하기 위해서 기적적이거나 초자연적인 사건들을 말하고 있는 모든 구절들을 제거해 버렸다. 우리는 "어두움을 뚫고(Piercing the Darkness)"라는 프랭크 패리티(Frank Peretti)의 소설을 기억하고 있다. 비록 허구이기는 하지만 그 책은 절대적 진리의 실재성에 관한 사람들의 신뢰심을 허물려고 노력하는 마귀를 다루고 있다. 성경은 우리에게 다음과 같이 말하고 있다. "큰 용이 내어쫓기니 옛 뱀 곧 마귀라고도 하고 사단이라고도 하는 온 천하를 꾀는 자라 땅으로 내어쫓기니 그의 사자들도 저와 함께 내어쫓기니라"(계12:9) 예수님도 우리에게 거짓말은 사탄의 모국어라고 말씀해 주신다. "너희는 너희 아비 마귀에게서 났으니 너희 아비의 욕심을 너희도 행하고자 하느니라 저는 처음부터 살인한 자요 진리가 그 속에 없으므로 진리에 서지 못하고 거짓을 말할 때마다 제 것으로 말하나니 이는 저가 거짓말쟁이요 거짓의 아비가 되었음이니라"(요8:44).

거짓과 왜곡이 초창기부터 교회와 함께 있었다. 바울은 주님의 재림에 관한 데살로니가인의 거짓과 왜곡을 아래의 말씀을 통해서 교정하고 있다. "형제들아 우리가 너희에게 구하는 것은 우리 주 예수 그리스도의 강림하심과 우리가 그 앞의 모임에 관하여 혹 영으로나 혹 말로나 혹 우리에게서 받았다 하는 편지로나 주의 날이 이르렀다고 쉬이 동심하거나 두려워하거나 하지 아니 할 그것이라"(살후2:1~2).

에덴 동산 이후로 미혹하는 자는 계속적으로 역사했다. 그리고 그의 역사가 조금도 줄어들지 않고 계속되고 있다는 것은 결코 놀라운 일이 아니다.

교회 내의 수정주의는 수세기에 걸쳐서 커다란 영향을 미쳤다. 오늘날 많은 사람들은 교회의 관습과 관례와 조직이 예수님과 사도 시대 때부터 내려오던 것이라 생각한다. 그러나 역사는 수 세기에 걸쳐서 편견과 기득권이 초대 교회의 사역과 기능을 "수정했으며" 신자들에게 주님께서 의도하신 것과는 너무나도 다른 어떤 것을 물려주었다는 사실을 보여주고 있다. 사실상 교회 활동의 주된 요소라고 생각되는 것들 중에서 많은 것들이 앞에서 인용한 고린도전서 4장 6절을 침해하고 있다. 우리는 이야기를 전개시켜 갈 다음 장들에서 이러한 요인들에 대하여 살펴볼 것이다.

> "베뢰아 사람은 데살로니가에 있는 사람보다 더 신사적이어서 간절한 마음으로 말씀을 받고 이것이 그러한가 하여 날마다 성경을 상고하고"(행17:11).

수정주의의 반대는 통합적 이해인데, 그것은 새로운 정보를 옛날의 정보나 또는 여러분이 이미 의심할 여지도 없는 사실로 알고 있는 것에 비추어서 해석하는 것이다. 다시 말하자면 새로운 가르침이나 관례를 진리로 입증된 옛것에 비추어서 평가하는 것이다. 예수님은 자주 구약을 인용하시고 그 진리를 그 당시 상황에 적용시킴으로써 자신의 가르침에 통합적 이해를 활용하셨다. 예를 들자면 나사렛 회당에서 말씀하시는 동안에 두루마리에서 이사야 61장의 메시아에 관한 예언을 큰 소리로 읽으셨다. "주 여호와의 신이 내게 임하셨으니 이는 여호와께서 내게 기름을 부으사 가난한 자에게 아름다운 소식을 전하게 하심이라 나를 보내사 마음이 상한 자를 고치며 포로된 자에게 자유를, 갇힌 자에게 놓임을 전파하며 여호와의 은혜의 해와 우리 하나님의 신원의 날을 전파하여 모든 슬픈 자를 위로하되"(사61:1~2). 청중들은 이미 이 예언이 사실이라는 것을 믿고 있었다. 그래서 주님은 자신을 이해시킬 수 있는 기초로 이 구절들을 사용하셨다. 그리고 그들에게 "이 글이 오늘날 너희 귀에 응하였느니라"(눅4:21)고 말씀하셨다.

제자들이 안식일 날에 이삭을 자른 것이 죄가 아님을 설명하시기 위해서(마12:1~8을 보라) 예수님께서는 자기를 비판하는 자들에게 공통적으로 알고 있던 사실인 "안식일을 범하여도 죄가 없음"을 상기시켜 주셨다. 다윗과 굶주린 그의 부하들이 성전으로 들어가 율법에 의하면 오직 제사장들에게만 귀속되어져 있던 진설병을 먹었다(삼상21:3~6을 보라). 안식일 날에 제사장들이 희생제사를 드리고 또 어린 아이들에게 할례를 주기 위하여 안식일 날에 일하지 말라는 계명을 정기적으로 어겼다(마12:6, 호6:6을 보라). 히브리 성경은 복음적 메시지의 기초로써 너무나도 중요하기 때문에 복음서와 서신들과 계시록 전체에 걸쳐서 인용되거나 통합적으로 이해되어지고 있다.

베뢰아 사람들은 성경을 연구하라는 권장을 받고 바울의 새로운 가르침을 히브리 성경속에 있는 진리에 비추어서 통합적으로 이해 했다(행17:11을 보라). 수 세기 동안 교회 속으로 들어온 엄청난 양의 수정주의와 또 그에 수반하는 초대 교회적 활력의 상실 때문에 우리는 통합적 이해를 염두에 두고 이 글을 쓰고 있으며 성경이 쓰여지던 당시의 하나님의 의도를 분명하게 분별하려고 노력하였다.

여러분이 하나님의 말씀에 충실하기 위해서는, 거룩하게 보일지라도 성경적 근거가 없다면 오늘날의 교회의 구조와 전통으로부터 기꺼이 떠나야만 한다. 하나님께서 말씀하신 대로 성경을 연구하고 적용한 베뢰아 사람들을 본받자. 여러분도 베뢰아 사람들처럼 믿음의 실천이 "기록한 말씀 밖에 넘어가지 않는"(고전4:6) 신앙적 체험에 이르기를 원한다. 만약에 우리가 우리 자신에게 정직하다면 수정주의와 제도존중주의가 낳은 기독교는 그리스도의 형상을 거의 닮지 못하고 있다는 사실을 알 수 있을 것이다. 하나님께서는 다윗처럼 직접 하나님에 의해서 감동을 받기를 열망하는 사람들을 찾고 계신다. "하나님은 나의 산성이시니 저의 힘을 인하여 내가 주를 바라리이다 나의 하나님이 그 인자하심으로 나를 영접하시며 내 원수의 보응받는 것을 나로 목도케 하시리이다"(시59:9~10). 여호와께서는 프로그램이 아니라 마음 속에 침투하신다. 그것이 바로 친밀함이며, 당신은 바로 그것을 다른 사람들에게 전달해 주어야 할 사명이 있는 것이다. 만약에 당신이 그들에게 어떤 공식만 제시하고 마음을 닫는다면 당신은 결코 전 세계에서 흑암의 세력에 포로가 된 자들은 물론이거니와 심지어 당신 자신의 가족이나 이웃이나 동료들에게조차도 어떠한 영향을 미칠 수 없을 것이다.

다음에 나오는 시의 의미를 곰곰히 생각해 보라. 당신이 초대 교회의 히브리적 영향력이 상실되어졌다는 사실을 인식하게 될 때 오늘날 교회 내에서 헬라 철학(그것은 영적인 영역이 육체의 영역보다 훨씬 더 거룩하다고 결론짓는다.)과 로마의 정치체계(그것은 교회조직을 영속화시키기 위해서는 교회지도력에 계급제도가 필요하다고 주장한다.)가 지배하고 있는 것을 알게 될 것이다. 당신은 자신에게 "이것이 하나님께서 원하시는 것인가? 과거에 대한 개혁이 성경적 교회를 충분히 재확립 할 수 있는가?"라고 물어보라.

절벽

그들이 고백했듯이, 그것은 위험한 절벽이었네.
그 꼭대기 가까이로 걸어가는 것은 즐거운 일이었지만,
귀족과 많은 사람들이
그 무서운 가장자리에서 미끄러졌다네.
사람들은 어떤 조치를 취해야 한다고 말했네.
그러나 그들의 계획은 이치에 맞지 않았다네.
어떤 사람은 "절벽 끝에 울타리를 세우자"라고 말했네.
어떤 사람은 "계곡 아래에 앰블런스를 갖다 놓자"라고 말했네.

군중들의 슬픔은 너무나 커서 큰 소리로 울었다네.
그들의 마음은 애석함으로 넘쳐 흘렀네.
그러나 앰블런스를 찾는 부르짖음은 하루 종일 계속되고
그 소식은 이웃 도시까지 퍼졌네.
도움을 주기 위해 모금을 했다네.
큰 길과 골목길에 사는 자들이
지폐나 동전을 내놓았으나 울타리를 설치하지는 않았네.
그들은 "조심한다면 절벽이 있어도 괜찮다.
그리고 비록 사람들이 미끄러져 떨어진다 할지라도
그들을 심하게 다치도록 만드는 것은 미끄러지는 것이 아니라
아래로 떨어졌을 때의 충격이다."라고 말했다네.

(우리가 들은 바로는) 수 년 동안 이러한 불행이 계속되었네.
절벽에서 떨어진 희생자들을
구하기 위하여 구조대가 재빨리 출동했네.
계곡 아래에 앰블란스를 대기해 놓고.

어떤 사람이 말했네. "여러분이 원인을 제거하기보다는
결과를 수습하는 데 더 많은 신경을 쓰는 것이
내게는 놀라운 일입니다.
여러분은 예방책을 강구하는 것이 더 좋을 것입니다.
물론 불행의 원인을 제거해야만 하기 때문에
이웃 사람들과 친구들이여, 우리 다같이 모입시다.
골짜기 아래에 앰블란스를 대기하는 것보다
울타리에 의존하는 것이 훨씬 더 나을 것입니다."

대다수의 사람들이 말했네.
"그의 생각이 틀렸습니다.
그는 우리의 진지한 노력을 종식시키려 합니다.
그는 이 책임있는 사역을 회피하려는 사람입니다.
우리는 영원히 그 일을 도울 것입니다.
우리는 사람들이 떨어지자마자 재빨리 구조해서
그들을 후하게 치료해 주지 않았습니까?
만약에 골짜기에서 앰블란스가 제대로 작동한다면

불필요한 울타리는 아무런 의미가 없을 것입니다."

우리가 여기에 기록한 이 이야기는 이상하게 보이네.
그러나 이상한 일은 자주 생기네.
다친 자를 구조하는 것보다 더욱 현명한 조치는
위험을 미리 제거할 수 있는 계획을 세우는 것이라 주장하는 바이네.
가장 좋은 방법은 원인을 제거하고
합리적으로 대처하는 것이네.
그래, 울타리를 세우고
골짜기 아래에 있는 앰블란스를 없애자.

- 저자 미상 -

　지난 날, 교회에서 일어났던 개혁들 중 많은 부분들은 수정주의자들의 저술에서 유래되었다. 그리고 여러분은 오늘날까지도 그 결과를 체험하고 있다. 수많은 교파들이 교리적 분리 때문에 생겨났다. 오늘날 교리적 차이점들은 하나님의 백성들로 하여금 예수님과, 그리고 또 상호간에 개인적 친밀성을 맺지 못하게 만들었다. 일반적으로 큰 교회들은 사람들을 프로그램이나 모임에 묶어 놓고 그리스도께 온전히 순종하도록 인도하는 데에는 실패하고 있다. 사실상 사람들은 교회의 빽빽한 프로그램들 때문에 서로 친밀한 관계를 맺지 못하고 있다. '교회 생활'이 덕을 세우고 서로 도와주는 원천이 되기 보다는 오히려 험담이나 부정의 원천이 되고 있다.

교회가 선택할 수 있는 사항은 두 가지가 있다. 하나는 계속해서 "수리를 하는 것이다." 즉 골짜기 아래에 앰블런스를 갖다 놓고 과거의 실수를 추적하고 수세기 동안에 수정되어진 교회를 꿰매려고 노력하는 것이다. 만약에 여러분이 조상들이 사용하던 교회 개혁과 동일한 과정을 사용한다면 여러분은 시간이 지남에 따라서 전통 때문에 신성시하게 된 비성경적 양식과 패턴을 여전히 고수하고 있다는 사실을 발견하게 될 것이다. 아마 이 세대가 자기 자신을 정직하게 바라 본다면, 건물 전체가 붕괴되고 있다는 사실을 깨달을 수 있을 것이다. 모든 세대가 내용이 없는 텅 빈 형식을 거부하게 될 것이다.

두번째 선택은 초대 교회의 성경적 기초를 회복시키려는 변화의 움직임을 받아들이는 것이다. 만약에 예수님만이 교회의 유일한 머리이시며 건축자라는 사실을 이해한다면 여러분은 예수님과 제자들이 최초의 히브리적 구조로 제시해 주신 것을 파악하기 위하여 성경을 연구해야만 할 것이다. 이 일을 하기 원하는 자들은 성령과 협력해서 일할 수 있다. 그리고 때가 되면 예수 그리스도의 교회로써의 진정한 모습을 볼 수 있을 것이다. 그렇다면 그것은 인기가 있을 것인가? 아마 그렇지 못할 것이다. 그러나 그것은 능력이 있을 것이다. 그것도 지극히 큰 능력을 갖게 될 것이다.

제·1·부
초대 교회의 히브리적 측면들

비유대인 크리스천들 중에서 자기 스스로는 '이방인'이라고 인식하는 사람은 거의 없다. 우리가 이스라엘을 방문하기 전에 만약에 어떤 사람이 우리를 이방인이라고 불렀다면 우리는 "뭣이라고요?"라고 반응했을 것이다. 로마서 3장 9절에 따르면 "유대인들과 이방인들은 다같이 죄 아래에 있다" 그리고 구원에 대해서 말하자면 바울은 "유대인이나 헬라인이나 차별이 없음이라 한 주께서 모든 사람의 주가 되사 저를 부르는 모든 사람에게 부요하시도다"(롬10:12)라고 쓰고 있다. 그러나 그와 동시에 로마서 11장은 유대인과 이방인 사이의 차이점을 서술하고 있다. "저희의 넘어짐으로 구원이 이방인에게 이르러 이스라엘로 시기나게 함이니라"(롬11:11). "이방인의 충만한 수가 들어오기까지 이스라엘의 더러는 완악하게 된 것이라 그리하여 온 이스라엘이 구원을 얻으리라"(롬 11:25,26)

성경말씀을 해석하고 이해하는 우리의 방법이 그리스도 후 수세기 동안 교회 속으로 들어온 헬라 철학자들의 패턴과 방법에서 유래되어졌다는 사실을 인식하지 못했다. 또한 우리는 히브리적 사고방식과 신약성경을 저술한 유대인이 저자들이 가지고 있었던 인간관계적 관례들을 가치있게 생각하지 않았다.

초대 교회에 대해서 우리가 가지고 있는 이해는 신약성경 사본에 나타난 헬라어 단어에 관한 주석에 기초하고 있었다. 이스라엘에서 연구하고 조사하기 전까지는 초대 교회의 관례들 중에 많은 부분들이 심각할 정도로 변질되었다는 사실을 결코 알지 못했다.

이 장에서는 당신에게 히브리 초대 교회의 기초와 관례에 대하여 소개해줄 것이다. 그리고 이러한 것들이 교회의 기초와 관례에 대해서 신약성경의 저자들이 가지고 있었던 생각을 제시할 수 있을 것이다. 예를 들자면 당신은 예수님 당시에 많은 랍비들이 이미 "너희는 위로부터 태어나야만 한다"는 영적인 탄생을 체험하라고 가르치고 있었다는 사실을 알고 있는가? 당신은 회당 내에서 사람들이 이미 사도와 복음전도자와 장로와 집사로 봉사하고 있었다는 사실을 알고 있는가? 당신은 유대인 신자들에게 침례는 일종의 정화의식의 의미를 지니고 있었다는 사실을 이해하는가? 만약에 수세기 동안 교회의 눈을 가리고 있던 반유대적 베일을 제거할 수만 있다면 당신은 이러한 관계들이 무엇을 상징하고 있는지 신약성경의 저자들이 가지고 있었던 이해를 즐거운 마음으로 연구할 수 있을 것이다.

   우리는 하나님을 두려워하고 구원을 얻기 위하여 예수님을 믿었던 유대인들의 사고방식과 인간관계 속에 있던 관례로 되돌아갈 것을 주장하는 바다. 그러한 유대인 남자와 여자들이 오순절 날 베드로의 메시지를 듣고 반응하였다. "그 때에 경건한 유대인이 천하 각 국으로 부터 와서 예루살렘에 우거하더니"(행2:5). 많은 철학적 추측과 언어적 차이점이 신자들로 하여금 헬라어 단어들이 가지고 있는 의미에 대해서 논쟁하게 만들었다. 부끄러울 것이 없는 일꾼으로서 진리의 말씀을 옳게 분변하기(딤후2:15) 위해서는 그리스도 당시의 히브리적 가르침들과 관례들을 연구하고 적용해야 한다. 신자들이 이미 배운 것에 따라 살려고 노력하고 또 더 많은 지식을 구한다면 교회 안에 큰 활력이 넘쳐 흐를 것이다. 우리가 성경적 유산을 삶에 적용시킨다면 교회는 더욱 단결될 것이고 히브리적 초대 교회 안에 분명하게 존재했던 능력도 다시 나타나게 될 것이다.

"무엇을 회복시켜야만 한다는 것인가?"라는 것이 우리가 가장 많이 받은 질문들 중 하나였다. "우리는 하나님의 말씀인 성경을 가지고 있다. 그런데도 불구하고 우리가 회복시켜야만 할 필요가 있는 것은 무엇인가?" 이러한 질문들의 답으로 두 가지 질문을 할 수 있다. "하나님의 백성들이 하나님의 말씀을 잃어버린 적이 있는가?" 그리고 "하나님의 말씀과 그분에 대한 이해를 회복시키기 위해서 어떤 일이 일어났는가?"

어떻게 말씀을 잃어버렸는가?

성경은 하나님의 말씀을 잃어버린 경우를 적어도 세 번은 기록하고 있다. 어떤 경우에는 율법을 잘못된 장소에 갖다 놓거나 또는 고의로 숨겼다. 또 어떤 경우에는 인간이 스스로 만든 법과 책들을 하나님의 것과 동등하게 만들려고 노력한 사람들에 의해서 말씀이 훼손되어졌다. 이와 같은 상황들 중 몇 가지에 대해서 점검해 보고 과거에는 회복이 어떻게 이루어졌는지 살펴보자.

상실 1:

다윗 왕이 죽은 후에 일련의 왕들이 통치했다. 어떤 왕들은 여호와의 길을 따랐지만 다른 왕들은 바알과 아스다롯을 섬겼다. 영적인 침체기가 지난 후 그 마음이 여호와를 향했던 요시야 왕이 권력을 잡게 되었다. "요시야가 여호와 보시기에 정직히 행하여 그 조상 다윗의 모든 길로 행하고 좌우로 치우치지 아니하였더라"(왕하22:2)

요시야는 제사장들에게 오랫 동안 사용하지 않아 부패한 성전을 재건축하고 정화하라는 명령을 내렸다.

"또 왕에게 고하여 가로되 제사장 힐기야가 내게 책을 주더이다 하고 왕의 앞에 읽으매 왕이 율법책의 말을 듣자 곧 그 옷을 찢으니라
왕이 제사장 힐기야와 사반의 아들 아히감과 미가야의 아들 악볼과 서기관 사반과 왕의 시신 아사야에게 명하여 가로되 너희는 가서 나와 백성과 온 유다를 위하여 이 발견한 책의 말씀에 대하여 여호와께 물으라 우리 열조가 이 책의 말씀을 듣지 아니하며 이 책에 우리를 위하여 기록된 모든 것을 준행치 아니하였으므로 여호와께서 우리에게 발하신 진노가 크도다

이에 제사장 힐기야와 또 아히감과 악볼과 사반과 아사야가 여선지 훌다에게로 나아가니 저는 할하스의 손자 디과의 아들 예복을 주관하는 살룸의 아내라 예루살렘 둘째 구역에 거하였더라 저희가 더불어 말하매
훌다가 저희에게 이르되 이스라엘 하나님 여호와의 말씀이 너희는 너희를 내게 보낸 사람에게 고하기를 여호와의 말씀이 내가 이곳과 그 거민에게 재앙을 내리되 곧 유다 왕의 읽은 책의 모든 말대로 하리니

이는 이 백성이 나를 버리고 다른 신에게 분향하며 그 손의 모든 소위로 나의 노를 격발하였음이라 그러므로 나의 이곳을 향하여 발한 진노가 꺼지지 아니하리라 하라 하셨느니라 너희를 보내어 여호와께 묻게 한 유다 왕에게는 너희가 이렇게 고하라 이스라엘 하나님 여호와의 말씀이 네가 들은 말을 의논컨대
내가 이곳과 그 거민에게 대하여 빈 터가 되고 저주가 되리라 한 말을 네가 듣고 마음이 연하여 여호와 앞 곧 내 앞에서 겸비하여 옷을 찢고 통곡하였으므로 나도

네 말을 들었노라 여호와가 말하였느니라

그러므로 내가 너로 너의 열조에게 돌아가서 평안히 묘실로 들어가게 하리니 내가 이곳에 내리는 모든 재앙을 네가 눈으로 보지 못하리라 하셨느니라 사자들이 왕에게 복명하니라
왕이 보내어 유다와 예루살렘의 모든 장로를 자기에게로 모으고 이에 여호와의 전에 올라가매 유다 모든 사람과 예루살렘 거민과 제사장들과 선지자들과 모든 백성이 무론 노소하고 다 왕과 함께 한지라 왕이 여호와의 전 안에서 발견한 언약책의 모든 말씀을 읽어 무리의 귀에 들리고

왕이 대 위에 서서 여호와 앞에서 언약을 세우되 마음을 다하고 성품을 다하여 여호와를 순종하고 그 계명과 법도와 율례를 지켜 이 책에 기록된 이 언약의 말씀을 이루게 하리라 하매 백성이 다 그 언약을 좇기로 하니라"(왕하22:10~23:3).

그 의로운 왕이 백성들의 불순종을 깨닫고 회개했을 때 그는 백성들을 대표하는 장로들을 불러 모아 말씀을 듣게 하고 언약을 새롭게 했다. 회복은 사람들이 회개와 재헌신을 하도록 했으며 오늘날 우리에게도 심오한 교훈이 된다.

상실 2:

이스라엘 백성들 중 어떤 사람들은 느헤미야, 에스라와 함께 바벨론의 포로로부터 예루살렘으로 돌아왔다. 성전과 성벽을 재건한 후에 백성들은 하나님과의 언약을 새롭게 하기를 원했다. "이스라엘 자손이 그 본성에 거하였더니 칠월에 이르러는 모든 백성이 일제히 수문 앞 광장

에 모여 학사 에스라에게 여호와께서 이스라엘에게 명하신 모세의 율법 책을 가지고 오기를 청하매… 하나님의 율법책을 완독하고 그 뜻을 해석하여 백성으로 그 낭독하는 것을 다 깨닫게 하매"(느8:1,8).

상실 3:

예수님 시대 이전에 바리새인과 서기관들은 유대 백성들이 하나님의 율법을 범하는 것을 막기 위한 '울타리'로써 다른 율법들을 세웠다. 그들의 원래 의도는 귀한 것이었다. 그러나 시간이 지나자 공허한 전통은 인간이 만든 율법과 관례를 마치 하나님께서 자신들에게 주신 것처럼 취급하게 만들었다. 바리새인들의 율법과 전통때문에 메시아를 자기들이 고수하고 있다고 생각한 바로 그 성경의 성취로 보지 못했다. 예수님은 이 세 번째 "하나님의 말씀의 상실"에 직면해서 바리새인들을 책망하셨다.

> "또 가라사대 너희가 너희 유전을 지키려고 하나님의 계명을 잘 저버리는도다 모세는 네 부모를 공경하라 하고 또 아비나 어미를 훼방하는 자는 반드시 죽으리라 하였거늘 너희는 가로되 사람이 아비에게나 어미에게나 말하기를 내가 드려 유익하게 할 것이 고르반 곧 하나님께 드림이 되었다고 하면 그만이라 하고 제 아비나 어미에게 다시 아무것이라도 하여 드리기를 허하지 아니하여 너희의 전한 유전으로 하나님의 말씀을 폐하며 또 이같은 일을 많이 행하느니라 하시고"(막7:9~13).

바리새인들은 자기들의 율법과 전통을 받들었지만 가장 기본적이고 중요한 하나님의 계명은 놓쳐 버렸다. 그 계명은 마음을 다하여 여호와를 사랑하고 네 이웃을 내 몸같이 사랑하는 것이었다.

제●1●장

초대 교회의 유대적 특징
신약의 필수불가결한 요소

  오늘날 교회가 가지고 있는 관례와 전통들 중에서 많은 것들은 신약 성경의 초기 사본을 헬라식으로 이해한 것에서 유래되었다. 대체로 사람들은 성경의 원본이 헬라어로 쓰여졌을 것으로 생각했다. 그러나 어떤 학자들은 복음서들이 원래 히브리어로 쓰여졌을 것이라고 추측한다. 그러나 그 저자들은 분명히, 출생에 의한 것이든 누가의 경우처럼 회심에 의한 것이든간에 유대인들이었다. 2세기에 이방인 신자들 사이에서 생긴 반유대주의는 헬라적 인식구조를 받아드리고 구약성경과 본문에 대한 히브리적 이해를 버리게 만들었다. 이러한 상실은 교회로부터, 창세기부터 요한계시록까지 전 성경 66권에서 얻을 수 있었던 말씀의 풍성한 역사와 권능을 빼앗아 가버렸다.

  초기에 예수님을 따르던 자들 중 거의 모든 사람들이 유대인들이었다. 예수님도 자신이 먼저는 유대인들을 위하여 오셨다는 사실을 강조하셨다. "나는 이스라엘 집의 잃어버린 양 외에는 다른 데로 보내심을 받지 아니하였노라"(마15:24). 초대 교회도 새로운 종교가 아니라 유대교의 한 종파로 간주 되었다. "우리가 보니 이 사람은 염병이라 천하에 퍼진 유대인을 다 소요케 하는 자요 나사렛 이단의 괴수라"(행24:5). 베드로는 오순절 날에 행한 그의 첫 번째 설교에서 자기 청중들을 "동료 유대인들"(행2:14)이라고 불렀다. 초대 교회가 직면한 문제는 유대인들이 거기에 속할 수 있느냐는 것이 아니라 이방인들이 전적으로 유대인들로 구성된 신앙공동체에 포함될 수 있느냐는 것이었다. 즉 그들은 먼저 유대교로 전향해야만 하는가라는 것이었다(행15:1~29를 보라).

"내가 복음을 부끄러워하지 아니하노니 이 복음은 모든 믿는 자에게 구원을 주시는 하나님의 능력이 됨이라 첫째는 유대인에게요 또한 헬라인에게로다"(롬1:16)

그리스도 당시에 팔레스틴에 거하던 유대인들은 헬라의 생활양식과 철학적 개념들이 그들의 사회에 침투해 들어왔음에도 불구하고 자기들의 히브리적 유산과 이상들을 절대적으로 고수하고 있었다. 유대인들은 자기들이 이러한 헬라적 영향력에 동화되어 조상들의 믿음을 희석시키게 될까봐 두려워했다. 헬라적 세계관은 상대적인 것이었다. 즉 그 어떤 신앙적 체계도 절대적인 것이 아니라는 것이었다. 물론 이와 같은 견해는 자기들이 유일하고 진실하신 하나님께 선택받은 백성이라고 생각하는 유대인들과는 대조적인 것이었다. 그러나 디아스포라(팔레스틴 밖에 사는 유대인들)의 유대인들에게 있어서 헬라의 과학과 문학과 철학을 탐구한다는 것은 매력적인 일이었다. 특히 알렉산드리아, 소아시아, 그리고 수리아 등과 같은 학문 중심지에서 살고 있던 사람들에게는 더욱 그러했다. 이러한 유대인들은 헬라적 가르침에 동화되어 생활면에서도 비종교적 측면을 띠게 되었으며 문화적, 사회적으로 그들 주변에 있는 민족들과 동화되어졌다. 그러나 예루살렘 성전과의 영적인 유대의 공유와, 선택받은 아브라함의 자손들로서의 특징은 전 세계에 흩어져 살고 있던 유대인들과 동질성을 유지하게 만들어 주었다.

다양한 민족들에게 보다 큰 호소력을 갖기 위해서 히브리 성경은 헬라어, 즉 70인역으로 번역되어졌다. B.C. 4세기 동안에 있었던 알렉산더 대왕의 정복 이후에 거의 모든 사람들은 문화적 상업적 언어인 헬라어를 사용하고 있었다. 상대적으로 팔레스틴 밖에서 히브리어는 소수의 사람들만이 이해할 수 있었다. 히브리 성경이 광범위하게 알려진 헬라어로 번역됨으로 인해서 유대교는 이방인 회심자들의 유입을 경험하게 되었다. 그러나 그와 같은 영향력에도 불구하고 그들의 신앙적 확신 속에 있는 유대적 특징은 대부분의 유대인들로 하여금 그들의 신앙에 침입한 이교도와 분리되게 만들었다.

그들의 영적 유산은 그들의 존재에 필수적인 것이었기 때문에 유대인들의 초점은 조상들로부터 물려받은 신앙을 보존하는 것이었다. 그들이 어디에 살든지, 또는 외국의 간섭이 있든지간에, 전 세계의 유대인들은 하나님과 히브리인들 사이에 있는 특별한 관계, 그리고 다른 종교와는 전혀 다른 관계를 유지하려고 노력했다. 바울도 유대인들의 이와 같은 전례 없는 입장을 인식하고 있었다. "나의 형제 곧 골육의 친척을 위하여 내 자신이 저주를 받아 그리스도에게서 끊어질지라도 원하는 바로다 저희는 이스라엘 사람이라 저희에게는 양자됨과 영광과 언약들과 율법을 세우신 것과 예배와 약속들이 있고 조상들도 저희 것이요 육신으로 하면 그리스도가 저희에게서 나셨으니 저는 만물 위에 계셔 세세에 찬양을 받으실 하나님이시니라 아멘"(롬9:3~5).

히브리 전통을 굳게 고수한 유대인들과 헬레니즘의 영향을 받은 유대인들이 뒤섞임으로 인하여 갓 태어난 예루살렘 교회들은 어려운 문제에 직면하게 되었다. 그 교회 내에서 미묘한 인종차별주의가 상당히 위협적인 것이 되었다.

> "그 때에 제자가 더 많아졌는데 헬라파 유대인들이 자기의 과부들이 그 매일 구제에 빠지므로 히브리파 사람을 원망한대 열두 사도가 모든 제자를 불러 이르되 우리가 하나님의 말씀을 제쳐 놓고 공궤를 일삼는 것이 마땅치 아니하니 형제들아 너희 가운데서 성령과 지혜가 충만하여 칭찬 듣는 사람 일곱을 택하라 우리가 이 일을 저희에게 맡기고 우리는 기도하는 것과 말씀 전하는 것을 전무하리라 하니 온 무리가 이 말을 기뻐하여 믿음과 성령이 충만한 사람 스데반과 또 빌립과 브로고로와 니가노르와 디몬과 바메나와 유대교에 입교한 안디옥 사람 니골라를 택하여"(행6:1-5).

음식분배 문제에 관해서 히브리파 신자들이 헬라파 신자들과 기꺼이 협동한 것은 그들이 문화적 차이점에도 불구하고 단결을 유지하기 원했다는 사실을 확증해 주고 있다. 그들이 민족적 차이점으로 인해서 분열하기보다는 메시아 안에서 형제로 화해했다는 것이 더욱 중요했다(골3:11). (주: 선택되어진 일곱 사람의 자격에 관한 기준은 그들이 "성령과 지혜가 충만한 것"이었다. 초대 교회에서 성령으로 충만하다는 증거가 가장 우선적인 것이었다. 이 사람들은 자기들의 믿음을 실천하면서 살았으며 사람들의 이의를 제기할 수 없는 영적인 명성을 얻고 있었다.)
스데반이 돌에 맞아 죽고(행7장을 보라), 또 그 후에 있었던 신자들에 대한 박해 때문에 초대 교회는 복음을 예루살렘 밖으로 가지고 갈 수밖에 없었다. 그런데 이것은 "온 유대와 사마리아와 땅끝까지 증인이 되라"(행1:8을 보라)는 예수님의 말씀을 성취하는 것이었다. 하나님께서는 천국의 복음이 모든 나라에 침투하기를 원하셨다. 그러나 예루살렘에 있던 대부분의 신자들은 유대인이었으며 이방인과 함께 사역한다는 생각을 불편하게 여겼다. 하나님께서 어떻게 교회로 하여금 이 명령을 따르게 하셨는지 사도행전에서 찾아보라. "사울이 그의 죽임당함을 마땅히 여기더라 그 날에 예루살렘에 있는 교회에 큰 핍박이 나서 사도 외에는 다 유대와 사마리아 모든 땅으로 흩어지니라… 그 흩어진 사람들이 두루 다니며 복음의 말씀을 전할쌔 빌립이 사마리아 성에 내려가 그리스도를 백성에게 전파하니"(행8:1,4,5).

교회 내에서 음식분배를 감독하도록 선택받은 사람들 중에 한 사람이었던 빌립은 헬라파 신자였다. 따라서 그는 아마 보다 넓은 토대 위에서 비유대인들과 협력했을 것이며 그들에 대하여 편견을 더 적게 가지고 있었을 것이다. 사마리아 사람들은 특별히 유대인들의 멸시를 받았는데 그들은 이방인과 이스라엘의 피가 섞인 종족이었기 때문이다. 그러나 믿음의 중개자로서 빌립은 그들 가운데서 사역했으며 경건한 히브리적 사도들인 베드로와 요한이 찾아갈 수 있는 길을 예비할 수 있었다. "예루살렘에 있는 사도들이 사마리아도 하나님의 말씀을 받았다 함을 듣고 베드로와 요한을 보내매"(행8:14). 이러한 행동은 유대인들에게 비유대인들도 복음화시킬 수 있다는 사실을 보여주었다. 하나님께서는 "그의 이름으로 죄사함을 얻게 하는 회개가 예루살렘으로부터 시작하여 모든 족속에 전파될 것"(눅24:7)이라는 자신의 계획을 실현시키기 위해서 히브리파와 헬라파를 통하여 주권적으로 역사하고 계셨다. 하나님께서 바울을 부르신 것은(행9장을 보라) 유대인들이 어디를 가든지 복음의 메시지를 전해야 한다는 또 다른 확증이었다.

　초대 교회가 수적으로 증가해감에 따라서 많은 이방인들이 유입되었기 때문에 교회는 더욱 다원적이 되었다. 유대인 신자들은 하나님께서 이방인들을 구원하기 위해서 이행하시는 새로운 사역을 받아들일 필요가 있었다. 초대 교회 신자들은 신약성경과 같은 저술들을 이용할 수 없었다. 그와 같은 자료들은 대부분 예수님께서 승천하신 후 수 십년이 될 때까지 기록되지 않았다. 유대인이나 이방인들에게 있어서 성경은 현재 구약이라고 불리는 히브리 성경을 의미했다. 모든 신자들이 신앙의 유대적 뿌리를 인식하고 있었다.
　예수님은 유대인으로 태어나셨다. 예수님은 유대 땅에서 살았으며 한번도 외국 영토에 발을 디딘 적이 없었다. 예수님은 작은 무리의 제자들에게 가르치셨는데 그들 모두 그 자신과 같이 유대인들이었다. 예수님은 유대적 전통과 학문으로 흠뻑 적셔진 언어로 말씀하셨다. 예수님이 사랑하신 어린 아이들도 유대의 어린 아이들이었다. 예수님이 교제를 나누신 죄인들도 유대의 죄인들이었다. 예수님은 유대인의 몸을 치료해 주셨고 굶주린 유대인들을 먹이셨고 유대인 결혼식에서 포도주를 만드셨다. 예수님께서 죽으실 때에도 히브리 성경 중 시편의 구절을 인용하셨다. 그처럼 예수님은 유대인이셨다.

비록 그 구성원은 다양했을지라도 초대 교회는 예수님이 메시아라는 사실에 대하여 의견이 일치했다. 히브리 성경에 나오는 예언들은 그들이 메시아의 도래를 준비하게 만들었다. 유대인이나 이방인이나 다같이 초대 교회 신자들은 주 예수님께 순종하는 가운데서 공통적인 체험을 나누어 가졌으며 성령의 인도하심을 구했으며 가르침의 원천인 히브리 성경에 의존했다.

> "여호와께서 아브람에게 이르시되 너는 너의 본토 친척 아비집을 떠나 내가 네게 지시한 땅으로 가라 내가 너로 큰 민족을 이루고 네게 복을 주어 네 이름을 창대케 할지니 너는 복의 근원이 될지라 너를 축복하는 자에게는 내가 복을 내리고 너를 저주하는 자에게는 내가 저주하리니 땅의 모든 족속이 너를 인하여 복을 얻을 것이니라 하신지라"(창12:1-3).

만약에 하나님께서 아브라함에게 주신 약속이 오늘날에도 여전히 유효하다면 어찌하겠는가? 오랜 세월에 걸쳐 일어난 교회의 문제점들의 일부가 유대인들을 축복하지 못했기 때문이며, 또 그것으로 인해서 복을 받지 못한 채로 남아 있었다면 어찌하겠는가? 오늘날 더욱 많은 수의 신자들이 성경말씀에 주의를 기울이며 교회의 반유대주의를 돌이켜서 크리스천과 유대인들 사이의 올바른 관계를 위하여 노력하고 있다. 그들은 바울의 말이 사실이라는 것을 발견하고 있다. "이는 이방인들이 복음으로 말미암아 그리스도 예수 안에서 함께 후사가 되고 함께 지체가 되고 함께 약속에 참예하는 자가 됨이라"(엡3:6).

크리스천과 유대인들 사이의 관계에 관한 하나님의 시각을 이해하기 위해서는 로마서 11장 1~32절을 검토해 보라. 바울은 유대인과 이방인 사이의 관계를 특별히 설명하기 위해서 이 부분을 썼다.

"그러므로 내가 말하노니 하나님이 자기 백성을 버리셨느뇨 그럴 수 없느니라 나도 이스라엘인이요 아브라함의 씨에서 난 자요 베냐민 지파라 하나님이 그 미리 아신 자기 백성을 버리지 아니하셨나니 너희가 성경이 엘리야를 가리켜 말한 것을 알지 못하느냐 저가 이스라엘을 하나님께 송사하되…
그런즉 이와 같이 이제도 은혜로 택하심을 따라 남은 자가 있느니라 만일 은혜로 된 것이면 행위로 말미암지 않음이니 그렇지 않으면 은혜가 은혜되지 못하느니라 그런즉 어떠하뇨 이스라엘이 구하는 그것을 얻지 못하고 오직 택하심을 입은 자가 얻었고 그 남은 자들은 완악하여졌느니라…
그러므로 내가 말하노니 저희가 넘어지기까지 실족하였느뇨 그럴 수 없느니라 저희의 넘어짐으로 구원이 이방인에게 이르러 이스라엘로 시기나게 함이니라 저희의 넘어짐이 세상의 부요함이 되며 저희의 실패가 이방인의 부요함이 되거든 하물며 저희의 충만함이리요
내가 이방인인 너희에게 말하노라 내가 이방인의 사도인 만큼 내 직분을 영광스럽게 여기노니 이는 곧 내 골육을 아무쪼록 시기케 하여 저희 중에서 얼마를 구원하려 함이라 저희를 버리는 것이 세상의 화목이 되거든 그 받아들이는 것이 죽은 자 가운데서 사는 것이 아니면 무엇이리요 제사하는 처음 익은 곡식가루가 거룩한즉 떡덩이도 그러하고 뿌리가 거룩한즉 가지도 그러하니라
또한 가지 얼마가 꺾여졌는데 돌 감람나무인 네가 그들 중에 접붙임이 되어 참감람나무 뿌리의 진액을 함께 받는 자 되었은즉 그 가지들을 향하여 자긍하지 말라 자긍할지라도 내가 뿌리를 보전하는 것이 아니요 뿌리가 너를 보전하는 것이니라 그러면 네 말이 가지들이 꺾이운 것은 나로 접붙임을 받게 하려 함이라 하

리니 옳도다 저희는 믿지 아니하므로 꺾이우고 너는 믿으므로 섰느니라 높은 마음을 품지 말고 도리어 두려워 하라
하나님이 원가지들도 아끼지 아니하셨은즉 너도 아끼지 아니하시리라 그러므로 하나님의 인자와 엄위를 보라 넘어지는 자들에게는 엄위가 있으니 너희가 만일 하나님의 인자에 거하면 그 인자가 너희에게 있으리라 그렇지 않으면 너도 찍히는 바 되리라
저희도 믿지 아니하는데 거하지 아니하면 접붙임을 얻으리니 이는 저희를 접붙이실 능력이 하나님께 있음이라 네가 원 돌감람나무에서 찍힘을 받고 본성을 거스려 좋은 감람나무에 접붙임을 얻었은즉 원가지인 이 사람들이야 얼마나 더 자기 감람나무에 접붙이심을 얻으랴
형제들아 너희가 스스로 지혜있다 함을 면키 위하여 이 비밀을 너희가 모르기를 내가 원치 아니하노니 이 비밀은 이방인의 충만한 수가 들어오기까지 이스라엘의 더러는 완악하게 된 것이라 그리하여 온 이스라엘이 구원을 얻으리라 기록된 바 구원자가 시온에서 오사 야곱에게서 경건치 않은 것을 돌이키시겠고
내가 저희 죄를 없이 할 때에 저희에게 이루어질 내 언약이 이것이라 함과 같으니라 복음으로 하면 저희가 너희를 인하여 원수된 자요 택하심으로 하면 조상들을 인하여 사랑을 입은 자라
하나님의 은사와 부르심에는 후회하심이 없느니라 너희가 전에 하나님께 순종치 아니하더니 이스라엘에 순종치 아니함으로 이제 긍휼을 입었는지라 이와 같이 이 사람들이 순종치 아니하더니 이는 너희에게 베푸시는 긍휼로 이제 저희도 긍휼을 얻게 하려 하심이니라 하나님이 모든 사람을 순종 아니하는 가운데 가두어두심은 모든 사람에게 긍휼을 베풀려 하심이로다"

만약에 여러분이 그리스도 후 수세기 동안 발전한 대체신학(교체신학이라고도 불려진다.)의 수정주의를 포기한다면 바울이 이 글을 무슨 의미로 썼는지 그리고 그 당시에 이 구절을 어떻게 이해했는지 보다 분명하게 깨달을 수 있을 것이다. 대체신학은 하나님께서 영원히 유대인들

을 거부하셨고 교회가 그들을 대체한다고 가르친다. 그리고 하나님께서 유대인들에게 해주셨던 모든 약속들이 이제는 교회에게 적용된다고 가르친다.(오늘날 많은 신자들이 그것은 단지 교리에 지나지 않는다는 사실을 알지도 못한 채 이 개념을 고수하고 있다.) 그러나 위에서 인용한 성구를 검토해 볼 때 여러분은 다음과 같은 사실을 발견하게 될 것이다.

첫째, 하나님께서는 유대인을 거부하지 않으셨다.

"그러므로 내가 말하노니 하나님이 자기 백성을 버리셨느뇨 그럴 수 없느니라"(1절).

구원은 오직 그리스도의 희생적 사역에 대해서 믿음을 가질 때만 받을 수 있다. 그러나 하나님께서는 여전히 때가 되면 유대인들의 베일을 벗기셔서 메시아를 그들에게 계시하시겠다는 계획과 목적을 갖고 계신다.

둘째, 하나님께서는 남은 자를 유지하고 계셨다.

"그런즉 이와 같이 이제도 은혜로 택하심을 따라 남은 자가 있느니라"(5절).

이 사람들도 "바알에게 무릎을 꿇지 아니하고" 약속된 메시아를 기다리고 있다. 이때의 그 사람들은 메시아가 이미 오셨다는 사실과 다시 재림하실 것이라는 사실을 깨닫지 못하고 있다.

셋째, 유대인들이 예수님을 메시아로 받아들이지 않았기에 구원이 이방인에게 이르게 하시는 것은 하나님의 계획의 일부였다.

"그러므로 내가 말하노니 저희가 넘어지기까지 실족하였느뇨 그럴 수 없느니라 저희의 넘어짐으로 구원이 이방인에게 이르러 이스라엘로 시기나게 함이니라"(11절).

하나님께서는 이스라엘 백성들을 택하셔서 그의 귀한 진리의 운반자가 되게 하셨다. 그들은 하나님의 계획을 거부하고 대부분 길을 잃었다. 그러나 오늘날 유대인들은 예수님을 따르는 자들이 진정으로 주님과의 관계 속에서 살아가는 것을 볼 때에, 그들은 하나님과의 친밀성을 갈망하고 회개하게 될 것이다. 어떤 랍비는 만약에 예수님을 따른다고 주장하는 사람들이 산상보훈을 실천하면서 살아간다면 유대인들은 그분이 진실로 삶을 변화시키는 메시아라는 사실을 알게 될 것이라고 말했다.

넷째, 감람나무 가지의 비유는 크리스천과 유대인 사이의 관계를 가장 잘 나타내 주고 있다.

"또한 가지 얼마가 꺾여졌는데 돌 감람나무인 네가 그들 중에 접붙임이 되어 참감람나무 뿌리의 진액을 함께 받는 자 되었은즉"(17절).

예수님의 성육신 이전에 쓰여진 성경, 즉 구약에 대한 철저한 연구는 히브리적 유산의 '진액'에 대한 이해를 더욱 풍성하게 만들어 줄 것이다.

다섯째, 하나님의 계획에 맞추어 또 다시 원래의 가지들이 접목되어질 것이다.

"네가 원 돌감람나무에서 찍힘을 받고 본성을 거스려 좋은 감람나무에 접붙임을 얻었은즉 원 가지인 이 사람들이야 얼마나 더 자기 감람나무에 접붙이심을 얻으랴"(24절).

하나님께서는 이미 스가랴 선지자를 통하여 자기가 어떻게 유대인들을 감람나무에 다시 접붙임을 할 것인지를 보여주셨다. "내가 다윗의 집과 예루살렘 거민에게 은총과 간구하는 심령을 부어 주리니 그들이 그

찌른 바 그를 바라보고 그를 위하여 애통하기를 독자를 위하여 애통하듯 하며 그를 위하여 통곡하기를 장자를 위하여 통곡하듯 하리로다…그 날에 죄와 더러움을 씻는 샘이 다윗의 족속과 예루살렘 거민을 위하여 열리리라"(슥12:10,13:1). 성령의 역사를 통하여 유대인들은 복음의 진리를 이해하고 예수님을 메시아와 주로 선포할 것이다.

여섯째, 우리 크리스천들은 교회가 유대인들에게 보여주었던 지난 날의 거만한 태도를 버려야 할 필요가 있다.

"형제들아 너희가 스스로 지혜있다 함을 면키 위하여 이 비밀을 너희가 모르기를 내가 원치 아니하노니 이 비밀은 이방인의 충만한 수가 들어오기까지 이스라엘의 더러는 완악하게 된 것이라"(25절).

하나님께서는 자기 자신과 사람 사이의 관계에 주도권을 갖고 계신다. "아버지께서 이끌지 아니하면 아무라도 내게 올 수 없으니"(요6:44). 이스라엘의 완악함은 단지 일부에 지나지 않는다. 그리고 하나님의 나라에 들어갈 이방인의 충만한 수가 형성되어졌을 때 하나님께서는 지금까지 완악했던 유대인들 중에서 택한 자를 이끌어 내실 것이다.

일곱째, 하나님께서는 유대인과 이방인들에게 자비를 보여주실 목적을 갖고 계셨다.

"하나님이 모든 사람을 순종치 아니한 가운데 가두어 두심은 모든 사람에게 긍휼을 베풀려 하심이로다"(32절).

아무도 하나님의 자비를 받을 자격이 없기 때문에 그 누구도 다른 사람이나 단체를 판단하고 또 "그들에게 기회가 있었으나 그것을 날려버렸다"라고 생각할 수 없다. 하나님께서는 자비를 베풀 자들에게 자비를 베푸실 것이다.

여덟째, 로마서 11장에 나타난 모든 약속들은 성취되어질 것이다. 왜냐하면 하나님의 말씀은 폐기할 수 없기 때문이다.

"하나님의 은사와 부르심에는 후회하심이 없느니라"(29절).

때가 되면 유대인과 이방인을 위한 하나님의 뜻이 그의 권능에 의해서 성취되어질 것이라는 사실을 안다는 것은 얼마나 큰 위로가 되는가!

제●2●장

히브리 성경인 구약
신약의 가르침과 실천을 위한 기초

"무엇이든지 전에 기록한 바는 우리의 교훈을 위하여 기록된 것이니 우리로 하여금 인내로 또는 성경의 안위로 소망을 가지게 함이니라"(롬15:4)

바울이 이 글을 썼을 때 유일하게 기록되어진 성경은 히브리 성경, 즉 구약이었다. 초대 교회는 소망을 갖기 위해서 히브리 성경의 격려를 필요로 했다. 그것은 창조, 인간의 타락, 화해를 위한 하나님의 계획, 하나님과 사람 사이의 언약적 관계, 하나님의 도덕적 율법과 윤리적 기준 등에 대한 진리를 얻을 수 있는 원천이었다. 사람이 하나님에 대해서, 그리고 또 인간과 하나님 사이의 관계에 대해서 알려고 할 때 필요한 모든 것을 얻을 수 있는 곳이었다. 만약에 히브리 성경이 없었다면 오늘날 신자들이 어떻게 대속적 희생과 같은 개념들을 이해할 수 있겠는가? 하나님 아버지와 그 백성들 사이에서 예수님께서 대제사장적인 중재를 하셨다는 사실을 어떻게 이해할 수 있겠는가? 신자들의 제사장 직분과 또 그에 수반되는 영적인 책임과 특권을 어떻게 이해할 수 있겠는가? 주님께서 메시야가 되심을 어떻게 이해할 수 있겠는가?

그들의 믿음이 히브리 성경 속의 하나님에 근거하였기 때문에 신약성경의 기자들은 반복적으로 그 성경을 언급했다. 마태는 50번 이상 구약을 인용하고 있다. 침례, 주의 만찬, 식사 전 하나님께 감사하는 것, 그 밖의 초대 교회의 다른 관례들은 예수님께서 성육신하시기 오래 전에 제정되어지고 실천되어진 유대교의 정화의식, 유월절 경축, 안식일의 축복 등에 근거하고 있다.

오늘날 많은 교회들은 신약을 강조하고 구약은 경시하고 있다. 많은 사람들이 의식적이든 무의식적이든간에 구약은 유대인에 관한 것이며 신약은 크리스천에 관한 것이라고 믿고 있다. 그러나 예수님과 사도들의 가르침은 39권의 구약에 그 기원을 두고 있다. 만약에 우리가 우리 조상들의 히브리적 신학을 이해하고 초대 교회의 영적인 생명을 되찾으려면 우리는 신약 뿐만 아니라 구약도 부지런히 연구해야만 할 것이다.

복음적 메시지는 히브리 성경의 중요성을 최소화시킴으로써 크게 약화되었다. 구약의 진리를 이해하지 못한다면 예수님의 주장은 오늘날의 사람들과 아무런 관계가 없는것같이 보일 것이다. 특히 그들의 죄를 위하여 그가 대속적 희생을 하신 사실에 관해서는 더욱 그러하다. 우리는 다원적이고 상대적인 문화 속에 살고 있는데 이러한 문화 속에서 절대적 진리의 개념들은 있을 수 없는 것으로 생각되거나 경시되고 있다. 죄와 영적인 죄의식을 개인 스스로가 책임 질 문제로 치부하는 것은 오늘날 미국 사회에 만연해 있는, "비난은 개인을 희생시킨다"는 사고방식과 모순되고 있다. 이와 같은 영향력으로 인해서 생명의 주인이신 그리스도께 대한 헌신이 "만약에 내가 예수님께로 간다면 나의 생활은 외롭지 않고 가난에 찌들지 않고 염려하지 않아도 될 것이다."라는 단순한 생활 개선을 바라는 소망으로 격하되어지고 있다.

당신은 당신이 전도한 사람들이 복음을 받아 드리고도 생활상 아무런 변화가 없는 것을 바라보는 고통을 경험한 적이 있는가? 얼마나 많은 새신자들이 하나님을 향한 초기의 열심과 감사하는 마음을 잃어버리고 옛날로 되돌아갔는가? 그것은 크리스천들이 성경공부를 위한 방법과 이론을 개발하는 데는 너무나도 많은 시간을 낭비하면서도, 기록되어진 성경을 그대로 단순하게 가르치는 것, 즉 성경을 하나의 완벽하고도 독립적인 하나님의 계시로 가르치는 것을 잊어버렸기 때문이 아닌가? 노련한 선교사인 트래버 매킬웨인(Trevor McIlwain)은 특정한 성경구절에 대한 다양한 견해들과 잘못된 해설, 지나친 강조, 그리고 교파의 난립이 창세기부터 계시록까지의 모든 말씀을 연대기적이고 파노라마식 구조 안에서 가르치는 것을 방해하는 원인이 되었다고 말한다.1)

사람이 사람의 견해로 하나님께 접근하는 것과 하나님께서 자신의 크신 사랑으로 사람에게 접근하는 것 사이의 엄청난 차이점을 생각해 보라. 매킬웨인이 "굳건한 기초 위에 세우자"라는 주제로 개최한 세미나에서 지적한 점들을 생각해 보자.

복음은 사람이 예수님을 자기의 구세주로 받아들이는 것이 아니라 하나님께서 주 예수님을 2,000년 전에 완벽하고도 유일한 구세주로 받아들이셨다는 사실이다. 복음은 사람이 그 마음이나 생명을 예수님께 바치는 것이 아니라 그리스도께서 죄인들을 대신하여 자기의 생명과 자신의 전부를 드리셨다는 것이다. 복음은 사람이 그리스도를 마음 속에 받아들이는 것이 아니라 하나님께서 주 예수님을 죄인들의 중보자로서 천국에 받아들이셨다는 사실이다. 복음은 그리스도께서 사람의 마음 속에 보좌를 차지하고 앉으시는 것이 아니라 하나님께서 주 예수님을 하늘 보좌에서 그의 우편에 앉히셨다는 것이다."[2)]

그리스도께서는 이미 하나님의 화해적 조건을 성취하셨다. 그의 지불은 완전했다. 이 땅에 있는 우리에게 있어서 그의 부활은 "우리 죄를 위한 희생제사가 성부 하나님에 의해서 받아들여졌다는 표시이다. 하나님은 만족하셨다." 경건한 유대인들은 하나님을, 그 백성을 자기에게로 이끄신 창시자로 간주했다. 성령의 내주하심이 없는 사람들에게 말씀은 아무런 의미가 없다. "육에 속한 사람은 하나님의 성령의 일을 받지 아니하나니 저에게는 미련하게 보임이요 또 깨닫지도 못하나니 이런 일은 영적으로라야 분별함이니라"(고전2:14). 당신은 왜 성경적 진리를 불신자에게 제시하려고 애쓰는가? 예레미야 23장 29절은 그 대답을 다음과 같이 제시하고 있다. "나 여호와가 말하노라 내 말이 불같지 아니하느냐 반석을 쳐서 부서뜨리는 방망이 같지 아니하냐"

성령께서 불의한 자들에게 깨닫는 마음을 가져다 주기 위하여 하나님의 말씀을 사용하실 때 여러분의 반역적인 본성은 불탄 그루터기와 부서진 파편처럼 될 것이다(요16:8~11을보라).

바울은 당신이 진리를 전해야 하는 또 다른 이유를 지적하고 있다. "이같이 율법이 우리를 그리스도에게로 인도하는 몽학선생이 되어 우리로 하여금 믿음으로 말미암아 의롭다 함을 얻게 하려 함이니라"(갈3: 24). 당신은 로마서 7장 7절에서 그것을 더욱 분명하게 볼 수 있다. "율법으로 말미암지 않고는 내가 죄를 알지 못하였으니" 하나님은 율법을 사용하셔서 당신이 그것을 계속해서 지킬 수 없다는 사실을 계시해 주신다. 그는 당신이 자신의 거룩과 공의를 만족시킬 수 있는 유일한 율법 수호자가 되시는 그리스도께로 눈길을 돌리게 하신다.

예수님 당시의 유대인들은 자기의 죄악된 상태를 잘 알고 있었다. 그들은 그들 자신의 힘으로는 율법의 요구를 전혀 지킬 수 없다는 사실을 이해하고 있었다. 연례적인 속죄일[Yom Kippur(욤 키푸르)]은 단지 인간의 실천과 하나님의 요구조건 사이의 심연을 더욱 확대했을 뿐이었다. 욤 키푸르의 특징이었던 금식과 기도는 내적 변화를 위해 필요한 외적인 행동들이었다.

작고한 랍비 필립 시갈(Phillip Sigal)이 강조했듯이, 욤 키푸르는 "약속된 대속에 이르는 영적인 중생의 날"이었다.[3] "칠월 십일은 속죄일이니 너희에게 성회라 너희는 스스로 괴롭게 하며 여호와께 화제를 드리고 이 날에는 아무 일도 하지 말 것은 너희를 위하여 너희 하나님께 속죄일이 됨이니라"(레23:27~28).

유대인들에게 있어서 회개란 마음에서 진실로 하나님께 부르짖는 것으로 죽기 직전이라도 그의 율법으로 되돌아가는 것을 의미하고 있었다.4) 예수 그리스도를 따르는 자들에게 있어서 은혜에 의한 구원이 하나님의 선물이듯이(엡2:8~9를 보라.) 유대교도 다음과 같이 가르쳤다. "은혜에 의한 구원은, '내가 거룩하니 너희도 거룩하라'는 하나님의 모든 기대를 성취할 능력이 없는 인간이 우회하도록 도와주는 하나님의 선물이다. 공로에 의한 인간의 구원은 불가능하다. 따라서 하나님의 은혜는 절대적으로 필요하다. 욤 키푸르는 그것이 하나님의 절대적이고도 값없는 선물임을 가르쳐 주고 있다." 5)

속죄를 앞둔 열흘 동안은 개인적으로 회개하고 자신을 하나님의 자비에 맡기는 시간이었다. 이 기간 동안에 각 개인은 지난 해 동안 서로에게 입힌 상처를 찾아 해결하기 위하여 마음을 점검해야만 했다. 오직 그럴 때에만 하나님의 용서를 구할 수 있었다(이것은 마태복음 5장 23~24절에서 예수님이 그의 제자들에게 요구하신 것과 정확하게 일치한다는 사실에 주목하라. "그러므로 예물을 제단에 드리다가 거기서 네 형제에게 원망들을 만한 일이 생각나거든 예물을 제단 앞에 두고 먼저 가서 형제와 화목하고 그 후에 와서 예물을 드리라.").

"너는 여호와 네 하나님의 성민이니라 네 하나님 여호와께서 지상 만민 중에서 너를 자기 기업의 백성으로 택하셨나니"(신7:6)

하나님께서는 아브라함에게 하신 약속을 통하여 이스라엘과 사랑의 관계를 확립하셨다. 그들은 거룩해야만 했으며 하나님의 귀한 백성으로서 다른 사람들과 구별되어야만 했다. 그러한 독특한 관계를 통해서 그들은 다른 모든 나라들에 대하여 유일하고도 진실한 대사

(Ambassadors)가 될 수 있었다. 우리는 구약에서 그의 택하신 백성을 향한 하나님의 '남편적 사랑'과 그러한 관계를 분열시키는 죄악의 비참한 결과를 분명하게 볼 수 있다. 하나님께서 그 백성들로 하여금 회개하고 회복할 수 있도록 감동시켜 주실 때 하나님의 끈질긴 사랑은 얼마나 놀라운가!

초대 교회의 유대인 신자들은 '하나님 중심적'이었기 때문에 그들은 결코 하나님의 존재에 대해서 의심하지 않았다. 그들의 신뢰는 "태초에 하나님이"(창1:1)라는 성경의 첫 마디에 근거를 두고 있었다. 그 때나 지금이나 유대인들에게 있어서 하나님은 생활 속에서 체험되는 살아계신 분으로 단지 사색이나 분석의 대상이 되지 않았다. 이러한 경향들은 나중에 기독교로 회심한 헬라 철학자들에 의해서 도입되어졌다. 하나님은 그가 행하신 것으로 알 수 있다. 하나님이 시작하시고 하나님이 성취하신다. 히브리인들은 추상적 철학적 관점에서 하나님을 분석하지 않았다. 그들은 행동하시는 하나님께서 그들로부터 행동적 순종을 요구하시고 계신다는 것을 인식했다. 다시 말하자면 그들이 택하심을 받았기 때문에 그들은 하나님께 주의를 기울이고 하나님을 존중하고 복종해야만 했다. 하나님의 진리에 대한 복종은 이스라엘에게 축복을 가져다 주었으며 불순종은 심판을 가져다 주었다.

"이스라엘아 들으라 우리 하나님 여호와는 오직 하나인 여호와시며 너는 마음을 다하고 성품을 다하고 힘을 다하여 네 하나님 여호와를 사랑하라"(신6:4~5).

"예수께서 가라사대 네 마음을 다하고 목숨을 다하고 뜻을 다하여 주 너의 하나님을 사랑하라 하셨으니 이것이 크고 첫째되는 계명이니라 둘째는 그와 같으니 네 이웃을 네 몸과 같이 사랑하라 하셨으니 이 두 계명이 온 율법과 선지자의 강령이니라"(마22:37~40).

만약에 당신이 구약을 요약하려 한다면 그것은 위에서 인용한 신명기 6장 4~5절로 표현할 수 있을 것이다. 하나님께서는 히브리 성경 전체를 통해서 자기 백성과의 친밀한 관계에 대한 열망을 표현하고 있다. 신약 성경도 마찬가지이다. 예수님은 신명기에서 인용하신 가장 큰 계명을 되풀이하셨다(마27:40,43을보라). 크리스천인 여러분 생활의 모든 것, 즉 하나님을 알고 하나님을 체험하는 것에 대한 모든 것, 하나님의 뜻을 알고 실천하는 것에 관한 모든 것들은 하나님과 여러분 사이의 사랑의 관계의 질에 달려 있다. 만약에 여러분과 예수님 사이의 관계가 올바르지 못하다면 여러분의 생활 속에서 올바른 것은 아무것도 없을 것이다.

"예수께서 대답하여 가라사대 진실로 진실로 네게 이르노니 사람이 거듭나지 아니하면 하나님 나라를 볼 수 없느니라"(요3:3).

"내가 네게 거듭나야 하겠다 하는 말을 기이히 여기지 말라"(요3:7). 예수님 당시의 유대교 교리는 사람이 영적인 탄생을 체험해야 한다고 가르쳤다. 히브리 용어로 '회심'이라는 말은 하나님의 부르심에 대한 전인적 반응을 내포하고 있다. 회심이란 중생, 즉 "위로부터 태어나는 것" 과 같으며 그 백성들의 심령에 대한 하나님의 내적 호소에 응답하는 것이다. 회심의 행동은 "가장자리에서 중심으로 반응하는 것", "하나님에 대하여 아는 것으로부터 하나님을 친밀하게 아는 것"으로 나아가는 것이었다.6) 그것은 밖에서부터 안으로, 율법의 의무를 따르는 것으로부터 그것을 창시하신 하나님과 동거하는 것으로 나아가는 것을 뜻했다. "내가 여호와를 항상 내 앞에 모심이여"(시16:8)라는 말은 율법의 강요에 의한 외적인 순종보다도 하나님에 대한 사랑 때문에 하나님께 순종하고 싶은 내적인 소망을 표현하고 있다. 이것은 하나님의 주권을 인정하는 자들의 진정하고도 영적인 중생을 나타내고 있다. 중생하기 위해서 예수님께서 요구하신 믿음은 특별한 교리적 입장보다는 하나님에 대한 신뢰와 의존이다. 데이비드 스턴(David Stern)이 번역한 유대인 신약성경에서 로마서 10장 9~10절을 검토해 보라. "네가 만일 네 입으로 예수를 주로 시인하며 또 하나님께서 그를 죽은 자 가운데서 살리신 것을 네 마음에 믿으면 구원을 얻으리니 사람이 마음으로 믿어 의에 이르고 입으로 시인하여 구원에 이르느니라."7)

믿음(faith)을 뜻하는 히브리어 단어 에무나(emunah)는 그냥 믿는 것(belief)이 아니라 하나님에 대한 신뢰를 의미하고 있다. 이것은 사람이 머리로 동의하는 인식이 아니라 마음에서 우러나오는 감정적이고 반응적 용어이다. 그것은 단지 하나님께서 존재하신다는 사실을 나타내거나 인정하는 것이 아니다. 단순히 마음으로 믿는다는 것은 실제적 사실에 대하여 지적으로 동의하는 것이다. 그러나 진실로 하나님을 믿는다는 것은 마음을 다하여 무조건적으로 하나님에게 복종하는 것을 말한다.

초대 히브리교회는 구원을 하나의 과정으로 생각하였다. 그 과정에 들어간다는 것은 예수님께서 흘리신 피가 죄로 인한 징벌의 대가를 지불하셨다는 사실을 믿는 것을 의미했다. 매년 속죄일에 유대인들이 자기들의 죄에 대한 징벌로 흠없는 어린 양을 드렸다는 사실을 기억하라. 그들은 하나님께서 은혜와 자비를 통하여 자기들의 죄를 용서해 주실 것이라고 믿었다. "우리가 그리스도 안에서 그의 은혜의 풍성함을 따라 그의 피로 말미암아 구속 곧 죄사함을 받았으니"(엡1:7). 때때로 이방인인 우리가, 죄의 심각성과 용서의 필요성을 이해하면서도 어린 양이 흘린 피가 그러한 죄를 용서해 줄 수 있다고 믿는 사람들인, 유대공동체의 의미를 파악한다는 것은 어려운 일이다. 수세기 동안 회개의 속죄일을 지킨 후에, 만약에 그들이 메시아 되신 예수님을 대속적 희생제물로 믿는다면, 한 사람의 죽음을 통하여 하나님께서 그들 모두의 죄를 용서해 주실 것이라는 사실을 믿으라는 요청을 받은 그 공동체에 대하여 생각해 보라. 두 가지 반응은 온전히 기쁜 마음으로 받아들이든지 아니면 기가 막힌 불신이었을 것이다.

구원의 과정은 계속적으로 신뢰할 것을 요구한다. 따라서 언제나 영적인 전투가 필요하다. 여러분이 예수님께서 흘리신 피를 신뢰했기 때문에 사탄은 여러분의 영혼을 잃어버렸을 것이다. 그러나 사탄은 여전히 여러분을 유인하여 의심과 불신 가운데서 살게 하려는 목적을 갖고 있다. 하나님과 그리고 또 그리스도를 따르는 자들의 원수인 사탄의 목적은 "하나님의 계명을 지키며 예수의 증거를 가진 자들로 더불어 싸우는 것"(계12:17)이다. 사탄의 전략은 여러분의 마음과 의지와 감정에 영향을 주어 여러분이 하나님을 신뢰하지 못하게 하는 것이다.

성경의 거의 모든 영어 역본들은 언어와 문화와 신학방면에서 널리 사용되는 헬라어로 영적인 영역의 전투에 관한 메시지를 제시하고 있다. 여러분은 일반적으로 신구약 성경에서 묘사된 마귀의 활동이 단지 교육을 받지 못하고 계몽되지 못한 사회의 문화적 현상이라고 생각했는가? 헬라적 입장은 그와 같은 마귀적 활동을 일세기에 국한되어진 것으로 보거나 또는 초현상적이고도 과학적, 기술적 문화에 적용시킬 수 없는 것으로 본다. 히브리적 구조는 사탄과 마귀의 실재성을 인정하는데, 그것들이 성경 속에 묘사되어져 있기 때문이며, 그리고 또 그들의 생활 가운데서 분명하게 관찰할 수 있기 때문이다.

히브리적 견지에서 제시한 다음과 같은 구절들에 대하여 고찰해 보자.

> "내가 복음을 부끄러워하지 아니하노니 이 복음은 모든 믿는 자에게 구원을 주시는 하나님의 능력이 됨이라 첫째는 유대인에게요 또한 헬라인에게로다 복음에는 하나님의 의가 나타나서 믿음으로 믿음에 이르게 하나니 기록된 바 오직 의인은 믿음으로 말미암아 살리라 함과 같으니라" (롬1:16~17)

> "곧 예수 그리스도를 믿음으로 말미암아 모든 믿는 자에게 미치는 하나님의 의니 차별이 없느니라… 그러므로 사람이 의롭다 하심을 얻는 것은 율법의 행위에 있지 않고 믿음으로 되는 줄 우리가 인정하노라" (롬3:22~28)

믿음은 다음과 같은 상태로 인도한다. 즉 사람은 하나님과의 관계 속에서 완전한 목적과 성취를 발견하며, 하나님이 함께 하심으로 인하여 힘을 얻고 다시 하나님께 감사하는 행동을 통해서 믿음을 표현하게 된다. 하나님께서는 자신의 백성들에게 한없는 은혜를 나누어 주시기를 원하신다. 그러나 그의 백성들은 하나님의 능력과 사랑을 떠나서는 무기력한 존재라는 사실을 인식해야만 한다. 하나님께서 환경을 창시하셨기 때문에 크리스천은 실제의 삶에서 하나님이 실제적이시고 신뢰할 만한 분임을 증거하는 삶을 살아야 한다. 야고보는 그냥 믿는 것(마귀도 그렇게 할 수 있다.)과 삶 가운데서 증거되는 신앙 사이를 다음과 같이 구별하고 있다. "혹이 가로되 너는 믿음이 있고 나는 행함이 있으니 행함이 없는 네 믿음을 내게 보이라 나는 행함으로 내 믿음을 네게 보이리라 네가 하나님은 한 분이신 줄 믿느냐 잘하는도다 귀신들도 믿고 떠느니라"(약2:18,19).

히브리 성경에 묘사된 신앙은 가난한 자에 대한 공의와 궁핍한 자에 대한 동정심을 강조했다. 그 두 가지는 신자가 고통을 당하는 개인들을 인식하고 그 필요에 부응함으로써 반응해야 할 것을 요구했다. 예수님은 병든 자를 치료해 주시고(마14:14), 눈먼 자에게 빛을 주시고(마20:34), 문둥병자를 깨끗케 해주시고(막1:42), 굶주린 자를 먹이심으로써(마15:29~39), 이 명령에 모범을 보여주셨다. 예수님께서는 다른 사람들의 결핍을 깊이 인식하시고 그것들을 충족시켜 주기 위한 구체적인 조치를 취하셨다.

현대의 복음전도와 그리스도 당시의 진정한 회심 사이의 차이점을 보다 잘 이해하기 위해서 우리는 다음과 같은 중요한 사실들에 대하여 고찰해 볼 필요가 있다. 즉 히브리적 관점에서 볼 때 하나님과 올바른 관계를 맺기 위해서는 자발적으로 유대 백성들과 하나가 되는 것이 필요했다. 유대인들은 회심자들을 진정한 아브라함의 자손으로 환영했다. 회심의 과정 속에는 유대 공동체와 연합하는 것을 내포하고 있었다. 단지 히브리 율법을 고수하는 것이 아니라 다른 신자들과 가까워져야만 했다. 이스라엘 백성들이 하나님을 위하여 "제사장 나라가 되며 거룩한 백성이 되라"는 말을 들은 출애굽기 19장 6절과 그리스도를 따르는 자들이 "택하신 족속이요 왕 같은 제사장들이요 거룩한 나라요 그의 소유된 백성"이라고 불려진 베드로전서 2장 9절에서 신자들의 공동체적 차원을 강조하고 있다.

빌립보서 2장 12~13절을 읽을 때 상호책임의 효과에 대해서 생각해 보라. "너희"라는 대명사(구원과 관련되어 있다.)가 복수라는 사실을 인식하라. "그러므로 나의 사랑하는 자들아 너희가 나 있을 때 뿐 아니라 더욱 지금 나 없을 때에도 항상 복종하여 두렵고 떨림으로 너희 구원을 이루라 너희 안에서 행하시는 이는 하나님이시니 자기의 기쁘신 뜻을 위하여 너희로 소원을 두고 행하게 하시나니." 초기에 그리스도를 따르던 유대인들은 다른 신자들과의 공동체 속에서 지원과 양육과 확인을 했는데, 그것은 그들이 유대교에서 체험한 것이었다.

그 공동체와 자신을 분리한 사람은 "이스라엘의 하나님에 참여하지 못했으며, 전통의 이단자란 그 공동체의 기쁨과 고난에 동참하고 공감하지 못하는 사람이었다."[8]

유대교는 회심자 중심이었다. 유대인이 되는 것에 대한 책임은 회심자에게 있었으며 그 공동체나 랍비에게 있지 않았다. 만약에 어떤 사람이 진실로 영적인 중생을 체험하려 한다면 그의 마음은 하나님을 기쁘시게 하는 모든 것들을 배우고 순종하는 일에 초점을 맞추어야만 했다. 그의 순종은 천국에서 그의 요케돔(yokedom)을 구성할 것이며, 하나님의 역사하심을 증명한 사람들이 가르쳐 주고 모범을 보여준 대로 내부로부터 자기의 생활에서 하나님의 길에 복종하는 것이었다. 중생하기 전의 사람의 생활방식은 "세상적이요 정욕적이요 마귀적"(약3:15)이었다. 그것은 또한 민수기 15장 39절에서 정의한 것처럼 "자기의 마음과 눈의 욕심을 좇음으로" 스스로 매춘부가 되는 것이었다.

하나님을 영광스럽게 하는 생활의 증거는 말라기 3장 18절을 성취한다. "그 때에 너희가 돌아와서 의인과 악인이며 하나님을 섬기는 자와 섬기지 아니한 자를 분별하리라." 여러분은 오늘날 목사들이 새신자들에게 성경 연구회나 예배에 참석해 달라고 간청하는 사례를 발견하기 위해서 그리 멀리까지 살필 필요는 없을 것이다. 그리고 또 비도덕적인 생활양식에 적극적으로 참여하면서도 대담하게 크리스천이라고 주장하는 사람을 생각해 내는 데 그리 어렵지 않을 것이다.

> "여호와 하나님이 가라사대 사람이 독처하는 것이 좋지 못하니 내가 그를 위하여 돕는 배필을 지으리라 하시니라"(창2:18)

결혼과 가정은 경건한 히브리 남녀들에게 매우 중요한 것이었다. 가정은 사회의 기본적인 단위였으며 결혼은 하나님의 선물로 생각되어졌다. "하나님이 자기 형상 곧 하나님의 형상대로 사람을 창조하시되 남자와 여자를 창조하시고"(창1:27). 여자는 남자에게 주어졌으며 그는 그녀를 보는 순간 기뻐했다. 그들은 벌거벗었으나 부끄러워 하지 않았다. 남자와 여자가 하나님의 형상으로 창조되었지만 서로 달랐기 때문에 결혼 관계는 은연 중에 하나님의 형상을 보다 완전하게 그려내고 있었다.

사람은 성적 쾌락에 의해서 자극을 받도록 하나님에 의해서 창조되었다. 시편 139편에 따르면 생산된 자손은 하나님의 손길의 결과였다. 성경은 남편에게 하나님께서 보시는 것과 같은 방법으로 자기 아내를 보라고 가르쳤다. "누가 현숙한 여인을 찾아 얻겠느냐 그 값은 진주보다 더 하니라 그런 자의 남편의 마음은 그를 믿나니 산업이 핍절치 아니하겠으며 그런 자는 살아 있는 동안에 그 남편에게 선을 행하고 악을 행치 아니하느니라"(잠31:10~12). 결혼을 단지 법적인 계약이 아니라 거룩한 결속으로 보았기 때문에 많은 랍비들은 "남자는 먼저 자신을 위하여 아내를 취하고 그 다음에 토라를 연구해야만 한다."라고 주장했다.9) 유대 남자들은 결혼하고 자녀를 갖는 것을 기본적인 종교적 의무로 간주하였다. 그렇게 해서 그는 "생육하고 번성하여 땅에 충만하라 땅을 정복하라"(창1:28)는 성경의 첫 번째 명령(축복)을 성취할 수 있었다.

유대인들은 결혼이 유혹의 원천이 될 수도 있는 욕망들을 만족시켜 준다는 사실을 인식했다. "네 샘으로 복되게 하라 네가 젊어서 취한 아내를 즐거워하라 그는 사랑스러운 암사슴같고 아름다운 암노루 같으니 너는 그 품을 항상 족하게 여기며 그 사랑을 항상 연모하라"(잠5:18, 19). 친밀한 동반자를 원하는 인간적 욕구는 결혼관계를 통해서 충족되었다. 따라서 독신생활을 불행으로 생각하였으며 훌륭한 아내는 남자가 소망할 수 있는 가장 큰 기쁨이었다.10) 남편들은 아가서에 나오는 사람의 본을 따라 젊어서 취한 아내와 더불어 사랑과 다정함을 나누라는 격려를 받았다.

히브리 초대 교회는 아내를 반려자 이상으로 이해했다. 남편은 자기 아내로부터 힘을 얻어야만 했다. 아내는 남편의 일생의 파트너였다(말 2:14). 예수님 당시의 많은 랍비들은 "너는 남편을 사모하고 남편은 너를 다스릴 것이라"는 창세기 3장 16절에 근거하여 여자들이 성적으로 더욱 민감하다고 이해했다. 남편은 정기적으로 아내의 욕망을 충족시켜 주어야만 했다. 바울은 이것에 대해서 고린도전서 7장 3~4절에서 자세히 설명하고 있다. "남편은 그 아내에게 대한 의무를 다하고 아내도 그 남편에게 그렇게 할지라 아내가 자기 몸을 주장하지 못하고 오직 그 남편이 하며 남편도 이와 같이 자기 몸을 주장하지 못하고 오직 그 아내가 하나니"

하나님께서 육신을 창조하셨기 때문에 부부간의 성적인 관계를 비난하는 것은 신성모독죄가 될 것이다. 그러나 하나님의 구조 밖에서 육체를 사용하는 것은 그 행동을 부정한 것으로 결정짓게 할 것이다. 신자들은 하나님께서 아담에게 아내를 주신 목적을 알았다. 아담은 불완전했다. 독특한 피조물인 아담은 자기에게 적합한 조력자를 필요로 했다. 성령께서는 아내를 통하여서 남편이 그리스도의 성품을 닮아 가도록 도와주신다. 남편이 분노나 충동으로 반응하고자 할 때 아내는 남편이 하나님의 사랑 중에서 '부드러운 측면', 즉 자비와 동정심과 인내와 오래참음 등을 개발할 수 있게 만들어 준다.

유대인들은 결혼이라는 관계를 높이 평가했는데 하나님께서 그것을 강조하셨기 때문이다. 하나님께서는 아담과 이브 사이에 혼인관계를 세워주셨다(창2:24). 하나님은 자신을 그 백성 이스라엘의 "남편"이라고 부르시고(렘3:14, 31:32; 사54:5) 그리고 또 그들의 "신랑"이라고 부르셨다(사62:5). 이와 마찬가지로 신약성경 기자들도 후에 교회를 그리스도의 "아내"라고 부르고(엡5:23-32; 계19:7, 21:9), 예수님을 "신랑"으로 제시했다(눅5:34,35; 요3:29). 부부간의 사랑은 육과 영의 언약이요(말2:15), 감정이라기보다는 오히려 헌신으로 간주되어졌다.

또한 히브리 크리스천들은 배우자와의 관계가 곧 자신과 예수님의 관계를 반영한다고 생각했다. 세익스피어의 작품들과 그 후에 나타난 저자들은 비성경적인 개념들을 가르쳤다. 즉 연애가 결혼에 이르게 된다는 것이었다. 성경적 히브리인들의 견해는 사랑을 결혼 중에 발전하고 성장하는 것으로 보았으며 결혼의 전제조건으로 보지 않았다. 사실상 대부분의 결혼은 매우 어렸을 때에 부모들에 의해서 결정되어졌다. 18세가 될 때까지 독신으로 남아 있는 처녀는 불쌍하게 여기거나 또는 평판이 나쁜 노처녀나 여인으로 의심을 받았다.

창세기 24장 67절은 결혼관계에 대한 히브리인의 견해에 지대한 영향을 주었다. "이삭이 리브가를 인도하여 모친 사라의 장막으로 들이고 그를 취하여 아내를 삼고 사랑하였으니." 알렌 피터슨(J. Allen Petersen)은 결혼을 상자처럼 생각하라고 쓰고 있다. 만약에 그 상자가 당신이 바라던 모든 아름다운 것들로 가득 차 있다고 생각하면서 결혼한다면 당신은 곧 실망하게 될 것이다. 당신은 그 상자가 텅빈 채로 출발했다는 사실을 알아야만 한다. 당신이 거기서 무엇을 꺼내려 한다면 먼저 그 속에 어떤 것을 집어 넣어야 한다. 당신이 당신의 결혼생활 속에 서로에 대한 사랑을 주입할 때 당신은 그 상자를 주는 것, 나누는 것, 봉사하는 것, 칭찬하는 것으로 채우게 될 것이다. 그러면 그 상자는 어려운 시기 동안에도 그 관계를 결속시켜 주는 요소들로 가득 차게 될 것이다.[11]

우리는 기도원에서 만난 많은 부부들 때문에 자주 당황하게 된다. 그들은 세월이 흘러갈수록 서로에 대하여 더욱 싫증을 느끼게 되었다고 말한다. 만약에 그들이 신명기 24장 5절에 대해서 주의를 기울였다면 아마 그들의 결혼생활은 보다 강력한 출발을 할 수 있었을 것이다. "사람이 새로이 아내를 취하였거든 그를 군대로 내어 보내지 말 것이요 무슨 직무든지 그에게 맡기지 말 것이며 그는 일년 동안 집에 한가히 거하여 그 취한 아내를 즐겁게 할지니라" 이것은 사회적 정치적 의무나 또는 야근이나 특근 같은 규정 외의 근무나 여행을 포함한 업무 같은 어떤 외부의 책임을 피하라는 뜻이다. 그리고 결혼생활에서 가장 중요한 최초의 일년 동안에 배우자들 사이의 결속감을 발전시키는 것을 방해하는, 시간이 많이 드는 취미들도 피하라는 것이다.

유대 결혼식에서 신부와 신랑은 포도주 잔을 두 번씩 나누어 마신다. "이것은 그 부부의 공동운명을 상기시켜 주는 것이다. 첫번째 잔은 기쁨의 잔이다. 그것은 부부에게 인생에서 기쁨을 함께 나눌 때 그 기쁨은 배가 된다는 사실을 상기시켜 주고 있다. 두번째 잔은 희생의 잔으로써 언젠가는 무거운 짐과 문제들이 찾아올 것이라는 사실을 깨닫게 해준다. 그러나 고난은 함께 나누면 반감된다."[12] 히브리인들은 결혼이 그 공동체를 뒷받침해 주는 제도라는 사실을 강조하고 있다. 그 어떤 부부도 일생 동안 홀로 그 공동체를 유지하리라 기대할 수 없다. 대가족제도가 공동체의 유지에 도움을 제공해 준다. 크리스천들에게 있어서 만약에 친척들이 없다면 가까운 이웃이나 친밀한 친구들이 이 역할을 대신해 줄 수 있을 것이다. 자기 가족들을 훌륭하게 돌보았던 나이들고 지혜로운 사람들 또는 자기들의 실수를 통해서 뭔가를 배운 사람들은 부부들이 함께 살면서 반드시 챙기고 도움을 받아야 할 귀중한 조언자들이다.

> "이스라엘아 들으라 우리 하나님 여호와는 오직 하나인 여호와시니 너는 마음을 다하고 성품을 다하고 힘을 다하여 네 하나님 여호와를 사랑하라 오늘날 내가 네게 명하는 이 말씀을 너는 마음에 새기고 네 자녀에게 부지런히 가르치며 집에 앉았을 때에든지 길에 행할 때에든지 누웠을 때에든지 일어날 때에든지 이 말씀을 강론할 것이며"(신6:4-7)

상기한 구절들은 히브리인들이 가정을, 자녀들에게 하나님의 진리를 가르치는 주된 장소로 만드는 데 있어서 성공하도록 한 열쇠가 되었다. 오늘날 사탄은 계속적으로 가정을 유인하여 다음 세대에게 하나님의 진리를 개인적으로 주입시켜 주어야 할 책임을 회피하게 만들고 있다. 바울은 위에서 인용한 신명기 6장을 통합적으로 이해하여 아버지들에게 권고하고 있다. "또 아비들아 너희 자녀를 노엽게 하지 말고 주의 교양과 훈계로 양육하라"(엡6:4), "마땅히 행할 길(즉 그의 인격과 재능과 동기가 그를 조종하는 길)을 아이에게 가르치라 그리하면 늙어도 그것을 떠나지 아니하리라"(잠22:6).

　유대인들은 잠언을 '원인과 결과'에 대한 약속들의 요약으로 보지 않았다. 잠언은 현인들이 제시한 가장 훌륭한 지혜들을 포함하고 있다. 그러나 하나님으로부터 어떤 보장을 받지는 못했다. 많은 크리스천들이 만약에 자기들이 어떤 특별한 규칙을 지킨다면 하나님께서 특별한 결과를 약속해 주실 것이라는 생각을 지니고 있다. 이러한 전제는 많은 부모들의 마음을 아프게 했다. 그들은 만약에 자기들이 부모로서 자녀들을 크리스천의 가치관으로 훈련시킨다면 자녀들이 그리스도 안에서 성장할 것을 위의 구절이 보장해 준다고 배웠다. 그러나 오히려 이 구절은 부모들에게 시간을 자녀들과 함께 보내라고 명령하고 있다. 그러면 그들은 자기들의 개인적인 인격과 동기를 활용할 수 있을 것이다. 그렇게 할 때 부모들은 자녀들에게 하나님을 기쁘시게 하는 성격과 행동을 불어넣어 줄 수 있을 것이다. 이와 같은 인식을 할 때 부모는 자녀들을 위한 하나님의 계획, 즉 자녀에게 가장 적합한 직업이나 길을 보다 잘 분별할 수 있을 것이다.

　20세기 미국 교회에서는 교회활동을 영적인 생활로 간주하고 있다. 그 활동의 대부분은 개인들에게 도움을 주는 것이며, 시간에 맞추어 나타나는 것 이외에는 아무런 희생이나 책임도 요구하지 않는다. 영적인 장소에서 교인들이 모이는 것에 초점을 맞추는 것은 신자들에게서 성경적 유대인들이 너무나도 분명하게 이해한 어떤 것을 박탈해 버렸다. 그것은 곧 가정이 영적 개발을 위한 주된 장소라는 점이다. 많은 서방의 크리스천들은 가정을 영적인 훈련과 성장을 위한 장소들 중에서 교회나 기독교학교 다음으로 생각하고 있다.

대부분의 부모들은 자녀들이 그리스도 안에서 성장하는 데 필요한 영적인 자양분을 전문가들이나 목회자들이 공급해 주기를 기대하고 있다. 그들은 자녀들이 주일학교와 청년회에서 배운 것만으로도 훌륭한 크리스천이 되기를 소망한다.

수 년 동안 우리와 대화를 나눈 많은 목사들은 자기들이 가정에서 영적인 가르침을 하지 못한 것을 보상하기 위하여 교회에서 프로그램과 활동들을 개발했다는 사실을 인정했다. 한 번은 우리가 한 그룹의 목사들을 관찰하고 그들이 자신의 가정에서 가족기도회나 성경공부를 실시하는 시간을 가졌는지에 대해서 물어보았다. 비록 그들 모두가 자기 자신만의 경건과 기도시간을 가졌다는 사실은 인정했을지라도, 식사 기도 이외에 가정 내에서 다른 어떤 영적인 활동에 자기 가족들을 참여시킨 사람은 그들 중에 아무도 없었다.

유대인들의 영적인 생활은 가정에 초점을 맞추고 있다. "유대교는 신앙생활의 구조와 기능이 가정을 중심으로 하고 있었기 때문에 모든 시대의 박해 중에서도 살아남을 수가 있었다. 가정의 힘은 평화로 충만한 신앙적인 가정의 기능 가운데 존재하고 있다."[13] 그리스도의 성품들은 가정이라는 용광로 안에서 배워야만 한다. 부모의 생활 방식은 그들이 하는 말만큼 중요하다. 그들은 자녀들이 가장 먼저 볼 수 있는 하나님의 모습이다. 아이들이 자신의 아버지로부터 받은 인상은 아버지이고 목자이며 주님이신 하나님의 개념에 궁극적으로 영향을 미칠 것이다. 이것은 진실로 그 어떤 외부의 교육도 보상해 줄 수 없는 너무나도 큰 책임이다. 당신은 가정에서 보내는 시간을 지혜롭게 사용해야만 한다.

"사람이 떡으로만 살 것이 아니요 하나님의 입으로 나오는 모든 말씀으로 살 것이라"(마4:4)

초대 교회는 오직 히브리 성경과 성령의 인도하심만을 의지했다. "그들은 성령과 그의 가르침과 인도하심에 의지해야만 했다. 그들은 성령의 영감으로 사역하고 전하고 글을 쓰는 것 이외에 달리 선택의 여지가 없었다."14) 수세기에 걸쳐서 여러 가지 인위적인 형태의 교회 정치제도가 개발됨에 따라서 초대 교회를 인도한 중요한 요소인 '레마(rhema)'가 상실되었다.

성경에는 영어로는 말씀(word)으로 번역되는 두가지의 히브리 단어가 있는데 그 용어들이 바로 로고스(logos)와 레마(rhema)이다. 로고스는 영원히 변하지 않는 하나님의 방법과 생각들을 나타내고 있다. 성경은 인간을 위해 기록되어진 하나님의 로고스의 일부이다. 레마는 하나님께서 신자에게 직접적으로 그리고 개인적으로 말해 주신 특별한 말씀이다. 성령이 없이는 레마가 있을 수 없다. 성령께서는 레마를 통해서 특별한 시간에 특별한 개인에게 인간을 위한 하나님의 섭리의 특별한 부분, 즉 로고스를 전달해 주신다. 하나님을 이해하는 인간의 능력이 너무나도 작고 하나님의 지혜는 인간의 이해력을 초월하기 때문에 이것은 중요하다. "여호와의 말씀에 내 생각은 너희 생각과 다르며 내 길은 너희 길과 달라서 하늘이 땅보다 높음같이 내 길은 너희 길보다 높으며 내 생각은 너희 생각보다 높으니라"(사55:8,9).

데렉 프린스(Derek Prince)는 다음과 같이 쓰고 있다. "레마는 예수님께서 무리들에게 먹이신 빵조각과 같다. 그것은 각 사람의 필요와 능력에 적합한 것이다. 자주 그것은 다른 사람의 손을 통해서 우리에게 찾아온다. 따라서 우리는 그리스도의 몸된 교회 안에서 결속의 필요성을 느낄 수 있고 또 서로에 대한 필요성도 느낄 수 있다." 15)

위에서 인용한 마태복음 4장 4절에서 "나오다"라는 단어는 현재 진행형 시제이다. 이것을 다른 방법으로 말하자면 "우리는 하나님의 입에서 나오는 그 모든 말씀으로 살아야만 한다."라는 것이다. "오늘날 우리가 하나님의 레마를 찾는 것은 이스라엘 사람들이 출애굽 시에 만나를 거두어 들이는 것과 같다."- "네 열조도 알지 못하던 만나를 광야에서 네게 먹이셨나니 이는 다 너를 낮추시며 너를 시험하사 마침내 네게 복을 주려 하심이었느니라"(신8:16).

히브리 초대 교회는 하나님의 특별한 안내(special guidance)를 구하는 것이 얼마나 중요한 지를 알았다. 순종과 함께 승리가 찾아왔다. 다윗 왕은 전투 시에 하나님의 특별한 안내를 구했다. 블레셋이 이스라엘을 공격했을 때 "다윗이 여호와께 물어 가로되 내가 블레셋 사람에게로 올라가리이까 여호와께서 저희를 내 손에 붙이시겠나이까 여호와께서 다윗에게 말씀하시되 올라가라 내가 단정코 블레셋 사람을 네 손에 붙이리라 하신지라"(삼하5:9). 또 다시 블레셋이 공격했을 때 다윗은 다시 기도했다. 이때 하나님께서는 그에게 전혀 다른 전략을 제시해 주셨다. "다윗이 여호와께 묻자온대 가라사대 올라가지 말고 저희 뒤로 돌아서 뽕나무 수풀 맞은 편에서 저희를 엄습하되 뽕나무 꼭대기에서 걸음걷는 소리가 들리거든 곧 동작하라 그 때에 여호와가 네 앞서 나아가서 블레셋 군대를 치리라 하신지라"(삼하5:23~24).

하나님께서는 필요할 경우 당신의 인생이나 어떤 사람의 인생속에 있는 어떤 특별한 환경에 대해서 특별한 안내를 제공해 주실 것이다. 그러나 그러한 안내가 여러분이 만나는 모든 상황에 적용될 수 있는 것은 아니다. 여호수아와 그의 백성들은 승리를 얻기 위해서 여리고 성 주변을 일곱 번 행군하라는 레마를 받았다(여호수아 6장을 보라). 그러나 그 후의 전투를 위해서 하나님께서 다른 전략을 계시해 주셨다.

초대 교회의 신자들은 '자신의 이해력에 의지하기를' 원하지 않았다. 즉 그들은 이성이 아니라 계시가 자기들을 인도해 주기를 원했다. 사도행전 13장 1~3절을 생각해 보라. "안디옥 교회에 선지자들과 교사들이 있으니 곧 바나바와 니게르라 하는 시몬과 구레네 사람 구기오와 분봉왕 헤롯의 젖동생 마나엔과 및 사울이라 주를 섬겨 금식할 때에 성령이 가라사대 내가 불러 시키는 일을 위하여 바나바와 사울을 따로 세우라 하시니 이에 금식하며 기도하고 두 사람에게 안수하여 보내니라." 성령으로부터 온 레마 즉 특별히 계시되어진 하나님의 뜻은 특별한 사역을 위하여 사울과 바나바를 분리시켰다.

하나님께서 특별한 목적을 위하여 레마를 계시하실 때 그것을 이행하는 개인에게도 능력을 부어 주신다. 신약에서 천사 가브리엘은 마리아에게 "보라 네가 수태하여 아들을 낳으리니 그 이름을 예수라 하라 저가 큰 자가 되고 지극히 높으신 이의 아들이라 일컬을 것이요"(눅1:31~32)라고 말했다. 마리아가 처녀가 어떻게 임신할 수 있는지 물었을

때 천사는 "대저 하나님의 모든 말씀은 능치 못하심이 없느니라"(37절)
고 대답했다. 다시 말하자면 하나님으로부터 나오는 모든 말씀(레마)은
하나님의 목적을 성취할 수 있는 힘을 지니고 있다. 마리아가 자기에게
말해진 것에 대하여 기꺼이 복종하기로 겸손하게 받아들인 것은 하나님
께서 역사하실 만큼 충분한 믿음이었다. "말씀대로 내게 이루어지이다"
(38절).

성경은 결혼한 남자가 성경의 진리들을 자기 가족들에게 적용할 것을
명령하고 있다. "남편들아 아내 사랑하기를 그리스도께서 교회를 사랑
하시고 위하여 자신을 주심 같이 하라 이는 곧 물로 씻어 말씀으로 깨끗
하게 하사 거룩하게 하시고"(엡5:25~26). '말씀'을 나타내기 위해서 사
용되어진 용어인 레마는 당신의 배우자에게 성경 구절을 인용하는 것
이상을 의미하고 있다. 그것은 말씀을 생활에 적용시켜 결과적으로 영
적으로 깨끗해지며 더욱 인격적으로 거룩해지는 것을 의미하고 있다.
그리스도의 희생적 자세는 그의 대속적 행위 가운데서 입증되어진 사랑
과 헌신의 깊이를 나타내 주고 있다.

"성령의 검 곧 하나님의 말씀을 가지라"(엡6:17). 성령의 검은 그것
을 가지고 있는 신자가, 성경이 자기에게 말해주는 것에 대하여 신실하
게 순종할 때 흑암의 무리들과 싸울 수 있는 능력을 부여해 준다.

"예수께서 가라사대 내가 곧 길이요 진리요 생명이니 나로 말미암지 않고는 아버
지께로 올 자가 없느니라"(요14:6)

예수님은 자신을 "길"이라고 칭하셨다. 사도행전을 보면 예수님은 초

대 크리스천들에게 "도"로 알려졌다. "그러나 이것을 당신께 고백하리이다 나는 저희가 이단이라 하는 도(the way)를 좇아 조상의 하나님을 섬기고 율법과 및 선지자의 글에 기록된 것을 다 믿으며"(행24:14). "도"라는 용어가 사용되어진 것은 할라카(Halakhah)로 알려진 매우 독특한 히브리적 중요성을 지니고 있다. 할라카는 모세의 율법을 해석하고 특별한 상황에 적용시키는 방법이다. 할라카는 어떤 주어진 실제적 상황에 대하여 성경이 제공하는 몇가지 방안들 중에서 한 가지를 선택하기로 결정하고 적용하는 것이다. 그것은 어떤 한 가지 결정만이 올바르다는 것을 뜻하는 것이 아니라 이 특별한 선택이 다른 해결책들보다도 더욱 훌륭하게 적용할 수 있다는 것을 뜻한다. 강조점이 해석에만 있는 것이 아니라 정확한 적용에도 있었다.

룻기에서 보아스는 나오미와 룻의 재산에 관해서 의논하기 위하여 그 성읍의 장로들을 찾아갔다. 모세의 율법에는 다음과 같이 규정되어 있었다. "형제가 동거하는데 그 중 하나가 죽고 아들이 없거든 그 죽은 자의 아내는 나가서 타인에게 시집가지 말 것이요 그 남편의 형제가 그에게로 들어가서 그를 취하여 아내를 삼아 그의 남편의 형제된 의무를 그에게 다 행할 것이요 그 여인의 낳은 첫 아들로 그 죽은 형제의 후사를 잇게 하여 그 이름을 이스라엘 중에서 끊어지지 않게 할 것이니라"(신25:5~6). 룻은 보아스를 찾아가 '친족구제권'이라 불려지는 이 특권을 행사하라고 말했다. 그는 그 역할을 수행할 수 있는, 자기보다 더 가까운 친척이 있다는 사실을 알았다. 보아스는 비록 룻과 결혼하기를 원했을지라도 그 친척에게 찾아가 그를 장로들에게 데리고 갔다. 그 친족이 자신의 책임을 거부했을 때 장로들은 그 율법을 보아스에게 적용하여 룻과 결혼하게 했다. 장로들 편에서의 이러한 행동은 할라카, 즉 신명기에서 확립되어진 율법을 적용한 선례로 기록되어졌을 것이다.

구약의 선지자들은 자주 다양한 의미를 지니고 있는 용어들을 사용했다. 아모스는 "정의를 하수같이 흘릴지로다"(암5:24)라고 목청을 높였다. 할라카는 이것을 다음과 같이 실행가능한 것으로 해석했다. 즉 가난한 자의 필요를 충족시켜 주는 자비나 하나님에 대한 믿음을 표현하는 자비 등으로 해석했다(궁핍한 형제를 도우라는 약 2:14~17의 내용과 유사하다).

오늘날 대부분의 크리스천들은 자기도 알지 못하는 사이에 할라카를 행하고 있다. 만약에 당신이 결혼하여 배우자와 함께 기도하는 가운데서 산아제한에 관한 성경적 이해를 확립하거나, 또는 자녀를 공립학교나 기독교 학교나 가정에서 교육시키기로 하나님 앞에서 결정했다면, 당신은 사실상 가족들을 위하여 할라카를 확립한 것이다. 당신은 자신에 대한 하나님의 뜻을 적용하기 위하여 하나님의 말씀을 탐구하고 성령의 이해, 즉 레마를 구했다. 할라카는 교육이든 재정적 문제든 윤리적 결정이든 종교적 실천이든 간에 당신의 생활의 모든 영역에 대하여 성경적 진리들을 적용시킬 것을 요구하고 있다.

할라카적 과정은 통합적 이해를 기초로 한다. 그것은 진리를 더럽히지 않기 위해서 그 계승자보다 앞선 세대의 랍비적(또는 교회) 권위자들의 결정을 소중하게 여긴다. '발전과 동기'가 문화적 현장에 나타났을 때 이것은 최초의 신자들에게 중요했다. 성경적 의미에 대한 분명한 인식이 가장 먼저 고려되어져야만 했다. 비유적 해석이나 알레고리적 해석이 저자나 그의 청중들에 의해서 분명하게 이해되어진 것을 결코 대신할 수 없었다. 헬라적 이상들과 '보다 높은 수준의 사고'를 운문으로 비유한다면 할라카는 산문으로 비유할 수 있을 것이다. 할라카는 완전한 세상으로의 환상적 도피가 아니라 구체적인 일상생활 속에서 개인의 과업과 책임을 다루고 있다.

할라카가 일상적인 상황 속에서 나타나는 행위만을 서술하기 위해서 의도된 것은 아니다. 그것은 또한 하나님과 역동적인 사랑의 관계를 맺고자 하는 열망을 표현하기도 하다. 히브리인들은 이러한 관계적 측면을 인식하고 있었다. 즉 '질서의 필요성이 자발성, 개인적 열정, 진귀함과 놀라움 등을 희생시켜서는 안된다.'는 것이다.[16] 하나님은 결코 접근할 수 없을 정도로 멀리 계신 분이 아니다. 할라카의 주된 목적은 순종 가운데서 나타나는 사랑을 통하여 개인을 하나님께 결속시키는 것이다. 하나님의 선하심과 거룩하심은 순종을 요구할 수 있는 하나님의 권한뿐만 아니라 바로 그 순종 자체를 고취한다. 하나님의 성품이신 공의와 친절과 자비 사이의 균형은 메시아 되신 예수님께서 성육신하신 것 가운데서 찾아볼 수 있다.

제●3●장

히브리적 시각
초대 교회의 기본적 사고방식

"서로 마음을 같이 하며 높은데 마음을 두지 말고 낮은데 처하며 스스로 지혜 있는 체 말라"(롬12:16)

예수님께서 가난하고 병들고 빈궁한 자들 사이에서 사역하실 때 그는 그 당시 랍비적 교육방법을 사용하셨다. "교사들이 병든 자들을 치료해 주고 궁핍한 자들에게 음식을 제공해 주고, 그리고 또 다른 구체적인 자비의 행동을 이행하면서 가난한 자들 사이에서 많은 시간을 보내는 것이 관례였다."[1] 젊은이들은 어떤 특별한 랍비, 문자적으로 직역하자면 '나의 선생'에게 소속되어 있었다. 왜냐하면 그의 성품 속에는 어떤 힘이 있었고 또 그들만의 특별한 호소력을 가지게 하는 하나님에 대한 독특한 관점이 있었기 때문이다. 그런 랍비의 제자들은 그에게 절대적으로 헌신했는데 그의 모든 말 뿐만 아니라 그가 가르치는 방법까지도 받아들였다. 그런 랍비의 모든 행동은 학생들이 본받을 모델이 되었다. 만약에 어떤 랍비가 자비로운 행동을 한다면 그의 제자들은 그의 모범을 따라 행동을 통하여 배웠다.

히브리어에서 일(work)을 나타내는 단어와 예배(worship)를 나타내는 단어는 동일한 어근을 가지고 있다. 히브리인의 가르침은 사람들이 일상생활 속에 적용할 수 있는 실제적인 진리였다. 교사의 영향력이 너무나도 심오했기 때문에 그의 성품이 그가 가르치는 내용보다도 훨씬 더 중요했다. 예수님께서 비판하신 바리새인들과 서기관들의 위선은 하나님과 사람을 모욕하는 것이었다. 그들의 행동과 말 사이의 불일치는 그들이 입술로는 하나님을 찬양하나 마음은 그에게서 멀다는 사실을 보여주었다.2) 지도자들에게는 특별한 성실성이 요구되어졌다. "저희 행실의 종말을 주의하여 보고 저희 믿음을 본받으라"(히13:7). 오늘날 우리도 그들의 행실이 그들의 말과 일치해야 했다고 말할 수 있을 것이다.

히브리인의 사고가 삶의 현장에서 체험된 것에 기초하고 있었기 때문에 예수님께서도 행동으로 최후의 심판에 관해서 가르쳐 주셨다. 사람이 예수님에 대한 믿음을 행동으로 드러낼 때야 비로소 그 사람을 하나님의 진정한 양으로 간주했다. 예수님께서 마태복음 25장 31~46절에서 양과 염소를 분리하는 것에 관하여 말씀하셨을 때 다음과 같은 결론을 내리셨다. "내 형제 중에 지극히 작은 자 하나에게 한 것이 곧 내게 한 것이니라"(40절). 구원의 사역을 행한다는 것은 지금 여기에서 당하는 어려움으로 말미암아 무거운 짐을 느끼는 사람들에게 치유와 위로와 승리를 가져다 주는 것이었다. "너희 믿음대로 살라"는 말에 대해서 히브리적 이해를 가지고 서술된 야고보서는 이토록 호소력 있는 묘사를 하고 있다. "하나님 아버지 앞에서 정결하고 더러움이 없는 경건은 곧 고아와 과부를 그 환난 중에 돌아보고 또 자기를 지켜 세속에 물들지 아니하는 이것이니라"(약1:27). 이러한 정의는 하나님 자신의 성격을 비추어 주고 있다. "네 고아들을 남겨 두라 내가 그들을 살려 두리라 네 과부들은 나를 의지할 것이니라"(렘49:11).

더 나아가 요한은 그의 첫 번째 서신에서 당신의 행동과 소유물들은 당신의 신앙을 실천하는 수단이라는 사실을 보여주고 있다. "그가 우리를 위하여 목숨을 버리셨으니 우리가 이로써 사랑을 알고 우리도 형제들을 위하여 목숨을 버리는 것이 마땅하니라 누가 이 세상 재물을 가지고 형제의 궁핍함을 보고도 도와줄 마음을 막으면 하나님의 사랑이 어찌 그 속에 거할까 보냐 자녀들아 우리가 말과 혀로만 사랑하지 말고 오직 행함과 진실함으로 하자"(요일3:16-18). 하나님께서는 당신을 물질적 욕망을 지닌 육체적 존재로 창조하셨다. 하늘에 계신 아버지께서는 당신이 그러한 욕구들을 채워 주시는 하나님을 의지하기를 원하신다. 하나님은 돈을 벌기 위해서 일하는 것을 허용하신다. 그러나 하나님께서 일과 힘과 그리고 음식 그 자체도 공급해 주셨다는 사실을 명심해야만 한다. "또 두렵건대 네가 마음에 이르기를 내 능과 내 손의 힘으로 내가 이 재물을 얻었다 할까 하노라 네 하나님 여호와를 기억하라 그가 네게 재물 얻을 능을 주셨음이라 이같이 하심은 네 열조에게 맹세하신 언약을 오늘과 같이 이루려 하심이니라"(신8:17~18).

만약에 당신이 영적인 눈을 뜬다면, 하나님을 사랑하고 또 당신을 도우라는 하나님의 명령에 순종하는 다른 사람들의 친절과 배려를 통해서 주어지는 하나님의 공급을 보게 될 것이다.

당신이 다른 사람의 실제적 필요를 인식하게 된 최근의 사례들을 회상해 보라. 당신은 어떻게 반응했는가? 다른 사람을 도와줄 때 가장 희생하기 어려운 것은 무엇이었는가? 이제 솔직해지자. 그 경우에 있어서 당신이 보여준 신앙이 하나님 앞에 순전하고 흠없는 것이었는가? 아니면 사람들의 박수갈채를 즐겼는가?

> "아무 일에든지 다툼이나 허영으로 하지 말고 오직 겸손한 마음으로 각각 자기보다 남을 낫게 여기고 각각 자기 일을 돌아볼 뿐더러 또한 각각 다른 사람들의 일을 돌아보아 나의 기쁨을 충만케 하라"(빌2:3~4)

사탄은 다른 사람들의 필요를 적절하고 올바르게 채워주고 도와 줄 수 있는 신앙 즉 가정과 자녀들을 올바르게 인도할 수 있는 활동적이고 생명력 있는 신앙에 공격의 초점을 맞추었다. 가정은 당신이 다른 사람들과 협력하고 참여하는 방법을 배울 수 있는 최초의 장소이다. 바울은 빌립보 신자들에게 본성적으로 가지고 있는 자기 중심적인 경향을 초월하여 사려 깊은 자세로 다른 사람들을 살펴 보라고 가르쳤다. 사람들이 최초로 자신의 개인적인 욕망들을 억제하는 것을 배우는 곳도 가정이다. 사람들은 자주 가족 중의 다른 어떤 사람들을 위하여 희생을 해야 하는 위치에 놓이게 된다.

바울이 빌립보 교인들에게 편지를 쓸 때 느꼈을 고통에 대하여 생각해 보라. "저희가 다 자기 일을 구하고 그리스도 예수의 일을 구하지 아니하되"(빌2:21). 이 신자들은 자기의 육체적 욕망에 집착하고 이러한 분야에서 성령의 역사를 거역했기 때문에 바울이 근심하지 않았겠는가?

당신은 다른 사람의 유익을 살펴 주는 방법을 어떻게 배울 수 있는가? 가족들이 함께 식사를 하는 것도 하나의 대답이 될 수 있다. 그런 평범한 구조 속에서 '율법과 예언의 총체'인 "무엇이든지 남에게 대접을 받고자 하는 대로 너희도 남을 대접하라"(마7:12)는 명령대로 살아가는 방법을 배울 수 있다.

기도원에서 우리는 그 곳에 머물고 있는 사람들이 상호간에 친밀한 교제를 나누게 하고 서로 도움을 주고 받게 하고자 식사를 가족적 분위기로 제공했다. 대부분의 기도회는 금요일 만찬으로 시작되었다. 한번은 남자들의 기도회가 개최되었었는데 참석자들은 처음으로 온 사람들이었다. 그들이 저녁 식사를 하기 위해서 자리에 앉았을 때 아무도 다른 사람에게 음식을 전달해 주지 않는 것을 보고 우리는 말문이 막혔다. 각자 마치 자기 혼자 있는 것처럼 큰 식탁 건너편에 있는 접시에서 음식을 덜어내기 위하여 길게 팔을 뻗었다. 텅 비어 있는 다른 접시들과 또 자기를 도와줄 수 있는 사람들의 존재는 완전히 무시했다.

또 어떤 특정 교파의 목사들을 위한 기도회 기간 동안에 우리는 식탁 가까이에 사람들이 언제든지 집어 들고 마실 수 있는 커피 포트를 갖다 놓은 적이 있었다. 그 교파의 감독이 커피 포트 옆에서 커피를 마시면서 목사들에게 어떤 일을 시켜도 잘 따르지 않는다고 마이크에게 말했다. 마이크는 그에게 "당신은 지금 무엇을 하고 있습니까?"라고 물었다. 그는 "커피를 마시고 있습니다."라고 대답했다. 마이크는 목사들이 앉아 있는 식탁을 돌아보라고 말했다. 그리고 "얼마나 많은 컵들이 비어 있습니까?"라고 물었다. 그는 서서히 그 의미를 깨닫고 자기 자신의 잔을 채우는 대신에 커피 포트를 그 식탁으로 가지고 가서 다른 목사들의 빈 잔을 채워 주었다. "너희는 그렇지 않을지니 너희 중에 큰 자는 젊은 자와 같고 두목은 섬기는 자와 같을지니라 앉아서 먹는 자가 크냐 섬기는 자가 크냐 앉아 먹는 자가 아니냐 그러나 나는 섬기는 자로 너희 중에 있노라"(눅22:26~27). 다른 사람들에 대한 배려와 관심은 당신 안에 있는 예수님의 본성을 요약하고 있다. 배려와 관심같은 자질들이 당신의 본성으로 될 때까지는 먼저 가정이라는 훈련장소에서 실천되어져야만 한다.

"여호와의 말씀에 내 생각은 너희 생각과 다르며 내 길은 너희 길과 달라서"(사55:8)

이스라엘을 여행하는 많은 미국인들은 합리적이지 못한 방식으로 일을 처리하는 중동 사람들에게 자주 실망하게 된다. 서방의 합리주의는 전제부터 결론까지를 여러 단계로 나누어 생각하는 경향이 있다. 각각의 단계는 합리적으로 다음 단계와 연결된다. 유대인들은 자주 마빈 윌슨(Marvin Wilson)이 "우리의 조상 아브라함"이라는 책에서 말한 "블록식 논리"라는 용어를 사용한다. 블록식 논리에 의하면 생각들은 각각 홀로 존재할 수 있다. 그러한 생각들이 반드시 순서대로 서로 어울려야 할 필요는 없다.3) 만약에 당신이 성경을 블록식 논리의 형태로 본다면 그것은 믿을 수 없을 정도로 큰 의미를 발견하게 해줄 것이다. 성경은 서구인들이 너무나도 익숙해져 있는 성경 외에 외적인 설명을 필요로 하지 않는다. 서구인들은 성경을 교육하기에 용이한 포맷으로 조직화하기 위하여 외면적으로 서로 관련이 있는 것 같이 보이는 성구들을 결합시키려고 노력한다. 아마 우리는 헬라의 합리적 사고과정에 충실하기 위해서 이와 같은 조직화가 필요하다고 느낄 것이다. 심지어 우리는 조직적으로 이해하기 위해서 교리를 구축하기도 한다.

유대인은 자기가 모든 대답을 갖고 있지 않다는 사실을 알고 있다. 하나님께서도 그들에게 그것을 요구하지 않으신다. 그들이 모든 것을 설명할 수 없어도 하나님과 화평한 가운데서 살 수 있을 것이다. 인생은 서로 모순되는 대립들로 가득 차 있다. 영원한 것 뿐만 아니라 일시적인 것에도 초점을 맞추어야 하며 하나님을 사랑하면서도 동시에 두려워해야 한다. 하나님은 가까이 계시지만 또한 초월적인 존재이시다. 서구인들은 성경적 진리들을 합리적으로 설명하고 싶어한다. 그러나 하나님께서는 합리적 설명을 거부하신다. 당신은 가장 높은 하늘 위에 초월해 계시면서도 그 자녀들의 심령 속에 내주하시는 하나님을 어떻게 설명할 수 있겠는가? 어떻게 그 백성 이스라엘로 하여금 바벨론 유수, 종교재판, 유대인 대학살 등을 겪도록 허락하신 하나님이, 그들에게 다시 부활하실 하나님과 동일할 수 있는가? 바울은 하나님의 신비를 강조하면서 다음과 같이 놀라고 있다. "깊도다 하나님의 지혜와 지식의 부요함이여 그의 판단은 측량치 못할 것이며 그의 길은 찾지 못할 것이로다 누가 주의 마음을 알았느뇨 누가 그의 모사가 되었느뇨"(롬11:33~34).

히브리 성경의 하나님은 존재하는 모든 것의 창조주이시다. 그리고 그의 기준은 절대적이다. 예수님 당시의 유대인들은 징벌과 보상의 개념을 잘 이해하고 있었다. 하나님께서는 불순종하는 자기 백성을 징벌하기 위한 수단으로 악인을 사용하실 때도 있었다(하박국 1장을 보라). 그리고 나서 그 악인들은 징벌하셨다. 당신은 하나님을 이해하려고 애쓸 필요가 없다. 그러나 또 의문을 억제하려고 애쓸 필요도 없다. 하나님은 당신의 속마음을 알고 계시기 때문에 억지로 '그렇겠지. 하나님께서….'라고 말하는 것은 위선적이다. 하나님께서는 당신이 하나님의 행적을 정당화시키거나 입증하려고 노력하기를 기대하지 않으신다. 순종적인 생활은 다음과 같은 것이다. 당신은 당신의 이성으로 무엇이 선이고 무엇이 악인지 결정하려 하는가? 당신은 하나님의 뜻을 결정하고 그것에 따라 살려고 하는가? 침침한 유리를 통해서 볼 수 없을 때 하박국처럼 예수님의 재림을 인내심 있게 그러나 열심히 기다릴 필요가 있다. 왜냐하면 그 때가 되면 여러분의 의심은 해결되어질 것이기 때문이다.

 2,000년 전 히브리 사회에서 사셨던 예수님은 아마 현재 미국의 대부분의 신학자들에게 받아들여지지 못할 것같다. 그의 가르침은 삶의 지침이지 사색의 대상이 아니었다. 소금과 빛으로써 변화된 삶의 능력은 당신의 생활 뿐만 아니라 여러분이 맺은 모든 인간관계와 사회 전반에 스며들여야만 한다. 당신이 예수님을 따르는 자로서 어디에서 있어야 하는 가에 관해서는 의심의 여지가 없을 것이다. 신약의 모든 저자들이 (아마 누가는 예외일 것이다.) 유대인들이었기 때문에 그들의 접근 방법은 삶의 문제에 대하여 해결책을 제시하는 것이었다. 그들은 신자가 자기 마음대로 선택할 수 있는 수많은 방법들을 제시하지 않았다. 진정

한 성결은 인생에서 일어나는 여러가지 상황에서 하나님의 목적과 계획에 부합되는 결단을 내리는 것이다. 육체는 성령의 전이기 때문에 사람들은 하나님의 것을 지키는 청지기로서 헌신할 필요가 있다. 모든 진리는 하나님으로부터 나오며 그의 기준은 순종이다. 또한 순종은 행동을 요구한다.

성경적 유대인은 인생의 모든 것을 하나님께서 지배하시는 것으로 보았다. 여호와께서 영적으로만 지배하신다고 생각해서는 안된다. 그는 생활의 모든 측면에서 자신의 존재를 느끼게 만드셨다. 칼 킨바(Carl Kinbar)는 로마서 11장에 대한 그의 주석인 "감람나무"에서 출애굽기 19장 5절 즉 제사장 나라로 부르심에 관한 히브리인들의 이해에 대하여 상세히 설명하고 있다. "예수님 당시의 유대인들은 제사장적 사역이라는 견지에서 일상생활과 밀접하게 관련하여 유대교를 정의하려고 했다. 즉 사람은 제사장이 성전에서 사역하는 것과 동일한 수준의 성결로 자신의 가정과 생활을 영위해야 한다는 것이다."4) 그러므로 생활의 모든 추구들은 거룩했으며 하나님의 영광을 성취하기 위한 것이었다. 사람이 가지는 직업은 하나님의 말씀을 연구하기 위해서 보내는 시간만큼 거룩한 것으로 간주되어졌다. 거룩한 것과 세속적인 것 사이에는 구별이 없었다. 우리의 문화는 생활의 여러 가지 측면들을 단순한 범주 즉 일, 놀이, 신앙, 교육 등으로 구분하는 경향이 있다. 그러나 말씀 속에는 그렇게 되어 있지 않다.

신앙심이 많은 유대인들은 일상생활 속에서 언제나 하나님을 인식하고 있었다. 그들의 지침이 되는 원리는 잠언 3장 6절이었다. "너는 범사에 그를 인정하라 그리하면 네 길을 지도하시리라" 기도는 하나님을 향한 말이었으며 결과적으로 하나님을 향한 행동이었다. 오늘날에도 정통적인 유대인들은 하루 종일 우리가 당연하게 여기는 능력과 상황들을 위해서 하나님께 기도를 올리고 있다. 그래서 끊임없이 하나님의 보좌 앞에 찬양을 돌린다. 당신은 얼마나 자주 아침에 일찍 침대에서 빠져 나올 수 있는 능력과 직업을 가지는 것과 이를 닦을 수 있는 것을 위하여 하나님께 감사함으로써 새 날을 맞이했는가? 인생의 모든 환경들은 우연히 혹은 운명에 의해서 찾아온 것이 아니라 하나님의 주권하에 허용되어진 것이다. 심지어 고난까지도 당신의 유익을 위해서 하나님께서 계획하신 것이다. "그러므로 하나님의 뜻대로 고난을 받는 자들은 또한 선을 행하는 가운데 그 영혼을 미쁘신 조물주께 부탁할지어다"(벧전4: 19). 하나님께서는 하루 종일 감사하는 마음으로 그의 임재하심을 인정하고 그를 의지하는 겸손한 사람들을 간절히 찾고 계신다.

히브리인의 기도생활은 개인적 필요에서 출발해서 다른 사람들의 필요, 나아가 축복을 주시는 하나님을 찬양하는 것으로 나아가고 궁극적으로는 하나님 그 자체를 찬양하는 것으로 나아가는 연속체이다. 성숙한 기도생활의 목표는 하나님의 임재하심을 실습하는 것이며 따라서 오직 하나님만이 '유일하게 필요한 것'이 되게 하는 것이다. 기도에 있어서는 겸손이 열쇠다. 즉 하나님께서 당신을 위하여 다른 사람들을 통해서 역사하신다는 사실을 염두에 두고 또 오직 하나님의 은혜와 하나님께서 당신에게 가까이 다가오시는 것을 통해서만 하나님과 사랑의 관계를 체험할 수 있다는 사실을 겸손하게 인식하는 것이다.

히브리적 관점에서 볼 때 기도의 중심은, 마음 속에 들어 있는 것을 말로 표현할 수 없을 때에도 하나님께 가까이 나아가기를 진심으로 열망하는 것이다. 이것이 바로 바울이 로마서 8장 26절에서 말한 것이다. "우리가 마땅히 빌 바를 알지 못하나 오직 성령이 말할 수 없는 탄식으로 우리를 위하여 친히 간구하시느니라" 당신이 전적으로 하나님께 초점을 맞춘다면 당신의 간구는 상달될 수 있을 것이다. 히브리적으로 표현하자면, "고뇌하는 영혼은 그 수고로부터 안식을 찾는다. 하나님께서 온전히 하나님과의 심오한 교제 가운데 있는 이 곳에 계시기 때문이다. 그리고 만약 실존하지 않는다면 사람들이 영원한 것에 대해 무엇을 더 요구할 수 있겠는가?"5)

하나님을 이해하지 못할 때 어떻게 평안할 수 있겠는가? 당신은 자신의 인생을 1~10등급의 파편들로 구성되어진 구획들로 보는가? 아니면 그것을 하나님을 포함하고 있는 하나의 통합체로 보는가? 단체 예배 시에 당신이 보여주는 성결의 수준은 가정에서 유지하고 있는 수준과 동일한가? 당신은 하나님께 간구와 요청의 기도를 하기 전에 먼저 하나님을 섬겼는가? 개인적 성결과 순간 순간 하나님의 임재하심을 인식하는 것에 관해서 히브리인들이 가지고 있었던 이해를 기억하라. 이러한 자세가 당신의 기도생활에 어떤 영향을 미칠 수 있는가?

"주께 힘을 얻고 그 마음에 시온의 대로가 있는 자는 복이 있나이다"(시84:5)

시온의 대로, 즉 순례의 길은 당신이 목적지나 정점을 향하여 여행하는 것을 의미하고 있다. 히브리적 견해에서는 인생을 여행이나 순례로 이해했다. "너희 속에 착한 일을 시작하신 이가 그리스도 예수의 날까지 이루실 줄을 우리가 확신하노라"(빌1:6). 하나님 중심의 견해로 인생을 바라보면 인생은 하나님의 계획과 또 하나님 자신의 뜻에 따라 성취하실 인도자를 지닌 여행길과 같다(이것은 성경의 기초적인 주제이다. 그리고 앞에서 언급했듯이 성경을 처음부터 끝까지 구속의 의미를 충분히 이해할 수 있도록 가르쳐야만 한다는 사실을 강력하게 지지하고 있다.). 결과적으로 역사에 대한 히브리적 견해는 거룩하다. "지극히 높으신 하나님이 인간 나라를 다스리시며 자기의 뜻대로 누구든지 그 위에 세우시는 줄을 알기까지 이르게 되었었나이다"(단5:21). 그는 또한 그 백성들이 곤궁에 처해 그의 개입을 간구할 때 그들을 구원해 주시는 하나님이시다.

성경은 사탄의 속임수와 지배와 또 하나님의 백성들을 파괴하려는 시도들을 거듭해서 기록하고 있다. 그뿐만 아니라 하나님의 백성들이 하나님께로 돌아와 도움을 간구할 때마다 베풀어 주신 하나님의 구원도 기록하고 있다. 복음전도자 에드 실보소(Ed Silvoso)는 만약에 이스라엘 백성들이 하나님께 부르짖는 것이 결과적으로 그들의 구원을 위한 유일한 소망이라는 사실을 깨닫지 못했다면 출애굽기는 2장에서 끝났을 것이라고 생각했다. 하나님께서 어떻게 구원해 주시는지 보여주기 위해서 출애굽기에 38개의 장들이 더 필요했다. 하나님의 시각에서 볼 때 성경은 그 백성들의 기도와 부르짖음에 대해서 하나님께서 응답하신, 구원에 대한 일련의 이야기이다. 포로생활과 구원이 반복되는 순례 여행과 같은 당신의 인생은 예수님께서 재림하실 때 이루어질 최종적인 구원으로 그 절정을 이룰 것이다. 이와 같은 패턴을 가진 하나님의 신실하심은 당신이 시련 가운데 있을 때에 힘을 북돋워 주고 위로를 가져다 줄 것이다.

환경이 너무나도 절망적이어서 도저히 해결할 수 없을 것 같아 보였던 시기들에 대해서 회고해 보라. 그 때 당신은 어떤식으로 하나님께 부르짖었는가? 또 하나님은 어떻게 반응하셨는가? 당신은 하나님께서 제공해 주시는 응답으로 말미암아 놀랐는가? 얼마나 시간이 흐른 후에 당신은 또 다시 하나님께 부르짖었는가?

> "범사에 네 자신으로 선한 일의 본을 보여 교훈의 부패치 아니함과 경건함과 책망할 것이 없는 바른 말을 하게 하라 이는 대적하는 자로 하여금 부끄러워 우리를 악하다 할 것이 없게 하려 함이라"(딛2:7~8)

히브리인들이 무대로 항상 회당만 사용 하였던 것은 아니었다. 엘리사 시대에는 선지자가 연구와 기도를 위한 집회장소로써 자신의 집을 개방한 것은 흔한 일이었다. 에스겔도 이같이 말하고 있다. "제 육년 유월 오일에 나는 집에 앉았고 유다 장로들은 내 앞에 앉았는데 주 여호와의 권능이 거기서 내게 임하기로"(겔8:1). 이러한 모임이 점점 정기적으로 조직화되어 감에 따라서 매주 모이는 안식일 집회의 패턴으로 발전했으며 그것을 본받아 매주 크리스천의 집회가 형성되어졌다.6)

하나님의 율법을 적절하게 적용하기 위해서 연구하는 것이 유대인들의 기본적인 일이었는데 그것은 무엇이 순종인지를 구별하기 위한 것이었다. 하나님이 택한 백성으로서 그들은 자주 하나님의 풍성한 은혜 뿐만 아니라 징계하시는 매도 경험했다. 하나님의 길에 거룩하게 순종하는 것이 그 은혜를 누릴 수 있는 열쇠가 되었다. 따라서 하나님을 기쁘시게 하는 것을 열심히 찾는 것은 그의 말씀으로부터 배우기 위하여 한 자리에 모일 수 있게 해주는 원인이 되었다. "자랑하는 자는 이것으로 자랑할지니 곧 명철하여 나를 아는 것과 나 여호와는 인애와 공평과 정직을 땅에 행하는 자인줄 깨닫는 것이라 나는 이 일을 기뻐하노라 여호와의 말이니라"(렘9:24).

유대인들의 모임은 자치적 성격을 띠고 있었다. 평범한 유대인 남자 열 명이 모이면 미니안(Minyan) 혹은 일종의 단체를 형성하게 되는데 이는 하나님 앞에서 사람들을 대표하였다. 초기의 저술들은 회당의 구조물들이 이동형이었기 때문에 낡아지면 쉽게 교체할 수 있었다는 사실을 지적하고 있다. 사실상 그것은 궁핍한 나그네들을 위한 일시적인 처소로 사용될 수도 있었던 다목적 성소의 원형이었다. 성경 시대의 히브리인들은 종교적인 의무와 봉사를 수행하기 위하여 보수를 받는 전문가들을 세우지 않았다. 랍비는 소위 오늘날의 '평신도'와 같았으며 예배 중에 13세 된 소년보다도 더 크고 특별한 의무나 식책을 맡지 않았다.[7] 그가 보고를 올려야만 할 수직적인 성직계급도 없었다.

랍비는 제사장의 직책을 맡지 않았으며 회당의 직원도 아니었다. 다만 신앙적 문제에 대한 유식한 상담자였을 뿐이다. 랍비는 자기 가족들의 생계를 돌보기 위해서 일했으며 성경 연구를 위해 남은 시간을 바쳤다. 사실상 랍비는 그 학생들과 마찬가지로 함께 배우는 자로 인식되어졌다. 왜냐하면 사람은 결코 하나님의 말씀을 연구하는 것으로부터 '졸업할 수' 없기 때문이다.

랍비는 공동체의 일원으로서 하나님과 이웃 사람들에 대한 사랑 때문에 실제적으로 하나님과 사랑의 관계를 유지하면서 살아갈 수 있는 장로들과 함께 '할라카'적 결정을 내리도록 인도되었다. 이와 같은 접근 방법은 바리새인들의 경직된 제한규정들과는 정반대였다. 예수님도 지적하셨듯이 바리새인은 "무거운 짐을 묶어 사람의 어깨에 지우되 자기는 이것을 한 손가락으로도 움직이려 하지 아니"(마23:4)하였다.

지혜가 충만하다고 인정된 사람들은 현인으로 존경을 받았으며 윤리적 영적 탁월성의 모범이 되었다. 이러한 장로들은 그 공동체를 위하여 공의롭고도 자비로운 결정을 내린다는 견지에서 하나님이 요구하시는 성결의 가시적 기준을 설정했다.

공동체의 사람들이 회당에 모였을 때 회중들 중에서 가르칠 수 있는 사람이라면 누구든지 하나님의 말씀을 읽고 회중의 기도를 인도하고 설교할 수 있었다. 예수님께서도 성경을 읽고 가르쳐 달라는 요청을 받았을 때 나사렛 회당에서 이것을 입증해 보여주셨다(눅4:16).

히브리 성경을 각 나라 사람들의 언어로 번역하는 것과 본문 말씀을 해석하여 의미있는 교훈을 주는 것은 나중에 크리스천 집회에서 행해진 설교의 기초가 되었다.

비록 세월이 흐름에 따라서 많은 회당들이 파괴되었을지라도 모든 유대인들은 조상들의 믿음에 관해서 알고 있었기 때문에 유대교는 살아남았다. 그러므로 유대교는 항상 가정 속에서 살아남을 수 있었다. 가정은 작은 성소, 즉 하나님께 예배를 드리고 말씀을 연구하고 손님을 접대하는 장소로 구별되어진 미크다시 메야트(Miqdash Meyat)였다.8) 초대 기독교 뿐만 아니라 유대교도 평신도의 참여에 기초하고 있었다. 이것은 무엇보다도 가정에서 먼저 실천되어졌다. 히브리 사회의 건전성은 다음 세대인 어린 아이들을 유대인의 신념과 전통으로 훈련시킴으로써 유지·계승될 수 있었다. 회당과 가정은 어린 아이들을 위하여 진리의 울타리를 제공해 주었는데, 그들은 하나님의 백성으로 선택받은 자들의 특성을 점진적으로 인식하게 되었다.

과거 수십년 동안 미국내의 어떤 신앙공동체들은 믿음과 영적인 표현의 기본적인 공간인 가정으로 되돌아가기 시작했다. 많은 교단들 내에서 이루어지는 가정교제(Home fellowship)와 홈그룹(Home Group)은 궁극적으로 신앙 발전의 주된 기초가 되는 가정을 향하고 있다.

당신은 주님과 정기적으로 만나는 시간을 설정하여 주님 앞에서 사랑하는 마음으로 기다린 적이 있는가? 당신은 교회의 스태프(staff)들이 당신 스스로 하지 못한 것을 보상해 주기 원하는가? 아니면 당신이 이미 연구하고 적용한 진리들을 그들이 보충해 주기를 기대하는가? 자녀들은 자기들도 역시 성령을 통하여 우주의 주인이신 하나님께 접근할 수 있다는 특별한 기적을 인식하고 있는가?

"늙어도 결실하며 진액이 풍족하고 빛이 청정하여"(시92:14)

히브리 성경은 오랜 세월 동안 겪은 체험을 통해서 얻은 지혜의 중요성을 옹호하고 있다. "늙은 자에게는 지혜가 있고 장수하는 자에게는 명철이 있느니라"(욥12:12). 성경은 노인의 영적, 심리적, 정신적 성숙을 강조하고 있다. 성경시대 때 히브리인들의 공동체는 오늘날의 경우처럼 노인들이 너무 늙어서 유용성이 없다고 믿지 않았다. 에스겔 7장 26절에서 언급된 "장로의 모략"은 칭송을 받았으며 사람들은 그들의 지혜를 추구하였다. 장로들은 성문에 앉아서 그 성읍에 들어오거나 나가는 모든 사람들과 접할 수 있었다. 거기서 그들은 공동체 전체에 영향을 미치는 결정을 했다. 나이든 여인들도 "그 이름을 번역하면 도르가라 선행과 구제하는 일이 심히 많더니"(행9:36)에 나오는 도르가(Dorcas)처럼 젊은 여인들에게 궁핍한 자들을 돌보아 주는 경건한 활동의 본을 주어야만 했다.

로버트 힉스(Robert Hicks)는 "남성의 여행"에서 남성의 발달 단계와 나이의 중요성에 대한 통찰력 있고도 실제적인 히브리인들의 이해를 제시하고 있다. 남성다움은 인생의 싸이클 전반에 걸쳐서 여러 가지로 다르게 나타난다. 힉스는 "성인의 인생은 정적인 것이 아니다. 그것은 여행(순례 여행)이다. 여행을 하는 도중에 풍경은 끊임없이 변화한다… 우리는 나이가 들어도 우리의 직업이나 결혼이나 심지어 신앙까지도 항상 동일하기를 기대한다. 우리가 자신 가운데서 어떤 변화들을 목격하게 될 때, 그것이 여행의 정상적인 한 부분이라고 인식하기보다는 오히려 뭔가 심각하게 잘못되었다고 생각한다."라고 쓰고 있다.[9]

구약에는 남자를 나타내는 히브리 단어가 6가지가 있다. 하나님께서는 남자를 가리키는 6개의 단어를 가지고 각 단계에 가장 적합한 단어를 사용하셨다. 힉스는 이러한 용어들을 사용하여 남자의 인생 행로를 6단계로 묘사하고 있다.

첫번째 단계는 **창조적 남성(Adam)**인데 남성 뿐만 아니라 여성까지도 포함하여 일반적인 인류를 의미하고 있다. 사람은 하나님의 형상을 따라 만들어졌기 때문에 스스로 계획하고 창조할 능력을 가지고 있다. 그러나 죄악된 본성 때문에 그의 능력은 고귀한 목적을 위해서 뿐만 아니라 악한 목적을 위해서도 사용되어질 수 있다.

남근숭배적 남성(Zakar)단계는 남자로 하여금 친밀한 인간관계를 향하도록 강요하는 남성의 선천적인 성적 충동을 의미한다. 그러나 성경적 교훈들은 그러한 성적 표현을 부부사이 내로 국한시키도록 강요한다.

히브리 성경에서 **깁보르(Gibbor)**라는 용어가 사용되어졌을 때 그것은 남보다 뛰어나고 정복하려는 **전투적 남성**을 의미하고 있다. 우리의 문화 속에서 이것은 자기 직업에서 최고의 자리를 향하여 돌진하며 물질적 성공을 성취하려고 허둥대는 20~30대의 남자를 상징하고 있다.

결국 그 남자는 **상처받은 남성(Enosh)**이 되는데 그가 전투적 단계를 통과할 때 상처를 입게 되는 것이다. 사람은 상처를 입어야만 자기 주변에 있는 사람들의 필요성을 이해하기 시작한다. 이러한 상처는 자주 40대에 입는다. 우리는 그 결과로 생기는 혼란과 불쾌감을 중년의 위기라고 한다. 그 사람의 결혼생활은 원만하지 못하며, 자녀들은 자기를 필요로 하지 않는 것 같고, 자기의 일도 만족스럽지 못하며, 육체도 쇠약해지기 시작한다. 그는 자신이 고립되었다고 느끼며, 이러한 상처를 입히신 하나님의 목적을 이해하는 것을 도와줄 수 있는 사람들에게 도움의 손길을 내밀 수 없거나 또는 내밀고 싶어하지 않는다.

이쉬(ish)라는 히브리어 용어는 **성숙한 남성**이라고 정의되는데 상처 입은 시기를 지나서 위엄과 순전성을 지닌 사람이 된 남자를 뜻한다. 사람은 이 단계에서 자신의 성품, 즉 자신이 어떤 사람인가에 대해서 알 수 있게 된다. 그는 인생의 목적이 새로워지는 것을 느끼고 인간관계와 사회 전반에 걸쳐서 잘못되어졌다고 생각하는 것에 적극적으로 대처하게 된다.

자켄(Zaken) 즉 **현인**으로 알려진 사람은 머리가 하얗게 센 지혜로운 사람으로서 그가 가진 판단력때문에 존경을 받는다. 그리고 사람들은 그의 인도와 이해력을 구한다. 유대의 현인들은 이론적이 아니라 현실적인 삶의 영역에서 지혜를 지니고 있다. 그들은 공동체가 당면한 문제들을 해결할 수 있는 노련한 충고를 제공해 주었다. 성경시대에 현인 단계에 도달하는 것은 살 만한 가치가 있는 인생의 정점을 의미하고 있었다.[10] 이처럼 노인을 존중하는 자세와 현대에 노인들을 경멸하는 자세를 대조해 보라. "미국인들이 하는 것처럼, 젊은이들을 숭상하고 그들에게 성숙의 이상을 제시해 주지도 못하고 또 기대할 만한 것도 전혀 제시해 주지 못하는 것은 매우 파괴적인 시스템이다."[11]

만약에 현대의 교회가 과거의 따뜻한 인간관계를 회복하려면 신자들은 먼저 노인들을 찾아 현역으로 복귀시켜야만 할 것이다. 수 년 동안 수많은 사회학자들은 미국이 삼대, 즉 조부모와 부모와 자녀들이 동거하는 가정을 상실했을 때부터 미국 가정의 파멸은 시작되었다고 말했다. 미국 사람들은 늙을까봐 두려워하고 있다. 비록 2차 세계대전 이후

수십년 동안 통계적으로 볼 때 노인들의 숫자가 증가했을지라도 오늘날의 교회에서는 극 소수의 노인들만이 지도적이고 영향력있는 위치를 차지하고 있다. 우리는 200명 가량 되는 교회에 다니고 있는데 40대 중반인 우리가 그 중에서 가장 늙은 축에 든다.

우리의 문화는 노인들의 지혜와 경험에 의존하지 않고 있다. 과학적, 기술적으로 발전된 우리 사회는 감정적으로 얼마나 벌거벗었는지 알지 못한다. 그것은 또한 노인들의 지혜가 제공해 주는 성격 발달의 필요성도 인식하지 못하고 있다. 우리 사회에서, 파괴된 인간관계는 너무나도 많기 때문에 다 파악할 수조차 없다. 그 과정은 2차 세계대전 이후부터 알지 못하는 사이에 미묘한 방식으로 진행되어졌기 때문에 우리는 마치 차가운 물이 담긴 솥에 들어가 서서히 삶아진 개구리와 같다. 우리가 무슨 일이 일어났는지 알기도 전에 요리가 되었던 것이다.

성경시대에 존경받던 현인들과 오늘날의 노인들을 비교해 보라. 현대의 노인들은 등받이 의자에 드러누워 TV를 시청하거나, 다른 노인들과 카드놀이를 하거나, 플로리다로 여행을 떠나는 등 가족과 분리된 생활을 하고 있다. 그 반면에 나이든 여인들은 외모에만 신경을 쓰기 때문에 최신식 유행에 따라가기 위해서 조깅을 하거나 테니스를 친다. 교회는 현인들과 그 아내들을 잃어버렸다.

기도원에서 우리는 이따금씩 어떤 특별한 가정문제에 관해서 상담을 해달라고 요청하는 목사의 전화를 받았다. 우리는 목사들에게, 그 가족이 어려운 문제에 대하여 그 교회의 노부부들과 이야기 할 수 있도록 하라고 격려해 주었다. 그리고 그 결과는 놀라울 정도로 좋았다.

교회는 히브리적 뿌리를 버림으로써 많은 것을 상실했다. 지금 가장 필요한 사람들이 교회 안이나 우리 가정에는 없다. 그들은 은퇴하여 멀리 떠나 버렸다. 신자들은 아무런 도움도 받지 못한 채 남겨졌으며 경험에 의한 지혜를 박탈당했다. 우리가 세상의 어리석고도 악한 길을 따르지 않는 공동체가 되려면 크리스천들은 히브리 선배들이 체험한 것을 동일하게 갖고 체험해야만 한다.

"미련한 자는 행악으로 낙을 삼는 것같이 명철한 자는 지혜로 낙을 삼느니라"(잠 10:23)

어떤 점에서 그리스도인인 당신은 당신이 목회자들에게 바라는 진실함과 지혜가 무시되고 조롱받고 있다는 것을 절감해야 하는가? 마빈 윌슨(Marvin R. Wilson)은 '미련한 자'라는 단어의 여러 가지 의미에 대해서 신랄하게 적었다. "성경적 지혜문학에서 현인들의 학생들은 자주 '미련한 자'(잠1:7) 또는 '어리석은 자'(잠1:22)라는 용어로 표현되어진, 지혜롭지 못한 자들이었다. 지혜문학에서 젊은이든 늙은이든간에, 여러 종류의 미련한 자들은 현인들이 가르쳐야만 하는 사람들이였으며, 그들은 설익은 자들이었음을 의미했다. 다른 것들과 마찬가지로 미련한 자라는 용어는 수정이 요구되는 자세나 정신적 경향이나 인생의 방향을 묘사하고 있다."[12] 잠언에만 미련한 자에 대한 언급이 100번 이상 나오는데 히브리 사상은 하나님을 기쁘시게 하는 것이 지혜이고 가증스러운 것을 미련한 것으로 분별한다.

윌슨은 미련한 자들의 특징에 따라서 미련한 자를 뜻하는 히브리어 단어를 5가지로 분류했다. 잠언 1장 4절에서 발견되는 **단순하게 미련한 자**(pety)는 잘못을 저지르기 쉽지만 그래도 교육이 가능한, 무지하거나 미성숙한 사람을 뜻하고 있다. 도움을 구하는 페티(pety)는 고쳐야 할 필요성을 느끼고 자기 인생의 어떤 분야에서 지혜를 배우고 적용하고자 할 때 환영을 받았다.

케실(kesil) 즉 **강퍅하게 미련한 자**는 자신의 길을 완고하게 고집한다. "개가 그 토한 것을 도로 먹는 것같이 미련한 자는 그 미련한 것을 거듭 행하느니라"(잠26:11). 이와 같은 형의 미련한 자는 자신의 악한 길을 즐기기 때문에 현인의 개입도 아무런 소용이 없을 것이다.

에윌(ewil)은 케실과 유사한데, **변화하기를 원하지 않을 뿐 아니라 오만함과 분노를 추가한다**(잠29:9). 만약에 여러분이 그런 사람을 교정시켜 주려고 노력한다면 그는 아마 다툼과 분노로 반응할 것이다.

망령되게 미련한 자 즉 레츠(letz)는 잠언 21장 24절에 묘사되어 있다. "무례하고 교만한 자를 이름하여 망령된 자라 하나니 이는 넘치는 교만으로 행함이니라" 이렇게 미련한 자들은 의로운 남자들과 여자들의 토론을 혼란에 빠뜨리며 지혜로운 사람들을 괴롭힌다. 그의 거만한 자존심이 그로 하여금 자기가 교정되어야 할 필요성이 있음을 받아들이지 못하게 한다. 현인은 그와 같은 사람에 대하여 시간과 노력을 낭비할 뿐이다.

나발(nabal)은 하나님께서 자기의 인생에 영향을 미치고 계신다는 사실을 부정한다. "어리석은 자는 그 마음에 이르기를 하나님이 없다 하도다"(시14:1). 그는 성결을 멸시하기 때문에 당신이 그에게 훈계하거나 교정시켜 줄 기회를 거부한다.

그러므로 당신이 성결로 인도하고자 하는 사람들에 대하여 분별력을 발휘해야만 한다는 것은 분명한 사실이다. 자기들의 문제에 대해서 계속적으로 이야기하면서도 진정으로 변화하고자 하는 마음이 없는 사람들 때문에 얼마나 혼란스럽고 지치게 되는가? 그것은 마치 그들이 쓰레기를 비우기를 원하면서도 그들의 쓰레기통을 또 다시 가득 채우지 않겠다는 소망을 진정으로 갖지 못한 것과 같다. 당신은 지혜를 활용하여 마음이 상한 자나 불순종하는 자를 변화시키려고 진심으로 노력해야 할 것이다. 그러나 만약에 그들이 계속적으로 어리석음 가운데 머물러 있기를 원한다면 당신의 말은 소 귀에 경 읽기가 될 것이다. "미련한 자를 곡물과 함께 절구에 넣고 공이로 찧을지라도 그의 미련은 벗어지지 아니하느니라"(잠27:22).

현대 교회에서 사역하는 우리는 히브리인들이 지혜에 관하여 현실적이고 실천적인 사고를 가지고 있었다는 사실을 기억해야만 한다. 단순하게 미련한 자들은 교육이 가능하며 현인들이 시간과 지혜를 투자할 만한 가치가 있다. **강퍅하고, 망령되고, 분노하고, 하나님을 부인하는** 미련한 자들은 자기들의 타락한 사고방식에 대하여 회개하고 변화하기 위하여 지혜를 바라기 전에는 잘라내 버려야만 한다. 현인이 자기의 시간을 투자하는 것을 즐겁게 여기도록 만들어 주는 것이 가르침을 받고 지혜를 구하는 사람의 의무이다. 히브리서 기자는 히브리서 13장 17절에서 이것의 중요성을 강조하고 있다. "너희를 인도하는 자들에게 순종하고 복종하라 저희는 너희 영혼을 위하여 경성하기를 자기가 회계할

자인 것같이 하느니라 저희로 하여금 즐거움으로 이것을 하게 하고 근심으로 하게 말라 그렇지 않으면 너희에게 유익이 없느니라."

> "열 두 제자를 부르사 둘씩 둘씩 보내시며 더러운 귀신을 제어하는 권세를 주시고"
> (막6:7)

두 사람 이상이 무리를 지어 행한 성경적 사역은 다음과 같은 명령과 일치하고 있다. "내가 이제 세 번째 너희에게 갈 터이니 두 세 증인의 입으로 말마다 확정하리라"(고후13:1). 예수님은 교회의 기본적인 사역에 대하여 가르치시면서 다음과 같이 명령하셨다. "만일 듣지 않거든 한 두 사람을 데리고 가서 두 세 증인의 입으로 말마다 증참케 하라… 두 세 사람이 내 이름으로 모인 곳에는 나도 그들 중에 있느니라"(마18:16,20). 장로들과 또 그들과 함께 한 자들은 죄에 빠진 사람이 교육이 불가능한 미련한 자인지, 또는 기꺼이 회개하고 교정 받을 수 있는자인지를 분별할 수 있었다. 만약에 전자와 같은 경우라면 그가 회개할 때까지 신자들의 공동체로부터 분리시켜 버릴 수 있었다. 이와 같은 사례를 고린도전서 5장 4~5절에서 발견할 수 있다. "주 예수의 이름으로 너희가 내 영과 함께 모여서 우리 주 예수의 능력으로 이런 자를 사단에게 내어 주었으니 이는 육신은 멸하고 영은 주 예수의 날에 구원 얻게 하려 함이라."

주님께서 제자들을 자기보다 앞서 파송하실 때 두세 사람씩 힘을 합쳐서 사역하는 것의 중요성 뿐만 아니라 듣기를 거부하는 자들과 다투지 말 것을 더불어 강조하셨다.

"이후에 주께서 달리 칠십 인을 세우사 친히 가시려는 각동 각처로 둘씩 앞서 보내시며 이르시되 추수할 것은 많되 일군이 적으니 그러므로 추수하는 주인에게 청하여 추수할 일군들을 보내어 주소서 하라
갈지어다 내가 너희를 보냄이 어린 양을 이리 가운데로 보냄과 같도다 전대나 주머니나 신을 가지지 말며 길에서 아무에게도 문안하지 말며 어느 집에 들어가든지 먼저 말하되 이 집이 평안할지어다 하라 만일 평안을 받을 사람이 거기 있으면 너희 빈 평안이 그에게 머물 것이요 그렇지 않으면 너희에게로 돌아오리라
그 집에 유하며 주는 것을 먹고 마시라 일군이 그 삯을 얻는 것이 마땅하니라 이 집에서 저 집으로 옮기지 말라… 너희 말을 듣는 자는 곧 내 말을 듣는 것이요 너희를 저버리는 자는 곧 나를 저버리는 것이요 나를 저버리는 자는 나 보내신 이를 저버리는 것이라 하시니라"(눅10:1~7, 16)

초대 교회에서 지극히 중요하게 여겼던 성경적 사역과 인간관계를 명심하라. 신앙공동체에서 존경받는 역할이었던 현인들의, "두 세 사람의 증인들"이라는 성경적 원리에 근거한 사역은 '단순하게 미련한 자'를 훈계하여 교정하도록 돕는 것이었으며, '강퍅하고', '망령되고', '하나님을 부인하는' 미련한 자들에 대해서는 좌절하고 아무런 유익도 없이 시간을 낭비하지 않는 것이었음을 명심하라.

당신은 '내담자들'로 인한 과중한 업무 때문에 지쳐 버린 교회 지도자를 본 적이 있는가? 당신이 아는 사람들 중에서 어리석음이나 충고를 무시했기 때문에 스스로 지게 된 무거운 짐들과 싸우고 있는 사람들을 얼마나 많이 있는가? 하나님께서 분리시켜야 할 필요가 있는 회개가 필요한 강퍅한 사람들을 당신의 마음에 떠오르게 하시는가? 당신은 단순한 바보를 곁에 두면서 성경적이고 책임 있는 인간관계를 통해서 그의

길을 기꺼이 수정해 줄 수 있는가?

"저들로 젊은 여자들을 교훈하되 그 남편과 자녀를 사랑하며"(딛2:4)

히브리적 관점에서 볼 때 나이 많은 크리스천 여인의 가치는 디도서 2장 3~5절에서 발견되어진다. "늙은 여자로는 이와 같이 행실이 거룩하며 참소치 말며 많은 술의 종이 되지 말며 선한 것을 가르치는 자들이 되고 저들로 젊은 여자들을 교훈하되 그 남편과 자녀를 사랑하며 근신하며 순전하며 집안일을 하며 선하며 자기 남편에게 복종하게 하라 이는 하나님의 말씀이 훼방을 받지 않게 하려 함이니라"(젊은 히브리 아내와 어머니는 자녀를 양육하는 데 있어서 필요한 모든 지혜를 다 가지고 있는 것으로는 생각되지 않았다. 그녀는 보다 나이 많은 여인의 따뜻한 지혜를 필요로 했다. 오늘날의 아내와 어머니들은 자기들의 성공과 실패에 대하여 가족들에게 말해 줄 만한 인생의 이야기를 가지고 있는 자들과 함께 시간을 보내는 것이 필요하다.)

만약에 당신이 이미 그것을 경험한 어떤 사람의 말에 주의를 기울였더라면 실수로 인해서 자녀와 남편에게 부담을 주는 일을 피할 수 있지 않겠는가? 잠언 31장에서 인용된 "현숙한 여인"은 "그 남편이 그 땅의 장로로 더불어 성문에 앉아 있는"(잠31:23) 늙은 여인이었을 가능성이 크다. 늙은 여인이 수 년 동안 남편을 돌보면서 얻은 근면함과 또 그녀가 가난하고 궁핍한 자들에게 베풀어 준 동정심은 기꺼이 자기들의 스케줄을 재조정하고 배우러 찾아오는 자들에게 전달해 줄 만한 가치가 있는 미덕들이다. "입을 열어 지혜를 베풀며 그 혀로 인애의 법을 말하며"(잠31:26).

당신은 디모데전서 5장에서 발견할 수 있는 훈계가 현대 사회와는 문화적으로 맞지 않다는 사실을 쉽게 깨달을 수 있을 것이다. 그러나 그것은 가정을 다시 세울 수 있는 열쇠이다.

> "참 과부인 과부를 경대하라 만일 어떤 과부에게 자녀나 손자들이 있거든 저희로 먼저 자기 집에서 효를 행하여 부모에게 보답하기를 배우게 하라 이것이 하나님 앞에 받으실 만한 것이니라 참 과부로서 외로운 자는 하나님께 소망을 두어 주야로 항상 간구와 기도를 하거니와…
> 과부로 명부에 올릴 자는 나이 육십이 덜 되지 아니하고 한 남편의 아내이었던 자로서 선한 행실의 증거가 있어 혹은 자녀를 양육하며 혹은 나그네를 대접하며 혹은 성도들의 발을 씻기며 혹은 환난 당한 자들을 구제하며 혹은 모든 선한 일을 좇은 자라야 할 것이요"(딤전5:3~5, 9, 10)

이 모든 요소들은 불편하고 시간낭비처럼 보일지도 모른다. 그러나 그것들은 당신의 신앙에 실제적인 자극을 가져다 줄 것이다. 이것들은 자녀들이 가정을 이루었을 때 기억할 수 있는 눈에 보이는 형상들이다. 삼대가 함께 사는 크리스천 가정의 숫자가 점진적으로 증가하고 있으며 또 그렇게 하는 가운데서 풍성한 축복을 받고 있다. 어떤 사람들은 부모와 가까운 곳에서 살기 때문에 정기적으로 서로 만날 수 있다. 먼 곳으로 이사한 사람들은 자신들을 위한 대리모나 자녀들을 위한 조부모들을 찾고 있다. 많은 사람들이 어린 사람들을 가르칠 수 있는 노인들과 함께 사는 대가족에 관한 히브리적 개념에 근거해서 가정을 세우고 있다. 그리고 그 속에서 가족관계의 아름다움을 체험하고 있다. 그러나 대부분의 크리스천들은 아직도 노인들의 중요성을 인식하지 못하고 있다. 어쨌든간에 교회는 점점 더 젊은이들 중심이 되어 가고 있고 따라서 미래에는 가정에서 생긴 변화들이 궁극적으로 교회 전체에 영향을 미칠 것이다.

인생에 도움을 줄 수 있는 중요한 곳에서 당신은 어떤 인간관계를 맺고 있는가? 만약에 당신이 어느 정도 나이가 든 사람이라면 당신은 당신이 체험한 인생의 교훈을 말해주기 위해서 보다 젊은 개인이나 부부에게 접근했는가? 당신은 그와 같은 활동에 지나치게 참여해서 오히려 그와 같은 인간관계가 기쁨이 되기보다는 오히려 부담이 되는 것 같은가?

"또 가라사대 안식일은 사람을 위하여 있는 것이요 사람이 안식일을 위하여 있는 것이 아니니 이러므로 인자는 안식일에도 주인이니라"(막2:27~28)

반성, 예배, 휴식, 기분전환 이와 같은 단어들이 매주 맞이하는 여러분의 안식일을 정확하게 묘사하고 있는가? 원래 그 날은 이스라엘 백성들을 위하여 제정되어졌다. 그것은 하나님의 백성들을 다른 나라들과 구별하기 위한 것이었다(출31:12). 그들이 매주 하루를 정하여 수입의 원천이 되는 노동을 금하고 예배와 기분전환과 기도에 초점을 맞추기 위해서는 하나님에 대한 커다란 믿음을 필요로 했다. 오늘날의 크리스천들에게도 동일한 원리가 적용되어진다. 당신은 씨를 뿌리고 물을 줄 수가 있다. 그러나 소출을 증가시키시는 분은 하나님이시다(고전3:6). 이 날을 정해 주신 하나님의 목적을 감사하는 마음으로 받아들이고 또 하나님의 계획을 이해한다는 것은 얼마나 중요한가. 하나님께서는 당신에게 안식일을 축복으로 여기고 지키라고 권고하신다. "이미 그의 안식에 들어간 자는 하나님이 자기 일을 쉬심과 같이 자기 일을 쉬느니라"(히4:10). 당신이 안식일을 지킴으로써 얻은 축복은 하나님의 다른 모든 명령들처럼, 현실적인 것은 아니지만 당신에게 유익한 것이다.

"유대공동체에서 공동체 전체는 모든 가족들이 음식과 포도주와 주거지와 그리고 또 안식일을 고통이 아니라 기쁨으로 지킬 수 있는 동반자들을 가질 수 있도록 보장해 줄 책임이 있었다."13)

경건한 유대 가정들의 최우선적인 의무는 안식일을 지키는 것이다. 유대 문헌에 따르면 "유대인들이 안식일을 지킨 것이 아니라 안식일이 유대인들을 지켰다." 가정이 작은 성소이기 때문에 자기 아내와 자녀들을 위해서 하나님의 축복을 기원하는 것은 경건한 아버지의 기쁜 의무였다. "우리가 예수의 이름으로 자녀들을 축복했기 때문에 그들은 자라서도 복을 받을 것이다."14) 우리의 개인적 문화는 낙태와 탐욕과 자기 숭배를 조장하고 있다. 우리의 자녀들은 하나님의 형상 가운데서 경건한 가치관과 자신들의 가치를 강화시켜 주는 부모를 얼마나 필요로 하는가.

만약에 어머니가 하나님께 초점을 맞추게 하는 전통을 가정에서 지키고 기념한다면 자녀들은 주님과 그 백성들 사이의 결속에 대하여 특별한 이해를 할 수 있을 것이다. 날마다 자녀들이 학교를 향해서 출발할 때 함께 기도하라. 가족들의 식사 전후에 찬송을 부르라. 가정에서 주님을 찬양하는 음악을 들으라. 밤마다 크리스천 전기를 읽어 주라. 이러한 것들은 가정에 중요한 전통을 형성할 수 있는 작은 방법들이다. 가정에서 하나님의 임재하심을 인식하는 데 익숙해진 자녀들은 안식일을 마치 매주 찾아오는 명절처럼 반기게 될 것이다. 가정과 예배공동체는 합심하여 "산 제사"가 되시는 하나님께 감사를 표현해야 한다. 부모들도 가정에서 어조와 대화의 내용과 몸가짐에 대해서 특별한 주의를 기울여야 한다. 부모들이 "내 뜻대로 마옵시고 당신의 원대로 하옵소서"라고 말하면서 하나님께 순종하는 모범을 더 많이 보여주면 줄수록 가정은 더욱 더 내부로부터 변화하여 천국을 위해 다른 사람들에게 영향을 주게 될 것이다.

미국에서 크리스천 가정들이 기쁜 마음으로 안식과 예배의 날을 기대하는 경우는 드문것 같다. 안식일을 하나님께서 정해 주신 대로 지킬 때 인간관계를 강화시켜 주고 마음의 평화를 되찾게 해주며 한 주간 동안 생활한 후에 영적인 힘을 다시 얻을 수 있는 기회를 제공해 준다. 만약에 당신이 안식일을 한 주간 동안 하지 못했던 허드렛일을 하는 날로 사용한다면 하나님께서 계획하신 축복을 놓쳐 버릴 것이다.

이스라엘에서 경건한 유대인들은 이 날을 경축하기 위하여 안식일 저녁에 손님들을 초대한다. 아버지는 자기 아내와 가족들에게 잠언 31장 10~31절을 읽어 주는데 그것은 아내에게 축복이 될 뿐만 아니라 가족들에게 어머니의 중요성을 상기시켜 주기도 한다. 안식일의 촛불과 포도주는 편히 쉬는 것, 평화, 기쁨, 사기충천한 마음 등을 상징한다.

이날 저녁에는 한 주간 중 가장 좋은 식사가 제공된다. 꽃으로 식탁을 장식하고 안식일의 촛불이 다 탄 후에도 오랫 동안 대화를 즐긴다. 이때는 대화를 나누고 듣고 계획하고 웃는 시간이다. 안식일이 일몰과 함께 시작되기 때문에 그 다음날 전체는 가정의 행복을 위하여 기다리고 있다. 이스라엘 사람들은 일주일에 육일 동안 일하고 학교에 간다. 그러나 안식일은 가정에 초점을 맞추는 날이다. 그날은 "거룩한 날이며, 천국을 미리 맛보는 것이며, 순수하고도 구별된 날이며, 일상생활의 걱정과 문제들로부터 해방되는 날이다."15)

그러나 만약에 당신이 한 주간의 나머지 날 동안에 하나님께 감사하지 않는다면 예배의 날에 진정으로 감사를 드리지 못하게 될 것이라는 사실을 인식해야 할 것이다. 만약에 당신이 가정에서는 전혀 다른 자세를 취하면서도 예배를 드릴 때에만 거룩한 기쁨을 표현한다면 자녀들은 그것을 민감하게 알아챌 것이다. 하나님께서는 "입술로는 나를 존경하나 내게서 멀리 떠난"(사29:13) 사람들을, 그 말씀들이 원래 기록되었을 때와 마찬가지로 오늘날에도 경멸하신다. 죄를 깨닫게 하시는 성령의 역사에 신속히 응답하라. 그래서 한 주간 내내 하나님께서 사용하시기에 적합한 그릇이 되자.

제 ● 4 ● 장

초대 교회
겸손하고 히브리적이고 성령충만함

"그런즉 형제들아 어찌할꼬 너희가 모일 때에 각각 찬송시도 있으며 가르치는 말씀도 있으며 계시도 있으며 방언도 있으며 통역함도 있나니 모든 것을 덕을 세우기 위하여 하라"(고전14:26)

예수님과 열 두 제자들은 교회가 예수님 안에서 생명을 받을 수 있도록 완전한 기초를 놓았다. 초대 교회는 하나님을 기쁘시게 하는 방법으로써 신자들이 알아야 할 필요가 있는 모든 것들을 알았다. 그리스도의 제자들이 히브리적 요람에서 양육되어졌기 때문에 신자들은 창조의 하나님에 대한 신뢰와 의존이라는 견지에서 자기들의 믿음을 정의했다. 그들에게 특별한 교리나 도그마(dogma)는 하나님에 대한 진실한 사랑만큼 중요한 것이 아니었다. 하나님께 대한 진정한 예배는 세상의 방법이나 관례보다도 하나님 자체에 몰두하는 것에 초점을 맞추고 있었다. 종교적 완전성, 예를 들면 "그러므로 하늘에 계신 너희 아버지의 온전하심과 같이 너희도 온전하라"(마5:48)는 것은 도달할 수 없는 기준이었다. 그러나 그것은 의인이 일생 동안 추구해야 할 목표였다. 어떤 의미에서 '하나님과 동행한다는 것'은 다음과 같은 말로 요약할 수 있을 것이다. "하나님을 경외하고 그 명령을 지킬지어다 이것이 사람의 본분이니라"(전12:13).

초대 교회의 관례와 구조는 회당을 모방한 것이었다. 그것은 "장로들의 임명과정과 기도회의 채택을 보면 알 수 있다. 과부들과 궁핍한 자들을 위하여 일용할 양식을 제공해 주는 것도 회당의 관례를 반영하고 있다."[1]

신약성경에서 교회의 집회에 관한 묘사나 가르침은 거의 없다. 왜냐하면 사도들은 초대 교회를 구성하고 있는 유대인 신자들이 매우 잘 알고 있는 것을 구태여 설명할 필요가 없었기 때문이다. 그리스도 시대 이전에도 회당에서는 사도들과 복음전도자들이 이미 활동하고 있었다. 장로와 집사들은 헌금을 관리하고 궁핍한 자들을 위한 자선품을 모으고 분배했다. 그들의 활동이 교회시대와 더불어 새롭게 시작된 것은 아니었다. 교회 집회를 위한 회당적 모델은 위에서 인용한 고린도전서 14장 26절에 나타나 있듯이 참여의 자유를 보장해 주었다. 바울은 골로새서 3장 16절에서 다음과 같이 가르치고 있다. "그리스도의 말씀이 너희 속에 풍성히 거하여 모든 지혜로 피차로 가르치며 권면하며 시와 찬미와 신령한 노래를 부르며 마음에 감사함으로 하나님을 찬양하고."

유대인들은 하나님 앞에서 그들의 개인적인 가치와 위치를 인식했을 뿐만 아니라 유대 백성 전체에 속해 있다는 인식을 고수했다. 하나님께서 그들의 조상 노아, 아브라함, 다윗과 맺으신 언약은 사람과 사람, 하나님과 사람을 묶은 협약이나 계약들 중에서도 독특한 것이었다. 거룩하신 하나님과 죄악된 인간들 사이에 놓여 있는 불균형의 심연은 하나님에 의해서 일방적으로 다리가 놓여졌다. "연기 나는 풀무와 타는 횃불"(창15:17)과 애굽의 포로에서 탈출할 때 이스라엘을 인도한 구름기둥과 불기둥은, 희생제물 사이를 지나갔으며 아브라함과 하나님 사이의 언약을 보증했다. 아브라함 자신은 지나가지 않았다. 그러나 하나님의 보증으로 충분했다. 이산(dispersion)과 포로기 동안에도 하나님의 백성이라는 사실에 대한 깊은 인식은 이스라엘 백성들로 하여금 하나님과 이스라엘 사이의 관계에 대한 그들의 구전 전승(oral traditions)을 응고시켜 토라(Torah), 즉 히브리 성경의 최초의 다섯 권을 만들었다. 그러므로 이 성경들은 그들의 독특한 정체성을 보존하는 구조가 되었다.

유사한 방식으로 초대 유대 신자들은 그들과 하나님 사이의 독특한 관계를 그리스도에 근거해서 이해했다. 그들은 또한 하나의 공동체, '하나의 몸'으로써 서로 결속했는데, 각자는 서로에게 속해 있었다. 성령은 그들이 받아들여지고 선택되어졌다는 사실에 대한 보증이었다. "이는 우리의 기업에 보증이 되사 그 얻으신 것을 구속하시고 그의 영광을 찬미하게 하려 하심이라"(엡1:14).

회당을 모델로 삼은 초대 교회는 교회 내에서 영적인 은사들이 나타나도록 서로를 격려했다. 왜냐하면 모든 사람들이 예배에 참여하고 덕을 쌓을 수 있을 것으로 기대되었기 때문이다. 신자의 개인적 생활이나 공동체적 생활 가운데 성령의 나타나심은 계속적으로 하나님께서 그 백성들과 함께 하시고 계심과 또한 그 백성들이 하나님을 항상 믿고 의뢰하고 있었다는 사실을 입증해 주었다. 공동참여는 회당의 본질적 특징이었으며 초대 교회 집회의 기초였다.

오늘날 우리가 "공동생활"이라고 말하는 것은 성령의 공동체적 인식의 기본 요소였다. 예수님 당시에 자기 자신의 개인적인 욕구와 관심의 포로가 된 유대인은 불신자나 마찬가지였다. 자기 주변에서 고통 당하는 자들을 무시하는 사람은 사는 데 필요한 모든 것을 궁극적으로 공급해 주시는 하나님에 대한 신앙이 없는 것으로 간주되었다. "네 동족이 빈한하게 되어 빈 손으로 네 곁에 있거든 너는 그를 도와 객이나 우거하는 자처럼 너와 함께 생활하게 하되 너는 그에게 이식을 취하지 말고 네 하나님을 경외하여 네 형제로 너와 함께 생활하게 할 것인즉"(레25:35~36).

예언자들은 "오직 공법을 물같이 정의를 하수같이 흘릴지로다"라는 아모스 5장 24절과 같이 하나님께서 신자들에게 요구하는 것이 **주는 것**이라고 표현했다. 장로들에 의해서 확립되어진 할라카는 **주는 것을 신자 안에서 이루어지는 하나님의 역사를 반영하는, 어떤 것을 할 수 있는 능력**으로 번역했다. "재물은 진노하시는 날에 무익하나 의리는 죽음을 면케 하느니라"(잠11:4). 이 주제는 야고보서 2장 14~17절에서도 나오는데 거기서는 형제적, 가족적 측면에서 짐을 지는 것이 정의 되어 있다. "내 형제들아 만일 사람이 믿음이 있노라 하고 행함이 없으면 무슨 이익이 있으리요 그 믿음이 능히 자기를 구원하겠느냐 만일 형제나 자매가 헐벗고 일용할 양식이 없는데 너희 중에 누구든지 그에게 이르되 평안히 가라, 더웁게 하라, 배부르게 하라 하며 그 몸에 쓸 것을 주지 아니하면 무슨 이익이 있으리요 이와 같이 행함이 없는 믿음은 그 자체가 죽은 것이라."

유대인들에게는 사람이 하나님의 형상으로 창조되었다는 정체성이 깊이 자리잡고 있었기 때문에 진정한 자비에 대한 그들의 개념은 궁핍한 자들이 그들의 존엄성을 유지할 수 있도록 공급해 주는 것이었다. 자비를 베푸는 궁극적인 목적은 개인이 자립적으로 살 수 있는 수단을 확립시켜 주는 것이었다. 자비에 대해서 히브리인들이 가지고 있었던 사례에 대하여 생각해 보자. 어떤 젊은 여인이 고아로 버려졌다. 그녀를 도와주기를 원하는 사람들의 목표는 그녀가 적당한 나이에 도달했을 때 알맞는 남편을 찾아주는 것이었다. 그녀의 경제적 욕구를 긴급히 충족시켜 주어야만 하는데도 불구하고 보다 큰 관심을 가진 것은 그녀에게 결혼이 가져다 줄 위엄과 존경이 필요하다는 것이었다. 한 세대에서 다음 세대에 이르기까지 공적인 지원에 의존하는 것을 영속시키고 또 어떤 의미에서 그것을 부추기는 현대의 복지제도와는 얼마나 다른가!

초대 크리스천들은 주님께서 성령을 통하여 그들의 모임 가운데 임재해 계신다고 믿었다. "두 세 사람이 내 이름으로 모인 곳에는 나도 그들 중에 있느니라"(마18:20). 바울은 그들에게 "너희 관용을 모든 사람에게 알게 하라 주께서 가까우시니라"(빌4:5)고 훈계하였다. 하나님께서 가까이 계시는 것을 일찍이 이사야도 깨달았다. "내가 높고 거룩한 곳에 거하며 또한 통회하고 마음이 겸손한 자와 함께 거하나니"(사57:15).

그들의 회당 내에는 성직제도에 의한 권위 있는 직책들이 세워지지 않았다. 그리고 초대 교회 내에서도 그러한 것들은 전혀 필요하지 않았다. 유대인들이 이해하고 있었듯이 하나님의 백성들 사이에서 일어나는 성령의 사역은 하나님의 말씀을 가르치고 실천함으로써, 친절한 행동을 수행함으로써, 동료 신자들을 위하여 자기의 시간과 자원을 희생시킴으로써, 그리고 이 모든 것들을 기쁜 마음으로 함으로써 인식할 수 있었다.2) 성령께서는 경건한 삶의 요소들을 조명해 주셔서 신자들이 의를 향한 변화를 추구하도록 인도해 주었다. 그러므로 성결을 추구하는 개인에게는 다른 사람들이 더욱 의로운 길을 향하여 나아가도록 도와줄 책임이 있었다. 그리고 또 공동의 참여와 유익에 대하여 초점을 맞췄다. 즉 하나님께 순종함으로써 결과적으로 형제 자매들을 도와줄 자질을 지니게 되었다.

> "너희 중에는 그렇지 아니하니 너희 중에 누구든지 크고자 하는 자는 너희를 섬기는 자가 되고 너희 중에 누구든지 으뜸이 되고자 하는 자는 너희 종이 되어야 하리라"(마20:26~27)

이 구절에서 예수님은 사도들과 그리고 또 그 후의 교회 지도자들의 리더쉽에 대해서 거역이 불가능한 기초를 제시해 주셨다. 그들은 지배하는 것이 아니라 봉사해야만 했다. 예수님은 그들에게 다음과 같이 경고하셨다. "이방인의 집권자들이 저희를 임의로 주관하고 그 대인들이 저희에게 권세를 부리는 줄을 너희가 알거니와 너희 중에는 그렇지 아니하니"(마20:25~26). 베드로도 다른 장로들 사이에서 자신의 우월성을 주장하지 않았다. "너희 중 장로들에게 권하노니 나는 함께 장로된 자요… 너희 중에 있는 하나님의 양무리를 치되 부득이함으로 하지 말고 오직 하나님의 뜻을 좇아 자원함으로 하며"(벧전5:1~2).

그러나 수정주의적 저자들은 성경시대 동안에 이해되고 이행되었던 교회 구조에 관한 사실들과 환경들을 변경시켰다. 이러한 변경들은 특별히 로마 황제가 교회와 통합한 콘스탄틴 시대 이후의 4세기 동안에 이루어진 것이 분명하다. 그 당시 교회 권력(Ecclesiastical powers)은 사도시대의 사도들에게 교회의 계급적인 지배권력을 부여하려고 애썼다. 그러나 이와 같은 권력의 사다리는 사도들이 사용하지도 않았으며 성경이 지지하지도 않은 현상이었다. 따라서 교회 권력자들은 자기들이 로마 제국으로부터 모방한 지배와 통치에 대한 자기들의 기득권을 유지하기 위하여 '변경된 진리'를 고안해야만 했다.

자기들의 신앙에 대하여 진지했던 유대인들은 지혜를 얻기 위하여 자기들을 바라보는 사람들에게 본을 보여주어야만 했다. 하나님께서 원하신 생활양식은 미가 6장 8절에 분명하게 나타나 있다. "사람아 주께서 선하신 것이 무엇임을 네게 보이셨나니 여호와께서 네게 구하는 것이 오직 공의를 행하며 인자를 사랑하며 겸손히 네 하나님과 함께 행하는 것이 아니냐."

자비를 나타내는 히브리 단어들은 수없이 많다. 문맥 속에서 그것은 **선의**, **인자**, **충성** 등으로 정의되어질 수 있다. "행하다(acting)", "사랑하다(loving)" 그리고 "행하다(walking)" 등은 예수님께서 모든 신자들에게 명령하실 때 사용하신 구체적인 행위를 요구하는 단어들이다. "너희 아버지의 자비하심같이 너희도 자비하라"(눅6:36). 리더쉽의 은사를 가진 사람들은 직접적으로 참여했다. "맡기운 자들에게 주장하는 자세를 하지 말고 오직 양무리의 본이 되라"(벧전5:3). 교회는 진정한 종으로서 섬겼던 사도들의 자세와 그 안에 담긴 본질을 이해 하지 못했기 때문에 수세기에 걸쳐서 많은 혼란과 분열을 야기하였다. 3세기의 이방인 교회 소속의 저자들은 그들이 채택하는 과정에 있던, 로마제국의 정치제도에 비추어 성경을 해석하기 시작했다. 그들에게 성경 가운데서 제시되어진 리더쉽의 특징들은 부차적인 것이었다. '성직자'로 발전된 목사의 권리는 신약성경에 나타난 **종으로서의 리더쉽**과는 완전히 모순되는 교회 규제적 권력을 지니게 되었다. 만약에 현대의 크리스천들이 하나님과 자신의 양심에 정직하다면 목사의 권리를 더 이상 영적인 은사로 볼 수 없으며 세상의 다른 직업들과 마찬가지로 봉급을 받는 전문직으로 볼 수 밖에 없을 것이다.

다음에 나오는 도표는 초대 히브리 교회의 믿음의 법칙을 내포하고 있다. 하나님의 아들 예수님을 통한 하나님과 그들의 관계가 중심적 위치를 차지하고 있었다. 그 다음으로 우선적인 것은 가정 내에서 이루어지는, 밀접한 인간관계의 지원을 받는 가정의 존엄성이었다. 마지막으로 회당이나 성전에서 교인들이 함께 모이는 것이 나온다. 유대인들에게 있어서는 회당이 아니라 가정이 영적인 발전을 위한 기본적인 장소였다. 가정의 교제는 공개적이고도 자유롭게 사귀는 친한 친구들과 이웃들과의 교제에 개인적 지원을 공급해 주었다. 그 반면에 회당은 예배와 연구를 위해서 함께 참여할 수 있는 장소였다. (제 3 부에서 우리는 현대 교회에게 이러한 성경적인 우선순위를 회복시켜 주시는 주님의 역서에 대해서 살펴 볼 것이다.)

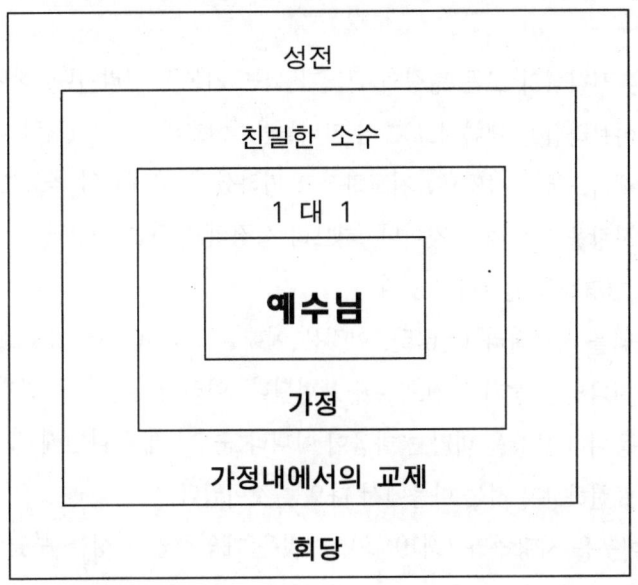

초대 교회에서 예수님을 따르는 자들은 성령께서 신자들 각자에게 부여해 주신 은사에 따라 자신의 역할을 수행했다. 회당과 가정 교제에 적극적으로 참여함으로써 다음과 같은 히브리서 기자의 말씀이 의미를 지니게 된다. "서로 돌아보아 사랑과 선행을 격려하며 모이기를 폐하는 어떤 사람들의 습관과 같이 하지 말고 오직 권하여 그 날이 가까움을 볼수록 더욱 그리하자"(히10:24~25). 서로 격려하다(spur one another on)와 서로 권하다(encourage one another)는 신자들이 참여하고 모이는 곳에서만 생겨날 수 있다.

"사랑으로써 역사하는 믿음뿐이니라"(갈5:6)

사랑은 하나님의 모든 명령의 근거가 되는 기본적 원리이다. 하나님께서는 아브라함을 택하시고 그의 자녀들을 "여호와의 도를 지켜 의와 공도를 행하도록"(창18:19) 지도하라고 명하셨다. 유대교의 목표는 인류에게 사랑을 가르치는 것이다. 히브리 성경의 토라는 사랑과 관련된 세 개의 계명들을 언급하고 있다.

"하나님을 사랑하라"(신6:5). 이것은 예배를 드리고 그의 계명에 순종하며 하나님을 섬기는 것으로써 표현된다. 이러한 섬김은 징벌에 대한 두려움이나 보상을 바라는 마음이 아니라 순수하게 하나님께 자신의 헌신을 표현하고자 하는 마음에서 나오는 것이었다.

"네 이웃을 사랑하라"(레19:18). 이것은 개인적인 희생을 무릎쓰고 다른 신자들에게 실제적으로 사랑과 친절의 행동을 보일 것을 요구한다. 여러분의 이웃이 친절하게 보답을 하거나 감사를 표현하느냐 또는 그렇지 않느냐는 아무런 관계가 없다.

그러나 "타국인을 사랑하라"(레19:34)는 영역에서는 하나님의 역사가 내부로부터 가장 분명하게 나타나고 있음을 볼 수 있다. 그들은 아마 호의에 보답할 수도 없으며 호의를 베풀어 준 사람에게 감사의 뜻을 표할 수도 없을 것이다. 다른 사람의 행복에 대해서 진심으로 염려하는 사람은 어떤 의미에서는 그 사랑을 받는 대상이 누구이냐와는 무관하다. 사랑의 의로운 행동들은 그것을 하는 것이 올바른 일이고 또 그런 일을 할 수 있는 능력이 있기 때문에 하는 것이지 법적으로 강요되어지기 때문에 하는 것은 아니다.

  마이크는 하나님께 자신의 삶을 드리기 이전에 바울이 말한 종류의 사랑을 이해하지 못했다. 희생적 사랑은 그의 종교적 체험을 토대로 볼 때 낯선 개념이었다. 왜냐하면 그는 교회활동으로 인해서 지쳤기 때문이었다. 그가 봉사한 직책들과 그가 참여한 프로그램들은 그로 하여금 분주하게 교회의 리더쉽을 대표하게 했지만 하나님과의 친밀함을 탐구하는 데에는 아무런 도움도 주지 못했다. 그러나 하나님께서 그의 영혼의 토양을 갈아 엎으셔서 그의 이해력을 더욱 깊게 만들어 주셨다. 아래의 실화는 진실한 사랑에 대한 마이크의 설명이다.

  딕 쉔드(Dick shand)는 내가 근무하고 있던 해군기지의 헬리콥터 조종사였다. 그는 내가 만난 사람들 중에서 스스로 크리스천이라고 부르기에 부끄럽지 않은 최초의 사람이었다. 그에게서는 믿을 수 없을 정도로 평화가 흘러 나왔다. 모든 사람들이 그의 친절하고도 젊잖은 태도를 인식할 수 있었다. 우리가 수행한 임무들 중에서 한 가지는 바다에서 무선조종 무인기나 무인미사일 타겟을 회수하는 것이었다. 경험 많은 조종사였던 딕은 자주 이러한 임무를 수행했다. 어느날 오후 그는 어려움에 직면했는데, 무선조종 무인기의 회수라인이 헬리콥터의 뒤쪽 회전날개에 엉켰다. 딕은 비행기가 통제를 벗어나 곧 수천 피트 상공에서 곤두박질 칠 것이라는 사실을 깨닫고 승무원들에게 탈출하라고 명령했다. 부조종사 이외에는 모든 사람들이 그럭저럭 탈출에 성공했다. 그러나 부조종사는 외부 휠마운트에 얽혀버렸다. 딕은 급속히 강하하는 헬리콥터의 조종실에 홀로 앉아 있다가 위험에 빠진 친구를 구출하기 위한 유일한 일을 했다. 그는 헬리콥터의 머리가 바다를 향해 똑바로 떨어지게 했는데, 그것은 친구를 구출할 수 있었지만 자기 자신은 반드시 죽게 되는 방법이었다. 부조종사는 살았다. 그리고 헬리콥터가 충격으로 폭발하는 것을 두려움에 떨면서 바라보았다. 딕의 이름이 새겨져 있는 기념판이 기지의 예배당 정원에 서 있다. 거기에는 다음과 같이 적혀 있다. "사람이 친구를 위하여 자기 목숨을 버리면 이에서 더 큰 사랑이 없나니"(요15:13)[3]

그리스도를 따르는 자들은 서로 사랑하라는 하나님의 명령에 응답하기 위하여 바로 이와 같은 자기희생적 태도를 지녀야만 한다. 당신은 이와 같은 종류의 희생적 사랑을 보여준 사람을 개인적으로 알고 있는가? 영웅적이고 순교적인 간증들이 하나님이나 다른 사람에 대한 당신의 헌신에 어떤 영향을 주었는가? 당신은 하나님의 영광을 위해서 '자기 목숨을 버릴 수 있는' 방법을 보여달라고 하나님께 기꺼이 간구할 수 있는가?

"형제들아 신령한 것에 대하여는 내가 너희의 알지 못하기를 원치 아니하노니"(고전12:1).

고린도전도 13장에 나타난 교회에 대한 바울의 권고는 사랑의 여러 가지 모습을 묘사하고 있다. 사랑은 인내하고, 친절하고, 겸손하고, 오래 참고, 용서하고, 기뻐하고, 보호하고, 신뢰하고, 바라고, 견디는 것이다. 본 장은 결혼식 때 자주 인용되어진다. 왜냐하면 부부는 머지 않아 이러한 자질들을 발휘할 기회를 갖게 될 것이기 때문이다. 그러나 교회에 대하여 더욱 중요한 의미를 갖는 것은, '사랑장'이 영적인 은사들을 활용하는 것에 관한 12장과 14장의 가르침들 사이에 위치하고 있다는 점이다. 성령께서 교회를 더욱 강하게 만들어 줄 하나님의 은사를 부여해 주기 위하여 오순절 날에 강림하셨다. 그 다락방에 있던 모든 신자들은 성령의 감동을 받았다. 오늘날의 신자들도 그와 동일한 방식으로 은사를 받았다.

우리는 성령의 열매인 사랑, 희락, 화평 등과 성령의 은사인 신유, 다스림, 권고 등과 같은 것 사이를 구별해야만 한다. 열매는 일상생활 가운데서 성령이 나타나는 것이다. 그것은 성령의 역사를 통하여 당신 안에서 형성되어진 예수님의 성품을 반영하고 있다. 예를 들자면 하나님께서는 당신 안에 인내와 자제력이라는 열매를 개발해 주셨다. 따라서 어떤 운전자가 끼어들었을 때 당신은 미소를 지으면서 " 주여, 사고가 나지 않게 해주셔서 감사합니다!"라고 말할 수 있다.

은사는 교회에 덕을 세우기 위하여 당신의 봉사를 통해서 성령께서 나타나시는 것이다. 자비의 은사를 받은 사람들이 고아원이나 병원에서 외롭고 궁핍한 사람들에게 따뜻한 마음을 베풀어 줄 때 하나님께서 얼마나 큰 영광을 받으시겠는가?

교회를 '살아 있는 영적 유기체'로 이해하기 위해서는 하나님께서 그 백성들에게 은사를 베풀어 주신 이유를 파악하는 것이 필요하다. 은사를 나타내는 헬라어 단어인 **카리스마(charisma)는 호의를 베풀다, 값**

없이 주다를 의미하는 동사에서 나온 것이다. 그것은 은혜를 의미하는 단어인 카리스(charis)와 관련이 있다. 영적인 은사는 타고난 재능과 같은 것이 아니다. 그것은 당신이 인간적 본성의 일부분으로써 소유하고 태어난 어떤 것이 아니라 당신이 회심한 후에 하나님이 주신 어떤 것이다. 성령의 은사는 또한 **퓨뉴마티콘(pneumatikon)** 즉 **성령의 나타나심**(고전12:7)이라고 언급되기도 한다. 내주하시는 성령은 자신이 제공해준 특별한 은사를 통하여 신자들 각자에게 자신의 존재를 나타내신다. 성령께서는 그것을 사용할 수 있는 능력과, 그리고 또 그것을 알 수 있는 지혜를 함께 제공해 주신다. 그러나 당신이 그의 명령에 순종할 것인지 말 것인지는 당신의 의지에 달려 있다. "이 모든 일은 같은 한 성령이 행하사 그 뜻대로 각 사람에게 나눠주시느니라"(고전12:11). 이러한 은사들은 신자의 공로에 의한 것이 아니며 타고난 경향이나 인정을 받으려는 소망이 아니라 우리를 통하여 영광을 받고자 하시는 하나님의 바라심으로부터 비롯되어진 것이다.

성령께서는 가정과 같은 친밀한 배경이나 또는 보다 규모가 큰 신자들의 집단 속에서 사역을 완수하기 위해서 각각의 개인들에게 어떤 은사들이 필요한 지를 알고 계신다. 주님께서는 성령에 대하여 "위로부터의 능력"(눅24:49)이라고 말씀하셨다. 그리고 또 예수님은 다음과 같이 말씀하셨다. "오직 성령이 너희에게 임하시면 너희가 권능을 받고 예루살렘과 온 유대와 사마리아와 땅 끝까지 이르러 내 증인이 되리라"(행1:8).

바울은 자신의 설교가 다음과 같다고 주장했다. "내 말과 내 전도함이 지혜의 권하는 말로 하지 아니하고 다만 성령의 나타남과 능력으로 하여… 우리가 이것을 말하거니와 사람의 지혜의 가르침으로 아니하고 오직 성령의 가르치신 것으로 하니 신령한 일은 신령한 것으로 분별하느니라"(고전2:4,13). 바울은 자기 자신의 한계를 인식하고 하나님의 지혜와 권능에 의지했다. 성령이 초대 교회의 사역에 너무나도 필요했기 때문에 오늘날의 신자들도 성령의 중요성에 대한 성경적 이해를 새롭게 해야만 한다. 오늘날 "은사적"이라는 말은 불행하게도 일상생활 속에 성령께서 강력하게 임재하시는 것보다는 오히려 생동감 있는 예배를 지칭하는데 더 많이 사용되고 있는 것 같다.

그러면 영적인 은사란 무엇인가? 간단하게 말해서 성령께서 그가 선택하신 시간에 주어진 방법으로 그의 백성들을 통하여 역사하실 때 그들은 하나님께서 정해 주신 사역을 수행할 수 있다는 것이다. "그러면 너희도 신령한 것을 사모하는 자인즉 교회의 덕 세우기를 위하여 풍성하기를 구하라"(고전14:12). 모든 신자들은 자기에게 할당된 은사를 가지고 있고 그런 은사들을 활용할 책임이 있다. 그러므로 모두 다 그러한 은사가 쓰임받을 수 있도록 격려를 받아야만 한다. 모든 은사를 다 가진 사람은 아무도 없다. 그러므로 모두 다 겸손해져야만 한다. 모든 은사들은 하나의 몸, 즉 교회를 위한 것이다. 그러므로 모두 다 조화를 이루어야 한다. 모든 은사들은 주님으로부터 온 것이다. 그러므로 모두 다 만족해야만 한다.4) 그리스도를 따르는 자들은 은사를 받을 특권을 가지고 있다. 그러나 동시에 하나님 앞에서 그 특권을 발휘해야 할 책임을 지고 있다.

하나님께서 주변에 있는 신자들에게 유익을 가져다 주기 위하여 당신이 가지고 있는 영적인 은사를 어떻게 사용하실지에 대하여 이해하고 있는가? '교회와 세상에서 나의 영적인 은사를 열심히 사용하는 자'와 '나의 은사를 사용하는 방법은 알지만 스스로 만족하는 방관자' 사이에 1등급에서 10등급까지 나눈다면 당신은 어디에 속하는가? 봉사나 헌금이나 자비를 실제적인 방법으로 나타내 보여주는 것과 같이, 당신을 위해서 은사를 발휘해 달라고 어떤 특별한 신자들을 방문해야만 하는 상황에 처한 적이 있는가? 만약에 신자들 각자가 서로 상대방에게 성령의 은사를 보여준다면 교회 내에서 어떤 유익을 얻을 수 있겠는가?

"그가 혹은 사도로, 혹은 선지자로, 혹은 복음 전하는 자로, 혹은 목사와 교사로 주셨으니"(엡4:11)

"믿음 안에서 참 아들된 디모데에게"(딤전1:2)

"같은 믿음을 따라 된 나의 참 아들 디도에게"(딛1:4)

많은 성경 주석가들은 디모데전·후서와 디도서를 "목회서신"이라고 부른다. 그러나 그것은 불행한 일이다. 디도와 디모데는 동료 선교사요, 복음 전도자였던 바울에 의해서 에베소와 그레데 그리고 다른 곳에 있는 교회들에게 이바지하라는 권고를 받은 선교사요, 복음 전도자들이었다. 그들은 지도자의 자질을 갖추기 위하여 훈련을 받았다.5) 그래서 이 두사람은 드로아, 달마디아, 마게도니아, 고린도, 그리고 데살로니가 등과 같은 다른 지역에서도 복음을 심으러 갈 수 있었다. 바울은 디모데에게 다음과 같이 권고했다. "그러나 너는 모든 일에 근신하여 고난을 받으며 전도인의 일을 하며 네 직무를 다하라"(딤후4:5).

복음 전도자, 즉 '교회 개척자'의 사역은 그리스도 당시에도 전혀 새로운 것이 아니었다. 유대적 관례에서도 공회에 의해서 임명되어진 사람들은 유대인 집단 지역이 있는 곳이면 어디든지 여행했다. 그들은 회당에서 장로들(zakens; 하나님의 성숙한 사람들)을 임명했다. 바울, 디모데, 디도, 실라, 바나바 등과 같은 복음 전도자들은 교회 전체의 대표자들이었다. 유대교가 영적으로 좀 더 선교적이었다면 성경상의 기독교는 복음 전도자의 사역을 더욱 중요하게 여기며, 훨씬 더 선교에 주력했을 것이다. 자기가 설교한 곳마다 교회를 세우는 것이 바울의 일상적인 관행이었다. 그리고 새로 세워진 교회의 신자들은 자기들의 믿음을 전하기 위해서는 훈련을 받을 필요가 있었다. 왜냐하면 바울은 그들이 그렇게 하기를 기대했기 때문이다. 즉 그들 자신의 마을과 이웃 지역에 복음을 전하기를 원했기 때문이었다.6) 믿음에 대한 히브리적 이해는 행동으로 옮기는 것, 즉 하나님을 기쁘시게 하는 것을 실천하는 것이었다.

오늘날 교파에 소속된 교회든지 또는 독립적인 교회든지간에 많은 교회들이 성경에 나오는 것처럼 복음 전도자 내지는 교회 개척자들에 의해서라기 보다는 오히려 목사들에 의해서 시작되어졌다. 성경적 복음 전도자의 패턴은 교회를 시작하고 신자들을 제자화시켜서, 그 양무리들이 일단 장로들과 함께 자리를 잡게 되면 자기 자신은 없어도 되게 만들었다. 우리에게 통계자료는 없다. 그러나 남부 뉴잉글랜드 지역에 있는 수많은 교파 교회들과 독립적 교회들 가운데서 얻은 우리의 체험은, 목사들에 의해서 시작되어진 교회들이 궁극적으로는 그들에 의해서 파괴되어졌다는 사실을 입증해 주었다. '성직자'로서 목사의 탁월한 지위와 또 교회의 성장과 방향을 통제하고자 하는 욕망이 결국 자신이 세운 교회를 파괴해 버렸다.(어떤 경우에는 목사들이 자신의 지도를 더 이상 따르기를 원하지 아니하는 교인들에 의해서 쫓겨나기도 했다.)

오늘날의 교인들은 그들의 지도자들에 의해서 수동적인 자세로 길들여졌다. 제임스 루츠(James H. Rutz)가 쓴 "열린 교회"에 의하면 현대의 신앙공동체는 일방적인 지도력에 대하여 자주 다음과 같은 영적인 질병들로 반응을 보이고 있다. 그것은 '무관심, 천박함, 세속주의, 십일조를 안하는 것, 십대들의 비행, 복음 전도에 대한 공포, 자기 단련의 부족, 바쁜 스케줄, 인적 자원의 만성적 부족' 등이다.7) 여러분의 교회도 이러한 병을 앓고 있는가? 유감스럽게도 그리스도 후 수세기 이내에 로마 정치조직의 영향력은 '교회수리작업'이라는 명목으로 영적인 은사를 받은 복음전도자들을 교회의 대표자, 즉 주교 또는 나중에 감독으로 전환시켰다. 교회 개척과 교회 부흥이라는 복음 전도자의 사역의 종말과 더불어 주교의 직책은 더 큰 권한을 갖게 되었다. 교인과 개인적인 접촉을 하지 못하게 된 주교는 영적인 열정을 불태우고 사람들 사이에서 단결을 이룰 수 있는 위치에 있지 않게 되었다. 바울과 디모데와 디도의 정신으로 양육되고 격려받고 권고를 받던 선교사 내지 복음 전도자들은 시대에 뒤떨어진 사람이 되었다.

로마로부터 습득한 교회의 구조와 조직의 성장은 성직자 계급의 위치를 더욱 높여 주었다. 이 때문에 '외부인들'이 개교회의 목회사역을 추구하도록 만들었다. 신자들이 신자들 속에서 발견되는 영적인 은사들을 개발하고 발휘하는 대신에 훈련받은 전문가들이 교회 속으로 들어와 다양한 역할을 수행하게 되었다. 이러한 경향은 현재까지 계속되고 있어서, 교회 내의 다른 구성원들과 인간적 관계를 맺은 적이 없는 사람들에 의한, '외부인에 의한 사역'이라는 패턴을 야기시켰다. 따라서 수동적이고 방관적인 패턴이 영속화 되었다.

"임시 목사들이 긴급한 상황에 처한 교회들의 요구에 부응하고 있다"라는 제목으로 니콜라스 태트로(Nicholas B. Tatro)가 쓴 기사가 "하트포드 카우란트(The Heartford Courant)"에 실렸다. 그 기사는 다음과 같이 말하고 있다.

교회 연구기관인 알반(alban) 연구소에 의하면 신임 목사들은 갈등을 겪고 있는 교회나 또는 전임목사가 오랜 기간 동안 재직한 교회로 갔을 때에는 목회 사역을 오랫 동안 지속하지 못했다는 사실이 드러났다 … 임시 목사들은 항구적인 지위에 대한 후보자에서 제외되어졌다. 그들은 개인적인 문제가 없어도 담임 목사도 회피할만한 어려운 결단을 내려야만 한다.[8]

임시 목사는 지도자들을 훈련시키거나 양무리들을 제자화 시켜 사역을 하도록 만드는데 필요한 교인들의 도움을 받을 수 있을 정도로 친밀한 인간관계를 거의 맺지 못한다. "임시 목사"라는 개념은 어려움을 당하는 교회들을 치료해 주었던 초대 교회 시절의 복음전도자의 사역을 원용한 것이라기 보다는 오히려 현재의 체험에 의존하는 수정주의적 정책에 기초하고 있다. 다시 말하자면 만약에 일반 사회가 전문적인 외부인의 도움에 의존하고 있다면 교회도 그와 같이 함으로써 유익을 얻을 수 있을 것 같다는 것이다. 앞에서 인용한 기사가 "인격적으로 문제가 없는" 임시 목사들에 대하여 언급하는 방식은 법정이 파산자를 위하여 회사의 서류를 맡도록 임명한 수탁자를 상기시켜 준다. 그들은 일반적으로 고용주의 요구와는 관계없이 어떤 수단을 통해서라도 실리만을 추구한다. 우리는 진실로 오늘날의 교회가 성경이 신자들에게 제시해 주고 또 바울이 예증한 복음 전도자에 의한 개척 교회 모델로 돌아갈 필요가 있다고 믿는다.

만약에 목사가 다음 주에 떠난다면, 그리고 그를 대신할 목사를 찾지 못했다면, 당신이 다니는 교회는 그리스도의 몸으로써의 기능을 다 할 수 있을 것이라고 생각하는가? 할 수 없다면 그 이유는 무엇인가? 교회가 그리스도의 몸으로써 효과적인 기능을 하기 위해서 무슨 일을 해야 하는가?

> "내가 너를 그레데에 떨어뜨려 둔 이유는 부족한 일을 바로 잡고 나의 명한 대로 각 성에 장로들을 세우게 하려 함이니"(딛1:5)

신약성경은 장로라는 용어를 지역 교회(the local church)에서 지도자로 임명된 사람들을 지칭하는 데 자주 사용하였다. 장로를 뜻하는 히브리어 단어 **자켄**(zaken)은 턱수염, 특히 늙어가는 과정에 있다는 것을 의미한다. 다시 말하자면 연령과 경험에서 나온 지혜가 장로가 되기 위한 중요한 기준이 되었다. 지혜를 발휘한다는 것은 분명히 신자들을 위해서 반드시 필요한 것이었다. "너희는 자기를 위하여 또는 온 양떼를 위하여 삼가라 성령이 저들 가운데 너희로 감독자를 삼고 하나님이 자기 피로 사신 교회를 치게 하셨느니라… 그러므로 너희가 일깨어 내가 삼년이나 밤낮 쉬지 않고 눈물로 각 사람을 훈계하던 것을 기억하라" (행20:28,31).

마이크가 교회 지도자들의 상담자로 일하던 시기에 만난 장로들의 평균 연령은 30대 중반에서 40대 후반이었다. 머리카락이 하얗게 센 현인들, 즉 경험과 미래의 전망을 지닌 지혜로운 늙은 사람들은 어디에 있는가?

바울은 아굴라와 브리스길라, 그리고 '그들의 집에서 모인 교회'에 대하여 두 번 언급하고 있다(롬16:5,고전16:19). 가정에서 모이는 것은 진귀한 상황이 아니었다. 1세기에는 가족적 유대관계와 교회예배가 병행하고 있었다. 교회의 권위와 가정의 권위도 자주 서로 구별할 수 없었다. 아버지와 어머니를 공경하는 것이 교회 내에서 영적인 책임을 다하는 것과 다르지 않았다… 신약시대의 이방인이 주축이 된 교회들 뿐만 아니라 회당들도 주로 노인들에 의해서 인도되는 대가족들의 집단으로 구성되어졌을 것이다.[9]

바리새인들도 우연히 신자들이 가정에서 모이는 관례에 공헌했다. 성전 대제사장의 정치화에 관한 관심이 점점 커지자 바리새인들은 성전

뿐만 아니라 가정에서도 예배를 드리라고 격려했다. 성전 정화의식도 가정에서 개인적으로 준수할 수 있도록 변경되어졌다.10) 미국의 가정들은 너무나 빈번하게 분열되고 또 자주 지리적으로 멀리 떨어져 있기 때문에 남녀노소가 다같이 모여서 정기적으로 예배를 드리고 대화를 나눈다는 것이 불가능하다. 그러나 여기에 고려해 볼 만한 가치가 있는 패턴이 있다. 즉 교회 내에서 장로 제도를 확립시키는 것이다. 그들은 사람들과의 인간관계를 기초로 하여 다른 사람들의 삶에 미친 영향력을 통해서 자신이 가지고 있는 특별한 지도능력을 이미 보여준 사람들이다.

목사, 명사의 형태로 된 이 용어는 성령의 은사를 받아 신자들을 양육하거나 '목양하는' 사람들을 가리킨다. 이 단어는 에베소서 4장 11절에서만 발견되어진다. 장로들은 사도행전 20장 28절과 베드로전서 5장 1~4절에 의하면 "양떼를 치는 일" 또는 "목양하는 일"을 수행하는 것으로 언급되고 있다. 디모데와 디도는 지역교회의 사람들을 목자와 목사로 임명했다. 이 사람들은 그들의 공동체에서 믿음과 그리고 또 양육할 능력을 지닌 사람으로 이미 인정을 받고 있었다. 외부인들 뿐만 아니라 그들과 함께 살고 일하는 사이에서 인정받은 그들의 평판은 일상적인 접촉을 통해서 확인되어졌다. 성경에서는 지역교회 내에서 지도자의 역할을 수행하기 위하여 멀리서 낯선 사람들을 초빙하는 경우는 언급되어 있지 않다. 장로들은 이미 회당 구조의 일부였기 때문에 유대 신자들은 자연스럽게 자켄(zaken)의 '양떼를 치는 일'과 '목양하는 일'을 받아들였다. 오늘날 우리도 초대 교회가 장로들에 대하여 강조한 것을 활용해야만 한다. 즉 학위를 받은 초보자가 아니라 경험이 많은 노인들이 목양하고 양떼를 치는 일을 하게 해야만 한다.

욥도 자신의 공동체에서 장로의 책임을 강조하고 있다. "넘어져 가는 자를 말로 붙들어 주었고 무릎이 약한 자를 강하게 하였거늘 이제 이 일이 네게 임하매 네가 답답하여 하고 이 일이 네게 당하매 네가 놀라는구나…무리는 내 말을 들으며 나의 가르치기를 잠잠히 기다리다가"(욥4:4~5; 29:21). 더 나아가 욥은 자신이 가난한 자와 고아들을 구제해 주었고 의와 공의로 옷을 삼아 입었다고 말했다(욥29:11-17). 이러한 행동들은 다른 사람들에 대한 사랑을 나타내 주고 있다.

교회의 공동체적 생활은 장로의 역할이 "사람들을 가르치고, 사람들을 인도하고, 사람들을 보호하고, 사람들을 훈계하고, 병자를 방문하고, 궁핍한 자를 돌보아 주고, 길잃은 자들을 찾는 것이 되어야만 한다고 말하고 있다."11) 장로는 목자처럼 지키는 사람이다. 장로 직분에 대한 히브리적 이해를 가진 현명한 장로들이 이러한 자질들을 나타내 보여줌으로 인해서, 교인들은 보다 규모가 작은 가정적 배경의 인간관계 속에서 서로를 섬기는 방법을 배울 수 있을 것이다.

디모데전서 5장 17절은 신약교회에서 모든 장로들이 다 실제적으로 설교하거나 가르친 것은 아니라는 점을 명백히 하고 있다. "잘 다스리는 장로들은 배나 존경할 자로 알되 말씀과 가르침에 수고하는 이들을 더 할 것이니라." 오늘날 목사의 가장 필수적인 자격으로 간주되고 있는 역동적인 설교는 성경 말씀 속에 나타나 있지 않다. 회당에서 설교는 장로들 뿐만 아니라 모든 남자 교인들의 특권이었다. "그런즉 형제들아 어찌할꼬 너희가 모일 때에 각각 찬송시도 있으며 가르치는 말씀도 있으며 계시도 있으며 방언도 있으며 통역함도 있나니 모든 것을 덕을 세우기 위하여 하라"(고전14:26). 장로가 성령에 의해서 교사의 은사를 받아야만 한다고 말한 곳은 없다. 단지 '가르칠 수 있다'고 말하고 있을 뿐이다 (딤전3:2).

성경에는 그 어디에서도 '성례전의 집행'이 언급되어져 있지 않다. 베드로전서 2장 9절은 모든 신자가 "택한 족속이요 왕 같은 제사장들"이라고 언급하고 있기 때문에 장로는 제사장들의 무리들 가운데서 봉사하는 제사장이다. 동료 신자들에게 종으로서 지도하는 사람이다. 디모데전서 4장 14절은 다음과 같이 가르치고 있다. "네 속에 있는 은사 곧 장로의 회에서 안수받을 때에 예언으로 말미암아 받은 것을 조심없이 말며."(각 모임에서 장로들은 분명한 집단을 이루고 있었다. 이 사람들은 신약 성경에서 장로들이라는 복수형으로 언급되어지고 있는데, 그것은 각 모임 내에 한 명 이상의 장로들이 존재하고 있었다는 사실을 지적해 준다.)

이 집단 속에 성직계급제도가 있었다는 증거는 없다. 그들은 서열과 권한에 있어서 동일했다. 2세기가 되자 비로소 이러한 평등에 변화가 나타났다. 초대 교회의 교부인 이그나티우스(Ignatius)는 수리아와 아시아의 교회에서 성직계급제도가 출현했다고 기록했다. 사무엘상 8장에서 이와 유사한 상황을 발견할 수 있다. 하나님의 통치에 싫증을 느낀 백성들이 주변의 나라들과 같은 왕을 원했다. 사무엘 이후 1200년이 지나서 교회는 로마제국을 정치 모델로 삼았다.

또 다른 발전은 전문적인 성직자 계층의 창설 가운데서 나타났다. 회당과 초대 교회에서는 장로와 랍비들이 세상에서의 직업을 통해서 생계비를 버는 것이 일반적인 관례였다. 히브리 사회에서 노동은 존귀한 것이었다. 왜냐하면 그것은 타락 이전에 아담에게 주어졌기 때문이다. 그러나 세속적인 것과 영적인 것을 분리하는 헬라적 영향 때문에 지도자들은 일상적인 관심사들로부터 자신을 분리시키게 되었다. 교회는 영적인 일을 하는 '보다 고상한 직업'을 위하여 자금을 제공할 책임을 지게 되었다. 마침내 4세기 말에 평신도와 유급성직자(the paid clergy) 사이의 구분은 확고해졌다.(여기에 대해서는 다음 장에서 좀 더 상세하게 다룰 것이다.)

일단 교회에 '거룩하고도 영적인 영혼'과 '평범한 육신' 사이를 분리하는 헬라적 영향력이 침투하자 그 당시 정치제도가 잠식해 들어올 수 있었다. 카리즈마적 지도력을 지닌 엄선된 사람이 교회 전체를 대표하는 결정을 할 만큼 지위가 높아졌다. 따라서 개별적인 신자가 스스로 성령의 음성을 들어야 하는 책임을 질 필요성은 감소 되었다. 그러므로 사도들이 놓은 기초는 시대에 뒤떨어진 것으로 경시되고 현대 문화에 의해서 '수정되었다.'

당신의 교회는 디모데전서 3장과 디도서 1장에 열거되어져 있는 장로의 자격에 대하여 심각하게 생각하는가? 교인들 중에는 장로가 되기 위해서 필요한 성경적 기준에 맞는 현명하고도 나이든 사람이 있는가? 이러한 사람들이 양떼를 지도하고 사역할 수 있도록 하나님께 진지하게 간구하는가?

"그러나 너희는 랍비라 칭함을 받지 말라 너희 선생은 하나요 너희는 다 형제니라

> 땅에 있는 자를 아비라 하지 말고 너희 아버지는 하나이시니 곧 하늘에 계신 자시니라"(마23:8~9)

우리가 처음으로 예루살렘의 케힐라(kehilah), 즉 교회를 방문했을 때 우리는 누가 목사인지 알지 못해서 무척 당황했다. 실제적으로 주보에는 네 명의 목사들이 열거되어 있었다. 그러나 교인들 중에서 많은 사람들이 자유롭게 간증하고, 찬송가를 인도하고, 말씀을 읽는 데 참여했으며 한 사람도 일어서지 않았다.

제임스 루츠(James H. Rutz)라는 저자는 "초대 교회 이후로 나타난 25,000개 이상의 기독교 서류들 중에서 단 한가지도 성직자에 대하여 언급하지 않고 있다."고 선언했다. "교역자"나 "제사장"이나 "목사"에 대해서 언급한 것은 아무것도 없다. 어떤 직책이나 또는 어떤 종류의 지도력을 나타내는 용어도 없다.[12] 루츠는 그런 것이 없는 데에는 사실상 충분한 이유가 있다고 말했다. "가장 성스럽고 겸손한 사람, 경건한 교회에서 존경받고 사랑받는 지도자는 불가피하게 그를 따르는 자들이 마치 어린 아이들처럼 그에게 의존하게 된다. 그것은 그의 잘못이 아니다. 그의 미덕, 그의 명성, 그리고 풍부한 영성이 그를 따르는 사람들로 하여금 스스로 성장하지 못하게 하고 있을 뿐이다. 그가 사라졌을 때에만 그들이 성장할 수 있다."[13]

회당의 랍비가 유식한 교사의 역할을 했던 것처럼 교회의 장로들은 의로운 생활로써 모범을 보여주었고 일상생활에서 성경말씀을 어떻게 적용해야 할 지를 분명하게 해주었다. 랍비나 장로들은 회중의 다른 구성원들과 동일했기 때문에 명칭이 붙은 특별한 계층에 속해 있지 않았다. 2세기가 되어서야 비로소 랍비라는 명칭이 유식한 교사를 존중하는 비공식적 용어 이상의 어떤 것을 의미하게 되었다.

'종으로서의 지도자들'이었던 장로들은 오늘날 교회에서 볼 수 있는 것과 같은 성직자계급을 차지하고 있지 않았다. 그들의 지위는 오랜 세월 동안 습득하고 또 실천으로 옮겨진 지혜로 얻은 영적인 성숙에 기초하고 있었는데, 그들의 은빛 머리털이 그것을 증명해 주고 있었다. 오늘날 신자들이 어떤 사람을 '신부'라고 부르든지 '목사'라고 부르든지 또는 '주교'라고 부르든지 간에, 그들은 예수님께서 자기의 제자들이 어떤 칭호를 가지는 것이나 성전의 대제사장들이 했던 것과 같은 중보적 역할을 하지 못하게 하신 의도를 침해하고 있다. 예수님의 희생으로 말미암아 그 어떤 다른 중보자가 필요하지 않게 되었다. "죽으실 뿐 아니라 다시 살아나신 이는 그리스도 예수시니 그는 하나님 우편에 계신 자요 우리를 위하여 간구하시는 자시니라"(롬8:34).

교회 내에 성직계급제도가 도입된 것은 종교회의와 더불어 이루어졌다. 교회 권력자들은 이러한 종교회의에서 성경에 대한 자신들의 해석에 근거하여 교리와 전통을 발전시켰다. 불행하게도 세월이 지나감에 따라서 그들이 내리는 결정들은 하나님의 말씀이라는 무오한 기준보다는 전통적인 저술들에 더욱 근거하고 있었다. 이와 같이 종교회의에서 만들어진 결정들에 근거한 권력은 개인이 성령의 인도하심에 참여할 수 있는 기회를 더욱 더 박탈했다.

오늘날의 교회는 조용히 주님의 인도하심을 기다리던 초대 교회로부터 멀리 떨어져 있다. 크리스천의 집회들은 전문가들에 의해서 운영되는 회의로 변형되었다. 그들은 교파적 종교회의에서 수사적 논쟁을 통하여 고안되어진 교리들을 시행하는데, 그 교리들은 개별적인 신자들에게서 그리스도의 모습을 개발하는 것과는 아무런 관계가 없다. 초대 교회가 실시하고 있던 것으로 되돌아갈 수 있는 방법이 있는가? 계속해서 다음 장을 보라.

제·2·부
변질된 히브리적 요소들

"오직 성령이 너희에게 임하시면 너희가 권능을 받고 예루살렘과 온 유대와 사마리아와 땅끝까지 이르러 내 증인이 되리라"(행1:8)

새로 탄생한 교회는 얼마나 훌륭한 출발을 했는가! 주님의 승천을 목격한 사도들과 100명 이상의 사람들은 약속하신 성령이 그들에게 영적인 권능으로 옷입혀 주시기를 간절히 기다렸다. 성령의 기름부음을 받은 베드로가 오순절을 지키기 위하여 예루살렘에 모인 유대인들에게 최초의 설교를 했던 그 날에 그들의 수가 3,000명이나 더했다. 그들이 성전 뜰과 또 서로의 가정에서 계속적으로 모였을 때 주님께서는 그들의 수를 더욱 증가시켜 주심으로써 응답해 주셨다.

복음은 억제할 수 없었다. 유대인 신자들이 자신들의 흥분을 나누어 가졌을 때 은혜의 메시지는 널리 퍼졌다. 그러나 그들에게 박해가 임했을 때에야 비로소 "예수님의 양무리에 들지 아니한"(요10:16을 보라.) 흩어진 양무리들과 이방인들도 오래 전부터 약속되어진 것을 들을 수가 있었다. 그러나 이 시기는 초대 교회를 양육해 주었던 히브리적 뿌리가 더욱 위세를 떨치던 헬라의 철학사상 때문에 점진적으로 쇠퇴 되어가는 과정을 설명해 주고 있다. 인간적인 운영체계와 권력체제가 복음이 전파된 여러 문화권을 장악했을 때 그들 주변에 있는 사람들에게 실시되던 신자들의 단순한 조직은 퇴조하게 되었다. 그 당시 가장 강력한 체제로 알려져 있던 로마의 힘이 지금까지 교회 조직의 기준이 되었다.

교회가 자신의 히브리적 뿌리를 제거하는 일련의 과정에 허약하게 굴복했다는 사실에 대해서 놀라지 말라. 그리스도 당시의 유대인들도 자기들의 전통을 하나님의 말씀보다 더욱 신성불가침한 것으로 간주하였었다.

> "가라사대 이사야가 너희 외식하는 자에 대하여 잘 예언하였도다 기록하였으되 이 백성이 입술로는 나를 존경하되 마음은 내게서 멀도다 사람의 계명으로 교훈을 삼아 가르치니 나를 헛되이 경배하는도다 하였느니라 너희가 하나님의 계명은 버리고 사람의 유전을 지키느니라 또 가라사대 너희 유전을 지키려고 하나님의 계명을 잘 저버리는도다"(막7:6-9)

오늘날 신자들은 자기 자신에게 다음과 같이 물어야 한다. "하나님께서는 교회가 혼합주의적이 되고 또 오늘날 수많은 활동들 가운데 만연해 있는 이교도적 요소와 관례를 채택하도록 계획하셨는가? 히브리 성경에 근거하여 하나님을 두려워하는 자들의 가르침과 관례들을 통합시킨 신약성경 저자들에 의해서 교회를 위한 완벽한 기초가 놓여졌는가?" 헬라의 사상과 로마의 정치조직이 오늘날까지 교회 속에 침투해서 어느 정도의 영향을 끼치고 있는지 간파할 수 있다면 당신은 최초의 신자들이 그토록 강력하게 고수했던 것으로 되돌아가기 위하여 마음의 준비를 할 수 있을 것이다. 즉 주님과 친밀하고도 순종적인 관계를 맺으면서 동행할 수 있으며, 하나님을 귀중하게 여기는 가정에서 훈련을 받은 가족들과 함께 강력하고도 헌신적인 결혼생활을 영위할 수 있을 것이다. 서로에 대하여, 그리고 또 궁핍한 세상에 대하여 봉사하는 가운데서 자기들의 믿음을 실천하는 신자들이 짐을 나누어 지는 친밀한 교제를 나눌 수 있을 것이다. 성령의 권능을 받은 교회 개척자들이 헌신적으로 자기들을 파송하는 자들과 연결되어질 것이다. 새로 세워진 신자들은 하나님의 권능을 통하여 스스로 재생산할 수 있는 자질을 갖출 수 있게 될 것이다.

제●5●장

히브리적 뿌리의 상실
유대인에 대한 기독교계의 반응

"또한 가지 얼마가 꺾여졌는데 돌감람나무인 네가 그들 중에 접붙임이 되어 참감람나무 뿌리의 진액을 함께 받는 자 되었은즉 그 가지들에 대하여 자긍하지 말라 자긍할지라도 내가 뿌리를 보전하는 것이 아니요 뿌리가 너를 보전하는 것이니라"(롬 11:17~18)

이 시점에서 당신은 "어떻게 해서 히브리인들의 문화가 영향력을 잃어버렸는가?"라고 질문할 수도 있을 것이다. 따라서 5~7장 에서는 그리스도 시대 이후에 헬라 철학과 로마의 정치제도가 침투해 들어옴에 따라서 유대적 뿌리가 해체 되어가는 과정을 살펴볼 것이다. (이 주제에 관하여 폭 넓고 깊이 저술한 사람들이 많이 있다. 더 많이 알고 싶으면 참고 문헌을 참조하라.)

"성경시대부터 현재까지 교회가 특별한 방법으로 유대인들을 고통스럽게 만드는데 공헌하지 아니한 시기를 찾아내기란 어려울 것이다."[1] 비록 '반유대주의'라는 용어가 1879년까지 사용되지 않았다 할지라도

(그것은 독일의 정치선동가가 만들어 낸 것이었다.) 그것은 곧 모든 유대적인 것들을 증오하게 만드는 데 상당한 영향을 가졌다. 전 세계적인 유대공동체는 기독교회가 그리스도의 이름으로 자기들에게 자행한 잔학한 행위를 잊을 수 없다. 유대인에 대한 증오심은 비열한 말들로부터 시작해서 천한 폭력으로 표현되었는데, 그것은 인간성의 수치였다. 예를 들자면 구 소련 사람들은 새로운 자유가 번영을 가져다 주리라고 생각했다. 그러나 그 번영이 실현되지 못하자 그 사람들은 자기들의 가난과 불행에서 벗어나기 위하여 또 다시 희생양을 찾고 있다. "반유대주의가 고개를 들자 유대인들에게는 하나님의 도우심이 필요하다"라는 제목의 기사가 보고한 바에 따르면 구 소련에 살고 있던 유대인들은 괴롭힘, 육체적 폭력, 예술 문화의 파괴행위, 그리고 그들의 회당과 공동묘지에 대한 모독 등으로 고난을 당하고 있다. 137개의 간행물들이 러시아의 모든 질병의 원인으로 유대인들을 비난하고 있다.[2]

유대적 뿌리의 영향력은 일찍이 교회 역사에서 사라진 것 같다. 지금까지 히브리적 유산을 재확립하기 위한 시도를 하지 못한 이유는 무엇인가? 다양한 원인들이 그 이유로 제시될 수 있을 것이다. 첫째, 교회의 영향력 있는 큰 부분이 교체주의적 태도(supercessionist attitude)를 고수했다. 그리스도의 몸된 교회는 하나님의 택한 백성인 유대인을 대체하는 "새 이스라엘"이 되었다. 둘째, 초대 교회 교부들 중에서 심한 반유대주의자가 나타났을 때 교회에 잠재적인 장애요인이 되었다. 이 사람들은 기독교계에서 큰 존경을 받았기 때문에 그들의 가르침들 중 어느 한 부분에 대하여 이의를 제기해도 이단으로 낙인찍을 수 있었다.

신약성경 속에 나오는 교회의 모델이 그리스도 승천 후 얼마 지나지 않아 상실되었기 때문에 현대 교회의 많은 관례들은 교부들의 저술의 결과로 나타나게 되었다. 그리고 그 중 많은 사람들이 헬라철학의 영향을 받았으며 그들의 저술들도 역시 치명적으로 반유대적이었다.

> "너희가 예루살렘이 군대들에게 에워싸이는 것을 보거든 그 멸망이 가까운 줄을 알라 그 때에 유대에 있는 자들은 산으로 도망할 지며 성내에 있는 자들은 나갈지며 촌에 있는 자들은 그리로 들어가지 말지어다"(눅21:20~21)

로마가 그 백성들을 다스리는 수단의 특징은 두려움과 위협이었다. 반역자에 대한 징벌은 사형이었는데 자주 십자가에 못 박는 형법을 취했다. 유대의 지배층이었던 산헤드린은 예수님께서 자기들의 질서 잡힌 세계를 좌초시킬까봐 두려워 했는데 그것은 사실상 정당화될 수 없는 두려움이었다. 가야바가 말했듯이, 온 나라가 멸망하는 것보다도 그 백성들을 위하여 한 사람이 죽는 것이 훨씬 더 나았다.[3] 만약에 유대인들이 너무 많은 소란을 일으킨다면 로마는 주저하지 않고 예루살렘에서 모든 유대인들을 쓸어내 버렸을 것이다. 만약에 이 '메시아'가 자기를 따랐던 많은 추종자들에게 자신의 왕권을 통하여 그들이 로마의 압제로부터 자유를 얻을 수 있을 것이라고 믿게 했다면 그 결과로 인해서 모든 유대인들이 고통을 받았을 것이다.

이것은 심각한 일이었다. 그 당시 팔레스틴 내부에 300만 명의 유대인들이 살고 있었을 뿐만 아니라 로마가 지배하는 세계 전역에 400만 명의 유대인들이 흩어져 있었다. 모든 사람들이 그들의 군사적 억압자들인 로마에 의해서 보복을 당할 처지에 놓여 있었을 수도 있다. 예수님을 하나님의 기름부으심을 받은 자로 인정하지 아니한 비메시아적 유대인들은 두 진영으로 분열되었다. 첫째는 영적인 유대인들이었는데 그들은 만약에 자기들이 기도하고 금식하고 선을 행한다면 하나님께서 자기들을 위하여 개입해 주실 것이라고 믿었다. 그 다음에는 열심당원들(위험한 사람들)로서 그들은 자유를 얻기 위하여 로마 점령군에게 반란을 일으켜야 한다고 생각했다.

예수님이 승천하신 후 40년이 체 지나지 않아서 예루살렘의 유대인들이 로마에 대하여 공개적으로 적의를 드러냈을 때 유대인들에 대한 로마의 경멸은 폭력으로 변했다. 로마의 행정장관이었던 플로루스(Florus)는 성전에서 많은 양의 은을 훔쳐갔다. 그러자 유대인들은 매우 대담하게 자신들의 분노를 표현했다. 제사장 엘리아살은 황제의 건강을 위해서 매일 드리던 희생제사를 중단했다. 열심당원들은 예루살렘 내에 있던 로마의 요새를 공격하여 군사들을 쫓아냈다. 로마에 대한 유대인들의 최초의 반역이 시작되어졌다. 그러나 열심당원들은 로마의 군사력에 대항하여 오랫 동안 견딜 수가 없었다. A.D. 70년에 예루살렘이 멸망했을 때 하나님께 경배를 드리고 희생제물로 속죄하던 유대교의 심장이었던 성전이 파괴되었다. 그것은 "내가 진실로 너희에게 이르노니 돌 하나도 돌 위에 남지 아니하고 다 무너뜨리우리라"(마24:2)는 예수님의 말씀을 성취한 것이었다. 약 100,000명의 유대인들이 칼이나 기근으로 죽거나 또는 노예가 되었다.

열심당원들이 야기한 사태를 유대인 기독교 공동체가 모르고 지나갈리 없었다. 아마 마태복음 24장 16절에 기록되어진 "그 때에 유대에 있는 자들은 산으로 도망할지어다"라는 예수님의 말씀을 기억하고 예수님을 따르는 자들은 예루살렘 북동쪽으로 약 60 마일 떨어진 베뢰아 지역에 있던 벨라로 도망갔을 것이다. 예루살렘 내에서 머물면서 로마와 싸운 열심당원들과 그들의 추종자들은 도망간 사람들을 배신자로 인식했다. 그리고 그것이 그 두 집단 사이의 분열의 틈을 더욱 넓혔다. 이러한 도피가 유대교와 교회 사이의 관계에 있어서 전환점이 되었다. A.D. 70년에 성전이 파괴될 때까지 유대인 크리스천들은 유대교 내의 한 종파로 간주되어졌다. 유대인 최초의 반역이 있은 후에 교회는 점진적으로 유대교에서 분리된 별개의 존재로 인식되었다. 그러나 성전이 상실되었을지라도 히브리 크리스천들은 동일하게 예배를 드렸다.

포로기의 조상들은 에스겔 11장 16절에서 언급된 것처럼 가정이 작은 성소의 역할을 하는 것을 체험했다. "그런즉 너는 말하기를 주 여호와의 말씀에 내가 비록 그를 멀리 이방인 가운데로 쫓고 열방에 흩었으나 그들이 이른 열방에서 내가 잠간 그들에게 성소가 되리라 하셨다 하고." 유대인 신자들은 그들 가정의 은밀한 곳에서 기도하고 연구할 수 있었으며, 성전이 다시 세워지고 메시아가 재림하여 자기 백성들을 다스리실 때를 기다릴 수 있었다.

"저희가 칼날에 죽임을 당하며 모든 이방에 사로잡혀 가겠고 예루살렘은 이방인의 때가 차기까지 이방인들에게 밟히리라"(눅21:24)

A.D. 132년에 있었던 '두 번째 메시야'의 강림사건은 유대인 크리스

천들과 유대인 사이의 분열을 더욱 심화시켰다. 유대인이었던 시몬 바 호크바(Simon Bar Hochba)는 자신이 로마 군대를 쳐부수기 위하여 부르심을 받았다고 믿었다. 그는 매우 뛰어난 랍비 아키바(Akiva)의 후원을 받았는데, 유대교에 대한 사랑을 일으키면서 팔레스틴 전역을 여행한 사람이었다. 아키바의 명성과 바 호크바의 '두뇌와 칼'을 통해서 수많은 유대인들이 혁명을 일으켰는데, 그들은 이 땅 위에 하나님의 나라를 세우기를 원했다. 그러나 이 두 번째 반역도 유대인들의 대재앙으로 끝났다.4) 50만 명이 로마 군대에 의해서 살육되었다. 거룩한 도성도 완전히 파괴되었다. 그리고 유대인들은 더 이상 예루살렘이 있었던 자리에 들어가는 것이 허용되지 않았다. 유대인들의 희망이었던 '두 번째 메시야'도 죽음으로써 실패했다.

펠라에서 돌아온 유대인 크리스천들이나 최초의 반역기간 동안에 예루살렘에 남아 있었던 유대인 크리스천들은 또 다시 싸우기를 거부했다. 그들에게는 오직 하나의 메시야, 즉 예수님만 있었을 뿐이었다. 소위 다른 메시야에 대한 충성은 곧 자기들이 섬기는 분을 버린다는 것을 의미했다. 예수님은 그들에게 경고하셨다. "그 때에 사람이 너희에게 말하되 보라 그리스도가 여기 있다 혹 저기 있다 하여도 믿지 말라."(마 24:23) 유대인들이 예수님을 버리고 바 호크바를 선택하면서 자기들은 나사렛에서 온 메시야를 거부한다고 공개적으로 선언했다. 그리하여 분열은 완벽하게 이루어졌다. 바 호크바의 반역의 여파로 유대인과 유대인 크리스천들에게 다같이 엄청난 억압이 가해졌다. 로마는 유대의 율법이나 가르침을 준수하는 것을 금지한다는 칙령을 반포했다. 흩어진 신자들은 만약에 살아남기 원한다면 자기들의 유대적 뿌리에 대하여 신중한 태도를 취해야만 했다. 비록 2세기 중엽에 로마의 정책이 느슨해지고 또 유대인들이 학교를 열거나 예루살렘에 있는 파괴된 성전터로 순례여행하는 것이 허용되었을지라도 그들의 거룩한 책들 중에서 많은 것들이 불태워졌다. 사람들은 스스로 널리 분산되어졌다. 그들은 자기들의 신앙의 연속성을 유지하기 위해서 가정에서 교육하고 예배를 드렸으며, 랍비들이 만든 유대인 달력을 따랐다. 더욱 주목할 만한 사실은 그들이 히브리어를 하나님과 교통하는 거룩한 언어로 유지했다는 것이다.5)

"하나님께서 이방인에게도 생명 얻을 회개를 주셨도다"(행11:18)

이방인의 유입과 그리고 또 두 번에 걸친 유대인의 반역에 크리스천들이 참여하기를 거부한 것은 교회를 비유대교화하는 데 결정적인 역할을 했다. 바울은 이방인들에게 육체적 할례를 통해서 유대인이 될 수 없으며 또 그들에게 그것을 요구해서는 안된다고 말했다.6) 초대 교회 교부들이 유대인들을 반대하는 교리들을 전파하기 시작했을 때 히브리인들의 영향력은 완전히 상실되게 되었다. 4세기의 주교였던 존 크리소스톰(John Chrisostom)의 말에 주목하라. "회당은 매춘굴보다 더 나쁘다… 그곳은 악당들의 소굴이며 야생동물들이 모이는 곳이다… 그곳은 그리스도의 암살자들이 모이는 장소이며… 도둑의 소굴이며… 불명예스러운 집이다. 그곳은 불법이 거하는 곳이며 마귀의 피난처며 멸망의 심연이다."7) 십자군, 종교재판, 그리고 나치 대학살로 표현된 유대인에 대한 증오심은 허공에서 생겨나지 않았다. 반유대교의 뿌리는 기독교에 내재되어 있는 히브리적 요소에 대한 깊은 거부감에서부터 비롯되어 졌다.

성전의 상실과 더불어 유대교 자체가 변했다. 랍비적 유대교가 생겨났는데 그것은 이성에 근거한 해석이 성경의 예언적 계시를 대신했다.8) 교회도 사도들의 죽음에 뒤이어 대부분 이방인 지도자들이 나타났는데 특별히 안디옥, 알렉산드리아, 로마 등과 같은 영향력 있는 도시들에서 그러했다. B.C 3세기 이후에 70인역(히브리 성경의 헬라어 역본)이 널리 사용되었기 때문에 헬라어를 말하는 이방인 신자들이 많아졌고 결과적으로 2세기 중엽에는 히브리어를 말하는 유대인들을 수적으로 크게 능가했다.

예수께서 십자가에 못박히시고 부활하신 후 잠시 동안 그의 제자들은 날마다 성전 뜰에서 모였다.9) 그들이 모세의 율법에 따르고 또 계속해서 자식들에게 할례를 시행했기 때문에 예수님을 따르는 자들은 유대교의 한 종파로 받아들여졌다. 이것은 이례적인 일이 아니었다. 예수님 자신도 모세의 율법을 사람의 영적인 욕구와 일상생활의 필요에 응하기 위한 것이라고 해석하셨다. 토라에 대한 예수님의 이론적 구조는 하나님과 인간 사이의 관계를 가리켰다. 율법은 비록 인간 자신의 힘으로 불가능할지라도, 그럼에도 불구하고 선한 것이었다. 그것은 하나님을 기쁘시게 하는 삶의 방법을 서술해 주었다. 율법에 대한 순종은 번영을 가져다 주었다. "이로 보건대 율법도 거룩하며 계명도 거룩하며 의로우며 선하도다"(롬7:12). 그러나 율법은 하나님 앞에서 사람을 의롭게 만들어 줄 수는 없었다.

유대 신자들은 안식일을 보충과 휴식을 위하여 하나님께서 인간에게 주신 선물로 인식했다. 유월절 기간 동안에도 부활절이 거행되어졌다. 이들은 유대인이신 주님을 따르는 유대인들이었다. 그러나 두 번의 반역이 있은 후에 수세기 동안 유대인의 전통이었던 금요일 저녁부터 토요일 저녁까지 지켜진 안식일이 변화되었다. 일요일이 주님이 부활하신 날로 일반적으로 인식되어졌기 때문에, 이 날에(저녁에 모였을 가능성이 더 크다.) 함께 모여 경축하고 예배를 드리는 일이 별 저항없이 이루어졌다. 특히 2세기 중엽에 교회는 대부분 비유대인들로 이루어졌기 때문에 그러했다. 그러나 유대인들에게 이와 같은 안식일의 변화는 하나님의 율법을 범하는 것이었으며, 따라서 그 두 집단들 사이의 분열을 더욱 확장시켰다.

두 번째 반역이 있은 지 30년이 되기도 전에 소위 오늘날 우리가 '대체신학(Replacement theology)'이라고 불리는 또 다른 분열이 나타났다. 교회는 하나님께서 그 백성 이스라엘에게 주신 축복을 자신이 취하고 구약 성경의 저주를 유대인들에게로 돌렸다. 이러한 현상을 전혀 예상하지 못한 것은 아니었다. 헬라의 비유적 해석가들은 성경을 문자적으로 해석하는 것은 천박하고 세상적이며 너무나도 조잡해서 그들의 '영적인' 방법과는 어울리지 않는다고 생각했다. 그러므로 '숨겨진 깊은 의미'를 찾는 것은 성경을 헬라 철학과 조화를 이루게 할 수 있었으며 자연히 유대인들에게 해주신 언약적 약속들을 배제하게 되었다.

유대인 배제를 더 널리 보급시킨 것은 교부였던 저스틴 마르틸

(Justin Martyr)의 저술이었다. 그는 플라톤과 아리스토텔레스와 스토익 학파의 가르침을 추종한 철학의 열렬한 학도였다. A.D. 160년 경에 그는 "유대인 트리포와의 대화(Dialogue with a Trypho, a Jew)"라는 책을 냈는데 그것은 그리스도께서 하나님의 아들이시다라는 사실을 거부한 유대인들에게 초점을 맞추고 있었다. 저스틴은 유대인들이 당한 파멸은 당연한 것이었다고 말했다. 그 이유는 다음과 같다. "너희 조상들은 선지자 중에 누구를 핍박지 아니하였느냐 의인이 오시리라 예고한 자들을 저희가 죽였고 이제 너희는 그 의인을 잡아준 자요 살인한 자가 되나니"(행7:52). 저스틴의 저주적 논문은 이방인의 가슴 속에 하나님께서 유대인들과 손을 끊었고 이스라엘에게 해주신 약속들은 사실상 크리스천들에게 해주셨다라는 주장들에 대해서 확신은 갖도록 했다. 그러므로 그것은 단지 교회를 비유대교화하는 데 한 걸음 더 나아간 것이 아니라 불길한 전환점이 되었다. 조상들의 믿음을 완강하게 고수한 유대인들은 자기들이 차별대우와 거부와 그리고 궁극적으로는 폭력의 대상이 되었음을 발견했다.

3세기에 교부 오리겐(Origen)은 다음과 같이 썼다. "유대인들은 매우 사악한 민족이었기 때문에 그러한 재난을 당했다. 비록 다른 많은 죄악들이 있을지라도, 예수님에 대하여 범죄한 자들만큼 가혹한 형벌을 받은 사람은 없었다."[10] 유대인들의 집단적 죄악은 4세기 교회 지도자들이 그들에게 퍼부은 신랄한 비평들을 정당화시켜 주었다. 예수님 당시의 유대인들이 그의 고난에 대해서 책임을 졌을 뿐만 아니라 그후의 모든 세대의 유대인들도 죄인으로 간주되었다.

크리스천들을 위한 로마 황제 콘스탄틴의 칙령은 A.D. 313년에 선포되었는데 관용과 예배의 자유와 또 심지어 그들에게 압수한 재산을 되돌려 주는 것도 포함되어 있었다. 극심한 박해시기 동안에 신앙을 지킨 신자들에게 있어서 이것은 놀라운 소식이었다. 그러나 불행하게도 이 칙령이 유대인들에게는 아무런 유익이 되지 못했다. 그들은 침례를 받고 기독교인이 되라는 강요를 받았으며 강제로 자신들의 집에서 쫓겨났다. 그리고 거룩한 도성 예루살렘에 들어가는 것이 금지되어 졌다. 그들의 고향땅인 팔레스틴은 '기독교화'되었고 그들은 하나님께서 그들의 조상 아브라함에게 약속해 주신 땅에서 이방인이 되었다.

그 후로 유대인들의 운명에는 개선된 것이 전혀 없었는데 특히 유럽에서 그러했다. 거기서는 그러한 정책들이 여전히 남아 있었다. 즉 회심하여 침례를 받든지 추방당하든지 죽임을 당해야만 했다. 비록 압력이 사라졌을 때 소수의 사람들은 원래의 상태로 되돌아 갔을지라도, 말할 필요도 없이 많은 숫자가 회심했다. A.D. 70년에 유럽 무대를 차지하고 있던 300만 명의 유대인들 중에서, 7세기가 시작되었을 때에는 단지 50만 명만 남아 있었다.[11]

20세기 말에 많은 이단들이 교회에 들어왔다. 교황 이노센트 3세는 1215년에 제4차 라테란 종교회의를 소집하여 무서운 반유대적 법칙들을 제정했는데 그것은 1,000년 전에 기독교화된 로마제국이 만든 것과 같은 것으로 유대인들을 크리스천들과 분리하라는 명령을 하였다. 그들은 서로 더 이상 가까운 곳에 살 수 없었다. 유대인의 거룩한 책들은 불태워졌다. 랍비적 학교들은 문을 닫았고 또 다시 유대인 가정을 교육과 종교적 가르침을 위한 중심지로 강화시켰다. 모든 유대인들은 구별의 표시로 노란 색 원을 착용하고 다녀야만 했다. (이것은 나치 시대에 모든 유대인들이 착용한 다윗의 노란 별의 선례가 되었다.)

종교회의는 유대인들에 대한 이러한 억압이 카톨릭에서 떠난 잘못된 크리스천들에게 경고가 될 것이라고 생각했다. 반대로 유대인들은 그것을 앞으로 다가올 게토(Ghetto: 유대인 집단거주지역)의 전조로 보았을 것이다.

유럽에서 추방당한 유대인 : 숨겨진 비극

수많은 세월 동안 유대인들은 금융과 상업의 세계에서 거주하고 있었다. 자기들의 땅을 압수당했기 때문에 농업에서 떠난 많은 유대인들은 노련한 금융업자가 되었다. 그들은 모슬렘들과 기독교인들 사이에서 사채업자와 상업중개인으로서 지극히 번창했다. 그러자 금고 속에 많은 보물들을 숨겨둔 모든 유럽 지역의 이방인 귀족들과 권력자들은 동일한 생각을 갖게 되었다. 즉 유대인들을 추방해야만 한다는 것이다. 귀족들은 유대인들을 추방함으로써 유대인들의 땅을 몰수하고 그와 동시에 추방된 사채업자들에 대한 자기들의 채무를 취소할 수 있었다.

이러한 추방은 동시에 일어나지 않았다. 날짜와 위치의 견본을 뽑아 보면 그러한 상황이 얼마나 보편적이었는 지를 알 수 있을 것이다. 유대인들은 "내가 어디로 갈 수 있겠는가?"라고 자문할 수 밖에 없었다. 프랑스는 정부의 공식적인 정책으로 1306년과 1394년에 유대인을 두 번 추방했으며, 1349년과 1360년 사이에는 헝가리에서 추방했고, 15세기에는 오스트리아, 리투아니아, 스페인, 포르투갈에서 추방했다. 그리고 14세기와 16세기 사이에는 독일의 수많은 지역에서 추방했다. 유대인들은 15세기와 18세기 사이의 300년 동안에 러시아를 떠나야만 했다. 사실상 유대인들은 자기의 머리를 평안히 둘 곳을 어디에서 찾을 수 있었겠는가?

크리스천들이 이러한 추방에 대하여 묵인했을 뿐만 아니라 부추기기까지 했음을 이해하기 위해서는 앞에서 말한 제4차 라테란(Lateran) 종교회의의 불행한 여파를 먼저 이해해야만 한다. 화체설(The docrine of transubstantiantion)이 교회의 도그마가 된 것은 바로 이 13세기 때였다. 이 교리는 카톨릭 미사 시에 사제가 준 성만찬의 떡과 포도주가 기적적으로 그리스도의 실제적인 몸과 피로 변화된다고 단언했다. 피로 희생제사를 지내는 것에 초점을 맞추고 있었던 유대인에 대해 이상히 여기고 있던 다분히 미신적이고 두려움 많은 민중들에게, 유대인들은 어린 아이들을 유괴하고 또 성만찬의 떡이 그리스도를 모독하는 것이라고 간주한다고 모함하는 것은 쉬운 일이었다.

1298년에 100,000명의 유대인들이 오스트리아와 독일에서 제거되었다. 그 이유는 무엇인가? 붉게 변한 성만찬의 떡이 발견되었기 때문이다. 유대인들은 피를 흘릴 때까지 "그리스도의 몸"을 때렸다는 비난을 받았다. (수세기 후에 어떤 박테리아의 성장이 하얀 색의 떡을 습기찬 지하실에 방치했을 때, 붉게 변하도록 만든다는 사실이 발견되었다.)

13세기에 영국의 농촌지역에서 어린 소년이 실종되었다. 3주 후에 그의 시신이 분뇨구덩이에서 발견되었는데 그는 분명히 실수로 넘어져 빠져 죽었다. 그러나 그 지역의 농부들은 유대인들이 그를 죽였다고 확신했으며 심지어는 유대인들을 고문하여 강제로 그것을 증명할 만한 '자백'을 받아냈다. 이 일로 19명의 유대인들이 재판도 받지 아니한 채 교수형에 처해졌다. 영국 뿐만 아니라 유럽 전역에서 유대인들이 종교의식을 위해서 살인을 했다는 비난을 했다. 궁극적으로 유대인들은 종교의식을 위한 살인 뿐만 아니라 우물에 독을 풀고 또 유럽인구의 삼분의 일을 휩쓸어 버린 치명적인 페스트에 대해서도 희생양이 되었다.

14세기에 두려움과 혼합된 미신은 결과적으로 유대인에게 '피를 모독했다'는 규탄으로 이어졌다. 토라에 의해서 어떤 종류의 피라도 먹어서는 안된다고 금지된 백성들인 유대인들은("너희는 기름과 피를 먹지 말라 이는 너희 모든 처소에서 대대로 영원한 규례니라"/레3:17) 크리스천의 피를 그들의 유월절 음식에 혼합함으로써 그리스도를 모독했다는 비난을 받았다. 이 때 유대인들은 비난 이외의 어떠한 증거도 없이 사형에 처해졌다.

이렇게 저변에 깔린 두려움을 선동이라도 하듯이 1930년대에 나치의 신문인 "데어 스튜에르멜(Der Stuermer)"은 랍비를 불운한 독일 어린 아이들을 잡아먹는 악한 흡혈귀로 생생하게 묘사했다. 20년 전에만 해도 사우디 아라비아의 신문들은 유월절을 경축하는 유대인들이 이방인들의 피를 먹는다라고 비난하는 파일잘 왕(Faisa)의 말을 반복적으로 실었다.[12] 그 말은 이웃에 사는 유대인들에 대한 아랍인들의 증오심에 불을 붙였다.

그리하여 15세기 말까지 유대인들은 서구 유럽에서 추방되었다. 다만 정치적인 분열로 인하여 유대인들을 효과적으로 공격하지 못한 이탈리아나 독일과 같은 일부지방들은 예외였다. 그들이 추방당했음에도 불구하고 유대인들은 문학작품에서도 계속적으로 비방을 당했다. 초서(Chaucer)의 "켄터베리 이야기"와 세익스피어(Shakespeare)의 "베니스의 상인"은 유대인을 피에 굶주린 악당으로 묘사했다. 그러나 사실은 유대인들이 상상할 수 없는 방법으로 피를 흘렸다.

스페인 종교재판(1481-1808)

"그러나 성령이 밝히 말씀하시기를 후일에 어떤 사람들이 믿음에서 떠나 미혹케 하는 영과 귀신의 가르침을 쫓으리라 하셨으니 자기 양심이 화인 맞아서 외식함으로 거짓말하는 자들이라"(딤전4:1~2)

일반적인 오해와는 반대로 종교재판은 유대인들에게만 초점을 맞춘 것이 아니었다. 개신교도들도 로마 카톨릭의 교리를 고수하지 않으면 박해를 당했으며 카톨릭 교도들도 권력을 가진 종교재판관들을 만족시키지 못하면 체포되거나 자기들의 토지와 재산을 몰수당했다. 로마 카톨릭 교회가 가르쳐 준 대로 그리스도를 고백하지 못한 사람은 이단으로 낙인찍혔으며 조사와 심문을 받았다. 교회가 어떻게 그토록 잘못된 교리에 빠질 수 있는가? 오직 진실한 크리스천들만이 그리스도의 영원한 임재 속에 거할 수 있었다. 그들은 자기들의 영혼을 영원히 잃지 않고 자기들의 심령이 진리를 보게 하겠다는 소망으로 이 땅에 있는 동안에 잠시 고난을 당하는 것을 선택했다.

그러나 종교재판관들은 강요로 얻어낸 자백들이 불확실하다는 사실을 인식하고 진지하지 못한 자들을 위한 형벌의 범주를 개발했다. '은밀한 유대인'이라고 고백하는 사람들은 화형에 처해지기 이전에 교살을 당할 특권을 받았다. 고소된 사실에 동의하기를 거부하거나 또는 유대적 동질성을 담대하게 고수한 사람들은 반복적으로 고문을 당했는데 그것은 그들에게 기독교의 진리를 납득시키기 위한 것이었다. 그 모든 것에도 불구하고 그들이 회심하기를 거부한다면 '이단들'은 '신실한 자들'이 참석한 종교의식 중에 공개적으로 화형을 당했다.

종교재판관들은 이미 죽은 '이단'들도 동일한 열심으로 공격했는데 '은밀한 유대인'으로 의심되는 사람들의 뼈를 발굴해 내어 불태워 버렸다. 공개적으로 자기들의 신앙을 지킨 유대인들이 거의 없었다는 사실은 놀라운 일이 아니다. 그러나 스페인에서는 은밀하게 유대교를 실천한 사람들이 많이 있었는데 그들 때문에 마라노스(Marranos)라는 용어가 만들어졌다.(마라노스는 돼지를 의미한다.) 그들은 가장 믿을 만한 가족이나 동료들 이외의 모든 사람에게는 자기들의 동질성을 숨겼다. 많은 마라노스들이 사실상 '외적인' 크리스천으로서 공직에 오를 수도 있었고 심지어 귀족들과 결혼할 수도 있었다. 그러나 그들도 결국에는 종교재판의 분노 아래 들어가게 되었다. 회심하라는 위협과 압력은 엄청난 것이었다. 30,000명의 마라노스들이 화형을 당한 것으로 추정되어진다. 결국 대부분의 사람들이 스페인으로부터 도망하여 네덜란드, 북아프리카, 영국 등과 같이 보다 관대한 나라들로 이민을 갔다.

종교재판이 있었던 350년 동안 유대인 공동체와 크리스천 공동체의 희생은 너무나도 컸다. 400,000명이 재판을 받았다. 1384년이 되어서야 전 유럽에서 종교재판이 최종적으로 폐지되었다. 마르틴 루터(1483~1546)에 관하여 반드시 언급해야 할 사실이 한가지있다. 그 위대한 종교개혁자는 과거의 한 때는 유대인을 사랑했으나 유대인들을 증오한 자로 돌아선 극단적인 사례이다. 로마 교황과 분리된 후 초기의 몇 년 동안 루터는 카톨릭 교회가 하지 못한 일을 성취하려고 결심했다. 즉 많은 수의 유대인들을 믿음으로 인도하자는 것이었다. 인쇄술의 발달에 의존하여 1523년에 그는 "예수 그리스도는 유대인으로 태어나셨다"라는 팜플렛을 썼다. 유대인들을 멀리하는 교회와 그리고 또 그 지도자들의 파렴치한 생활을 비난하면서 루터는 시장에서 경쟁할 수 있는 유대인들의 권리를 정열적으로 주장했다.(이때까지 그들은 사채업자의 지위에 머무르고 있었다.)

유대인들을 회심시키려는 그의 시도가 실패로 돌아간 것에 대하여 좌절과 분노가 생기자 유대인들을 비난하는 것에 대한 루터의 반응은 3, 4세기의 교부들의 자세와 다르지 않았다. 루터는 크리스천들에게 그들을 조심하라고 경계하면서 다음과 같은 경고를 했다. "진실로 절망적이고 사악하고 유독하고 극악무도한 일은 이러한 유대인들이 존재하고 있다는 사실이다. 그들은 1,400년 동안 우리의 페스트요, 고통이요, 불행이었다. 그들은 마귀이며 그 이상 아무 것도 아니다."[13]

반항적인 유대인들에 대한 루터의 분노는 "유대인과 그들의 거짓말에 관하여"(1543년)이라는 소책자에 표현되어 있다. 그는 유대인들을 "유해하고, 혐오스러운 인간 쓰레기"라고 부르면서 그들에 대하여 다음과 같은 조치를 취하라고 권했다. 즉 그들의 회당을 불사르라. 그들의 가정을 파괴하라. 모든 유대인의 거룩한 책들을 압수하라. 랍비들에게 죽인다고 위협하여 가르치지 말도록 하라. 여행 증명서와 여행할 수 있는 권리를 박탈하라. 유대인들에게 돈을 빌려주고 이자를 얻는 것을 금지시켜라. 젊은 유대인 남녀들에게 힘든 노동을 강요하라.[14]

유대인들에게는 불행하게도 이러한 반유대적 저술들이 독일 전역 뿐만 아니라 루터가 존경을 받은 모든 곳에서 널리 알려지게 되었다. 400년 후인 1938년 11월 9~10일에 수 백 명의 유대인들을 죽이고 그들의 재산을 파괴 했던 크리스탈나하트(Kristallnacht) 대학살 사건은 마르틴 루터를 위해서 꼭 맞는 탄생 기념 행사로 간주되었다. 열렬한 반유대적 신문발행자인 줄리어스 스트라이커(Julius Streicher)는 1946년 뉴렘버그(Nuremberg) 재판에서 다음과 같은 변론을 했다. "그는 유대인들에 대해서 400년 전에 마르틴 루터가 선언한 것보다 더욱 나쁜 것을 말한 적은 없었다."[15]

유대인 집단거주지(Ghetto)와 대학살

우리가 게토(Ghetto)라고 부르는 우중충하고 복잡한 도시 공간은 16세기 이태리에서 유래되었다. 로마 카톨릭의 지나친 간섭을 피한 많은 신자들에게 신앙의 자유를 가져다 준 종교개혁이 유대인에게는 또다른 보복의 시작이었다. 이탈리아의 반종교개혁(종교개혁에 이어 카톨릭 교회 내부에서 일어난 교회개혁운동-역주)은 억압적이고 반유대적인 중세풍의 법률들을 제정했다. 이러한 명령들은 결과적으로 18세기까지 지속된 박해와 죽음의 맹공격으로 나타났다. 동유럽에서는 단 하루만에 온 유대 마을들이 학살을 당했다. 교황 폴(Paul) 4세는 유대인들을 열렬히 증오하여 유대인들을 교황의 통제 하에 있는 지역인 게토, 즉 유대인 집단거주지에 분리시키는 법률을 제정했다. 그는 하나님께서 그리스도를 십자가에 못 박은 죄를 범한 유대인들을 정죄하신 것처럼 교회도 동일하게 가혹한 방법으로 반응을 보여야만 한다고 그 이유를 제시했다. 게토의 개념은 급속히 유럽 전역으로 전파되어졌고 1800년대 후기까지 존속되었다.

그러나 어떤 의미에서 유대인 집단거주지는 어느 정도 자신을 보호할 수 있는 기회를 제공해 주었을 뿐만 아니라 유대 신앙의 순수성을 보존하는 데도 기여했다. 유대인들은 오랜 세월 동안 이방인의 세계와 분리되는 데 익숙해져 있었다. 유대인 집단거주지로 추방되어 있는 시기 동안에 하시디(Hasidic), 즉 초정통주의적 유대교가 발전될 수 있었다. 기쁜 마음으로 드리는 예배와 소망스러운 기대로 충만한 이 종파는 온 세상에 평화와 기쁨을 가져다 줄 구속의 주를 열렬히 기다렸다. 그러나 그 다음 세기 동안에는 그렇게 할 수 없었다. 히틀러가 루터의 저술을 통해서 자신의 반유대주의를 위한 신임장을 얻었듯이 나치도 유대인 집단거주지에서 유대인들을 강제수용소에 감금할 수 있는 근거를 발견했다.

19세기 러시아에서는 게토의 개념이 극단적으로 발전했는데 거기서 유대인들은 '크리스천' 군주에 의해서 유대인 구역으로 알려진 황무지에 감금되었다. 이것 자체가 또 다른 황제의 칙령이 야기한 극단적인 고통의 원인이 되지는 않았다. 12세부터 18세 사이의 유대 소년들은 군대에서 복무하라는 명령을 받았다. 이것은 매우 나쁜 일이었다. 정통주의적 교회는 이러한 징병제도를 아브라함의 신앙을 근절시키려는 수단으로 보았다. 유대 소년들은 무자비한 고문을 받았으며 기독교로 개종하라는 강요를 받았다. 그들이 가정으로 되돌아왔을 때 자기 자식들을 적의 신앙에 빼앗긴 것보다 더욱 극심한 고통은 없다는 사실을 깨닫게 되었다.

19세기 동안에 유대인에 대한 크리스천의 두려움과 증오심을 이해하기 위해서는 산업화와 국제 무역의 충격에 관해서 고찰할 필요가 있다. 유대인들은 수세대에 걸쳐서 상업에 참여하고 있었으며 경제분야에서 급속하게 성장했다. 이에 비해 유럽의 귀족은 시대에 뒤떨어진 생활양식을 가지고 있었고 그들의 영향력은 사라지고 있었다. 기계 때문에 일자리를 빼앗긴 가난한 사람들은 유대인들의 번영에 대하여 분개했다. 유럽의 주식시장이 뒷걸음질치자 금융자본가들인 유대인들에게 비난이 쏟아졌다. 반유대적 개신교도들과 카톨릭 교도들이 다같이 그들을 증오하는 대중감정을 선동했다. 독일에서는 새로운 교리를 위한 무대가 설치되었다. 그것은 곧 아리안 족의 우월성이었다. 국제적 음모를 두려워한 러시아 군대는 유대인들을 수 천 명씩 살해했다. 대학살, 즉 유대인들에 대한 폭력적 공격의 물결은 1881년부터 1920년 사이에 러시아 전역을 휩쓸고 지나갔다. 반유대파들이 국제 유대인 의회에서 작성된 것이라고 주장하는 "시온 장로들의 의정서"라는 문서는 유대인이 기독교 조직을 파멸시키고 세계를 지배하려는 계획을 가지고 있다고 자세히 기술하고 있다. 그러나 국제 유대인 의회는 실제로 존재하지 않는 조직이다.

이 위조문서가 전 세계에 출간되어지자 유대인들에 대한 의심과 증오는 더욱 증폭되었다. 특히 동유럽과 러시아에서 거주하고 있는 유대인을 대량 학살하고 박해하자 '새로운 세상'에서의 자유에 대한 소망이 그들의 유일한 삶의 기회로 빛을 발하게 되었다. 수많은 유대인들의 물결이 미국으로 쏟아져 들어왔는데 특히 뉴욕의 상업중심지로 들어왔다. 200만 명의 러시아 유대인들이 미국에서 피난처를 찾았다.

러시아의 유대인들만이 그들의 고향땅을 떠나려 한 것은 아니었다. 1884년에 프랑스 군대의 유대인 장교였던 알프레드 드레이푸스(Alfred Dreyfus)는 날조된 증거에 근거하여 반역죄의 선고를 받았다. 그 결과 유대인에 대하여 반감을 가지는 프랑스 사람들이 더욱 많아졌다. 다른 유럽 국가들도 "시빌타 카톨리카(Civilta Cattolica)"라는 예수회의 공식적인 간행물에 의해서 선동되어지는데, 그것은 반유대주의를 조장하고 유대인들을 유럽 전역에서 추방하라고 부추겼다. 바티칸도 이러한 견해에 동조했다.

미국과 남아메리카의 카톨릭 교도들이 이 기사 뿐만 아니라 드레이푸스의 투옥도 사실과는 달리 부당하게 실시된 것이라고 비난했지만 프랑스의 대통령, 군대, 사법기관들은 양보하기를 거절했다. 드레이푸스는 무죄임을 밝히는 증거물이 많았음에도 불구하고 그들은 자신들의 결정을 번복시키지 않았다. 프랑스 군중들은 유대인들의 상점을 약탈했다.

프랑스의 동맹국이었던 알제리도 그에 동조했으며 아랍국가들도 동참했다. 마침내 1906년에 전 세계적으로 여론이 들끓자 프랑스 법정은 알프레드 드레이푸스의 무죄를 선언했다. 그러나 이미 전 세계적으로 유대인들은 심각한 타격을 받았다.

러시아의 대학살, 서방으로의 이주, 그리고 국제적인 화제가 되었던 드레이푸스 사건 등은 2,000년 동안 그 탄생을 기다리고 있었던 개념, 즉 시오니즘(Zionism)에 생명을 불어넣어 주었다. 시온은 유대인들의 고향이었다. 그것은 하나님께서 아브라함에게 약속해 주신 땅을 개간하는 곳이었다. 새로운 세계에서 통로를 발견할 수 없었던 사람들은 팔레스틴에서 그들의 꿈을 찾을 수가 있었다. 이곳은 최초의 협동농장(기부츠)과 인구가 과밀한 도시공간들을 가진 땅이었다. 그러나 그곳은 그들의 조상의 땅이었으며 그들이 모여 살 땅이었다. 1917년에 발포어 선언에 서명한 영국은 유대인들의 땅에 대한 항국적인 소망에 새로운 생명을 불어 넣어 주었다. 이 선언은 유대인들이 팔레스틴에서 가정을 세우는 것을 지원해 주었다. 이때까지 55,000명의 유대인들이 그곳으로 갔다. (2차 세계 대전 직전에 그 숫자는 450,000명으로 늘어났다.) 비록 돈도 없고 의약품과 식량도 부족했을지라도 그들에게는 고향이 있었다. 그러나 그들의 기쁨은 1922년에 발표된 백서에 의해서 무너졌다. 아랍의 반대에 직면한 영국은 유대인들이 그들의 옛 땅에 이주하는 것을 심각하게 제한했으며 다수인 아랍인들에 의해서 통치되는 독립 팔레스틴을 저지하는 계획을 세웠다.

그동안 유럽에서는 나찌즘이 고개를 들고 아리안 족이 우월하다는 이데올로기가 발전하기 시작했다. 이러한 개념들이 갑자기 생긴 것은 아니다. 민중들은 주도면밀하게 계획되어 실천된 3단계 공격이 유대인을 곤경에 빠뜨렸지만 이러한 현상에 점진적으로 무감각해졌다. 첫번째 단계는 역사적으로 그러했던 것처럼 유대인들을 조롱했다. 젊은이들은 공공연히 유대인을 괴롭혔고, 플랭카드에는 유대인을 멸시하는 문구가 쓰여 있었으며, 이따금씩 폭력을 당하기도 했다. 이처럼 유대인들을 개별적으로 상대하던 독일인들은 다음 단계로 넘어갈 준비를 했다. 즉 비아리안 범주에 속하는 사람들을 억압하는 것이었다. 독일인들이 아리안족의 우월성을 '진리'로 받아들였기 때문에 다음 단계의 실현, 즉 죽음과 화장이라는 잔악한 행위를 취했다.

  그러면 이와 같은 마귀적 파멸이 유대인에게 자행되는 동안에 교회는 어디에 있었는가? 개별적인 항의와 조용한 인도주의적 노력도 있었지만 대체적으로는 침묵을 지켰다. 독일의 힘을 거역하지 않으려는 교황은 어떠한 반응도 보여주지 않았다. 개신교회들도 대부분 눈길을 다른 데로 돌렸다. 600만 명의 유대인들과 수 백 만 명의 이방인들이 가스실에서 죽음에 직면했으며 군대와 공장에서 노예처럼 일했다.

제●6●장

교회에서 위력을 떨치고 있는 헬라 철학
어떻게 플라톤이 하나님을 대신하게 되었는가?

"누가 철학과 헛된 속임수로 너희를 노략할까 주의하라 이것이 사람의 유전과 세상의 초등학문을 좇음이요 그리스도를 좇음이 아니니라" (골2:8)

미국 사람들은 영어로 말하지만 생각은 '그리스식' 즉 헬라식으로 한다. 상호간의 믿음이나 '보다 고상한 근거'인 영적인 것보다도 오히려 경쟁과 인간을 가장 중요시하는 것, 물질보다 정신을 중요시하는 것 그리고 합리주의와 논리적 사고 등의 이러한 개념들은 헬라적 문명에서 나온 것이다. 이러한 영향력은 너무나도 오랫동안 서방문화에 침투했었기 때문에 그것은 마치 우리 자신의 것과 같이 느껴진다. 우리는 일생 동안 그것과 친숙하게 지내왔기 때문에 거기서 아무런 냄새도 느끼지 못한다. 그러나 성경은 히브리 사상을 반영하기 위해서 쓰여졌다. 성경에 대해서 히브리인들이 가지고 있었던 이해를 상실한 것은 하나님을 이해하고 또 하나님과 관련을 맺을 수 있는 우리의 능력을 크게 감소시켰다.

오늘날 교회에 점점 더 큰 영향력을 미치고 있는 휴머니즘의 기초는 헬라의 철학정신에서 발견된다. 그 두 가지 신념체계의 공통점은 하나님이 아니라 인간이 만물의 척도라고 보는 것이다. 헬라철학과 휴머니즘은 인간을 모든 것에 대한 궁극적인 평가자의 위치에 갖다 놓는다. 이러한 견해의 결과는 하나님이 주신 절대적 기준이 없다는 것이다. 따라서 모든 것들이 변화하고 진화한다. 윤리와 도덕은 하나님의 거룩한 뜻이 아니라 인간의 변덕스런 마음에 기초하고 있다.

서방사회에는 고대 헬라의 철학과 문화, 특히 플라톤의 철학이 범람했다. 헬라의 영향력은 신자들에게 성경말씀 속에 계시되어 있는 하나님에 대한 시야를 심각하게 제한시켰다. 그리고 우리들이 맺고 있는 중요한 관계들인 하나님과 결혼과 가족과 우정 등에 성경적인 진리를 적용시킬 수 있는 능력을 감소시켰다.

초대 교회가 숫적으로 증가해감에 따라서 히브리적 뿌리의 영향력은 약해졌고 신자들은 파멸적인 영향력에 더욱 노출되었다. 로마는 놀라운 도로망과 비교적 빠른 통신망을 가져다 주었을 것이다. 예루살렘에 침투한 복음의 메시지는 쉽고도 안전하게 세상의 이방민족들에게로 흘러 들어갈 수 있었다. 그러나 불행하게도 그 메시지의 순수성과 능력은 그 당시의 지배적인 문화였던 헬라 철학에 의해서 훼손되었다. A.D. 70년과 A.D. 135년에 두 번에 걸친 유대인 반역이 있은 후 몇 세기 동안 헬라적 세계관, 즉 인간 중심적 세계관이 교회를 새로운 모습으로 만들기 시작했다. 그러면 헬라적인 종교사상이 어떤 모양으로 어떻게 출현하게 되었으며 또 그것들이 교회에게 어떤 영향을 미쳤는지에 대해서 검토해 보자.

그리스도께서 이 땅에 오시기 전인 수세기 동안 그리스, 즉 헬라는 인간과 동일한 인격과 결점을 지닌 수많은 신들을 갖고 있었다. 이러한 신들을 추종하는 사람들은 그들의 초인적인 능력을 두려워 하며 개인적인 재난과 환난을 피하기 위하여 제물을 드리고 숭배했다. B.C. 7세기에 철학자이며 수학자였던 탈레스(Thales)는 교육 받은 민중들이 그러한 우화에서 떠나도록 노력했다. 탈레스는 선천적 인식능력과 이성의 인도를 받아, 과학적인 관찰방법을 사용하면 자연의 모든 현상들을 이해할 수 있다고 주장했다. 자연은 땅 위의 모든 활동들을 통제할 수 있는 에너지의 원천적 생명이었다. 오직 자연만이 체험할 수 있고 또 시험할 수 있는 것에 대하여 책임을 질 수 있었다. 초자연적인 신들은 그것과 아무런 관련이 없었다.(18세기의 계몽주의는 동일한 논리적 사고를 따랐다. 그 당시 학자들은 신이 생활 속에 개입한다는 것을 부인했다. 그들은 합리주의와 과학을, 인간을 인도하는 능력으로 평가했다. 오늘날 미국의 교육을 지배하는 '휴머니스트 선언'은 이러한 고대의 탈레스적 오류를 반영하고 있다.)

탈레스적 방법에 있어서 난제는 다음과 같은 것이었다. 만약에 이성이 진리의 결정요소라 한다면 누구의 이성을 따라야만 하는가? 그 결과로 생겨난 철학적 혼란은 B.C. 5세기의 소피스트의 이론적 해석에 이르게 되었다. 헬라인들에게는 절대적 기준을 이끌어 낼 수 있는 거룩한 텍스트가 없었기 때문에 진리는 상대적인 것이었다. 그럼으로 소피스트 학파는 사람들은 지금 여기에서 자기들이 할 수 있는 모든 것을 하려고 노력해야만 한다고 주장했다(이것이 바로 현대 미국 문화의 목표이다.). 지식은 개인에게 유익을 가져다 줄 때에만 유익한 것이었다. 즉 '내가 이것으로부터 무엇을 얻을 수 있는가?'만을 생각했다.

말할 필요도 없이 시당국자들은 이러한 생각을 두려워하지 않았다. 만약에 모든 사람들이 자기 자신의 일만 한다면 사회 전체는 어떻게 되겠는가? 이러한 논쟁에서 벗어난 철학을 펼쳤던 소크라테스가 출현했다. 그는 선과 정의와 미덕 등과 같은 절대적인 것이 있어야만 한다고 주장했다. 일단 이러한 기준을 구하기 위하여 정신적 훈련을 받는다면 그 사람은 합리화를 통하여 자신의 이성과 수단을 개발하여 그 기준에 도달할 수 있다고 말한다.(이러한 논리의 기초를 명심하라. 그것은 바로 사람은 기본적으로 선하다는 것이다. 그러나 성경은 죄를 지니고 태어나는 사람은 스스로 내버려 두었을 때 악을 향해 기울어 진다고 가르치고 있다.).[1]

소크라테스의 제자인 플라톤은 실질적으로 선과 정의를 분별할 수 있는 인간의 능력의 한계를 인식했다. 그는 이원론의 개념으로 돌아가, 생명은 두 가지 요소로 나누어 지는데 영원한 진리라는 초월적 영역과 육체적이라는 일시적 영역이라고 생각했다.[2] 전자는 이상인데, 현실적으로 성취할 수 없는 것이며 단지 목표로 삼을 만한 가치가 있을 뿐이다. 음식, 주거지, 직업 등과 같은 이 땅의 일시적인 관심사들은 천박하고도 평범한 것이지만 불행하게도 생존을 위해서는 반드시 필요한 것이다. 이러한 견해는 사람은 하나님의 형상으로 창조되었으며 이 땅에서뿐만 아니라 영원히 하나님과 관계를 맺고 살아야만 한다는 히브리적 견해와 병렬적 관계를 이루고 있었다.3) 하나님께서는 육체를 "좋다"라고 말씀하셨다. 그리고 영과 결합시켜 그것을 "사람"이라고 정의하셨다. 하나님께서는 육체적 창조에 대해서 높이 평가하셨다. 왜냐하면 그것은 자신의 위대성을 입증해 주었기 때문이다. "창세로부터 그의 보이지 아니하는 것들 곧 그의 영원하신 능력과 신성이 그 만드신 만물에 분명히 보여 알게 되나니 그러므로 저희가 핑계치 못할지니라"(롬1:20).

플라톤의 이원론은 교부들의 저술을 통해서 교회 안으로 들어왔다. 왜냐하면 과거에는 헬라의 철학자이었다가 기독교로 개종한 교부들이 많이 있었기 때문이다. 그들은 자기들의 저술들을 통하여 플라톤의 사상과 기독교를 조화시키려고 시도했다. 이원론적 개념은 수많은 새로운 교회의식(church rituals)들을 야기시켰는데 그것은 하나님께서 이미 창조하시고 또 선하다고 선언하신 것을 기도를 통하여 성화, 즉 거룩하게 만들려는 것이었다. 예를 들자면 신자들은 더 이상 초대 교회가 누리던 것과 같은, 떡을 떼는 일과 포도주 잔을 나누는 일에 참여할 수 없었다. 왜냐하면 이원론은 떡과 포도주는 너무나도 '세상적인 것'이기 때문에 예수님의 살과 피가 될 수 없다고 보았다. 그러므로 육체적 요소들은 영적으로 해석되어야만 했다.

앞에서도 말했듯이 1215년 제4차 라테란 종교회의에서 떡과 포도주는 하나님의 '거룩함'을 상징하기 위해서 그리스도의 살과 피로 변한다고 선언했다. 그리고 오직 세상의 더러움으로부터 스스로를 구별한 자들인 사제들만이 이 의식을 거행할 수 있었다. 화체설은 수많은 성례전 규칙들에다, 오직 성직자만이 교인들을 위하여 성만찬을 거행할 수 있다는 규칙을 추가했다. 성례전(sacraments)을 통한 성직자의 지배체제는 수세기 동안 예배자들을 노예로 만들었다.

히브리 사람들은 이원론이 크리스천들에게 미친 영향을 받지 않았다. 즉 자기들의 음식에 대해 축복을 요구하거나, 그것을 만든 손길에 대하여 축복해 달라고 요구하지 않았다. 하나님께서 먹을 것을 만들어 주시고 또 그것을 우리의 유익을 위해서 공급해 주셨다면 그것은 반드시 선한 것임에 틀림없다고 생각했다. 히브리인들의 기도는 창조주시며 우리의 모든 필요를 채워 주시는 하나님을 송축하는 데에만 초점을 맞추고 있다. "여호와 우리 하나님이시여, 땅에서 떡을 내시고 포도나무에서 열매를 내시는 온 우주의 왕이시여, 당신을 송축하나이다." 오직 그분만이 감사와 찬양을 받을 자격이 있다.

수세기 동안 아무런 의심도 없이 수정주의자들의 저술에 의존하고, 또 성경을 통합적으로 이해하지 못함으로써, 오늘날의 크리스천 대학들과 신학교들은 헬라적 영향력에서 벗어나지 못하고 있다. 그 결과 영속적으로 성경에 플라톤의 철학적 방법을 도입하게 되었다. "영적인 소명"에 대한 신학생들의 생각 가운데서도 플라톤의 이원론을 찾아볼 수 있다. 신학교는 모든 시간을 성직자의 직분에 종사하는 것이 세속적인 직업을 선택한 것보다 더욱 가치가 있다고 가르치고 있다. 플라톤의 영향력 때문에 헬라 문화는 육체 노동을 천한 것으로 보았다. 그와는 반대로 히브리인의 문화는 직업의 가치를 인식했다. 그리고 타락 이전에 아담과 이브가 에덴 동산에서 직업을 가지고 있었다는 사실을 기억했다.[4] 심지어 랍비들도 직업을 가지고 있었다. 예수님은 목수였으며 바울과 아굴라와 브리스길라는 천막 만드는 자였다. 유명한 유대교사들인 힐렐(Hillel)과 샴마이(Shammai)는 각각 나뭇꾼과 목수였다. 토저(A. W. Tozer)가 그의 고전 "하나님의 추구"에서 쓴 히브리인들을 위한 격려에 주목하라.

평신도는 자기의 비천한 직업에 대해서 성직자의 직업보다 열등하다고 생각할 필요가 결코 없다. 모든 사람들이 자기의 직업에 충실히 임하며 자신의 일이 성직자의 일만큼 거룩하다고 생각하자. 그의 일이 거룩한 것이냐 아니면 세속적인 것이냐를 결정하는 것은 그 사람이 하는 일 그 자체가 아니라 그 사람이 그 일을 하는 이유이다. 동기가 모든 것을 좌우한다. 마음으로 여호와 하나님을 우러러 보자. 그러면 그는 비범한 행동을 할 수 있을 것이다. 그가 하는 모든 일은 선한 것이며 예수 그리스도를 통하여 하나님께 열납되어진다. 그와 같은 사람에게 있어서 삶은 그 자체가 성례전이 될 것이며 온 세상은 성소가 될 것이다. 그의 전 인생은 제사장적 사역이 될 것이다.5)

헬라철학적 사고는 믿음과 거룩한 계시보다도 헬라의 논리적 사고에 의존하는 신학교 교수들에게 영향을 주었다. 아르헨티나의 부흥 지도자들 중 한 사람인 에드 실보소(Ed Silvoso)는 "우리의 도시를 그리스도께로 인도하는 방법"이라는 비디오 테이프에서 다음과 같이 말했다. 즉 "2차 세계 대전 뒤에 도입된 **미국 제대군인 원호법**은 오늘날 미국 교회 내에서 하나님의 권능을 크게 감소시켰다. 신학교들이 연방기금을 얻기 위해서 그들의 교과과정에 헬라적 영향을 받은 과목들인 심리학, 사회학, 그리고 철학 등을 도입했다."6) 많은 신학교들이 인간의 지혜로 하나님의 권능을 조금씩 조금씩 대체했으며 헬라의 고린도 교인들에게 보낸 바울의 경고를 무시했다. "아무도 자기를 속이지 말라 너희 중에 누구든지 이 세상에서 지혜 있는 줄로 생각하거든 미련한 자가 되어라 그리하여야 지혜로운 자가 되리라 이 세상 지혜는 하나님께 미련한 것이니 기록된 바 지혜 있는 자들로 하여금 자기 궤휼에 빠지게 하시는 이라 하였고"(고전3:18~19). 실보소는 많은 새신자들이 성경에서 하나님의 기적들에 관해서 읽고 지금은 왜 그런 것들을 볼 수 없는지 이상하게 생각할 때 그들이 직면하게 되는 문제 때문에 괴로워했다. 예를 들자면, 어떤 젊은 신자가 교회 사무실로 달려 들어와 "목사님! 예수님 당시에 제자들은 어떤 일을 했는지 가르쳐 주십시오. 여기에서 예수님이 우리에게도 그와 같은 일을 할 수 있는 능력을 주셨다고 말씀하고 있습니다!" 목사님은 점잖은 억양으로 "잠시만 기다리게. 내가 몇가지 사실을 설명해 주겠네."라고 말한다. 그리고 그가 성경에 대해서 설명할 때 그들은 성경에 기록되어진 어떤 것을 말하지 않는다. 7)

우리의 신학교에서 헬라식의 논리적 사고는 하나님께서 변하셔서 더 이상 그 백성들을 통하여 기적을 행하는 일을 하지 아니하시는 이유에 대하여 전매특허를 얻은 대답들을 제시했다. 이처럼 사람들은 교회에서 플라톤이나 다른 헬라 철학자들, 즉 기적에 대한 믿음을 무가치하게 만드는 이데올로기의 영향을 받은 교사들의 가르침에 따라 유대 성경을 이해하려고 노력하므로 성경말씀과 가르침이 일치하지 않게 되는 혼란스러운 상황에 빠지게 된다. 결과적으로 성경적 진리는 실제적이고도 적용가능한 것이라기보다는 이론적이고 관념적인 것으로 다뤄지고 있다.

> "화있을진저 외식하는 서기관들과 바리새인들이여 너희는 천국 문을 사람들 앞에서 닫고 너희도 들어가지 않고 들어가려 하는 자도 들어가지 못하게 하는도다 화있을진저 외식하는 서기관들과 바리새인들이여 너희는 교인 하나를 얻기 위하여 바다와 육지를 두루 다니다가 생기면 너희들보다 배나 더 지옥 자식이 되게 하는도다"(마23:13~15)

오리겐(Origen), 저스틴(Justin), 클레멘트(Clement) 등과 같은 교부들은 헬라사상의 영향을 강력하게 받았다. 그들이 기독교로 개종했을 때 그들은 플라톤의 철학에 기초한 새로운 신학을 만들어냈다. 영적인 문제에 초점을 맞추기 위해서 세속적인 관심을 멀리 하는 경건주의(Pietism)에 대한 그들의 강조는 수세기 동안 교회 내에서 전승되어졌다. 그것은 히브리인들이 소유했던 살아있는 믿음을 드러내 보이는 공동체적 참여와는 대조 되는 것이었다.

순교자 저스틴은 자신의 반유대적 저술에서 육체가 영혼을 가두고 있다는 이원론적 세계관을 피력했다. 이러한 견해는 2세기 헬라에서 광범위한 호소력을 지니고 있었다. 학문의 중심지였던 애굽의 알렉산드리아는 클레멘트를 포함한 많은 사람들을 끌어 들였다. 그리고 클레멘트는 기독교 사상과 헬라의 사상을 혼합시키기 위하여 비성경적 자료들을 끌어들이는 것도 주저하지 않았다.

클레멘트의 가장 유명한 제자였던 오리겐은 "기독교 신학의 아버지"라 불려졌다. 오리겐은 육체를 악한 것으로 간주하고 영을 선한 것으로 간주하는 헬라적 가르침에 사로 잡혀 있었다. 신학자 케네스 스코트 라토렛트(Kenneth Scott Latourette)는 헬라의 중심신조는 "모든 사람의 삶의 목표는 육체적 오염으로부터 영혼을 해방시켜서 구원을 받는 것이어야만 한다."는 것이라고 기록했다.8)

오리겐은 신약을 연구하면서 그는 구약성경을 '역사적, 세상적' 시각에서 벗어나 비유적으로 해석하였다. 비유적인 해석에 따르면 하나님께서 그 백성 이스라엘에게 계시해 주신 진리들은 신약에서 율법과 상관없는 자들과 함께 나누어 가질 수 있는 진리의 모형이 될 수 있었다. 그러므로 각각의 본문 속에서 그리스도를 찾을 수 있기 때문에 하나님께서 이스라엘에게 해주신 약속들은 교회로 전이되어질 수 있었고 성경적인 저주들은 마땅히 유대인들의 유산이 되었다. 그러나 그와 같은 해석은 하나님께서 유대인들을 자신이 선택한 귀중한 백성으로 초점을 맞춘 사실을 무효화시키는 것이었다. 구약성경 중에서 오직 신약사상 속으로 들어올 수 있는 것만이 타당성을 지니고 있었다. 이와 같은 가르침은 여러 지역 출신의 신실한 신도들이 알렉산드리아에 운집했을 때 영향을 주게 되었다. 그리고 그들은 전 세계에 그것을 전파했다.

"그러나 성령이 밝히 말씀하시기를 후일에 어떤 사람들이 믿음에서 떠나 미혹케 하는 영과 귀신의 가르침을 좇으리라 하셨으니"(딤전4:1)

창조물에 대한 하나님의 견해가 "보시기에 좋았더라"였으므로 히브리 사람들은 세상을 바람직한 것으로 보았다. 비록 죄가 세상 속으로 들어왔을지라도 우주는 인간에게 최선의 이익을 주시고자 하시는 하나님에 의해 창조되었다. 히브리인들은 이분법을 따르지 않았다. 나중에 교회에 들어온 극단적인 자기 부인과 극기는 육체적인 것과 영적인 것이라는 헬라적 양극성에 근거하고 있었다. 고행자들은 육체를 복종시킴으로써 자기들이 육체적 영역에서 인식한 악으로부터 자유를 얻어 영적인 완전성에 더욱 가까이 다가갈 수 있기를 소망했다.

바울은 그 시대의 고행자적 자세를 거부했다. "곧 붙잡지도 말고 맛보지도 말고 만지지도 말라 하는 것이니 이 모든 것은 쓰는 대로 부패에 돌아가리라 사람의 명과 가르침을 좇느냐 이런 것들은 자의적 숭배와 겸손과 몸을 괴롭게 하는 데 지혜있는 모양이나 오직 육체 좇는 것을 금하는 데는 유익이 조금도 없느니라"(골2:21-23). 그럼에도 불구하고 이런 자세는 교회 역사 속에서 깊이 자리잡게 되었다. 사순절을 지키는 것은 그리스도의 고난에 동참하기 위해서 스스로 세상적인 쾌락을 부인하는 시기가 되었다. 그러나 그들 중에서 대부분은 비록 외적으로는 경건주의적 열심을 가지고 있을지라도 그리스도께서 자신을 희생제물로 바치게 했던 인류에 대한 사랑이 없었기 때문에 이웃에 대한 사랑을 보여주지 못했다.

어떻게 신자들이 그토록 쉽게 말씀 속에 나타난 진리에서 떠날 수가 있었는가? 처음에는 대다수의 크리스천들이 오리겐의 가르침에 반대했다. 말씀의 문맥이나 내용과는 거리가 먼 설명을 하는 알렉산드리아의 비유적 해석체계는 헬라철학을 성경과 통합시키려는 소망에서 비롯된 것이다. 그것은 이러한 철학들이 신적 영감에 있어서 하나님의 말씀과 동일하다는 잘못된 추정에서 나온 것이다.9) 알렉산드리아 출신의 학생들이 널리 퍼지고 그들이 자신의 교육영역을 확립하자 이러한 해석들은 꾸준히, 그리고 궁극적으로 보편적인 인정을 받게 되었다.

 5세기 초에 비유적 방법은 교회 사상에 깊이 뿌리를 내리게 되었다. 이것은 특별히 어거스틴의 영향력 때문이었다. 4세기 후반의 이 신학자도 역시 교회의 권위가 성경의 권위를 대신하게 되었다는 생각을 공표했다. 결과적으로 이러한 사상은 교육을 받은 성직자 계층들에게 평신도들보다 더 큰 권능을 부여했다. 기독교 교리는 더 이상 교회의 창시자들인 사도들을 통하여, 그리고 또 성령에 의해서 신자 각자에게 주어진 영적인 지혜가 아니었다. 헬라 사상에 더욱 의지하게 되자 성령을, 내적인 생명이요, 사역을 위한 권능이라는 위치에서 몰아내 버렸다.10)

 성경적인 기독교 신앙과 실천은 단순히 지적으로 동의하는 도그마를 전하는 것이 아니라 속사람 안에서 성령의 역사하심을 반영하는 것을 의미했다. 철학적 신학자들이 영적인 생활을 이성을 통해서도 알 수 있는 것으로 만들면서 크리스천의 생활을 위한 성경적인 명령인 믿음을 제거해 버렸다. 교회에서 위로부터의 권능은 교리로 대체되어졌다. 그것은 고수해야 할 법전이요, 또 구원을 성취하기를 소망할 수 있는 속이 빈 조개껍질이다. 바울의 말에 대하여 아무런 주의도 기울이지 않은 채 지나쳐 버린다는 것은 우리들 모두에게 불행한 일이다. "기록된 바 내가 지혜있는 자들의 지혜를 멸하고 총명한 자들의 총명을 폐하리라 하였으니 지혜있는 자가 어디 있느뇨 선비가 어디 있느뇨 이 세대에 변사가 어디 있느뇨 하나님께서 이 세상의 지혜를 미련케 하신 것이 아니뇨"(고전1:19~20).

> "내가 너희 중에서 예수 그리스도와 그의 십자가에 못박히신 것 외에는 아무것도 알지 아니하기로 작정하였음이라 내가 너희 가운데 거할 때에 약하며 두려워 하며 심히 떨었노라 내 말과 내 전도함이 지혜의 권하는 말로 하지 아니하고 다만 성령의 나타남과 능력으로 하여 너희 믿음이 사람의 지혜에 있지 아니하고 다만 하나님의 능력에 있게 하려 하였노라"(고전2:2-5)

헬라의 웅변술이 유대 크리스천의 역할 모델을 대체하자 교회는 히브리인들이 어려운 문제가 발생했을 때 성경상의 말씀을 적용하면서 얻었던 체험을 상실했다. 4세기 신학자였던 안디옥 출신의 존 크리소스톰(John Chrysostom)의 영향력을 통해서 웅변술(그리고 반유대적인)은 새로운 고지에 도달했다. 헬라의 수사학 즉 헬라식 교육 구조와 양식이 교회 교육의 주된 패턴이 되었다. 현대 신학교의 설교학, 성경해석학, 웅변술(오늘날 학생들이 많은 의존을 하고 있는 관련된 모든 분야들)등은 1세기 교회가 아니라 헬라의 교육전통에서 그 기원을 찾을 수 있다.

우리는 자주 기도원에서 이전 주일의 설교가 무엇이었는지 사람들에게 물어보았다. 거의 모든 사람들이 그것을 기억하지 못했다. 왜냐하면 메시지가 그들의 필요와 관심에 부응하지 못했기 때문이다. 우리의 성경적 선배들은 행동이나 자세를 변화시켜서 하나님의 뜻에 순종하게 만드는 진리를 제시했다. 우리가 어떤 세미나에 참석했을 때 복도에 붙어 있던 포스터는 학사모를 자기 머리에 쓰려고 하는 사람을 보여주고 있었다. 그것은 그 신학교에서 가르치는 모든 종교적인 과목들이 학위를 받기 위하여 설치되어졌음을 의미하고 있었다.

대부분의 신학교들은 미래의 목사들에게 이상적인 설교는 서론, 세 개정도의 기억할 만한 요점, 그리고 결론을 포함하고 있어야 한다고 가르치고 있다. 이 말이 친숙하게 들리는가? 그렇다면 스스로 자신에게 물어보라. "내가 들은 수많은 설교들 중에서 얼마나 많은 것을 기억하고 있는가?" 그리고 더욱 중요한 질문은 다음과 같은 것이다. "이러한 형태의 가르침은 나의 생활에 얼마나 큰 영향을 미쳐서, 내가 더욱 그리스도의 성품을 닮는데 공헌 하였는가?"

마이크가 1978년에 32세의 나이로 신학교에서 첫 번째 학기를 수강하는 동안에 그는 수 년 동안 거기서 가르치고 있던 어떤 경건한 교수의 수업을 받게 되었다. 학기가 진행되어져 감에 따라서 그 교수는 그에게 아버지와 같은 관심을 보여주었다. 그들이 서로 대화를 나누는 동안에 교수는 마이크의 과거에 대해서 알게 되었다. 두 가지 사실들이 그의 관심을 끌었으며, 그것 때문에 그는 마이크에게 특별활동을 해보라고 요구했다. 마이크는 해군의 헬리콥터 조종사요, 다른 사람들이 작전상의 임무를 수행할 수 있도록 훈련시키는 교관이기도 했다. 비록 비행하기 전에 많은 교육과 브리핑이 실시되었을지라도, 비행교육의 본질은 그래도 역시 직접 비행하는 것이었다. 즉 '눈으로 보고 행동으로 실천하는'방법을 사용하는 것이다.[초기의 랍비들도 이와 동일한 개념의 훈련방법을 사용했다. 즉 그들이 학생들에게 실제적인 기술을 가르칠 때 직접 시범을 보여주었다. 바울도 랍비의 특성에 따라 "그러므로 내가 너희에게 권하노니 너희는 나를 본받는 자 되라"(고전4:16)고 말할 수 있었다.〕 그 외에도 마이크는 베트남에 세 번이나 배치된 후에 캘리포니아 무구 (Mugu) 항에 있던 해군 비행기지에서 분석관으로 일했다. 그는 기존의 원칙에 따라서 비행기지의 작전수행능력을 평가했다.

그날 아침 자신의 사무실에서 교수는 다음과 같이 말했다. "마이크, 이번 학기의 결과를 분석해 줄 수 있겠는가? 나는 30년 이상 이곳에서 근무했다네. 그러나 내가 시간만 낭비하고 있는지 어떤지 잘 모르겠어." 마이크는 그의 요청을 받아들였다. 그는 관찰과 면담의 방법을 사용하여 그 신학교의 졸업생들이 목회활동을 하고 있는 가까운 교회들을 연구했다.

교수가 연구결과를 읽었을 때 그 늙은 신사는 마이크 앞에서 눈물을 흘렸다. 관찰 대상이 된 졸업생들 중에서 그 누구도 하나님께서 각각의 교회들에게 원하시는 것을 이루기 위한 비전을 갖지 못하고 있었다. 그들은 단지 현상유지만 했으며 자기들의 수사학적 설교의 질이나 자기들 자신의 안전이나 그리고 '배를 좌초시키는 것'이 아무것도 없다는 것을 확신하는 것에 대해서만 관심을 갖고 있었다. 마이크는 깊은 충격을 받았다. 그리고 그 눈물 뒤에서 실패감을 보았다. 그 교수는 마이크를 진지하게 응시하면서 다음과 같이 말했다. "자네는 이 곳의 체제에 의해서 오염될 만큼 오랫 동안 이 학교 주변에 있지 않았네. 성경에 기초한 교회가 반드시 해야 할 일이 무엇인지에 대해서 논문을 쓰겠는가?"

성경적 교회에 관한 논문에서 마이크는 오늘날의 교회가 교회 내에서 역할모델, 현명하고 성실한 조언, 그리고 상호간의 격려 등을 더욱 많이

해야 한다고 말했다. 그는 교회 지도자들이 예배시간 중에 가르친 진리에 대하여 토론하는 시간을 가져야 한다고 제안했다. 그렇게 하면 사람들은 가르침을 자기들의 생활에 적용시킬 수 있는 가능성이 더욱 커지게 될 것이다. 그 교수가 논문을 다 읽었을 때 그는 그것을 다른 교직원들에게 보여 주어도 괜찮은지 물어 보았다. 학계의 거룩한 황소들(The sacred cows of Academia)에 대해서 잘 알지 못했던 마이크는 그의 말에 동의했다. 그리고 잠시 후에 그 결과가 표면에 나타났다. 그가 카페에서 커피를 마시며 앉아 있었을 때 목사 학위프로그램을 담당하고 있던 어떤 교수가 그에게 다가왔다. 그는 퉁명스럽게 "자네가 도기비치(Dowgiewicz)인가?"라고 물었다. 마이크가 고개를 끄덕이자 "나는 자네의 논문을 읽어 보았어. 앞으로 자네는 내 수업에 나타나지 않는 것이 좋을 것이야."

그 후로 며칠 동안 이러한 시나리오는 수차례나 반복되어졌다. 그러나 한 두명의 교수들은 마이크에게 자기들과 만나서 수업방식을 변화시키는 것을 도와줄 수 있는 지 물었다. 여러분도 알다시피 대부분의 경우 수업은 헬라의 수사법적 스타일로 진행되어졌는데 그것은 내용을 전달하기 위한 것이다. 그리고 학생들은 배운 사실들을 확실하게 파악하고 있는지에 대하여 시험을 봤다. 그러나 진리의 적용을 입증할 수 있는 그 어떤 행동적 변화도 요구하지 않았다.

초기의 랍비들이 이해하고 있었으며 또한 오늘날의 연구에 의해서 증명되어진 것은, 사람들이 교육내용을 교육환경과 연관시키는 경향이 있다는 사실이다. 다시 말하자면 만약에 여러분이 교실이나 예배당 등과 같은 공식적인 환경에서 무엇을 배웠다면 그 정보를 다른 배경이나 환경에서 사용할 가능성은 거의 제로에 가깝다. 교육내용과 방법론은 불가분하게 연결되어져 있다.

대부분의 신학교육은 공식적인 교실에서 이루어지며, 자주 강단에서 가르쳐진다. 이러한 비인격적, 비참여적 교실환경이 목사들이 성경적 진리들을 전달하기 위해서 훈련을 받는 환경이다. 교육방법들을 깊이 있게 연구한 사람들은 신학교들이 헬라적 교육모델, 즉 내용과 자료를 검토하는 방법을 사용하고 있다고 말한다. 오늘날에 필요한 것은 히브리적 회당과 교회 모델, 즉 본보기로 훈련시키는 생활양식이다. 신학교에서 훈련을 받은 많은 목사들은 성경교육의 본질은 내용전달이라고 생각하도록 교육을 받았다. 그와는 반대로 성경적인 히브리인들에게 교육의 본질은 제자화를 통한 인격적 훈련이었다. 역할모델과 그리고 현명하고 성실한 조언자들을 양육함과 동시에 내용과 방법을 활용하는 것이다. 교육에 대한 성경적인 히브리인들 방법과 헬라인들의 철학적 방법 사이에 존재하는 차이점을 검토해 보자.

〈히브리〉	〈헬라〉
(가장 큰 자부터 가장 작은 자에 이르기까지 직접적인 체험)	(간접적인 체험이 더 많음)
직접적인 참여 학생들은 행동을 통하여 배운다. 결과에 대하여 책임을 지는 '실생활'의 체험을 갖는다.	**시청각 교육** 학생들은 TV, 영화, 슬라이드와 같은 시청각 자료를 통하여 배운다.
계획적이거나 또는 극적으로 표현된 체험들 학생은 자기를 참여시키기 위해서 고안된 상황에 직접적으로 참여했다.: 역할극, 토론, 촌극, 모의실험	**시각 또는 청각 자료** 학생은 시각이나 청각자료를 통하여 배운다. 단 두 가지를 동시에 사용하지는 않는다. 라디오, 테이프를 듣거나 전시품이나 게시판을 볼 수도 있다.
공개실험수업 학생은 다른 사람이 어떻게 하는지를 구경하면서 주로 관찰을 통하여 배운다. 참여자가 되기 보다는 오히려 관찰자가 된다.	**언어적 혹은 시각적 상징들** 학생은 추상적으로 배운다. 시각적 상징에는 칠판, 도표, 독서, 강의나 설교를 듣는 것 등이 포함된다.

교육성과에 관한 연구는 사람이 아래의 자료와 같은 정도로 기억할 수 있다는 사실을 지적하고 있다.

보고 듣고 실증한 것의 90%
보고 듣고 토론한 것의 70%
동시에 보고 들은 것의 50%

본 것의 30%
들은 것의 10-20%

마이크의 분석논문은 신학교가 목사후보생들을 가르치기 위하여 대부분 추상적인 방법인 언어적, 시각적 상징들을 사용하고 있다는 사실을 증명했다. 그러나 사실상 목사라는 직업은 다른 사람들을 제자화하고 훈련시키기 위하여 구체적인 방법들을 필요로 하고 있다. 헬라적 영향력의 결과는 오늘날 교회 내에서 만연하고 있는 프로그램 중심에서도 찾아볼 수 있다. 히브리적 회당이나 초대 교회의 과정 중심 교육방법과 헬라적 교육방법을 비교해 보자.

〈히브리〉 (활동적-마음에 호소한다)	〈헬라〉 (인식적-지성에 호소한다)
과정중심 * 직접적인 참여를 강조한다. * 나이와 지혜를 강조한다. * 역할모델, 현명한 조언, 제자화가 필수불가결하다. * 개인적 모범을 통한 시도 * 지도자의 성품이 필수적이다.	프로그램중심 * 진지한 프로그램을 강조한다. * 교육을 강조한다. * 수사학, 웅변술, 프로그램화된 자료들, 정보전달에 의존한다. * 지도자의 개인적 생활은 중요치 않다.
성경적 적용 * 말씀을 실천하는 자 * 성경은 맞대면 해야만 하는 실제이다. * 목표는 그리스도를 닮아가는 것이다.	성경적 적용 * 자기 희생이 없는 신앙 * 성경은 가르쳐야 하는 자료이다. * 하라, 하지말라는 규칙에 초점을 맞춘다.

목회 활동	목회 활동
* 작고 친밀한 소그룹들	* 비인격적인 대그룹들
* 지도자는 도움을 준다.	* 지도자는 지시하고 통제한다.
* 협동적이고 참여적인 계획	* 조직적 역할이 중요하다.
* 영적인 은사들을 나누어 가진다.	* 지식의 습득을 강조한다.
* 계획적 또는 비계획적으로 자주 모인다.	* 계획적인 모임에 의존한다.
열매	열매
* 사랑, 수용, 용서	* 상호관용
* 투명성이 촉진된다.	* 투명성이 훼손된다.
* 적극적인 참여	* 수동적이고 무기력하다.
* "어떻게 봉사하느냐"가 중요하다.	* "무엇을 아느냐"가 중요하다.
* 모든 신자들이 봉사를 위한 훈련을 받는다.	* 훈련받은 전문가들을 활용한다.
	* 방관자들을 배출한다.

복음서들로부터 다음과 같은 사실을 분명히 알 수 있다. 즉 인간에게 가시적 이미지와 산 모범이 필요하다는 사실을 잘 알고 계셨던 예수님은 히브리적 형태의 교육방법을 사용하셨다. 예수님이 비유를 사용하신 것, 그의 역할모델, 그의 비형식적인 스타일, 제자들과의 깊이 있는 토론 등을 자세히 살펴보자. 예수님은 사람들이 어떻게 하면 효과적으로 배우는 지 알고 계셨다.

그는 자기를 따르는 모든 사람들에게 모범적인 스승이셨다. 그의 제자들이 그가 시작하신 것을 계속해서 이어갔을 때 그들에게 열매가 열렸다. 예수님은 그의 제자들에게 다음과 같은 생각들을 말씀해 주셨다. "내가 너희에게 행한 것같이 너희도 행하게 하려 하여 본을 보였노라" (요13:15). "제자가 그 선생보다 높지 못하나 무릇 온전케 된 자는 그

선생과 같으리라"(눅6:40). 바울도 이와 같이 말할 수 있었다. "형제들아 너희는 함께 나를 본받으라 또 우리로 본을 삼은 것같이 그대로 행하는 자들을 보리라"(빌3:17).

오늘날 교회 내에 비인격적이고 수사학적인 강의스타일이 너무나도 흔하기 때문에 당신은 자신과 인간적으로 거리가 먼, 훈련받은 전문가들에게 가르침을 받아야만 한다. 당신은 크리스천 지도자들의 행동을 본 받을 만한 위치에 있지 않다. 왜냐하면 그들과 함께 인간적인 교제를 나누는 시간을 가질 수 없기 때문이다. 그러므로 그 사람의 가르침을 듣기 전에 먼저 그의 생활의 열매를 평가해 보라는 성경적인 명령에 어떻게 순종할 수 있겠는가? "하나님의 말씀을 너희에게 이르고 너희를 인도하던 자들을 생각하며 저희 행실의 종말을 주의하여 보고 저희 믿음을 본받으라"(히13:7). 예수님과 사도들은 교사로서 충분한 모범을 보이셨다. 하나님께서는 신자들이 사람들 특히 그들의 교사들을 말이 아니라 행동으로 평가하기를 원하신다. 다시 말하자면 만약에 여러분이 그들의 믿음을 본받을 수 없다면 그들의 가르침도 들을 필요가 없다.

바울은 디모데에게 말세에는 "외식함으로 거짓말하는"(딤전4:2) 교사들이 나타날 것이라고 경고했다. 오늘날의 뉴스는 그와 같은 위선자들의 삶의 결과에 관해서 분명하게 전달해 주고 있다. "이것이 이상한 일이 아니라 사단도 자기를 광명의 천사로 과장하나니 그러므로 사단의 일꾼들도 자기를 의의 일꾼으로 가장하는 것이 또한 큰 일이 아니라 저희의 결국은 그 행위대로 되리라"(고후11:14~15). 가르치는 역할에는 큰 책임이 수반되고 많은 시간과 노력을 요구한다. 먼저는 하나님께 항상 의존하는 것이 필요한데 이는 남에게 하는 충고가 속임수의 가능성이 있는 인간의 마음에서 나온 것이 아니라 하나님의 보좌에서 나온 것이라는 사실을 보장해 준다.

헬라적 영향력은 논리적 사고에 크게 의존한다. "모든 아덴 사람과 거기서 나그네 된 외국인들이 가장 새로 되는 것을 말하고 듣는 일 외에 달리는 시간을 쓰지 않음이더라"(행17:21). 헬라적 사고를 통해서 심오한 윤리적 문제에 관한 의견과 이론이 개발되었다. 앞에서도 살펴 보았듯이 이방 철학자들의 공격에 대항해서 기독교 신앙을 방어하려고 노력하는 가운데서, 헬라식 교육을 받은 기독교 회심자들은 철학적 기초에서 그들의 적을 다루었다. 그 결과 수세기 동안 교회 내에 합리주의와 혼합주의가 만연하게 되었다. 성경적인 기독교 관례들이 이론적 기초 위에서 고찰되기 시작했으며 그 이론들은 변화될 수 있었다. 기독교는 실제적인 예배 상징들과 합리적 설명 등을 통해서 다른 종교들의 관례들을 채택하는 종교가 되기 시작했다.

계시된 진리 위에 세워졌던 교회가 3세기에는 인간적 사상의 틀에 '산뜻하게' 맞춰졌다. 기독교 관례는 더 이상 신권주의에 의존하지 않았으며 사람들도 신적 계시의 인도를 받지 않았다. 그것은 인간적 해석과 평가라는 패턴에 그 자리를 넘겨 주었다. 한 때 제국을 정복하던 크리스천들의 권능은 사라졌다. 살아계신 하나님의 역사하심에 대한 의존도 상실되어졌다. 하나님을 위하여 하나님의 일을 할 수 있는 인간의 '능력'이 우선하게 되었다. 4세기 콘스탄틴 황제 때 출현한 '가시적 대체'를 위한 환경이 성숙되었다(이것에 대해서는 다음 장에서 보다 충분히 논의할 것이다.).

철학적, 수사학적으로 신앙을 공격한 20세기의 사례는 스코프(Scope)의 원숭이 재판이었다(1922년). 법정에서 창조론이라는 성경적 진리와 진화론이 공방전을 벌였다. 성령이 아니라 헬라의 수사학과 인간의 연설이 '진리'를 결정하는 수단이 되었다. 창조의 실제는 무시되었다.

> "이스라엘아 들으라 우리 하나님 여호와는 오직 하나인 여호와니 너는 마음을 다하고 성품을 다하고 힘을 다하여 네 하나님 여호와를 사랑하라"(신6:4~5)

비록 교회가 히브리적 뿌리에서 떠났을지라도 기본적인 교리들은 그대로 남아 있었다. 즉 하나님은 온 우주의 창조주이시며 전지하시고 전능하신 분이었다. 그리스도는 그의 몸 안에 내주하셨다. 그러나 이 모든 것들은 단지 이론적인 의미에서 그러할 뿐이었다. 플라톤의 영은 선하고 물질은 악하다는 이원론의 영향을 받은 결과 그리스도의 신성은 지나치게 강조되고 그의 인성은 경시되어졌다. 그의 신성을 강조한 결과 교회는 성육신하신 예수님을 멀리 계시는 비인격적인 분으로 보게 되었다.

헬라의 영향력은 교회를, 인간적 자질들을 가진 잡신들의 만신전으로 인도했다. 이러한 교회 지도자들은 수많은 "성인들"을 만들어 냈는데, 그들을 신격화하고 그들에게 기도를 드리기도 했다. 이 성인들이 하나님과 사람 사이의 중보자이신 예수님을 대신하게 되었다. "나로 말미암지 않고는 아버지께로 올 자가 없느니라"(요14:6)는 예수님의 말씀은 추방되었다. 더 이상 신자들이 자기들을 위해서 중재해 줄 성령을 믿으라는 격려를 받지 못했다(롬8:27). 육체적 생명에 대한 강조와 상호간의 섬김이 사라지자 성령의 은사도 점진적으로 감소되어졌다. 모든 것을 논리적 사고방식으로 접근하므로 교회는 더 이상 그리스도의 무한한 자원을 체험할 수 없게 되었다.

헬라의 사상이 육체적인 영역을 악한 것으로 묘사했기 때문에 인간의 육신은 끊임없이 시험과 죄의 원천으로 여겨졌다. 결혼도 히브리 성경의 거룩하고도 존귀한 결속〔"아내를 얻는 자는 복을 얻고 여호와께 은총을 받는 자니라"(잠18:22)〕과는 거리가 먼 부정적인 측면을 지닌 것으로 인식되었다. 교회 역사는 헬라의 이원론이 하나님께서 마련해 주신 친밀한 동반자적 관계라는 결혼에 대한 성경적인 유대인들의 개념을 얼마나 왜곡시켰는지를 보여주고 있다. 금욕주의적인 수도사가 이상적인 모습이 되었다. 그들의 육체적 순결에 대한 맹세는 세속적인 욕망에 대한 완전한 부정을 의미했다. 사람은 오직 영적인 영역에 초점을 맞춰야만 하나님께 가까이 다가갈 수 있다고 믿었다. 논리적으로 볼 때 그들의 양무리에게 거룩한 본보기가 되어야 했던 사제들은 독신자였던 그리스도를 본받아야만 했다. 따라서 그들은 가정생활의 즐거움과 책임을 부인하기로 맹세했다.

히브리인들은 인생을 체험하기를 좋아했다. 그리고 영적이라는 것은 하나님과 사람을 섬기는 일에 정열적으로 참여하는 것을 의미했다. 하나님께서는 자신이 창조하신 모든 것들이 그 자신의 한계 내에서 아무런 수치심이나 죄의식을 느끼지 않고도 누릴 수 있도록 계획하셨다. 그 반면에 헬라 사상은 영적인 헌신과 경건에 대해서 잘못된 견해를 가지고 있었다. 오늘날 신자들은 자주 '영적인 사람이 되는 것'을 인생의 어떤 쾌락을 부인하는 것으로 생각하고 있다. 그리고 하나님의 성결에 대하여 '명상하는' 사람들을 경건한 사람으로 간주한다. 또한 세상적인 활동들이나 직업이나 즐거움에 참여하는 것은 보다 덜 중요하고 덜 영적인 것으로 인식한다. 이것이 바로 성직자가 다른 직업에 종사하는 사람들보다 더욱 높이 평가되는 이유이다.

후대에 또 다른 이원론적인 영향력이 교회 내부에 침투했다. 즉 예수의 어머니 마리아에 관한 교리들이 개발되어진 것이다. 수정주의자들은 마리아가 죄 없는 아들인 예수님을 갖기 위해서는 그녀 자신도 자기 어머니에 의해서(인간적인 수단이 아닌) 순결하게 잉태되어졌음에 틀림없다고 생각했다. 그들은 더 나아가 마리아가 영속적으로 동정녀로 남았으며 성적인 관계도 갖지 않았고 다른 자녀들도 갖지 않았다고 주장했다. 이러한 후대의 허구와는 반대로 성경은 우리에게 요셉이 "아들을 낳기까지 동침치 아니하더니"(마1:25)라고 말하고 있다. 수정주의자들은 그녀의 자손들을 예수의 사촌이나 또는 이전 부인을 통해서 난 요셉의 자녀들이라고 설명했다. 그러나 성경은 분명하게 "이는 그 목수의 아들이 아니냐 그 모친은 마리아, 그 형제들은 야고보, 요셉, 시몬, 유다라 하지 않느냐 그 누이들은 다 우리와 함께 있지 아니하냐 그런즉 이 사람의 모든 것이 어디서 났느뇨"(마13:55~56)라고 말하고 있다.

"왕이 또 힌놈의 아들 골짜기의 도벳을 더럽게 하여 사람으로 몰록에게 드리기 위하여 그 자녀를 불로 지나가게 하지 못하게 하고"(왕하23:10)

히브리 사회는 자녀들을 "여호와의 주신 기업"(시127:3)으로 간주했다. 이러한 입장은 이스라엘 주변에 있던 이방인들의 가치관과는 대조를 이루고 있었는데, 그들은 자기 자식들을 자기들의 신에게 희생제물로 바쳤다. 헬라의 아덴 사람들도 역시 자녀들을 낮게 평가했는데 그들은 행복을 추구하는 데 자식들이 방해가 된다고 생각했다. 그들은 대부분 인구과밀과 천연자원의 고갈을 피하기 위하여 자녀들을 두 명이나 한 명으로 제한하거나 또는 전혀 갖지 않았다.[11] 현대의 대부분의 나라에서도 아덴 사람들처럼, 하나님께서 그 거민들을 축복해 주실 수 있도록 이 땅의 거민들의 수를 늘이기 보다는 오히려 축소시키려 하고 있다.

또한 헬라 사상은 오늘날 낙태에서부터 안락사나 영아살해에 이르기까지의 모든 것들을 합리화 시켜주는 "삶의 질"이라는 개념을 가지고 있다. 만약에 어린 아이든지 늙은이든지간에 어떤 개인이 일정한 기준의 성공을 달성할 수 없다고 생각되면 그를 제거해 버리는 것이 아덴이나 스파르타 부모들의 의무였다. 그런 개인이 사회에 부담이 되는 것을 허용하지 않았다. 윌 듀란트(Will Durant)의 "그리스의 생활"을 보면 낙태와 영아살해가 만연하고 있었으며 개인에게 자신의 생존권을 보장할 수 있는 고유한 가치가 없었다는 사실을 발견할 수 있다.[12]

만약에 사람이 단지 진화된 조직의 집합체에 지나지 않는다면 그가 사회에 가지는 가치는 객관적인 측정과 관찰에 의해서 평가될 수 있을 것이다. 인명의 존귀함을 무시했던 헬라의 영향을 받은 나치는 수용소에서 대량학살을 시작하기 전에 정신병원이나 양로원에 있던 사람들을 먼저 가스실로 데리고 갔다. 현대 사회도 이와 같이 전적으로 비성경적인 방법에 굴복하고 있지는 않은가?

> "아버지께 참으로 예배하는 자들은 신령과 진정으로 예배할 때가 오나니 곧 이때라 아버지께서는 이렇게 자기에게 예배하는 자들을 찾으시느니라 하나님은 영이시니 예배하는 자가 신령과 진정으로 예배할지니라"(요4:23~24)

현재 헬라적 패턴은 여러 가지 형태의 찬양과 예배를 통하여 인류를 "세상이라는 감옥"에서 끌어올리려고 애쓰고 있다. 우리가 최근에 인기를 끌고 있는 생동감 있고도 감정표현이 풍부한 찬양과 예배에 대해서 의견을 달리하는 것은 아니다. 단지 성경적으로 봤을 때 하늘에 계신 아버지께 열납될 수 없는 예배에서 관찰되는 두 가지 경향들을 말하고 싶을 뿐이다. 첫째는 헬라의 혼합주의적 영향력인데, 그것은 예배자들을 감정적으로 흥분시키기 위하여 세속적인 음악을 채택한다. 때로는 특별한 예배 분위기를 만들기 위해서 음악을 사용한다. 이것은 개인이 경건하고 거룩한 모습으로 하나님께 접근하는 것의 중요성을 무시한다. 즉 죄와 불법을 고백하지도 않고 예배에 참여하는 어리석음이다. 사제나 목사의 '성결'이 그들을 하나님께로 안내해 줄 것이라고 믿는 것은 신자들의 망상이다. 각 개인은 각자 자신의 마음을 점검해야만 한다. 주님께서는 그 당시 사람들을 책망하셨다. "이 백성이 입술로는 나를 존경하되 마음은 내게서 멀도다 사람의 계명으로 교훈을 삼아 가르치니 나를 헛되이 경배하는도다 하였느니라 하시고"(마15:8~9). 주님께서 오늘날의 그의 백성들에게도 그렇게 책망하지 않으시겠는가?

"여호와의 산에 오를 자 누구며 그 거룩한 곳에 설 자가 누군고 곧 손이 깨끗하며 마음이 청결하며 뜻을 허탄한 데 두지 아니하며 거짓 맹세치 아니하는 자로다"(시24:3~4). 당신이 하나님께 나아갈 때 성경이 요구하는 것을 통합적으로 이해하기 위해서는 인위적인 마술을 버리고 교회 내에서 다시 한 번 더 하나님의 권능을 보기 위하여 죄를 고백하는 일이 필요하다. '영적인' 것으로 보이는 어떤 표현이 당신을 기쁘게 만든다고 해서 그것이 반드시 하나님 아버지를 기쁘시게 하는 것은 아니다. 이브가 보암직한 것, 즉 보기에 좋은 것에 굴복했을 때 하나님의 계명을 범하였음을 기억하라. "여자가 그 나무를 본즉 먹음직도 하고 보암직도 하고 지혜롭게 할 만큼 탐스럽기도 한 나무인지라 여자가 그 실과를 따 먹고"(창3:6).

베드로의 말이 사실이다. 신자들은 하나님께 나아갈 때 자기 자신에 대하여 초점을 맞추어야 한다. "오직 너희는 택하신 족속이요 왕 같은 제사장들이요 거룩한 나라요 그의 소유된 백성이니 이는 너희를 어두운 데서 불러내어 그의 기이한 빛에 들어가게 하신 자의 아름다운 덕을 선전하게 하려 하심이라"(벧전2:9). 그리고 또 "하나님을 따라 의와 진리의 거룩함으로 지으심을 받은 새 사람을 입으라"라는 에베소서 4장 24절 말씀에 동의하자.

제●7●장

교회를 정복한 로마
종교개혁은 완성되지 않았는가?

"내 백성이 지식이 없으므로 망하는도다 네가 지식을 버렸으니 나도 너를 버려 내 제사장이 되지 못하게 할 것이요 네가 네 하나님의 율법을 잊었으니 나도 네 자녀들을 잊어 버리리라 저희는 번성할수록 내게 범죄하니 내가 저희의 영화를 변하여 욕이 되게 하리라"(호4:6~7)

스데반이 돌에 맞아 죽은 이후로 크리스천들이 그리스도를 따르기 위해서는 큰 대가를 지불해야만 했다. 그리스도의 제자로서 하나님을 위하여 살려면 유대인들 뿐만 아니라 로마인들로부터도 많은 박해를 받아야만 했다. 로마의 보좌에 앉아 있던 네로는 자기 왕국의 군사적, 경제적 어려움 때문에 희생양을 찾고 있었다. 이 때 크리스천들은 쉽게 화형과 십자가형의 목표물이 되었다. 로마 황제 트라얀(Trajan: A.D. 98~117)시대에 크리스천이라는 죄명으로 고소된 사람들은 심문을 받았다. 그리고 자기의 '죄'를 인정한 사람들은 처형을 당했다. 그러한 고소를 면하기 위해서는 로마의 신들에게 기도를 드리고 황제의 동상에 경배하며 그리스도를 저주해야만 했다. 초대 교회의 신실한 자들은 자신을 희생하고, 매일 육적인 모든 것에 대하여 죽고, 그리고 복음을 위하여 생명까지도 기꺼이 드린다는 것이 무엇을 의미하는 지를 이해했다.

약 4세기 정도에는 그들의 믿음의 조상들이 신앙를 위해서 치뤘던 희생들을 기꺼이 치루겠다는 사람은 거의 없었다. 교회가 로마제국과 연합하게 되었을 때 교회에게 매우 중요한 순간이 찾아왔다. A.D.312년에 로마 황제 콘스탄틴은 로마제국의 통제권을 놓고 자신의 정적 막센티우스(Maxentius)와 중요한 전쟁을 치르는 동안에 승리를 얻기 위하여 크리스천들의 하나님을 불렀다.

승리를 얻은 콘스탄틴은 그 다음 해에 밀라노 칙령을 반포하여 교회의 박해를 종식시켰다. 따라서 기독교는 황제의 승인을 얻어 특별히 보호를 받는 종교가 되었다. 시간이 지나자 기독교는 로마제국과 동일시되어 그 제국에서 태어난 모든 사람들은 자동적으로 "크리스천"으로 인식되어졌다.

박해의 위험이 사라지자 교인이 된다는 것이 매력적인 일이 되어 세속적인 이유로 교회에 들어오는 사람들의 숫자가 증가했다. 이 새로운 교인들은 그들의 사회에서 쉽게 받아들여졌다. 1세기 히브리 교회의 신자들에 대한 사회의 자세와 비교해 볼 때 그것은 너무나도 큰 변화였다. 제국의 자녀들은 곧 교회의 자녀들로 간주되었고 유아세례는 보편적인 것이 되었다. 혼합주의를 통해서 이미 로마 제국의 계급구조를 그대로 복제한 교회는 정치조직과 쉽게 통합할 수 있었다. 이러한 통합은 교황제도의 확립으로 그 절정을 이루게 되었다. 로마의 교황(Roman

Pontiff:로마의 최고 성직자)이 최고의 권력자였던 폰티펙스 맥시머스 즉 시저를 대신했다.

교회와 국가의 통합은 교회에게 두 번째로 중요한 전환점이 되었다. 첫 번째의 전환점인 이방인의 유입과 헬라 사상의 침투는 결과적으로 교회에서 히브리적 뿌리를 상실하게 했고 반유대주의를 야기시켰다. A.D.1세기 동안에 실천되었던 신앙이 A.D. 313년 밀라노 칙령이 반포된 후에 심각하게 파괴되었다. 황제의 승인으로 교회는 보다 강력한 조직 하에 통합을 이루기 시작했다. 교회의 성직계급제도와 권력은 신자들을 단결시키고 자질을 갖추게 하기 위해서, 성령께 의존하기보다는 오히려 종교적 결합을 위한 기초를 형성했다.

어떤 형태로든지 간에 로마의 모델은 오늘날 대부분의 교파들의 조직체계에 계속적으로 영향을 미치고 있다. 개인들에게서 하나님의 뜻과 영적인 인도하심이 제거되고 어떤 형태의 중개자에 의해서 결정되거나 강요되는 교회합병에는 여전히 로마 제국이 존재하고 있다.

콘스탄틴 황제 이후 몇 세기 동안 교회를 "조직화한" 역사는 잘 보존되어 있다. 교회가 승리했는지 아니면 로마제국이 승리했는지에 대해서는 논쟁의 여지가 있다. 국가의 지원을 받은 교회는 스스로 지배력을 확립할 때까지 국가의 시스템을 답습해 갔다. 이 점에 관련된 많은 수정주의적 저술들이 있는데, 그것들은 성직계급구조가 로마에서 얻은 것이라는 사실을 증명하고 있다. 예를 들자면 베드로에게 교회의 지도자적 지위를 부여해 주고 다른 사도들에게 계급적 권위를 부여했다는 사실은 성경이나 초대 교회에서 발견되지 않는다. 이와 같이 국가교회가 예수님이나 사도들의 가르침으로부터 너무나도 멀어지고 또 정치적인 지배력을 소유하게 되었기 때문에 그것은 결국 중세 암흑시대의 부패와 무지에 이르게 되었다.

로마교회의 권력자들은 만약에 교육을 통제할 수 있다면 사람들의 정신도 통제할 수 있을 것이라고 생각했다. 모든 교육이 대부분의 사람들은 모르는 라틴어로 이루어졌기 때문에 오직 선택된 소수만이 문서자료에 접근할 수 있었다. 아직 인쇄술이 발명되지 않았기 때문에 성경에 대한 접근은 지극히 제한적이었다. 더 나아가 로마 교회는 성경적 자료를 라틴어 이외의 다른 언어로 인쇄하는 것을 금지시켰다. 그러므로 대부분의 민중들은 종교 교육을 위해서는 교육받은 성직자들에게 전적으로 의존해야만 했다.

하나님과 사람 사이를 중개하는 사제들의 체제인 사제제도가 굳건하게 확립되었다. 이 제도는 이방인의 패턴을 모방한 것으로 지도자들은 자신들이 선택한 자들에게 칭호를 만들어 주고 권위를 부여해 주었다. 종교 당국자들은 엄숙하고 화려함에 있어서 서로 경쟁이라도 하듯이 종교의식들을 추가로 만들었다. 교회권력자들은 거대한 성당들을 건립하고 동상과 예술품으로 가득 채웠다. 하나님의 나라에 대한 비전을 잃어버린 국교회는 음모를 꾸미고 박해를 하고, "그러므로 너희는 가서 모든 족속으로 제자를 삼아"(마28:19)는 그 주된 방향은 잃어버렸다.

오늘날 교회 내에서 볼 수 있는 많은 '가시적 이미지들'인 동상, 촛불,

절기, 성례전, 종교의식, 행렬 등은 교회가 이교도들을 모방하여 채택한 것들이다. 한 가지 예로 12월 25일에 크리스마스를 경축하는 것을 들 수 있다. 그 날은 로마가 농업의 신을 경축하는 행사의 절정을 이루는 날이기도 했다. 이방인의 경축일은 파티, 잔치, 선물교환 등의 특징을 지니고 있었다. 초대 신자들은 말씀 가운데서 위와 같은 문화에 대한 근거를 발견하지 못하였음으로 참여하기를 거부했다. 크리스천들에게 거부당하고 모욕을 당한 로마인들은 크리스천들을 공개적으로 헐뜯고 그들을 경멸적으로 '식인종'이라고 불렀다. 이러한 비난은 결과적으로 신자들에게 큰 박해를 가져다 주었다. 그러나 시간이 지나자 크리스천들은 과거에 거부하던 것을 받아들였다. 오늘날은 크리스마스를 널리 경축하고 있으며 아이러니칼하게도 파티를 열고 선물을 교환하면서 크리스마스를 경축하지 않는다면 크리스천이 아닌 것처럼 보인다.

> "또한 너희 중에서도 제자들을 끌어 자기를 좇게 하려고 어그러진 말을 하는 사람들이 일어날 줄을 내가 아노니 그러므로 너희가 일깨워"(행20:30)

콘스탄틴 이후로 교회는 교회의 영광을 하나님과의 친밀한 관계가 아닌 교회가 가지고 있는 부와 형식 가운데서 추구하였다. 교회 지도자들은 세상에서 위대한 사람들로 존경을 받았다. 수세기 동안 국가의 수반들도 그들에게 머리를 숙였다. 그들의 권능은 사람들에 대한 권위로 나타났으며 필요하다면 무력에 의해서 강화되어졌다. 그러나 위풍당당한 교회의 조직은 막강한 권한을 가지고도 여전히 죄인들의 마음을 영적으로 지배하는 데에는 무력함을 드러냈다. 로마는 사람들을 진정한 예배

가운데서 통합시키지도 못했고 그들에게 전해진 신앙의 건전성을 지키지도 못했다.

알렉산더 헤이(Alexander Hay)는 다음과 같이 증언했다. "신약의 복음전도자들이 그들의 물질적 가난과 무방비 상태에서도 신앙과 기도와 하나님의 말씀이라는 무기를 통하여 성취한 것을, 인간적으로 조직한 교회는 그 부와 권능에도 불구하고 이룰 수가 없었다."[1] 인간적인 권력이라는 칼을 쥐게 되자 성령과는 완전히 반대가 되는 극단적이고 냉혹하고 잔인한 종교재판을 위해서 그 무기를 사용해야 할 필요성이 더욱 커지게 되었다. 인간적 지혜에 의존한 것은 성령이 계시해 준 하나님의 지혜를 더욱 배제했으며 결과적으로 흑암을 더욱 가중시켰다.

동시대의 이방종교들의 전통을 따라 콘스탄틴은 크리스천이 모일 수 있는 성전들을 세웠다. 황제가 예배를 공적인 의무로 만들었기 때문에 신자들은 집에서 모이는 대신에 플라톤의 저술들에 기초를 둔 건물에서 모이게 되었다. 그 건물은 스테인드 글라스를 단 창문들, 높은 뾰족탑, 높고 둥근 아치형의 천정 등으로 이뤄졌다. 플라톤의 저술들은 사람들이 '알 수 없는' 하나님이 계시는 곳에 도달하려고 노력할 때 사람의 주의를 위로 향하게 만드는 빛과 공간에 대해서 말했다. 예배 처소는 어떤 이해하기 어려운 영적인 진리를 향하여 '위로' 초점을 맞추도록 설계하였다.

콘스탄틴 이전에는 예배당이나 '크리스천' 건축물 등과 같은 것이 없었다. "크리스천의 신앙은 거실 운동이었다. 그리고 그것은 특별한 예배당을 사용하지 아니하는 최초의, 그리고 유일한 종교였다. 그것은 인간

역사에 있어서 유일한 거실 종교이다."[2] 초대 히브리 크리스천들은 하나님을 알 수 있다는 사실을 이해했다. 그들은 하나님과 직접적으로 관계를 맺고 있었다. 그들은 자기들의 손이 미치지 못하는 곳에 계신 하나님을 쳐다보기 위하여 스테인드 글라스 창문이나 뾰족탑들을 필요로 하지 않았다. 높은 천정과 아치형의 창문들은 물질적인 장치를 이용하여 두려운 마음을 이끌어 내기 위한 것이었다. 이것이 바로 우리가 교회 건물 안으로 들어갔을 때 속삭이게 되는 이유가 아닌가? 따라서 A.D. 323년에, 즉 교회가 탄생한 지 거의 300년 후에 크리스천들은 지금 우리가 '교회'라고 잘못 부르고 있는 건물 속에서 만나기 시작했다. 신약시대의 신자들(성도들)의 이름을 딴 이 건물들은 그들의 신들의 이름을 딴 이방인의 신전들과 유사한 것이었다.

  6세기에 교황 그레고리(Gregory)는 예배의 순서를 고안했다. 그리고 그것을 기독교계 내의 모든 교회들이 지켜야 할 유일한 것으로 지정했다. 로마 카톨릭에는 그러한 '예배순서'가 기본적으로 변화하지 않고 그대로 남아 있다.(종교개혁 동안에 마르틴 루터와 존 칼빈은 오늘날까지 대부분의 개신교회에서 표준으로 남아 있는 예배 패턴을 개발했다. 즉 환영기도, 찬송, 광고, 기도, 헌금, 설교, 찬송, 축도의 순서이다.)

  이방종교의 사제들의 양식을 본 받아 기독교에서도 전문직인 유급 성직자 계층이 발생했다. 시간이 지나자 그들은 교인들의 일상생활과는 동떨어지게 되었다. 모든 신자들이 다 제사장이라는 개념은 버려졌다. 교회는 회당의 모임에서 그 사례를 찾아볼 수 있었던 친밀함을 잃어버렸다. 즉 하나님께 공개적으로 예배를 드리고, 솔직한 대화를 나누고,

서로에게 덕을 세우며, 교회와 세상에서 서로 값없이 봉사하는 것을 잃어 버렸다. 로마의 계급제도와 헬라의 사상이 출현함에 따라서 교회의 집회에는 감사를 표현하는 것과, 그리고 또 자기 백성들과 교통하시는 사랑의 하나님에 대한 예배가 사라졌다. 개인적인 생활의 필요와 일상적인 관심은 멀리 떨어져서 개입하지 아니하는 신에 관한 가벼운 메시지로 대체되어졌다. 크리스천들은 '방관적 기독교인'으로 전락했으며 전문적인 성직자와 사도들이 자기들을 대신해서 전능하신 하나님을 만나도록 허용했다. 성례전이 발전함에 따라서 성직자들은 교인들을 절대적으로 통제할 수 있는 열쇠를 발견했다. 왜냐하면 성직자들만이 그러한 의식들을 거행할 수 있도록 '임명되어졌기' 때문이었다.

종교의식주의와 성직제도의 조직화는 필연적으로 영적인 은사의 자유로운 활용의 종말을 의미했다. 오늘날 많은 신자들은 성령의 은사를 초대 교회에서만 특별히 나타났던 어떤 것으로 간주하고 있다. 심지어 몇몇 교파들은 그러한 취지의 교리적 선언문을 가지고 있다. 교회는 성령께서 서로 섬기라고 마련해 주신, 모든 신자들이 다 제사장이라는 개념으로부터 얼마나 멀리 떨어져 있는가?

후대 세대들과 마찬가지로 이 기간 동안에도 주님께서는 항상 신실한 증인들이 있었다. 항상 초대 교회의 가르침과 관례에 대하여 신실하게 남아 있으려고 노력하는 남은 자들이 있었다. 그들은 할 수 있는 한 최선을 다하여 세상과 타협하지 않았으며 성령의 지혜와 권능 가운데서 행하고 봉사했다. 많은 사람들이 박해와 순교를 당했다. 그러나 세월이 흘러감에 따라서 진리에 대한 표현의 자유라는 문이 열리기 시작했다.

완성되지 아니한 종교개혁

"나의 달려갈 길과 주 예수께 받은 사명 곧 하나님의 은혜의 복음 증거하는 일을
마치려 함에는 나의 생명을 조금도 귀한 것으로 여기지 아니하노라"(행20:24)

침묵하기를 거절한 불굴의 신앙을 가진 사람들 중에 14세기 설교자요, 신학자였던 존 위클리프(John Wycliffe)가 있었다. "그는 교회의 폐해와, 구걸하는 수도사들과, 무식한 성직자들과, 정치적인 동기를 가진 주교들에게서 참을수 없는 분노를 느꼈다. 또한 평민들의 언어로 성경에 접근할 수 없는 것과, 군주에 대한 교회의 요구와 또 교회가 세상의 법과 질서에 참여하는 것 등에 대해서도 참을 수가 없었다. 따라서 그는 교회와 국가를 분리시키기 위하여 싸우게 되었다."3)

150년 후에 윌리암 틴데일(William Tyndale)은 하나님의 말씀을 영국 평민들의 손에 들려 주려는 열심으로 불탔기 때문에, 자기 생명을 궁극적인 값으로 지불했다. 일단 성경이 각 사람들의 고유한 언어로 번역되자 성령께서는 열심히 진리를 찾는 사람들을 위하여 그 거룩한 본문에 생명을 불어 넣어 주셨다.

16세기 초에 교회당국은 오늘날 우리가 미친 짓으로 생각하는 일을 저질렀다. 즉 종교 보다도 신앙을 고수하려는 자들을 박해한 것이다. 한 가지 예를 들어 보기로 하자. 1517년 영국 코벤트리(Coventry)에서 5명의 남자들과 2명의 여자들이 화형에 처해졌다. 그들이 자녀들에게 영어로 주기도문과 십계명을 가르쳤기 때문이었다. 많은 사람들의 생명이 위기에 처한 댓가로 영적인 대각성, 즉 '종교개혁'이 탄생했다. 그러

나 역사가 입증했듯이, 하나님께 순종한 남자들과 여자들의 희생은 그리스도의 궁극적인 희생에 대한 믿음을 다시 불붙이기 위해서 하나님에 의해서 사용되었다. 엘리어트(T. S. Eliot)는 "순교는 우연한 일이 아니다. 순교는 항상 사람들을 사랑하시는 하나님의 계획에 의해서 이루어진다. 즉 그들에게 경고하고, 그들을 자신의 길로 인도하기 위해서이다."라고 "성당에서의 살인"에서 표현했다.4)

종교개혁 기간에 상실되었던 많은 것들이 회복되었다. 특히 사람과 사람 사이의 관계에 다시 초점을 맞추게 되었다. 그러나 오리겐과 클레멘트의 저술들의 강력한 영향력 때문에 초대 교회의 질서와 관례의 단순성은 실현되지 못했다. 성령의 은사를 통해서 모든 신자들이 사역에 참여할 수 있는 최소한의 권리만을 되찾았다. 왜냐하면 여전히 성직자와 평신도 사이에 구별이 있었기 때문이었다. 어떤 교파에서는 평신도가 권위있는 위치, 즉 '장로'의 위치를 점유하는 것이 허용되기도 하였다. 그러나 위대한 개혁자인 마르틴 루터조차도 그 당시 무식한 평신도들은 사역을 할 만한 준비를 갖추지 못했다고 생각했다. 이것이 자극이 되어 그는 신약성경을 자기 백성들의 언어인 독일어로 번역했다. 그것은 스스로 하나님의 말씀을 연구하는 훈련을 시키기 위해서였다.

종교개혁은 배움과 탐험에 대한 정열을 일깨워 주었다. 그러나 교회 내에서 영적인 단결을 회복시키는 데는 실패했다. 이미 조직되어져 있던 다양한 신앙공동체들은 계속적으로 인간적인 정치형태에 의존했다. 개신교의 성직자가 단순히 로마카톨릭의 사제를 대신했을 뿐이었다. 성직계급의 개혁에 관한 한 그 당시의 교회들은 온전히 참여적이고 성령의 인도하심을 받는 교회가 되려기 보다는 로마카톨릭 교회를 개혁한 것이었다. 개혁자들 중에서 어떤 사람들은 초대 교회의 패턴을 이해하고 있었지만 그것으로 되돌아가는 것은 불가능하다고 생각했다. 기득권층이 다시 한 번 더 그것을 막았다. 다시 한 번 더 "절벽 밑에 앰블란스를 갖다 놓았다."

개혁된 교회는 로마 교회의 인간적 조직이 제공해 주었던 인위적인 통합을 상실했을 뿐만 아니라 히브리 초대 교회의 진정하고도 영적인 단결을 되찾는 데도 실패했다. 로마 교회의 통일성은 중앙집권적이고, 독재적이고, 교황을 그 수반으로 삼은 전체주의적 조직에서 비롯되어졌다.5) 그러한 권위주의적 구조를 상실한 개신교회는 필연적으로 파당과 교파적 분열을 맞이하게 되었으며 그것은 오늘날까지 재앙이 되고 있다.

개신교의 종교개혁 동안에 크리스천의 신앙을 다시 유대화하는 징조들이 표면에 떠오르기 시작했다. 몇몇의 히브리인들의 성경적 원리들이 재발견된 것이다. 예를 들자면 개혁자들은 '오직 성경(Sole Scriptura)'이라는 개념을 크게 강조했다. 즉 성경만이 크리스천의 유일하고도 최종적인 권위라는 것이다. 그리고 그것은 히브리적 토양에 뿌리를 둔 견해이다.

여기서 고려해야 할 중요한 문제가 있다. 종교개혁의 역사적 자료로 무장한(종교개혁에 참여한 자들은 교회를 변화시키려고 진지하게 노력했다.) 20세기의 우리들은, 초대 교회의 히브리적 기초로 완전하게 되돌아가지 아니한 채 개혁을 이루려는 시도는 실패로 돌아갈 것이라는 사실을 알 수 있다. 초대 교회는 섬기고 제자화하고 복음을 전하기 위하여 상호간의 인간관계 속에서 신자들을 준비시켰다. 그러나 개혁된 교회는 초대 교회처럼 하나님의 인도하심과, 그리고 또 개인과 가정과 사회를 변화시키는 성령의 권능에 온전히 의존하기를 두려워했다. 하나님과의 상호관계적 의존을 되찾으려고 노력하는 모든 사람들과 초대 교회의 특징을 지니고 있는 신자들은 그와 동일한 반대세력들과 마주치게 될 것이다.

결론

수세기에 걸쳐서 출현한 교회는 사도들이 세운 교회와는 구조적인 면이나 영적인 면에서 유사한 점들을 거의 갖고 있지 않다. 오늘날 수정주의적 저술들에 토대를 두고 있는 신학교에서는 수정주의적 저술들은 현재의 교회가 주님과 사도들이 제시해 주신 형태임을 입증하려고 노력하고 있다. 주님께서 교회의 기능과 증거를 위하여 교회에게 제공해 주신 다섯 가지 기본적인 사역자들, 즉 사도와 선지자와 복음 전하는 자와 교사와 목사에게(엡4:11) 어떤 일이 생겼는지 살펴보는 것은 흥미로운 일이다. 사도적 기초는 사람들 위에 군림하여 다스리는 교회 권력과 법령에 의해서 매장되었다. 종으로서의 사도들의 지도력은 그 권능과 명예를 박탈당했다. 비록 오늘날 몇몇 교파들이 '사도적 혈통'을 주장하고 있을지라도 그들의 지도방법은 예수님께서 열 두 제자들에게 해주신 훈계를 무시하고 있다.〔예수께서 이르시되 이방인의 임금들은 저희들을 주

관하며 그 직권자들은 은인이라 칭함을 받으나 너희는 그렇지 않을지니 너희 중에 큰 자는 젊은 자와 같고 두목은 섬기는 자와 같을지니라(눅 22:25~26)]

목사의 기능이 설교자와 교사의 사역을 흡수했을 때 완전한 의미의 복음 전도자, 즉 교회 개척자의 사역은 상실되어졌다. 장로들은 '성직자'가 되었으며 교회의 다른 구성원들은 '평신도'가 되었다. 결과적으로 성령이 분배해 주신 설교와 교육의 은사는(고전12:11) 성직자의 특권이 되었다. 교회의 나머지 사람들은 제사장적 특권을 박탈당하여 침묵하게 되었다. 그것은 슬픈 역사다. 교회는 순종과 믿음과 성령의 권능에 대하여 자유롭게 접근할 수 있는 자리도 되돌아가는 대신에 견고한 인간적 조직에 힘과 보호를 구하게 되었다. 그리고 또 교회는 인간 지도자들에게 권능을 부여해 주었다. 바울과 그리고 신약의 다른 복음 전도자들은 인간의 이성이라는 요새를 허물기 위하여 기도와 믿음과 성결이라는 영적인 무기를 사용했다. 그러나 오늘날에는 비극적인지만 이러한 영적인 무기들이 도외시되고 있다.

"모든 이방 사람과 절교하고 서서 자기의 죄와 열조의 허물을 자복하고"(느9:2)

독자가 어떤 교파에 속해 있든지간에 우리는 교회의 역사를 정직하게 검토하고 그것이 진실로 하나님께서 원하시는 것인지를 고찰할 필요가 있다. 교회는 세상의 다른 기관들과 유사하며(어떤 목사들은 최고 경영자와 같은 역할을 하고 있다.) 박해와 순교를 피하기 위하여 타협하며, 그리고 또 예배를 신자들의 구미에 맞고 흥겹게 만들기 위하여 세상의 문화와 혼합되고 있다. 따라서 우리들 자신 뿐만 아니라 우리의 조상들이 헬라와 로마의 영향력을 받아들이는 것에 대하여 회개해야 할 필요가 있다. 우리는 예수님과 사도들이 세운 교회로 되돌아가기 위한 용기를 발휘하지 못했다.

다니엘은 유대인들로 하여금 패배하여 포로가 되도록 만든 조상들의 죄를 자복했다. 그는 진지한 기도 가운데서 하나님께로 돌아가(오늘날 그리스도를 따르는 자들도 이와 같은 것이 필요하다.), 마치 그것이 자기 자신의 죄인 양 온 나라의 죄악을 자복했다.6) 다니엘은 그러한 죄를 자복하고 그 죄의 영향력을 거부하지 않는다면 "여호와의 선한 손길"이 자기 백성에게 미치지 못할 것이라는 사실을 인식했다.

오늘날의 신자들도 그와 같은 식으로 교회가 오랜 세월 동안 지은 죄, 즉 예수님의 지배에서 벗어난 죄를 회개해야만 한다. 주님이 용서하시고 또 은혜를 베풀어 주실 때 우리는 주님과 협력하여 "내가 내 교회를 세우리라"(마16:18)는 그의 말씀을 성취할 수 있을 것이다.

제·3·부

초대 교회로 다시 태어나야 한다

모퉁이돌 : 예수님

건축용 블록 : 가족

지원체계 : 가정교회

교회를 위한 하나님의 계획

다음에 나오는 도표는 히브리 영향을 받았으며 영적인 초점에 기초를 두었던 초대 교회의 우선순위에 관한 최신 모델이다. 잠시 동안 그 도표와 또 그것이 암시하고 있는 우선순위를 검토해 보자. 초점이 중심에서부터 바깥쪽으로 발산되어지고 있다는 사실에 주목하라. 안쪽에 있는 세 부분들에 대해서는 다음 장들에서 좀 더 상세하게 다룰 것이다.

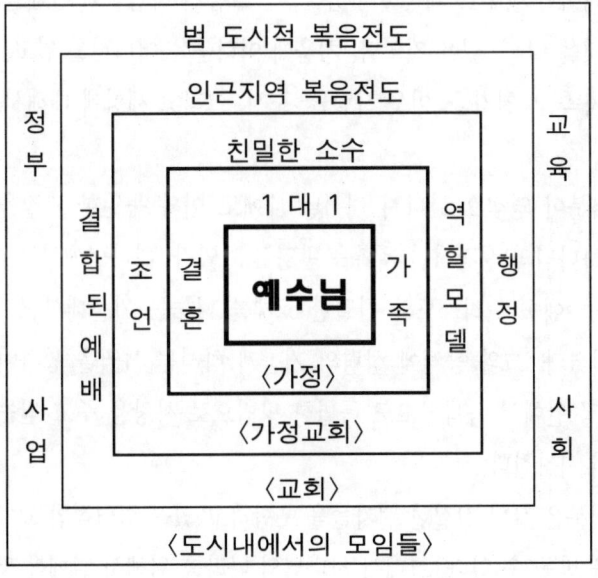

우리가 이스라엘에서 초대 교회에 관한 연구과정을 이수하는 동안에 이 도표를 개발했다. 이 도표 속에 구체화 되어져 있는 과정은 안쪽에

있는 세 개의 박스에 속해 있는 친밀한 관계들에서부터 시작된다. 관계가 외부로 확장되어 교회 수준에 이르게 될 때, 초대 교회로 회복상태에 있는 신자들이 그들의 공동체 내에서 받게 될 침투와 충격을 조정하기 위해서는 더욱 규모가 큰 행정과 조직이 필요할 것이다. 그와 동시에 그와 같은 조직은 어떤 식으로든 그러한 관계들을 훼손시키는 활동을 조장하기보다는 오히려 가정교회 수준의 친밀성을 강화시키고 또 격려해 줄 것이다.

당신이 성장하면서 관계를 맺고 넓혀가는 과정을 도표로 나타내면 당신은 태어난 이후로 계속해서 좀 더 큰 그룹의 사람들과 관계를 맺어 왔다는 것을 알 수 있을 것이다. 처음에 여러분은 어머니를 알고, 그 다음에는 가족들, 친척들, 이웃 사람들, 도시, 그리고 세상에 대해서 알게 되었다.

여러분이 영적으로 다시 태어날 때에도 이와 동일한 과정을 겪는데 이는 하나님의 성경적인 계획을 반영하고 있다. 하나님께서는 여러분이 그 아들 예수 그리스도와 친밀한 교제를 나누는 가운데서 성장하도록 의도하셨다. 그와 동시에 성령의 거룩케 하시는 사역을 통하여 여러분은 가정 안에서 독특하고도 특별한 방법으로 사랑을 주고 받는 방법을 배우기 시작한다.

여러분은 보다 신실한 신자들을 포함하고 있는 협력적인 교제 속에서 양육을 받을 수 있다. 그래서 하나님의 나라를 위해서 열매를 맺는 훈련을 받게 된다. 교제를 발전시키는 물질적 지원들이 모임에 따라서 보다 광범위한 지역에서 사역하고 있는 사람들이나 소명을 받은 사람들을 재정적으로 지원해 줄 수 있는 기회가 확장된다.

　이스라엘 민족은 우리가 도표에서 설명한 발전과정과 유사한, 성도간의 친밀한 관계에 기초한 조직을 구현했다. 가족적 관계와 권위체계는 민족 전체를 조직화할 수 있는 모델을 제공해 주었다. 이스라엘에게 있어서 이러한 조직 패턴은 지극히 중요했다. 특별히 그들의 적과 싸우게 되었을 때 더욱 그러했다. 승리를 얻기 위해서 전쟁 나팔소리가 울려 퍼졌을 때 그들은 '마치 한 사람처럼' 반응하는 것이 필요했다. 성경에 묘사된 이스라엘 민족은 발전 과정의 절정에 있었다. 개인은 가족에 속해 있었으며 가족은 지파와 동일한 의미를 가지는 부족의 일부였다. 그리고 장로들에 의해서(후에는 왕에 의해서) 지배를 받은 열 두 지파들이 하나의 민족을 구성했다.

　이스라엘을 하나로 묶었던 깊은 관계성은 그들이 개인과 가족과 부족과 지파로 조직되도록 하였다. 다윗이 이스라엘의 왕으로 세워졌을 때 그는 이스라엘 전역에 요새화된 도성들을 세우도록 명령했다. 그리고 자켄(Zaken) 즉 존경받는 장로들이 각각의 도성들을 인도했다. 각각의 도성들은 개별적인 특성을 지니고 있었고 어느 정도의 자치권을 가지고 있었다. 그러나 전투의 나팔이 울렸을 때 그 모든 도성들은 민족 전체의 유익을 위하여 반응해야만 했다.

　오늘날 교회 내에서 일어나고 있는 환원운동도 이와 같은 패턴을 따르고 있다. 한 개인이 마음을 다하여 예수님을 신뢰한다. 그러면 그의 가족들도 변화된 그의 삶을 보고 역시 예수님을 믿기로 결심한다.(아마 그는 가족들이 자기와 함께 예수님을 믿을 수 있도록 오랫 동안 기도했을 것이다.) 순례여행을 하는 신자들은 가정교회를 운영하는 다른 사람들과 영적인 친밀성을 가질 필요가 있다. 그럴 때 그들은 서로를 도와 불신자들이 예수님을 믿게 할 수 있을 것이다. 가정교회들이 모여 교회를 형성할 수도 있다. 그리고 그 교회가 도시 전체의 다른 교회들과 결합함으로써 그 지역 불신자들을 전도하는데 큰 영향력을 발휘할 수 있을 것이다.

가정 내의 상호 협력적인 관계와 가정교회들은 이웃과 사업, 그리고 그 도시의 문화적 사회적 분야에 침투할 수 있는 효과적인 메카니즘을 제공해 준다. 항상 그러하듯이 하나님의 나라의 주된 무기는 중보기도, 말씀에 대한 순종, 그리고 또 신자들이 말과 행동에서 그리스도의 모습을 닮아가면서 갖게 되는 간증 등이다. 교회 수준에서의 행정적 조정은 초점과 목적을 유지하는 데 도움을 준다.

다음에 대하여 생각해 보라. 도표 중앙에 표시된 예수님과 여러분의 관계는 조직을 필요로 하지 않는다. 하나님 아버지의 사랑이 예수님을 계시하였다. "나를 보내신 아버지께서 이끌지 아니하면 아무라도 내게 올 수 없으니 오는 그를 내가 마지막 날에 다시 살리리라"(요6:44). 이러한 관계는 개인적이고도 영적인 것이다. 이러한 수준에서는 인간적인 조직이 필요하지 않다. 다만 성령을 통한 하나님의 중생적 사역만이 필요할 뿐이다. 일대일 관계나 소수와의 친밀한 관계에서도 구조나 조직이 필요하지 않다. 가정교회는 신앙공동체 내의 다른 사람들과 관계성을 맺거나 또는 그 그룹을 계몽하는 복음 전도자, 즉 교회 개척자를 통해서 통합되어진다. 조직이 최소한으로 유지될 때는 거기에 참여한 자들이 성령의 인도하심을 간절히 구하고 의지한다. 주의력을 분산시키는 활동들과 프로그램들은 신자들로 하여금 하나님을 구하는 일에 대하여 초점을 흐리게 한다.

오늘날 미국 교회 속으로 침투해 들어온 제도존중주의는 상대적으로 그리스도를 따르는 자들을 절름발이로 만들었다. 그들은 더 이상 다른 사람들에게 깊이 헌신하는 방법을 알지 못하며, 그렇게 할 시간을 마련해야 할 필요성도 느끼지 못한다. 미국의 크리스천들은 마치 상자 속에 들어 있는 계란과 같다. 예배와 집회시에 그들은 껍질을 서로 문지르게 된다. 그러나 그들의 생명은 친밀한 관계 속에서 결코 '섞이지' 않는다. 별개의 교회들인 '상자들'조차도 결코 섞이지 않는다.

다른 사람과 짐을 나누어 지는 상호간의 협력이 당신에게는 낯설어 보일 것이다. 당신이 결혼을 했다면 배우자를 위해서 친밀한 배려를 해주는 것이 어렵다는 사실을 발견하게 될 것이다. 당신은 아마 어떤 특정한 교회에 다니거나 주일학교에 참석하거나 또는 한 구역(home group)의 일원일 것이다. 그러나 보다 깊고 배려적인 관계 가운데서 스스로 다른 사람들에게 헌신하는 것은 거의 불가능하다는 사실을 발견하게 될 것이다. 많은 크리스천들이 예수님을 믿은 결과를 느낄 것이다. 즉 구원받고 죄를 용서받고 또 기도의 응답을 받았을 것이다. 그러나 예수님과 더불어 날마다 인격적인 관계를 맺는다는 것은 쉽지 않을 것이다.

우리가 이스라엘에 있는 동안에 유대인 친구들이 다음과 같이 물었다. "왜 미국의 크리스천들이 모이기 위해서는 성경 연구와 같은 활동이 항상 필요합니까? 여러분은 서로 사랑하고 아끼기 때문에 함께 모일 수는 없습니까?" 우리는 그들이 지적한 점에 대해서 깊이 뉘우치게 되었다. 초대 교회를 묘사하는 다음과 같은 말씀에 대하여 생각해 보라. "날마다 마음을 같이 하여 성전에 모이기를 힘쓰고 집에서 떡을 떼며 기쁨과 순전한 마음으로 음식을 먹고 하나님을 찬미하며 또 온 백성이 칭송을 받으니 주께서 구원 받는 사람을 날마다 더하게 하시니라"(행2:46~47).

다음과 같은 사실을 기억하라. 예수님께서는 각 사람을 개인적으로, 그리고 인격적으로 사랑하신다. 예수님은 각 사람들을 위해서 죽으셨다. 따라서 각자 예수님과의 관계를 누릴 수 있다. 당신은 개인적인 이유로 예수님을 믿게 되었을 것이다. 즉 용서를 받아 다가올 진노를 피하기 위해서, 또는 여러분으로 하여금 하나님과 더불어 교제를 나눌 수 있게 해주는 깨끗케 함을 받기 위해서일 것이다. 그러나 여러분은 그리스도를 따르는 자로서 어떤 과정에 들어가기도 한다. 여러분은 제자가 되었다. 그리고 일생 동안 그의 형상으로 변화되는 것을 경험하게 된다.[1] 예수님은 제자의 직분을, 교회 지도자들이 실시하는 프로그램이 아니라 여러분과 예수님 사이의 관계를 확장시키기 위하여 계획하셨다. 예수님은 모든 신자들이 제자가 되고 또 그들 스스로가 다른 사람을 제자로 삼는 가운데서, 다른 신자들과 진정한 교제를 나눌 수 있기를 바라신다.[2] 여러분은 천국에 대해서는 전혀 새로운 자일 수도 있다. 그러나 여러분이 주님과 손을 맞잡고 있는 한 다른 사람에게로 되돌아가 여러분이 방금 걸어 온 그 길을 걷고 있는 또 다른 새신자를 인도할 수 있을 것이다.

하나님께서는 여전히 자기의 교회를 에클레시아(ekklesia) 즉 '부르심을 받은 자들'로 보고 계신다는 사실을 기억하라. 그의 백성들은 교회이다. 그의 이름으로 두 세 사람이 모인 곳도 교회이다. 하나님의 백성들이 한 주간 동안에 어디에 있든지간에 거기에 그의 교회가 있다. 그의 교회는 사회에 침투하고 또 그의 자녀들이 그의 나라로 인도해 주기를 바라시는 바로 그 사람들과 관련을 맺고 있다. 이미 서로와 계속적인 관계를 맺고 있는 에클레시아는 교제와 참여와 서로에게 덕을 세우기 위하여 열심히 모인다. 도표상에서 '친밀한 소수'나 '가정교회'로 표시된 이러한 수준의 인간관계는 일주일 내내 서로에게 헌신한다. 이토록 깊이 있는 배려와 관심은 스케줄이 정해져 있는 집회 이상의 의미를 지니고 있다. 그것은 의를 지키고 서로의 짐을 지기 위해서 상호간에 헌신을 한다. 초대 교회는 예배와 가르침을 위해서 성전뜰 뿐만 아니라 가정에서도 모였다.3) 성전뜰에서의 집회는 모든 가족들이 다 모인 것을 의미했다. 이 사람들은 하나님에 대한 사랑과 상호간의 헌신으로써 인간관계를 맺고 통합되었다.

오늘날 사람들은 일반적으로 교회와 교회의 건물을 동일시하고 있다. 그러나 앞에서 살펴 보았듯이 초대 교회 그리스도인들에게 있어서 교회는 실상 가정이라는 기초 위에 세워져 있었다. 그리고 몇 개의 교회들이 동일한 건물을 공유할 수도 있다. 사도 시대에 도시 전역에서 모인 모든 교회들은 집합적으로 '교회'로 생각되어졌다. "고린도에 있는 하나님의 교회"(고전1:2). "고린도에 있는 하나님의 교회와 또 온 아가야에 있는 모든 성도에게"(고후1:1). "겐그레아 교회의 일꾼으로 있는 우리 자매 뵈뵈"(롬16:1).

성령의 권능을 받은 신자들이 일상적인 업무를 하기 위해 나갈 때 그들은 자기들이 만나는 모든 사람들에게 그리스도의 메시지를 전할 수 있다. "1세기에 모든 교인들은 널리 흩어졌다. 그리고 교회는 그 자체로 선교단체였다. 오늘날 교회는 고향에만 머무르고 있다. 사도들은 널리 흩어져 선교사가 되었다… 사도 시대에 기적을 이룬 것은 '모든 교인들이 복음을 전하는 전도자가 되는' 방법을 통해서였다."4) 여러분도 일상적인 업무를 하기 위해서 밖에 나갈 때 여러분이 본 것과 들은 것을 증거하는 습관을 가지고 있는가?

사람의 계획 : 프로그램과 제도존중주의

오늘날 대부분의 미국 교회들은 크든 작든 군중들을 향해서 사역을 하고 있다. 자리 배치와 복도 정리를 포함한 교회 생활의 거의 모든 측면은 군중 통제를 위하여 계획된 것이다. 심지어 '교회'의 개념도 자주 공식적인 집회나 예배를 드리는 장소를 의미한다. 인간은 많은 사람들을 통제하기 위해서 큰 건물들을 세웠다. 당신이 이러한 체제를 통해서 예수님께 나아올 때 당신은 '교회'라고 불려지는 크고도 비인격적인 조직체에 맡겨지게 된다. 당신이 수많은 교인들 가운데서 개인적으로 자신을 돌보아 줄 어떤 사람을 찾으려고 노력하면 교회 지도자들은 당신을 교회 활동에 참여시키기 위하여 인위적인 그룹들을 개발할 것이다.

너무나도 오랫 동안 교회는 사랑의 관계를 생성시키려는 희망으로 프로그램들을 만들고 시도했다. 교회는 부부클럽, 청년회, 대학부, 직능단체 등과 같은 동질성을 가진 그룹들을 만들었다. 공통적인 환경을 가지고 있으므로 상호간에 배려하는 마음이 생기게 될 것이라고 믿고 그렇게 했지만 사실은 잘못된 것이다. 이와 같은 패턴의 프로그램은 히브리적 모델보다는 오히려 헬라적 모델에 기초한 것이다. 히브리인들은 현명한 충고를 제공해 줄 수 있는 나이들고 지혜로운 사람들과 인간관계를 맺을 수 있는 기회를 제공해 준다. 가정을 교제를 위한 주된 집회 장소로 삼을 때 프로그램에 의한 대부분의 그룹들은 불필요하게 될 것이다. 인간이 교회를 위하여 너무나도 많은 것을 계획하면서 '예배드리는 자'로서의 그들의 정체성도 상실해 버린 것 같다.

토저(A.W. Tozer)는 다음과 같이 말했다. "예배처소에 '프로그램'이라고 불려지는 낯설고 이국적인 것이 들어왔다. 우리는 이 단어를 무대로부터 빌려와서 흔히 예배라고 부르는 공적인 형태의 서비스에 적용하고 있다. 건전한 성경 주석들조차도 청중들이 진정하고도 영적인 양육을 받지 못하도록 내버려 두고 있다. 왜냐하면 영혼을 양육해 주는 것은 단순한 말이 아니라 하나님 자신이기 때문이다. 청중들이 개인적인 체험 가운데서 하나님을 발견하지 못한다면 그들은 진리를 듣지 아니한 것만 못할 것이다."[5]

잠시 멈추어서 당신의 지역사회에 있는 여러 교회들에 대하여 생각해 보라. 하나님께서 진정으로 크리스천들이 교회를 수천 개의 교파들로 분열시킨 이차적인 교리 문제에 매달리기를 원하시는가? 현재 편견에 의한 분열이 하나님으로부터 나온 것인가? 이러한 분열은 복음이 널리 전파되는데 방해가 되지 않는가? 이러한 분열은 단결에 대한 성경적 강조를 뒤엎은 것이 아닌가? 빌립보서 3장 15~16절의 훈계에 대하여 곰곰히 생각해 보라. "그러므로 누구든지 우리 온전히 이룬 자들은 이렇게 생각할지니 만일 무슨 일에 너희가 달리 생각함은 하나님이 이것도 너희에게 나타내시리라 오직 우리가 어디까지 이르렀든지 그대로 행할 것이라" 만약에 그와 같은 교회분열이 하나님의 계획에 반하는 것이라면 전 세계적으로 진행 중에 있는 환원운동은 신자들을 분열시키는 장벽들을 제거하는 하나님의 방법이 될 수 있지 않겠는가?

 많은 교리들과 전통들은 단결보다는 분열에 초점을 맞춤으로써 교회를 무능력하게 만들었다. 성경적인 히브리인들의 방법을 따른 초대 교회의 종교회의는 하나님의 말씀을 통합적으로 이해하고 합의를 이끌어냈다. 그러나 오늘날에 이르기까지 그 후의 종교회의들은 헬라 철학자들의 '이기느냐 지느냐'는 식의 논쟁방법을 사용했다. ㅡ "만약에 우리가 서로 다르게 생각한다면 내 생각은 옳고 당신 생각은 틀렸다." 수세기에 걸친 불화와 분열은 이와 같은 생각의 결과였다. 교회 역사의 중심적인 주제는 분열, 증오, 크리스천에 의한 크리스천의 살해, 각자 자기들이 하나님을 진정으로 섬기고 있다고 믿는 것 등이었다. 초대 교회의 교리들은 하나님의 말씀으로 돌아가자고 말한다. 그 때의 신자들은 그것을 위해서 기꺼이 죽을 수도 있었다. 그와는 반대로 헬라 철학자들이 들어온 이후의 교회는 '교리적 전통'으로 가득 채워졌다. 그리고 신자들은 그것을 위하여 기꺼이 다른 사람들을 죽이거나 멸시했다. 오늘날 교회 내에 존재하는 헬라정신은 참을성이 없는 모습을 만들어 냈다. 그것은 크리스천들이 그리스도를 위하여 도시를 복음화시키는 것을 방해하기 위해서 사탄이 휘두르는 무기이다.

하나님의 입장에서 볼 때 분열된 교회는 수정주의자들이 상호 대립하는 모습으로 보여진다. 환원운동이 계속되고 통합적 이해가 다시 한 번 더 하나님의 백성들 사이에서 근거를 얻음에 따라 그들은 점점 더 성경 기자들이 원래 의도한 것과 그리고 또 그들에게 영향을 준 히브리적 뿌리를 이해하고 따르고자 기도할 것이다. 그 결과 하나님께서 그것을 분명히 해주시기를 바라는, 하나님을 사랑하는 자들에 의해서 단결과 조화가 더욱 촉진되어질 것이다.

기도원에서 우리는 수정주의의 결과로 교회들이 영적인 위협에 직면해서 단결할 수 없게 되었음을 증거했다. 1980년대 말에 텔레비젼 뉴스는 2,000명의 사탄주의자들이 "사탄을 위하여 그 주를 정복하려고" 코네티컷 주로 이주해 오고 있다는 사실을 보도했다. 코네티컷 주는 비록 작은 주였을지라도 수 년 동안 일인당 수입이 전국에서 1위를 차지하고 있었다. 처음에 사탄주의는 동양의 신비주의와 명상을 결합하여 개인적 성장을 할 수 있다는 세미나의 모습으로 회사와 사업체에 들어갔다. 영적인 전투를 인식하고 있었던 사람들에게는 사탄의 정체가 쉽게 드러났다. 그러나 사탄주의자들의 실체를 폭로하고자 시도했던 소수의 신자들의 노력은 아무런 효과가 없었다. 우리는 이차 세계 대전 동안에 '강제 노동 수용소'에 있던 유대인들이 수용소 안팎에 있던 다른 사람들에게 강제노동 수용소의 참 모습은 '죽음의 감옥'이라는 사실을 알리려고 노력했으나 아무런 소용이 없었다는 것을 기억하고 있다.

 회사에서 사탄의 세력이 점점 더 커짐에 따라서 이전에 즐거웠던 일터들이 가혹한 곳으로 변했다. 그리고 재정적으로 건전했던 몇몇 회사들이 결국은 파산했다. 매스컴은 코네티컷의 특정한 회사가 파산한 것에 대하여 의문을 제기했다. 특히 두 사람의 '낯선 자들'에 의해서 1,100만 불의 회사 자산이 사라진 것에 대하여 그러했다.

 우리는 여러 교회에서 온 많은 크리스천들과 교제를 나누고 있었기 때문에 그들에게 사탄주의자들의 영향을 받은 회사에 다니고 있는 다른 신자들과 합세하여 마귀의 경영권 접수에 대항하라고 격려했다. 그러나 교리적 차이점이 그들을 분열시켰으며 그 어떤 노력도 아무런 소용이 없게 만들어 버렸다. 우리는 하나님의 환원 운동이 신자들을 분열시키고 있는 철학적 교리의 원천을 폭로할 수 있기를 소망한다. 예수 그리스도를 위하여 이웃과 일터와 도시에서 모든 크리스천들이 더욱 더 협동하기를 기도하는 바이다.

> "예수께서 나아와 일러 가라사대 하늘과 땅의 모든 권세를 내게 주셨으니 그러므로 너희는 가서 모든 족속으로 제자를 삼아 아버지와 아들과 성령의 이름으로 세례를 주고 내가 너희에게 분부한 모든 것을 가르쳐 지키게 하라 볼지어다 내가 세상 끝날까지 너희와 항상 함께 있으리라 하시니라"(마28:18~20)

 '제자를 삼는 것'은 예수님을 따르는 모든 사람들의 책임이다. 초대 교회는 그 누구도 방관자적 입장에 있어서는 안된다는 사실을 보여주고 있다. 빌립 집사(행5장을 보라)는 사마리아의 부흥을 인도한 복음전도자 빌립(행8장을 보라)이 되었다. 모든 개인과 가정과 가정교회는 불경건한 사회에 침투할 수 있는 하나님의 최상의 수단이다. 이러한 것들은 보다 광범위한 공격을 위해서 교회 수준에서 소집하고 준비할 수 있는 병력이다. 그러나 이웃과 일터와 지역 사회에서 개인적인 접촉과 인간관계를 통해서 하나님의 백성들을 동원하는 것이 더욱 효과적이다. 불신자들과 접촉하기 위해서는 그리스도를 따르는 자들이 개인적으로 자기들의 신앙을 행동으로 전환시키는 것이 필요하다.

당신은 이웃과 일터와 지역사회에서 개인적으로나 단체적으로 개입할 수 있다. 부분적으로는 크리스천들이 기도를 통하여 예수님 안에서 자기들의 권위를 발휘하는데 실패했기 때문에 범죄와 악이 번식하게 되었다. 비록 당신이 진실로 하나님의 말씀을 믿는다 할지라도 하나의 고통스러운 사실이 여전히 존재하고 있다. 즉 당신이 아무리 믿음 가운데서 예수님과 다른 사람들에게 가까이 다가간다 할지라도, 당신이 알고 또 사랑하는 사람들 중에서 복음을 이해하고 받아들이지 않았기 때문에 영원히 그리스도가 없는 지역으로 들어가고 있는 사람들이 있다는 것이다. 복음을 전하라는 주님의 명령에 우리 모두 순종하자.

다음과 같은 진리에 대하여 히브리 초대 교회가 그것을 이해했던 방식대로 생각해 보자. 창세기는 모든 인간은 하나님의 형상대로 창조되어졌다는 점을 분명히 하고 있다. 비록 죄가 우리와 사랑하시는 하나님 아버지와의 관계를 갈라 놓았을 지라도 하나님께서는 은혜스럽게도 화목의 수단을 제공해 주셨다. 그의 아들이 죄없는 삶을 사시고 또 피를 흘리심으로 말미암아 우리는 다시 한 번 더 하나님 아버지와 교제를 나눌 수 있게 되었다. 하나님의 사랑에 대한 우리의 반응은 그와 동일한 방식으로 인류에 대하여 책임을 지는 것이다. 1970년대에 인기있었던 말이 지금 진행되고 있는 교회의 환원운동에 활용될 수 있을 것이다. — "한 손은 예수님께 내밀고, 다른 손은 친구에게 내밀자"

요약 : 하나님은 그리스도인들을 그리스도의 모습으로 변화시키고자 계획하신다

일대일에서부터 소수에까지 확장되어지는 과정은 항상 인격적이다. 이것은 항상 도표의 중심에 있는 예수님으로부터 시작되어진다. 당신의 교제는 무엇보다도 먼저 주님과 더불어 이루어져야만 하며 그 다음에는 상호 힘을 북돋아 주고 격려해 주기 위하여 하나님께서 제공해 주신 다른 사람들과 더불어 이루어져야만 한다. 당신이 바깥쪽 링을 향하여 나아갈 때 다른 사람들에 대한 헌신의 단계와 정도는, 어떤 사람이 당신을 돌보아 주고 또 당신이 그들에 대하여 따뜻한 배려를 표현하는 인간적 관계의 네트워크에 기초하고 있다. 당신이 서로 따뜻하게 배려해 주는 관계 안에 거하며 다른 사람들의 사랑과 훈계를 통해서 주님의 사랑(이미 믿음을 통해서 알고 있는)을 체험할 때에만 예수님에 대한 신뢰가 더욱 강화될 것이다. 당신 안에서 하나님의 충만한 사랑이 성장할 때에 당신의 희망의 활력을 아직까지 예수님을 만나지 못한 사람들에게 나누어 줄 수 있을 것이다.6)

가정과 가정교회 가운데서 즉 서로 짐을 나누어 질 수 있는 범위 이내의 친밀한 관계를 통해서 성령의 사역에 대한 인식을 더욱 확실히 할 수 있을 것이다. 성령께서는 당신이 그의 은사를 증거하면서 다른 사람을 축복하는 하나님의 그릇이 되도록 계속해서 당신을 채워주실 것이다. 그럴 때에 당신은 모든 사람이 각 지체가 되어 온전한 한 몸을 이룰 때에 얻을 수 있는 능력을 진정으로 이해할 수 있을 것이다. 당신이 성령으로 무장하고 더욱 권능을 받을 때 주님이 모든 신자들에게 주신 모든 족속으로 제자를 삼으라는 명령을 성취할 수 있을 것이다.

> "나 여호와가 말하노라 너희를 향한 나의 생각은 내가 아나니 재앙이 아니라 곧 평안이요 너의 장래에 소망을 주려하는 생각이라 너희는 내게 부르짖으며 와서 내게 기도하면 내가 너희를 들을 것이요 너희가 전심으로 나를 찾고 찾으면 나를 만나리라 나 여호와가 말하노라 내가 너희에게 만나지겠고 너희를 포로된 중에서 다시 돌아오게 하되 내가 쫓아 보내었던 열방과 모든 곳에서 모아 사로잡혀 떠나게 하던 본 곳으로 돌아오게 하리라 여호와의 말이니라 하셨느니라"(렘29:11~14)

예레미야의 말은 우리가 1994년 3월에 이스라엘에서 돌아온 후에 마이애미에서 주님께서 해주신 명령을 상기시켜 준다. 그것은 "포로에게 자유를 주라"는 것이었다. 하나님께서는 그의 백성들이 그리스도를 닮겠다는 목표를 향한 그들의 순례여행 가운데서 형통하고 또 그들 사이에서 그의 영광을 드러내기를 원하신다. 이것은 그리스도를 따르는 자들이 자기들을 방해하는 것은 무엇이든지 버릴 수 있는 용기를 가지고, 또 성령으로 말미암아 권능을 받고, 그의 말씀으로 양육되어지는 믿음을 가지고 전심으로 그를 찾을 때 이루어질 것이다. 다음 장들은 성경에 대한 히브리적 이해에 근거해서 세워졌던 초대 교회가 소유했던 능력과 협동적인 신앙을 회복하기 위해서 필요한 실제적인 제안들을 내포하고 있다. 예수님, 결혼, 가정, 그리고 가정교회 등과 같은 우선적 사항들이 환원운동에 필수적이다. 그의 백성들은 초대 교회가 특별한 인도와 지도하심을 받기 위하여 그랬던 것처럼 성령의 레마(Rhema)를 구해야만 한다.

제 ● 8 ● 장

당신과 예수님의 관계

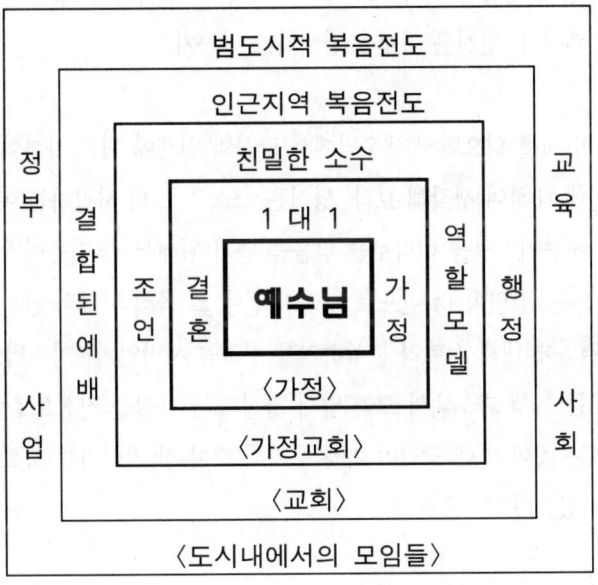

당신은 하나님을 어떻게 볼 수 있는가? 그는 당신과 당신의 환경을 창조하시고 당신을 인생의 혼란 가운데 내버려 두신 멀리 떨어져 있는 신인가? 그는 팔짱을 끼고 앉아 계시면서 당신이 발에 걸려 넘어지기를 기다리다가 좁은 길에서 뒤를 잡아당기시는가? 아니면 당신이 그를 사랑하고 또 그의 아들의 모습을 닮을 수 있도록 만들어 주시는 토기장이로서, 시련과 고난의 상황에서도 당신의 유익을 위하여 역사하시는, 관심을 갖고 참여하시는 아버지 같으신 분인가? 이 질문들에 대한 당신의 대답이 성경 전체를 흐르고 있는 참여적이고 친밀하신 하나님에 대해서 당신이 가지고 있는 생각을 어느 정도는 반영해 줄 것이다. 하나님은 지금도 당신 주변에서 역사하고 계시며 당신의 참여가 필요한 계획을 창시하고 계신다. 당신은 이것을 인식하고 있는가?

다음의 시를 읽으면서 예수님께서 당신의 인생에 매우 가까이 계신다는 사실에 대하여 생각해 보라. 당신은 스스로 '그의 사랑하는 아들'이라고 생각하는가? 앞을 내다보는 믿음을 얻기 위해서 한 걸음이면 충분한가? 당신은 일 인치 더 앞으로 나가기 전에 그 목적과 그와 연관된 것들과 그 결과에 대해서 미리 분석하기를 원하는 사람인가? 마지막으로 '당신의 모든 여행 가운데서 그가 앞서 가신다'는 사실을 진심으로 믿지 못하게 하는 것이 바로 당신이 가장 두려워 해야 할 것이라는 사실을 정확히 알고 있는가?

한 걸음씩

"다닐 때에 내 걸음이 곤란하지 아니하겠고"(잠4:12)

나의 사랑하는 자식아, 미지의 내일을 두려워하지 말라.
인생이 너에게 요구하는 새로운 것을 두려워하지 말라.
너의 무지는 슬픔의 이유가 되지 못한다.
네가 알지 못하는 것을 내가 알기 때문이다.

너는 오늘도 숨겨진 의미를 알 수가 없다.
그러나 너는 나의 명령에서 빛을 얻을 수 있을 것이다.
믿음으로 행하고 나의 약속에 의지하라.
그러면 네가 다닐 때에 모든 것이 평탄해 질 것이다.

네가 한 걸음 앞을 내다볼 수 있다면 담대하게 전진하라.
앞을 내다보는 믿음을 얻기 위해서는 한 걸음으로도 충분하다.
그렇게 하라. 그러면 다음에 해야 할 것을 말해줄 것이다.
왜냐하면 주님께서는 너를 한 걸음씩 인도하시기 때문이다.

대적들을 만나도 두려워하지 말라.
모든 위험에 용감히 맞서고 불순종하지 말라.
계속 전진하고 모든 장애를 극복하라.

강한 힘을 가진 내가 그 길을 열어줄 것이다.

그러므로 너에게 맡겨진 과업을 기쁜 마음으로 수행하라.
나의 약속을 간직하라. 더 이상 아무것도 필요없다.
너의 미래가 어떠하든지 간에 너의 모든 여행 가운데서,
내가 앞서 간다는 사실을 알기만 하면 된다.

프랭크 엑슬리(Frank J. Exley)

"네가 만일 네 입으로 예수를 주로 시인하며 또 하나님께서 그를 죽은 자 가운데서
살리시는 것을 네 마음에 믿으면 구원을 얻으리니"(롬10:9)[1]

   어느 주일 날 아침 일찍, 마이크가 오전 예배에서 설교하기 전에 주님께서 그를 깨우셔서 그에게 깔대기의 환상을 보여주셨다. 마이크가 그 깔대기를 응시할 때에 그는 하나님의 영이 그 의미를 해석해 주는 것을 들을 수가 있었다. 그는 자신의 컴퓨터에 그 깔대기의 모습을 스케치하고 투시도를 만들었다. 그날 아침 메시지를 전달하고 난 후에 그는 성도들에게 총체적인 깔대기의 투시도를 제시하고 그것을 설명해 주었다. 사람들은 그들의 자리에서 일어나 앞으로 나아와 자기들의 죄를 회개했다. 그들은 삶 속에서 그리스도의 주권을 내포하지 아니한 복음에 굴복했던 죄를 깨달았다.
   그 다음 주에 마이크는 다른 교회에서 설교해 달라는 요청을 받았다. 성령께서 그에게 "그들에게 깔대기에 관해 말해 주라"고 촉구하셨다.

그는 또 다시 총체적인 깔대기의 투시도를 그렸다. 그가 그 의미에 대해서 설명했을 때 사람들은 또 다시 자리에서 일어나 회개했다. 기도원에서 깔대기의 형상을 제시했을 때 그 설명은 동일한 반응, 즉 죄책감과 회개를 이끌어냈다.

이 도표가 바로 그 깔대기의 모습이다.

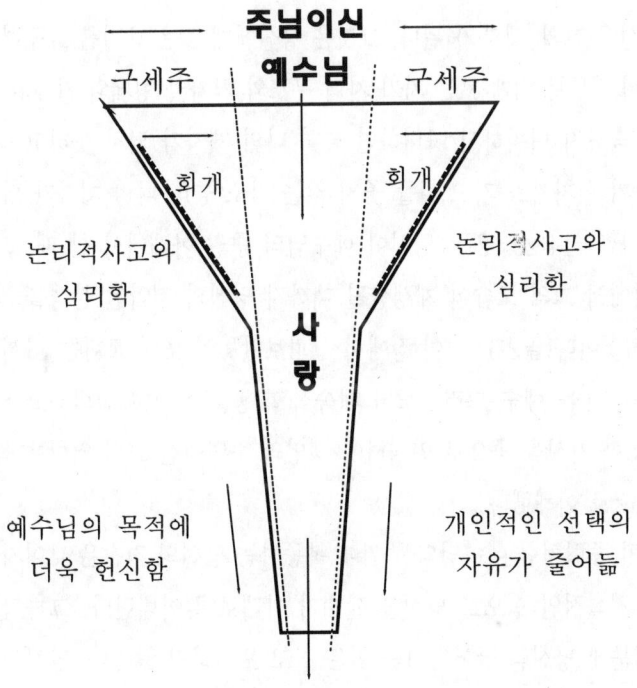

지난 수십년 동안에 많은 사람들이 '구원을 얻으려는' 목적으로 그리스도께 찾아왔을 때 복음은 '흘러내리는 물'이 되었다. 구원은 '예수는 주님이시다'라고 고백하라는 성경적 명령의 부산물이다. 그리스도의 주권은 깔대기로 들어가는 입구이다. 주권은 당신이 죄악된 본성 가운데서 가지고 있는 모든 것을 거부하거나 포기하는 것을 의미한다. 즉 당신의 의지, 권리, 소유, 계획 등 모든 것을 포기하는 것이다.

당신은 그의 '제자'가 된다. 그것은 당신에게 많은 대가를 요구하는 회심이다. "무릇 내게 오는 자가 자기 부모와 처자와 형제와 자매와 및 자기 목숨까지 미워하지 아니하면 능히 나의 제자가 되지 못하고 누구든지 자기 십자가를 지고 나를 좇지 않는 자도 능히 나의 제자가 되지 못하리라"(눅14:26~27). 당신이 예수님의 주권 아래에서 살 때 그는 당신 안에서 그의 모습이 재생산될 때까지 당신의 죄악된 본성을 정화시켜 줄 것이다(골2:11). 이 장에서 살펴보았듯이 초대 교회는 '다시 태어난다는 것'을 예수 그리스도의 대속적 희생을 온전히 신뢰하고 의존하며, 또한 자신을 종으로 인식하여 생명의 주인이신 그의 역할에 복종하는 것으로 이해했다.

마치 중력처럼 예수님의 주권에 복종하는 당신의 겸손은 보이지는 않지만 지속적인 힘으로 당신을 깔대기 아래로 끌어내린다. 그는 신실하기 때문에 당신을 끌어당기는 힘은 결코 포기하지 않는다. 당신이 죄를 지을 때 친절하신 성령께서는 당신을 찾아내어 회개로 인도한다(롬2:4). 하나님께서는 당신이 굴복할 때까지 추적하신다. 따라서 상한 마음과 심령은 다시 한 번 더 그의 충만하신 임재를 누릴 수 있게 된다. 깔대기의 관을 통과할 때 예수님의 사랑이 너무나도 강력하기 때문에 당신은 그의 뜻을 이행하는 것 이외에 자신에 대해서 생각할 겨를이 없다. 종으로서 그의 뜻에 복종할 때 당신이 원하는 것을 선택할 수 있는 개인적인 재량은 실질적으로 감소하게 된다.

'구원자로서의 예수'를 강조하는 현대의 복음은 예수님의 주권의 결과를 신자의 목표로 만든다. 이러한 목표는 사람들로 하여금 불평하고 불만족하게 내버려두며 믿음 충만한 순종과 함께 찾아오는 성령의 기쁨과 평화를 상실하게 만든다. 히브리 성경과 신약 성경에서 하나님에 의해서 변화되어진 삶의 독특한 사례들을 보라. "만군의 여호와가 이르노라 내가 나의 정한 날에 그들로 나의 특별한 소유를 삼을 것이요 또 사람이 자기를 섬기는 아들을 아낌같이 내가 그들을 아끼리니 그때에 너희가 돌아와서 의인과 악인이며 하나님을 섬기는 자와 섬기지 아니하는 자를 분별하리라"(말3:17~18). "하나님의 나라는 먹은 것과 마시는 것이 아니요 오직 성령 안에서 의와 평강과 희락이라 이로써 그리스도를 섬기는 자는 하나님께 기뻐하심을 받으며 사람에게도 칭찬을 받느니라"(롬14:17~18). 자기 백성들에 대한 하나님의 목표는 그들이 성령으로 변화를 받아 그리스도를 닮아가는 것이요, '새로운 피조물'의 진정한 친구가 되는 것이다.

깔대기에 대해서 설명할 때 사람들은 자기들이 받은 '구원받게 해주는' 복음이 그들의 불완전성을 다루기 위하여 그들을 깔대기의 양 옆에 남겨 두었다는 사실을 깨닫게 되었다. 지나간 수 십년 동안 논리적 사고와 심리학이 교회에 유입됨으로 인해서 마땅히 회개해야 하는 죄를 이제는 단순한 '문제들'로 생각한다. 목회상담자들은 사람들이 자기의 죄에 대해 책임감을 가지도록 돕기 보다는 자기들의 문제를 이해하고 현재에 상황에 대해서 누구에게 잘못이 있는지 찾아 내라고 말하고 있다.

이러한 문제 탐색과정을 통해서 개개인은 자기들의 어려움에 관한 인식의 폭을 확장시킬 수 있을 것이다. 그러나 그와 동시에 그들은 더욱 하나님과 불편한 관계에 놓이게 될 것이다. 비록 그들이 말로 표현하지는 않을지라도 마음 속으로는 하나님께서 성경 가운데서 약속해 주신 것을 이행해 주실 것이라고 믿지도 않으며 또한 하나님을 그들의 생활의 주님으로 신뢰하지도 않는다. 따라서 많은 크리스쳔들은 마치 자기들이 하나님과 다른 사람들에 의해서 '희생을 당한 것'처럼 살고 있다.

어떻게 해서 교회에 이와 같은 분석이 침투하게 되었는가? 앞에서도 언급했듯이 이차 세계 대전 후 제대군인원호법이 생긴 이후로 사회학과 심리학이 신학교 교과과정에 포함되었다. 신학교들은 연방 예산을 끌어 들이기 위해서 주님의 주권과 회개에 관한 성경적 교과과정을 흘려 보내 버리고, 인가와 정부기금을 받기 위해서 헬라의 사회과학들을 도입했다. 목사 후보생들은 성경 연구와 함께 이와 같은 교과과정들도 이수해야만 했다. 따라서 그들의 설교는 자기들이 배운 것으로부터 받은 영향력을 반영하고 있다. 삶의 환경에 대한 분석과 논리적인 설명과 비평이 아무런 설명도 없이 자기가 원하는 대로 그릇을 만들 수 있는 토기장이의 주권적 권한을 유린했다. 그와 같은 평가가 예수님과의 관계 속에서 회개의 중요성을 축소시켰다.

깔대기를 점검해 보고 나서 당신은 지금 어디에 있는지 그 위치를 표시해 보라. 배우자나 친한 친구에게 당신이 하나님과 동행하는 것에서 어느 지점에 있다고 생각하는지 지적해 달라고 요구하라. 하나님께서 당신의 인생에 대하여 어떠한 목적을 가지고 계실지라도 그 뜻에 순종할 수 있겠는가? 그리고 개인적으로 판단할 시간을 박탈당하는 것에 대해서 어떻게 생각 하는가?

"나 요한은 너희 형제요 예수의 환난과 나라와 참음에 동참하는 자라(계1:9)

당신은 사도행전에 나타난 초대 교회에 대해 어떤 그림을 그릴 수 있는가? "하나님의 임재하심을 향한 정열"의 저자인 웨인 제이콥슨(Wayne Jacobsen)은 초대 교회에 대하여 다음과 같이 쓰고 있다.

> 그들은 예수님께 마음을 빼앗겼다. 그들의 사역에는 능력이 있었다. 그들의 공동체는 실재성을 지니고 있었다. 그들은 기꺼이 희생했다. 초대 교회 신자들은 어떤 기대에 사로 잡혀 살지 않았다. 그들은 단지 마음을 다하여 하나님을 사랑한 자들에게 자연히 찾아오게 되는 것을 이행했을 뿐이었다. 2)

여러분이 자신과 주 예수 그리스도와의 관계에 대하여 고찰할 때에 다음과 같은 구절들을 비교 검토해 보라. "우리가 보고 들은 바를 너희에게도 전함은 너희로 우리와 사귐이 있게 하려 함이니 우리의 사귐은 아버지와 그 아들 예수 그리스도와 함께 함이라… 저가 빛 가운데 계신 것같이 우리도 빛 가운데 행하면 우리가 서로 사귐이 있고 그 아들 예수의 피가 우리를 모든 죄에서 깨끗하게 하실 것이요"(요일1:3~7). 당신은 날마다 예수님처럼 '빛 가운데 행하고' 있는가? 빛은 숨길 수 없다. 그리고 당신이 걸어갈 때에 "영적인 밝음"은 쉽게 드러날 것이다.

"누구든지 그의 말씀을 지키는 자는 하나님의 사랑이 참으로 그 속에서 온전케 되었나니 이로써 우리가 저 안에 있는 줄을 아노라 저 안에 거한다 하는 자는 그의 행하시는 대로 자기도 행할지니라"(요일2:5~6). "이를 위하여 너희가 부르심을 입었으니 그리스도도 너희들을 위하여 고난을 받아서 너희에게 본을 끼쳐 그 자취를 따라오게 하려 하셨느니라"(벧전2:21). 예수님께서는 자기를 부인하는 생활양식을 실재로 보여주셨다. 이 구절들로부터 당신은 먼저 하나님 아버지와 더불어 교제를 나누어야만 하며 그 다음에는 그 아들 예수 그리스도와 더불어 교제를 나누어야만 한다는 사실을 알 수 있다. 만약에 당신이 하나님 안에 거하려 한다면 예수님과 같은 길, 즉 고난의 길을 걸어 가야만 한다. 우리 문화 속에서 고난은 인기 있는 개념이 아니다. 그러나 초대 유대 신자들은 우리가 살고 있는 세상이 고난의 장이라는 사실을 인식하고 있었다. 랍비 필립 시걸(Philip Sigal)은 고난이 구원에 선행한다는 고대 히브리의 교리를 강조하고 있다. 하나님과 이스라엘 사이에 맺어진 언약적 관계의 신비는 하나님께서 그 백성들을 구원해 주실 때 하나님께서 보여주시는 기적적인 개입과, 그리고 박해와 감금의 시기 동안에 자신의 존재를 은폐하시는 것 사이의 균형 가운데서 찾아볼 수 있다.[3] 하나님의 침묵은 그의 언약이 취소되었다는 것을 의미하지 않는다. 하나님께서 그들을 구원해 주지 않았을 때에는 그들이나 우리의 이해력의 범위를 초월하는 어떤 이유들을 갖고 계셨다.

현재의 신자들도 고통스러운 투쟁 가운데서 하나님께 부르짖는다. 당신이 믿음과 신뢰로 끈길진 기도를 해도 마치 하늘이 꽉 닫힌 철창문처럼 느껴지던 때는 없었는가? 이것이 바로 당신에게 갖고 있는 위한 하나님의 신비의 일부이다. 하나님께서 응답하지 않으시는 것 같아 보일 때에도 결코 버리지 않으시겠다는 그의 약속을 신앙으로 고수할 수 있는가? 하나님께서 당신을 불길 가운데서 지켜 주실 뿐만 아니라 실제적으로 그런 고난으로 인하여 감사를 드리는 데까지 이르도록 당신을 인도해 주실 것이다. 그리고 다른 사람들이 하나님의 인도하심을 볼 때에 큰 은혜를 받을 것이다. 여러분의 간증의 힘은 그들에게 더욱 큰 영향을 미칠 것이다.

예를 들자면 어떤 친구가 수 년 동안 질병과 싸우고 있었다. 설상가상으로 그녀의 남편도 심각한 병에 걸려 더이상 일을 할 수가 없었다. 치료비는 더욱 누적되어졌다. 그녀는 하나님이 어떻게 지켜주시는 지에 대하여 많은 여성들 앞에서 간증해 달라는 부탁을 받았다. 그녀는 자신을 역경의 희생자로 보는 것과 자신과 유사한 시련에 직면한 다른 사람들에게 힘을 북돋아 주고 용기를 불어 넣을 수 있는 연단의 과정에 참여하는 자로 바라보는 것 사이의 간격을 메울 수가 없었다. 청중들은 그녀가 인생 여정에서 겪고 있는 고통에 주의할 것이다. 그리고 자기들은 그런 시련을 당하지 않았기에 하나님께 감사할 것이다. 만약에 그녀가 감사와 기쁨으로 간증을 한다면 그들은 하나님께 영광을 돌릴 것이다. 하나님께서는 진실로 사건들 속에 내재해 있는 찌르는 가시를 치유해 주시고 또 그녀에게 주님과 함께 고난의 잔에 동참할 수 있는 특권을 허락해 주셨다. 이어지는 그녀의 간증은 하나님께 영광을 돌렸으며 동일하게 고난을 당하는 자들에게 위로의 소망을 가져다 주었다. 이 후자의 개념은 고린도후서 1장 3~6절에 설명되어져 있다.

> "찬송하리로다 그는 우리 주 예수 그리스도의 하나님이시요 자비의 아버지시요 모든 위로의 하나님이시며 우리의 모든 환난 중에 우리를 위로하사 우리로 하여금 하나님께 받는 위로로써 모든 환난 중에 있는 자들을 능히 위로하게 하시는 이시로다 그리스도의 고난이 우리에게 넘친 것같이 우리의 위로도 그리스도로 말미암아 넘치는도다 우리가 환난 받는 것도 너희의 위로와 구원을 위함이요 또 위로 받는 것도 너희의 위로를 위함이니 이 위로가 너희 속에 역사하여 우리가 받는 것 같은 고난을 너희도 견디게 하느니라"

유대인들이 하나님의 백성이라는 동질성으로 단결했듯이 신자들도 그리스도의 몸으로서 더욱 심오한 단결을 이룩해야만 하며 그의 성령으로 서로 결합되어져야만 한다. 그러므로 고린도전서 12장 26절은 "만일 한 지체가 고통을 받으면 모든 지체도 함께 고통을 받고"라는 권고를 해주고 있다. 우리의 고난은 한 몸에 속한 다른 사람들로 하여금 반응하게 만들어 준다. 그들은 우리가 고통을 당할 때에 위로를 가져다 준다.

주님께서는 그의 백성들에게 환난의 밤을 견딜 수 있는 능력을 주신다. 우리가 빛 가운데서 행할 때에 그의 보혈이 우리를 깨끗케 해주며 우리로 하여금 그의 발걸음을 따를 수 있게 해준다. 성경은 우리에게 "그가 아들이시라도 받으신 고난으로 순종함을 배워서"(히5:8)라고 말해 주고 있다.

바울도 로마서에서 다음과 같이 기록하고 있다. "다만 이뿐 아니라 우리가 환난 중에도 즐거워 하나니 이는 환난은 인내를, 인내는 연단을, 연단은 소망을 이루는 줄 앎이로다 소망이 부끄럽게 아니함은 우리에게 주신 성령으로 말미암아 하나님의 사랑이 우리 마음에 부은 바 됨이니" (롬5:3~5).

하나님께서는 고난 받는 크리스천들과도 지속적으로 함께 거하고 계신다는 사실을 히브리인들은 마음 속 깊이 인식하고 있었다. 만약에 우리가 하나님께서 개입하시기를 기다리지 못한다면 우리의 신앙은 소망이 아니라 외면적인 모습에 기초하게 될 것이다. 그러나 우리를 보호하기 위해서 우리를 감싸주시는 분은 하나님이시다. "내가 주의 신을 떠나 어디로 가며 주의 앞에서 어디로 피하리이까 내가 하늘에 올라갈지라도 거기 계시며 음부에 내 자리를 펼지라도 거기 계시니이다 내가 새벽날개를 치며 바다 끝에 가서 거할지라도 곧 거기서도 주의 손이 나를 인도하시며 주의 오른손이 나를 붙드시리이다"(시139:7~10). 엉킨 실타래와 같은 고난 속에서 인내하고 견디는 것, 그리고 하나님께서 항상 임재하고 계신다는 믿음 안에 거하는 것 등은 우리가 그리스도의 제자로서 행할 때에 늘 소유하고 있어야 할 것들이다. 고난은 우리와 주 예수님과의 관계에 있어서 필수불가결한 부분일 뿐만 아니라, 그것은 또한 하늘에 계신 아버지와의 친밀성의 중요한 측면이기도 하다.

"너희는 다시 무서워하는 종의 영을 받지 아니하였고 양자의 영을 받았으므로 아바 아버지라 부르짖느니라 성령이 친히 우리 영으로 더불어 우리가 하나님의 자녀인 것을 증거하시나니 자녀이면 또한 후사 곧 하나님의 후사요 그리스도와 함께 한 후사니 우리가 그와 함께 영광을 받기 위하여 고난도 함께 받아야 될 것임이니라 생

> 각건대 현재 고난은 장차 우리에게 나타날 영광과 족히 비교할 수 없도다"(롬8:
> 15~18)

하나님 아버지께서는 우리 안에 역사하셔서 영광을 받으시는 데, 그것은 우리가 고난의 아들과 딸들이라는 검증을 받으므로써 드러낼 수 있다. 당신은 위안과 감사의 차이점을 아는가? 위안은 당신이 어려운 환경에 처하여 있을 때에 하나님께서 가져다 주시는 것이며, 감사는 당신에게 시련의 불을 통과할 수 있는 기회를 주신 것과, 그리고 또 시련에 직면한 다른 사람들에게 당신이 보여줄 수 있는 자비로운 소망에 대한 것이다. 당신은 이러한 변화를 이해할 수 있는가? 하나님께서 당신을 다음 단계로 인도해 주시도록 기도하라. 그에게 영광을 돌리고 여러분에게는 기쁨이 있기를 기도하라.

> "그리스도께서 이미 육체의 고난을 받으셨으니 너희도 같은 마음으로 갑옷을 삼으라 이는 육체의 고난을 받은 자가 죄를 그쳤음이니"(벧전4:1)

크리스천으로서 우리는 때때로 너무나도 심한 고난과 시련을 당하기 때문에, 우리 자신에게 "내가 마귀의 특별한 공격을 받기 때문에 고난을 당하는가"(벧전5:8) 아니면 "나의 죄 때문인가"(약5:15~16) 아니면 "내가 그리스도의 고난에 동참하기 때문인가"(벧전4:13)라고 묻기도 한다. 이따금씩 찾아오는 환난은 인간이 인생을 살아가면서 자연스럽게 직면하게 되는 상황의 일부로 받아들일 수 있다. 그러나 우리가 모든 방면에서 시련에 직면하며 또 더 이상 거기서 벗어날 수 없다는 사실을 발견하는 때도 분명히 있다. 그런 상황에서 우리는 하나님 앞에서 우리 자신의 생활과 마음을 점검해 보는 것이 좋을 것이다. 즉 하나님께서 우리를 회개를 통하여 하나님께로 돌이키려고 징계를 가하시는지 알아 보아야 한다.(배우자나 동료들이나 친한 친구들의 헌신적인 기도와 충고가 매우 유익할 것이다.) 이것은 철저히 성경적인 방법이며 히브리서 기자도 "권하는 것"(히12:5)이라고 언급하고 있다. 하나님께서는 우리의 생활 속에 개입하심으로 그가 우리를 향해서 가지고 계신 사랑을 드러내신다. "내 아들아 여호와의 징계를 경히 여기지 말라 그 꾸지람을 싫어하지 말라 대저 여호와께서 그 사랑하시는 자를 징계하시기를 마치 아비가 그 기뻐하는 아들을 징계함 같이 하시느니라"(잠3:11~12). 이러한 견해는 무례함, 정신적 혼란, 그리고 '나는 희생자다'라는 정신 상태 등의 특징을 지닌 현대 문명에서는 인기가 없을 것이다. 그러나 하나님의 말씀은 대중적 인기에 영합하지 않는다.

"그 성호를 자랑하라 무릇 여호와를 구하는 자는 마음이 즐거울지로다 여호와와 그 능력을 구할지어다 그 얼굴을 항상 구할지어다"(대상16:10~11)

당신이 슬픔과 고난에 압도당하여 절망 가운데 두 손을 들지 않으려면 환난 가운데서 기뻐하라는 히브리인들의 중심 원리를 기억하라. 골로새 성도들은 크게 인내하고 견디라는 권고를 받았는데, 그것은 시련과 시험을 통해서만 개발될 수 있다. 그들은 그와 동시에 기쁜 마음으로 하나님 아버지께 감사하라는 가르침도 받았다(골1:11,12). 구약성경에는 기쁨을 나타내는 히브리어 단어들이 열 두 개 이상이나 된다. 신학자 칼 헨리(Carl Henry)는 다음과 같이 말했다. "기쁨은 단순히 돌발적인 체험이 아니라 경건한 신자의 지속적인 기질 내지는 성격이다. 신자의 특징은 환난 가운데서 기뻐하는 것이다."[4]

고난에 낯설지 않았던 바울도 감옥에서 빌립보 신자들에게 "주 안에서 항상 기뻐하라 내가 다시 말하노니 기뻐하라"(빌4:4)고 촉구했다. 우리가 진실로 하나님의 주권을 믿는다면, 즉 하나님의 뜻과 계획이 없이는 우리에게 아무 일도 일어날 수 없다는 사실을 믿는다면, 우리가 두려워 해야 할 것은 아무것도 없다. "하늘에서는 주 외에 누가 내게 있으리요 땅에서는 주밖에 나의 사모할 자 없나이다 내 육체와 마음은 쇠잔하나 하나님은 내 마음의 반석이시요 영원한 분깃이시라 대저 주를 멀리 하는 자는 망하리니 음녀같이 주를 떠난 자를 주께서 다 멸하셨나이다 하나님께 가까이 함이 내게 복이라 내가 주 여호와를 나의 피난처로 삼아 주의 모든 행사를 전파하리이다"(시73:25~28).

우리가 변화되어 그리스도를 닮아 가며 한 영광에서 다음 영광으로 이르게 될 때 우리는 또한 하늘에 우리의 집이 있을 것이라는 복된 보장도 받을 수 있을 것이다. 하나님께서는 이스라엘 백성들에게 순종하는 자는 진실로 육체와 영혼이 영원히 재결합하게 될 것이라고 약속해 주셨다. "주의 죽은 자들은 살아나고 우리의 시체들은 일어나리이다 티끌에 거하는 자들아 너희는 깨어 노래하라 주의 이슬은 빛난 이슬이니 땅이 죽은 자를 내어 놓으리로다"(사26:19). "우리가 항상 주와 함께 있으리라"(살전4:17)는 격려의 말씀은 결코 우리의 마음이나 입술에서 떠나지 않을 것이다. 당신이 고난당하는 성도에게 그러한 말씀과 그 말씀의 실재성을 되돌아 보도록 기쁜 마음으로 가르쳐 준 것은 마지막으로 언제였는가? "믿음의 주요 또 온전케 하시는 이인 예수를 바라보자 저는 그 앞에 있는 즐거움을 위하여 십자가를 참으사"(히12:2).

"우리가 우리에게 죄 지은 모든 사람을 용서하노니 우리 죄도 사하여 주옵시고"(눅 11:4)

그리스도인의 삶에서 변하지 않는 진리는 만약에 우리가 예수님을 따른다면 가까운 사람들에 의해서 상처를 받고 배신을 당할 것이라는 사실이다. 현명한 친구인 버트 스로스버그(Bert Schlossberg)는 우리에게 "당신이 유다의 발을 씻어줄 수 있기 전에는 결코 예수님의 충만함 가운데서 거할 수 없다"라고 말했다. 어떠한 인간적인 노력이나 힘으로는 다른 사람들이 과거에 여러분에게 가져다 준 상처를 씻어낼 수 없다는 사실에 주목하라. 여러분들 중에서 몇몇 사람들이 알고 있듯이, 오직 예수님과 그의 은혜의 권능에 대한 믿음을 통해서만 우리 자신의 생활 속에 나타나는 '유다들'을 용서할 수 있다. 하나님 그 자신은 야훼 라파(Yahweh-Rapha)로서 여호와는 우리를 치료하시는 자이시다(출16: 26). 하나님에 대한 신뢰와 의존은 그러한 고통스러운 기억들이 여러분에게 쏘는 상처들을 제거해 줄 능력을 가져다 준다.

버트의 말은 우리 마음에 충격을 가져다 주었다. 1994년 2월 21일에 우리가 그들과 함께 이스라엘에 머물고 있는 동안에 그와 그의 아내인 엑시(Exie)는 우리의 결혼 24주년 기념일을 경축했다. 우리는 예루살렘 남부에 있는 성경연구센타에서 모여 저녁을 먹으며 주의 만찬을 재현했다. 우리는 3면으로 된 식탁에 둘러앉아서 그리스도 당시에 전통적인 유월절 음식을 먹었다. 예수님과 그의 제자들은 얼굴을 식탁으로 향하고 다리가 높은 식탁의 3면에 둘러앉아 왼쪽으로 비스듬히 기대고 있었다. (물이 귀했던 고대 이스라엘에서는 음식을 먹는 오른손만 씻는 습관이 있었다. 왼손은 '더러운' 일들을 위하여 남겨 놓았다. 종교의식을 위하여 손을 씻을 때에도 식사하는 자들은 단지 오른손으로만 먹었다.)

다음의 도표는 주의 만찬시에 예수님과 그 제자들이 앉았던 자리배치를 묘사하고 있다.

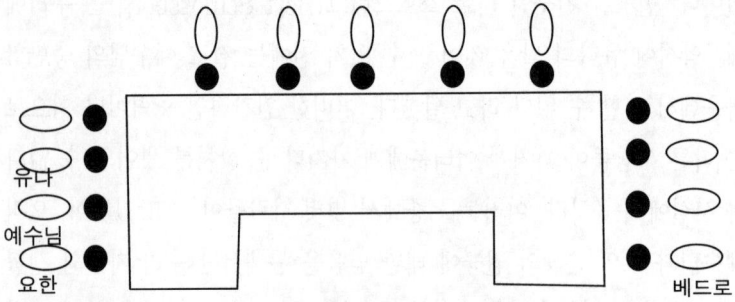

왼쪽에서 두번째 자리가 전통적으로 그 식사의 주인이 앉는 자리였다. 그리고 그것은 예수님이었을 것이다. 왼쪽 첫번째 자리는 주인을 돕는 사람의 자리였다. 요한복음 13장 23절, 25절은 이 자리가 요한의 자리였음을 지적해 주고 있다.("예수의 제자 중 하나 곧 그의 사랑하시는 자가 예수의 품에 의지하여 누웠는지라… 그가 예수의 가슴에 그대로 의지하여 말하되 주여 누구오니이까") 오른쪽 첫번째 자리는 식탁에서 가장 낮은 자리였다. 요한복음 13장 24절에서 베드로는 요한에게 머리짓을 하고 있다. "저희 사이에 그 중 누가 크냐"(눅22:24~32)에 관한 논쟁의 결과로 당황했기 때문에 아마 베드로는 요한과 예수님의 건너편에 있는 이 자리를 차지했을 것이다.

예수님께서 배신자 유다의 발을 씻어 주셨다는 사실을 기억하라. 왼쪽 세번째 자리는 주인이 존중하기를 원하거나 또는 가족 외의 특별한 손님을 위한 자리였다. 예수님께서 누가 자기를 배신할 것인지에 대한 질문을 받았을 때 다음과 같이 말씀하셨다. "내가 한 조각을 찍어다가 주는 자가 그니라 하시고 한 조각을 찍으셔다가 가룟 시몬의 아들 유다를 주시니"(요13:26).

우리는 자기를 배신하는 자를 존중하셨을 예수님에 의해서 깊은 감명을 받았다. 예수님의 성품을 미루어 볼 때 그는 그런 일을 하실 수 있다는 사실을 알았다. 같이 식사를 하던 우리들은 예수님의 발걸음을 따르는 자들로서 우리에게 상처를 준 사람들을 얼마나 많이 용서 해야만 하는 지에 더욱 깊은 확신을 갖고 그 자리를 떠났다.

> "너희가 사람의 과실을 용서하지 아니하면 너희 아버지께서도 너희 과실을 용서하지 아니하시리라"(마6:15)

14년 동안 자신의 믿음 때문에 로마의 감옥에서 고난을 당한 유대인 신자인 리차드 웜브랜드(Richard Wurmbrand)는 "우리가 우리에게 죄 지은 자를 사하여 준 것같이 우리 죄를 사하여 주옵시고"(마6:12)라는 말씀에 대한 정확한 해석은 "우리가 이미 다른 사람의 죄를 용서한 것같이 우리 죄를 용서해 주옵시고"이라고 가르쳤다. 웜브랜드가 놀라운 정도로 잘 묘사하고 있듯이 오직 용서에 대한 정확한 이해를 통해서

만 역사상의 순교자들이 그들의 박해자들에게 은혜로 반응할 수 있었을 것이다. 신앙 때문에 고난을 당한 자들은 이미 자기들을 괴롭히던 자들을 용서했다. 요한은 용서하지 아니하는 것에 관해서 다음과 같이 경고하고 있다. "우리가 사랑함은 그가 먼저 우리를 사랑하셨음이라 누구든지 하나님을 사랑하노라 하고 그 형제를 미워하면 이는 거짓말하는 자니 보는 바 그 형제를 사랑치 아니하는 자가 보지 못하는 바 하나님을 사랑할 수 없느니라 우리가 이 계명을 주께 받았나니 하나님을 사랑하는 자는 또한 그 형제를 사랑할지니라"(요일4:19~21).

복음전도자 에드 실보소(Ed Silvoso)는 네 파트로 이루어진 통찰력 있는 비디오 시리즈 즉 "그리스도를 위하여 도시를 복음화시키는 방법"을 개발했다. 그 비디오 속에는 다음과 같은 내용들이 포함되어져 있다. 1. 매일의 승리를 위한 기초 2. 능력있게 기도하는 방법 3. 냉혹함을 정복하는 방법 4. 그리스도를 위하여 도시를 복음화시키는 방법 등이다. 우리는 그 시리즈를 보거난 뒤 냉혹함은 중요하게 다루어져야 할 중요한 개념임을 이해하게 되었다. 처음 두 개의 비디오는 신자들이 예수의 보혈 안에서 얻을 수 있는 승리와, 도시를 복음화시킬 수 있는 기도의 능력에 대해서 가르치고 있다. 그러나 실보소는 아르헨티나에서 있은 최근의 부흥기간 동안에 냉혹한 마음을 가진 사람들이 성령 운동을 소멸시킬 수 있다는 사실을 발견했다: "너희는 돌아보아 하나님 은혜에 이르지 못하는 자가 있는가 두려워 하고 또 쓴 뿌리가 나서 괴롭게 하고 많은 사람이 이로 말미암아 더러움을 입을까 두려워 하고"(히12:15).

마태복음 18장 21~35절에 나오는 무자비한 종에 관한 비유를 사용하여 실보소는 하나님께서 냉혹한 마음을 가진 사람들을 마귀적 고통에 넘겨주시는 것은 당연한 것임을 설명하고 있다. 냉혹한 마음을 가진 사람들은 그들의 교만 때문에 자기들이 얼마나 많은 용서를 받았는지 알지 못했다. 따라서 그들은 다른 사람들을 용서하지 않는 것을 당연하게 생각했다. "주인이 노하여 그 빚을 다 갚도록 저를 옥졸들에게 붙이니라 너희가 각각 중심으로 형제를 용서하지 아니하면 네 천부께서도 너희에게 이와 같이 하시리라"(마18:34~35-KJV). 진실로 심각한 경고가 아닐 수 없다.

예수님은 기도에 대해서 가르치신 후에 다음과 같이 경고하셨다. "너희가 사람의 과실을 용서하면 너희 천부께서 너희 과실을 용서하시려니와 너희가 사람의 과실을 용서하지 아니하면 너희 아버지께서도 너희 과실을 용서하지 아니하시리라"(마6:14~15). 자기에게 상처를 준 사람에 대하여 적개심에 사무치는 사람들을 위로하거나 동정하지 말라. 그런 사람들은 당신이 자기들의 적개심에 대해서 지지해 주고 있다고 믿을 것이며 당신은 대화를 나누는 것에 대하여 확신할 수 없는 데에도 불구하고 중상모략과 험담에 참여하고 있는 자신을 발견하게 될 것이다. 그 대신에 상처를 받은 사람과 함께 기도하라. 그리고 그들에게 용서하라는 성경의 요구를 이행하라고 권고하라. 그러면 감정적 치유를 가져다 주는 은혜가 뒤따를 것이다. 만약에 당신이 용서의 중요성을 이해하지 못하고 너무 오랫 동안 비통한 말을 들어준다면 바울의 말이 성취되어질 것이다.: "네 자신을 돌아 보아 너도 시험을 받을까 두려워 하라" (갈6:1).

당신은 지금 어떤 괴로움을 당하고 있는가? 분노인가? 두려움인가? 죄의식인가? 마음 속으로 용서하지 못한 어떤 사람이 있는가? 그것은 사탄이 당신에게 염려를 가져다 주기 위하여 제공해 준 쓴 뿌리일 것이다. 바울은 용서하지 못하는 마음이 당신을 마귀의 음모로 인도할 것이라고 강조하고 있다.: "너희가 무슨 일이든지 뉘게 용서하면 나도 그리하고 네가 만일 용서한 일이 있으면 용서한 그것은 너희를 위하여 그리스도 앞에서 한 것이니 이는 우리로 사단에게 속지 않게 하려 함이라 우리가 그 궤계를 알지 못하는 바가 아니로라"(고후2:10~11). 당신이 용서하지 않으면 사탄이 당신의 생활 속에서 역사할 수 있는 발판을 제공해 주게 된다. 그리고 더욱 나쁜 것은 당신도 하늘에 계신 아버지로부터 용서를 받지 못한다는 사실이다. 하나님 앞에서 기꺼이 그 사람들을 불용서라는 감옥에서 석방시키고 또 그것으로 인해서 당신도 자유롭게 하겠는가?

"나를 보내신 아버지께서 이끌지 아니하면 아무라도 내게 올 수 없으니"(요6:44)

초대 교회가 분명하게 이해하고 있었던 중요한 원칙을 기억하라. 그것은 하나님이 당신의 믿음의 창시자요, 완성자라는 사실이다. 하나님은 아브라함을 우르의 우상에서 이끌어 내시고 모세를 선지자로 세우셨다. 성령께서 당신의 영혼에 대하여 마치 자석과 같은 작용을 한다. 즉 끊임없이 당신을 그리스도께로 이끌어 준다. 그러나 그것이 두려움이든지 의심이든지 다른 어떤 것이든지간에 당신의 죄는 그러한 이끄심을 받아들이는 것을 방해한다. 심지어 불신자들도 하나님께서 창조하셨기 때문에 하나님의 일반적 계시를 통하여 성령의 이끌리심을 받는다(사 40:21~22; 롬1:20). 예수님은 당신을 끌어 내려서 겸손하게 만드시고 거기서 당신에게 역사하신다. 하나님께서는 항상 당신의 주변에서 역사하고 계신다.: "예수께서 저희에게 이르시되 네 아버지께서 이제까지 일하시니 나도 일한다 하시매"(요5:17). 성령의 자석과 같이 끄는 힘은 당신으로 하여금 성령님의 일에 동참하게 만든다.

비록 말씀이 구원을 얻기 위해서는 당신이 어떤 일을 해야만 한다고 말하고 있을지라도(빌2:12~13), 하나님께서는 당신이 홀로 그 일을 하기를 원하지 않으신다. 하나님 앞에 설 때에 하나님은 천군 천사들 앞에서 당신의 이름을 부르신다. 그리고 그가 당신 안에서 성취하신 것을 보여주실 것이다. "그 안에는 신성의 모든 충만이 육체에 거하시고 너희도 그 안에서 충만하여 졌으니 그는 모든 정사와 권세의 머리시라 또 그 안에서 너희가 손으로 하지 아니한 할례를 받았으니 곧 육적 몸을 벗은 것이요 그리스도의 할례니라"(골2:9~11). 심판날에 당신의 공로나 종교적인 활동은 크게 고려되지 않을 것이다. 그러나 예수님은 당신의 죄악된 본성을 제거하고 자신의 순수한 성품을 전가시켜 주신 자신의 일을 보여줄 것이다. 만약에 이것이 성취되려면 그와 계속적인 관계를 맺어야 한다.

당신이 하나님께 대한 믿음과 친밀함을 갖지 못하도록 방해하는 것은 무엇인가? 냉혹한 마음인가? 반역인가? 독립심인가? 두려움인가? 당신은 어떤 분야에서 하나님의 뜻에 불순종한다고 생각하는가? 당신의 생활은 바쁜 활동들로 가득 차 있어서 하나님께 가까이 다가갈 수 있는 시간이나 힘이 없는가?

  우리는 당신이 주님과 계속적인 관계를 갖도록 도와줄 수 있는 두 가지 훌륭한 자료들을 추천하는 바이다. 헨리 블랙커비(Henry Blackaby)와 클라우드 킹(Claude King)은 "하나님을 체험하자"라는 책에서 그러한 의도에 따라 성경을 검토하고 있다. 그 책은 일상생활 속에서 하나님을 체험할 수 있는 방법을 안내해 줄 것이다.

"1. 하나님은 항상 당신의 주변에서 역사하신다.
2. 하나님께서는 항상 당신과 진실하고도 인격적인 사랑의 관계를 맺기를 원하신다.
3. 하나님께서는 당신을 초대하여 자신의 일에 참여하게 하신다.
4. 하나님께서는 성령으로 말미암아 성경과 기도와 환경과 교회를 통해서 말씀하심으로 자신과 자신의 목적과 자신의 길을 계시해 주신다.
5. 하나님께서 당신과 함께 일하실 때 언제나 당신을 믿음과 행동을 요구하는 고난으로 인도하신다.
6. 하나님이 하시는 일에 동참하기 위해서 당신의 생활을 정비해야만 한다.
7. 당신이 하나님께 순종하고 하나님께서 당신을 통하여 자신의 사역을 성취하실 때, 당신은 체험을 통하여 하나님을 알게 된다."[6]

우리는 하나님과 보다 친밀한 관계를 맺기 원하는 사람들에게 위의 책을 권하는 바이다.

두번째 자료는 마이크 와 수잔 도기비치가 쓴 "요새를 파괴하자"라는 제목의 책이다. 그것은 하나님께서 모든 사람들 가운데서 창조하신 일곱 가지 필요성들을 다루고 있다. 마귀의 요새는 당신과 하나님의 관계, 그리고 다른 사람들과의 관계를 방해할 뿐만 아니라 당신에게 두신 하나님의 목적을 성취시킬 수 있는 당신의 능력을 훼방한다. 그리고 당신이 하나님의 사랑을 받고 또 그의 진리들을 생활 속에 활용하는 것을 막는다.7)

제 9 장

일 대 일 : 결혼

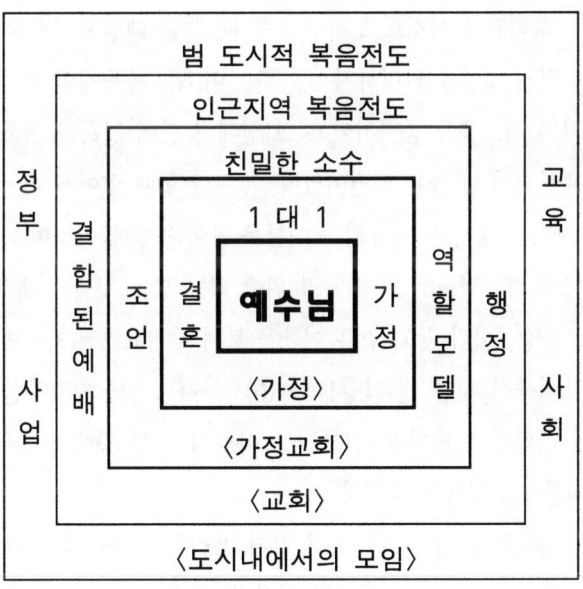

"아내를 얻는 자는 복을 얻고 여호와께 은총을 받는 자니라"(잠18:22)

하나님께서 아담을 창조하셨을 때, 그를 에덴 동산에 두시고 자기와 더불어 교제를 나누면서 일하게 하셨다. 아담에게는 동산을 돌보고 또 짐승들과 새들에게 이름을 붙여 주라는 지시가 주어졌다. 그의 생명에는 목적과 의미가 있었다. 그러나 모든 피조물 중에서 오직 아담만이 '그 종류대로' 파트너를 갖지 못했다(창세기 1장을 보라). 아담은 '돕는 배필'이 필요했다(창2:18). 돕는 자를 뜻하는 히브리어 단어 에제르(Ezer)는 돕는 사람, 특히 필요할 때에 돕는 사람을 가리킨다. 이 단어는 이스라엘의 필요에 응하시는 분이신 하나님을 가리킬 때 가장 자주 사용된다. 그러므로 이것으로 미루어 볼 때 '돕는 배필'로서의 여자의 역할은 종속적인 것임을 의미하지 않는다. "여자는 종속적인 조력자가 아니라 남자의 외로움을 종식시키고 그 옆에서 함께 일하기 위하여 하나님께서 제공해 주신 돕는 배필이었다."[1] 그 결합에 있어서 아담의 권한은 그가 자기 아내에게 '여자'라는 이름을 붙여준 것에 의하여 나타났다. 그것은 마치 하나님께서 하늘과 땅 위에 있는 모든 것들에 대하여 '낮,' '밤,' '하늘,' '땅,' '바다' 등과 같은 이름을 붙여 주심으로써 자신의 권위를 나타내 보여주신 것과 같다(창1:5~10). 하나님께서 창조하신 여자는 아담에게 적합한 배필이었다. 그녀는 아담의 본성 중에서 불완전하고 부족한 부분들을 보충해 주었다.

정치와 사회학적 연구들은 여러 가지 생리학적 차이점 뿐만 아니라 사고의 과정, 시각, 그리고 감정적 영향력이라는 견지에서 남성과 여성 사이에 거대한 차이점들이 있음을 보여주고 있다. 애즈버리 신학교

(Asbury Theological Semnary)에서 "인간발달과 가족연구"라는 과목은 가르치는 도날드 죠이(Donald Joy) 박사에 따르면 남성과 여성은 그들의 두뇌 속에서 정보를 처리하는 방법이 현저하게 다르다. 여성들은 대뇌의 양쪽 반구들을 통해서 즉각적으로 과거의 경험에 접근할 수 있으며 신속한 결론에 도달할 수 있다. 반면에 남성들은 분석적인 좌측 반구와 정서적 감정적인 우측 반구 사이에 커다란 차이점이 있는데, 분류하고 분석하고 결론을 내리는 데 더욱 많은 시간을 필요로 한다. 상황에 대처하는 이러한 차이점에 대해서 알지 못하는 부부들은 좌절이나 짜증을 경험하게 된다. 하나님께서 그들이 상호간에 서로 의존하도록 하기 위해서 그들을 다르게 창조 하셨는데도 불구하고 그들은 "왜 나의 배우자는 나와 같은 방식으로 사물을 볼 수 없는가?"라고 말한다.[2]

이러한 상호간의 필요성은 그리스도의 몸인 교회의 구성원들이 그 목적을 달성하기 위해서 서로간에 의존해야 함을 상징하고 있다. 너무나도 자주 사람들은 각 사람이 가지고 있는 독특한 개성을 비평하며 하나님께서 만들어 주신 차이점을 이해하지 못하고 있다. 교회 안에서 단결이 이루어졌을 때 분명히 하나님이 그 원천이시다.

히브리인들의 가치로 볼 때 결혼은 함께 순례 여행을 하면서 예수님의 성품 안에서 개인적으로, 그리고 공동으로 성장하는 것이다. 당신의 결혼생활의 질은 예수님과 당신의 관계를 실질적으로 보여 주는 것이다. 요한의 말을 당신의 결혼생활의 푯대로 삼자.: "어느 때나 하나님을 본 사람이 없으되 만일 우리가 서로 사랑하면 하나님이 우리 안에 거하시고 그의 사랑이 우리 안에 온전히 이루느니라"(요일4:12). 결혼의 여러 측면들이 주님의 영향을 받았는지를 알아보기 위해서는 에베소서 5장 33절을 살펴 보라.: "그러나 너희도 각각 자기의 아내 사랑하기를 자기같이 하라 아내도 그 남편을 경외하라."

　존경과 사랑이 있는 결혼생활을 유지하기 위해서는 오직 예수님이 여러분 가운데 들어 오셔야 한다. 하나님께서 남편들에게는 사랑에 관해서 말씀하시고 아내에게는 존경에 관해서 말씀하셨다는 사실을 주목하라. 하나님께서는 부부가 서로에게 상대방의 의무를 상기시키라고 요구하지 않으셨다. 남편은 남편으로서 어떤 면에서든지 존경받을 만한 상태라고 생각될 때 하나님과 그의 목적은 일치하고 있는 것이다. 그와 유사하게 아내가 성령의 눈을 통하여 자신을 점검해서 남편으로부터 더 쉽게 사랑 받을 수 있는 방법을 찾아 보아라. 이것은 사랑과 존경을 얻으려는 시도가 아니라 토기장이신 하나님이 성령을 통하여 여러분을 변화시키실 때 그의 손길을 증명해 주는 자발적이고도 유순한 그릇이 될 수 있는 기회이다.

　만약에 당신이 최근에 결혼했다면 당신의 약혼자가 하나님의 뜻으로 정해진 일생의 반려자였다는 사실을 어떻게 알 수 있었는가? 그 이후로 하나님의 뜻을 잘못 해석했다는 의심을 가진 적이 있는가?

　호세아서는 이스라엘의 남편으로서의 하나님의 성품에 대한 놀라운 성찰을 제시해 주고 있다. 이스라엘은 여호와를 떠나서 다른 신들과 반복적으로 간통죄를 범했다. 즉 혼인서약을 어긴 것이었다(호1:2). 하나님께서는 자신의 사랑 때문에, 그리고 이스라엘을 회개로 이끌기를 원하시기 때문에 이스라엘에게 기근과 파멸을 가져다 주셨다(호2:9~13).

이스라엘이 자포자기 상태에서 회개하면서 다음과 같이 선언했다. "내가 본 남편에게로 돌아가리니 그때의 내 형편이 지금보다 나았음이라"(호2:7).

하나님께서 피해자로서 반응하지 않으셨다는 사실에 주목하라. 하나님께서는 이스라엘에게 범죄에 대한 대가로 '1㎏의 살'도 요구하지 않으셨다. 그 대신에 하나님께서는 다음과 같이 결심하셨다. "그러므로 내가 저를 개유하여 거친 들로 데리고 가서 말로 위하고 거기서 비로소 저의 포도원을 저에게 주고 아골 골짜기로 소망의 문을 삼아주리니"(호2:14~15). 그래서 이스라엘이 심란한 마음과 책임감에서 벗어나 그들의 관계에 초점을 맞출 수 있게 해주셨다. 그리고 사막에서는 대개 포도가 자라지 않기 때문에 이것은 전적으로 예상하지 못한 일이었다.

이러한 간통과 회개의 상황에서 하나님께서는 자신과 그 백성 사이의 결혼관계라는 맥락에서 자비와 용서의 모델이 되셨다. 이스라엘이 오직 진노를 받을 수밖에 없다는 사실을 알게 되었을 때 하나님께서는 그의 사랑하는 자에게 소망을 주셨다. 이 얼마나 친밀하고 진실한 사랑의 모습들인가! 이것은 인격적인 관계를 통해서 그리스도의 신부인 여러분과 하나님의 관계에 대하여 성찰해 볼 수 있도록 마음의 문을 열어주는 것이다. 하나님께서는 호세아서에서 결혼이라는 주제에 관하여 계속해서 말씀하고 계신다.: "여호와께서 이르시되 그날에 네가 나를 네 남편이라 일컫고 다시는 내 바알이라 일컫지 아니하리라… 내가 네게 장가들어 영원히 살되 의와 공변됨과 은총과 긍휼히 여김으로 네게 장가들며 진실함으로 네게 장가들리니 네가 여호와를 알리라… 내가 나를 위하여 저를 이 땅에 심고 긍휼히 여김을 받지 못하였던 자를 긍휼히 여기며 내 백성 아니었던 자에게 향하여 이르기를 너는 내 백성이라 하리니 저희는 이르기를 주는 내 하나님이시라 하리라"(호2:16,19,20,23).

가장 파괴적인 죄인 간통으로 인해서 고통을 당하는 남편이신 하나님께서 자기 백성에게 마음을 열기 위하여 그토록 상세한 말씀을 하신 이유는 무엇인가? 하나님께서는 결혼이란 단순히 남자와 여자가 결합하는 것 이상으로 신자들의 모임인 교회와 그리스도와의 결합이 가지는 존엄성을 예증하는 것으로 보고 있다.

만약에 우리가 어떤 형태의 혼란 때문에 하나님에 대한 첫사랑을 타락시킨다면 호세아가 선택한 매춘, 간통, 부정 등과 같은 단어들은 더욱 큰 의미를 가지게 될 것이다. 우리에게는 결혼의 육체적 세상적 영역에다가 우리의 신랑되신 그리스도에 대한 헌신의 실재를 투영시킬 의무가 있다. 랍비인 메나켐 멘델(Menachem Mendel)은 하나님께서 그 백성들에게 찾으시는 헌신적인 마음을 다음과 같이 호소력 있게 묘사하고 있다.

신랑은 결혼식장에서 신부에게 '당신은 약혼했다'라는 말을 일백 번 되풀이해야만 했다. 그러나 만약에 그가 히브리어 단어 '리(li)', 즉 '나에게'를 추가하지 않는다면, 그것은 그가 아무것도 말하지 않은 것과 같았다. 모든 것이 완벽하게 준비된 결혼식 전체가 아무런 가치가 없었다. 중요한 요점은 '리', 즉 '나에게'이다. 만약에 그것들이 나의 뼈속으로 침투해 들어오지 않는다면 모든 학문도 무익하며 모든 예배도 아무런 쓸

모가 없다. 가장 필수적인 것은 '리'이다.3)

하나님께서는 우리가 언약으로 결합한 배우자들과 깊은 사랑의 관계성을 맺기를 간절히 소망하신다. 그러나 우리가 그렇게 하기 위해서는 하나님의 은혜가 필요하다. 비록 현재의 문화는 결혼을 자기 마음대로 다른 생활 스타일을 선택할 수 있는 권한으로 보고 있을지라도 하나님께서는 그리스도인들의 결혼이 영속성과 존엄성을 가지고 있어야 함을 제시하고 계신다. 이것은 성령을 통한 마음의 할례와 하나님의 주권에 대한 전적인 순종을 요구한다. 절대적으로 그러하다. 우리의 죄악된 본성과의 투쟁도 역시 그리스도의 몸된 교회 안에서 서로 힘을 북돋워 주고 훈계해 주고 격려해 주기 위하여 다른 사람들과 관계를 맺을 필요성을 입증해 주고 있다.

결혼이 그리스도와 교회 사이의 관계와 유사하기 때문에(엡5:22~33), 사탄은 크리스천의 결혼이 그리스도의 사랑의 광채를 반사하지 못하도록 막는데 특별한 주의를 기울였다. 오늘날의 '개인적이고 독립적'인 문화 속에서는 사람들 사이에 관계가 단절되었기 때문에 결혼도 철도와 비슷하게 두 개의 평행선을 그리고 있다. 자녀, 애완동물, 생계와 가사노동 등과 같은 소수의 공통적인 관심사들이 정기적으로 부부의 생활을 연결시켜 주는 철도 침목과 같은 역할을 한다. 그들은 자신들을 하나님 앞에서 하나로 보지 않는다. 현재 서방 문화에서 사탄은 궁지에 몰린 부부들에게 성경이 말하는 지혜로운 조언을 줄 수 있는 관계들을 차단했다. 그러한 관계는 오늘날 교회 내에서 거의 존재하지 않는다. 이

전투에서 사탄이 이겼다. 그의 전략은 무엇인가? 부부들로 하여금 그들 각자가 자신의 힘으로 자신들의 문제를 해결하도록 압력을 가하는 것이다.

현명하고 성실한 조언자들 : 지혜로운 자의 지혜

"늙어도 결실하며 진액이 풍족하고 빛이 청청하여"(시92:14)

우리는 앞에서 히브리인들은 결혼한 부부가 자기 자신의 힘으로 결혼생활을 유지하고자 하지 않는다는 사실을 언급했다. 결혼도 개인처럼 지혜와 경험을 가진 노인들의 현명하고 성실한 조언을 갈망하고 있다. 세속적인 강조가 부부들에게 너무나도 많은 영향을 미쳤기 때문에 그들은 '창자를 빼내든지 아니면 벗어나야만' 할 상태이다. 하나님께서는 초대 교회 시대에 인간관계를 크게 강화시켜 주었다. 그리고 지금 그것과 동일한 종류의 공동체적 지원을 회복시키고 계신다. 여기에는 가정교회 (그것에 대해서는 11장과 12장에서 더욱 상세하게 논의할 것이다.)와 현명하고도 성실한 조언이 포함된다.

생활 속에서 가지는 현명하고 성실한 조언자들인 나이 든 사람들의 중요성을 로버트 힉스(Robert Hicks)는 "남성의 여행"이라는 책에서 다음과 같이 언급하고 있다.(아래에서 언급된 남자들에 대한 말들은 나이든 여자들과 젊은 여자들 사이의 관계에도 적용될 수 있을 것이다.)

오늘날 거의 모든 분야에서 현명하고 성실한 조언이라는 단어의 개념이 논의되고 있다. 마치 사업과 산업과 교육계에 거대한 교정운동이 일어나고 있는 것 같다… 현명하고 성실한 조언은 늙은이가 기꺼이 자기 인생을 젊은이에게 투자하고자 하는 깊은 인간관계 속에서 실현된다… 조언자는 몇 가지 공헌을 하고 있다. 즉 선택하는 두뇌와 걱정을 짊어지는 어깨와 이따금씩 엉덩이를 발로 차는 것이다… 조언자는 전심전력으로 젊은이들을 돌보아 주며 그가 인생에서 성공하는 것을 보기를 원한다. 나는 이것이 오늘날 교회 내에서 가장 필요하다고 믿는다. 그러므로 우리 교회의 많은 젊은이들은 교회의 회의실 밖에서 늙은이들의 음성을 들을 필요가 있다. 그들은 일 대 일의 관계, 인생의 체험, 같은 나이가 되었을 때 자기들의 인생은 어떻게 될 것인가에 대한 현실적 조명 등을 필요로 한다. 이러한 조언이 없다면 사람들은 자기 혼자 힘으로 처리하거나 또는 적절한 도움을 줄 수 없는 다른 사람들의 힘을 빌어 그 일을 해야만 한다! [4]

잠언 20장 24절 말씀을 검토해 보라.: "사람의 걸음은 여호와께로서 말미암나니 사람이 어찌 자기의 길을 알 수 있으랴." 연로한 신자들 중에 대부분은 지금까지 살아오면서 많은 실수들을 했는데 그것은 젊은 남자와 여자들에게 매우 유용한 지혜를 제공해 줄 수 있다. 노인들은 아마 젊은이들이 현재 직면하고 있는 위기나 환난을 그들이 젊었을 때 직접적으로 체험했을 것이다. 그리고 자신의 은빛 머리털로 정련한 지혜로 위로하고 권고해 줄 수 있을 것이다. 젊은이들이 무지나 교만이나 불안정 때문에 필요한 때에 조언자를 찾지 못한다는 것은 얼마나 슬픈 일인가?

노인들이 가족이나 영적 공동체의 생활에 참여하는 것의 중요성은 아무리 강조해도 지나치지 않는다. 말씀은 우리에게 "손자는 노인의 면류관이요"(잠17:6)라고 말하고 있다. 손자가 어떤 인생을 사는가 하는 것은 조부모가 자신의 자녀들을 어떻게 양육했는가를 직접적으로 반영한다. 한 세대의 가슴 속에 스며든 가치와 신념은 그들이 자기들의 자녀를 양육할 때 반영될 것이다. 조부모들이여, 당신이 죽을 때까지 자식들과 손자들을 지도하고 훈련하는 일에 개인적으로, 그리고 기도하는 마음으로 참여하라.

당신의 면류관인 손자들을 더욱 영광스럽게 만드는 데에 있어서 너무 늦었다는 말은 결코 있을 수가 없다. 삶 속에서 조언을 해주는 것은 성경적이다. 노인들의 영향력이 상실되는 것은 주로 이차 세계 대전 이후에 나타난 현상이다. 하나님께서 이 비극을 해결하기 위해서 온전한 마음을 가진 신자들을 사용하신다는 사실을 우리는 진정으로 믿는다.

많은 가정들이 붕괴되고 있는 오늘날, 여러 세대들이 결합된 대가족에 대하여 생각하는 것이 결코 비현실적인 일은 아닐 것이다. 어떤 가정들은 실직이나 결혼파탄을 겪으면서 대가족제도의 중요성을 인식하게 된다. 어떤 사람들은 나이든 부모의 중요성을 깨닫게 되어 다시 부모들과 재결합하고 있다. 부모들과 성인이 된 자녀들을 한 가정으로 결합시키자는 제안은 미시파카(Mishpachah)에 대한 히브리적 견해를 반영하고 있다. 즉 그것은 혈통 뿐만 아니라 영적인 단결에 기초한 가정이다.

최근 미국에서는 25세 내지 55세 사이의 미혼인 성인들 중 삼분의 일이 그들의 부모들과 함께 살고 있다. 이혼한 성인들 중 팔분의 일도 그렇게 하고 있다.

그럼에도 불구하고 아직도 많은 사람들이 그들의 부모나 자녀들에 대해서 적개심을 가지고 살고 있다. 양 당사자들을 위해서 분명히 육체적인 측면 뿐만 아니라 감정적인 측면에 대해서도 어떤 조정이 필요하다. 그리스도를 따르는 자들은 성령의 권능을 통해서 이 고통스러운 죄에 맞서고 용서를 구해야만 한다(마5:23~24). 유감스럽게도 미국 사회 뿐만 아니라 교회도 과거 두 세대 동안에 체험했듯이, 헬라의 영향력을 받은 '고립과 자기 중심적인 독립심'이 안정과 안전에 대한 우리의 자녀들의 인식을 파괴해 버렸다.

만약에 당신이 부모들과 사이가 나빠서 도저히 다시 접촉할 수 없다면 교회의 다른 사람들과 상담하라. 그들은 당신과 함께 기도하면서 당신이 십자가에서 얼마나 많은 용서를 받았으며 또 하나님의 은혜가 자기들에게 상처를 준 사람들을 얼마나 많이 용서할 수 있게 해주는 가를 이해하게 만들어 줄 것이다. 오직 예수님만이 줄 수 있는 치유를 위하여 기도하라. 만약에 그가 그렇게 인도하신다면 그것은 당신이 화해의 수단이 되도록 하기 위한 것이다. 그리고 나서 지금까지 당신을 지배한 비그리스도적인 자세들에 대하여 겸손하게 용서를 구할 수 있는 시간과 기회를 허락해 달라고 기도하라.

본서의 저자들은 경제와 사업에 대하여 연구한 결과 다음과 같은 결론을 내렸다. 즉 은퇴와 같은 현대 사회의 제도가 노인들로 하여금 어떤 일정한 나이에 도달했을 때 가정적 책임을 포기하게 만든다는 것이다. 은퇴에 대한 국가적 계획은 세계 일차 대전 후에 독일에서 처음 시작되었다. 초 인플레이션에 직면한 정부는 국민들에게 그들의 돈을 소비하기보다는 저축하라고 납득시킬 방법이 필요했다. 그들은 '은퇴 후를 위한 저축'이라는 개념을 개발하여 65세에 정년퇴직하게 했다. 보험통계에 따르면 전 인구 중 오직 1%만이 그 나이까지 살 수 있었기 때문에 그 나이가 선택되었다.(독일 정부는 국민들에게 그들 중 99%는 자기들이 저축한 것을 되돌려 받을 만큼 오래 살지 못할 것이라는 사실을 말해 주지 않았다.)

비록 세월이 지나 전 세계적으로 평균 수명이 극적으로 길어 졌을지라도, 강제적인 은퇴 이후를 위한 저축은 대부분의 산업국가들에서 표준이 되었다. 미래를 위하여 저축하는 것은 성경적이다. "게으른 자여 개미에게로 가서 그 하는 것을 보고 지혜를 얻으라 개미는 두령도 없고 간역자도 없고 주권자도 없으며"(잠6:6~7). 그러나 이 개념은 미국에서 크게 왜곡되었다. 노년기를 위해 저축하라는 훈계라기보다는 오히려 '은퇴'가 가족적인 책임으로부터 벗어나는 것이 되었으며, '햇빛지대'(미국 남부의 동서로 뻗은 온난지역: 역주)로 격리되는 것이며, 쾌락 중심의 노인문화를 형성하게 되었다.

이처럼 파괴적인 '은퇴 시스템'은 늙은 여자들이 젊은 여자들을 돕는 것을 막았을 뿐만 아니라(딛2:4~5) 성경이 경고하고 있는 자기 탐닉적인 생활을 조장했다. "일락을 좋아하는 이는 살았으나 죽었느니라"(딤전5:6). 아무런 목적도 없이 요양소나 낡은 집에서 살아가고 있는 외로운 할머니들의 수가 증가하고 있다. 하나님께서 그들에게 젊은 여자들에게 하라고 명하신 책임을 회피했기 때문에 하나님께서 그들이 '살았으나 죽은 자'로 대접받도록 만들지 않으셨겠는가? 이러한 상황을 변화시키기에는 너무 늦었다라는 말은 결코 있을 수가 없다.

하나님께서 나이 든 남자와 여자들을 당신의 인간관계의 네트워크 속에 참여시켰는가? 그 사람이 여러분 자신의 친척일 수도 있고 서로 잘 아는 사람들일 수도 있다. 하나님께서 접근을 허락해 주신 사람들을 볼 수 있는 눈을 얻기 위해서 기도하라. 그리고 나서 방문이나 전화를 통해서 그의 인도를 따르라. 당신은 그들을 초대하여 인생의 새로운 목적과 의미를 깨달을 뿐만 아니라 당신과 자녀들을 위한 확장된 가정이라는 소득도 얻을 수 있을 것이다.

남편

"남편된 자들아 이와 같이 지식을 따라 너희 아내와 동거하고 저는 그 연약한 그릇이요 또 생명의 은혜를 유업으로 함께 받을 자로 알아 귀히 여기라 이는 너희 기도가 막히지 아니하게 하려 함이라" (벧전3:7)

자기 아내를 인정하지 않는 남편은 아내의 마음에 상처를 줄 뿐만 아니라 하나님과 교통할 수 있는 자신의 능력도 방해받게 된다. 사람들은 주님과의 관계가 무미건조해 지는 것에 대해 민감해질 필요가 있다. 에베소서 5장 25~27절은 가정에서 남편이 가지는 중요한 의미에 대해서 밝혀주고 있다. "남편들아 아내 사랑하기를 그리스도께서 교회 사랑하시듯 자기를 위하여 하시는 것같이 사랑하라 이는 곧 물로 씻어 말씀으로 깨끗케 하여 거룩하게 하시고 자기 앞에 영광스러운 교회로 세우사 티나 주름잡힌 것이 이런 것들이 없이 거룩하고 흠이 없게 하려 하심이니라."

"물로 씻어 말씀으로 깨끗하게 하사"라는 말은 아내의 영적인 개발에 있어서 남편의 역할이 중요함을 가리키고 있다. 이 구절에서 "말씀"은 로고스가 아니라 레마로써 남편은 아내에게 로고스, 즉 성경을 가르치라는 명령을 받고 있는 것이 아니다. 그의 책임은 그 이상이다. 그는 하나님의 진리, 즉 레마를 그녀가 자신의 생활에 적용시키는 데 도움을 주어야만 한다. 가정의 제사장으로서 그는 하나님의 뜻을 받들고 자기 아내와 가족들을 가르치라는 명령을 받고 있다.(여기에 대해서는 다음에 "가정을 다스리는 일"이라는 제목 하에 좀 더 상세하게 논의할 것이다.)

앞에서도 언급했듯이 초대 교회의 활력을 회복하기 위해서는 현명하고도 성실한 조언을 해 주는 나이든 현인들이 필요하다. 하나님께서는 지혜로 성숙한 사람들이 남편들에게 조언을 해주도록 정하셨다. 우리의 문화는 남자들에게 "모든 것을 완벽히 알아야만 한다"는 긴장을 가중시키고 있다. 그러나 주님께서는 남편이 모든 것을 다 알아야 한다고 말하지 않으신다. 주님은 남자가 보다 나이 든 사람의 현명한 충고와 지도를 신뢰하기를 원하신다. "늙은 남자로는 절제하며 경건하며 근신하며 믿음과 사랑과 인내함에 온전케 하고"(딛2:2). 사탄은 사람들이 어떤 형식적인 가르침이 아니라 역할 모델이라는 개인적인 접촉을 통해서 더욱 많이 변한다는 사실을 알고 있다. 사탄은 젊은이들이 현인들을 멀리하여 참고 스스로 통제하는 습관을 기르지 못하도록, 할 수 있는 모든 일을 다할 것이다. 심지어 교회도 성도들을 연령별 그룹, 동질그룹 등으로 분리하여 어떤 세대가 다른 세대들과 밀접하게 접촉하는 것을 막고 있다.

교회는 젊은이들이 노인들로부터 고립되고 있는 현상을 심각하게 점검하고 그들이 비공식적으로 함께 모여 상호간의 관심사를 논의하고 서로의 짐을 나누어 지는 기회를 제공해 주어야만 한다. 강의를 통하여 일방적으로 듣기만 하는 사람들은(헬라적인 추상적 방법) 역할 모델의 랍비적 본보기와 히브리적인 체험적 접근방법을 진정으로 갈망하고 있다. 예수님은 비유와 이야기로 가르치셨다. 왜냐하면 사람들은 묘사적이고 효과적인 방법에 대하여 더욱 잘 반응하기 때문이다. 이것이 바로 사람들이 함께 모였을 때 자주 "이야기를 나누는" 이유이다. 그들은 상황을 구체화하여 그것을 함께 나누는 사람들과 더불어 그것을 되살릴 수 있다. 자신의 감정이나 부담을 표현할 수 있는 친구를 갖지 못한 사람들은 자주 내적인 평정과 자기통제력이 부족하다. 이것이 우리나라의 가족학대나 배우자 학대에 공헌하고 있지 않는가?

당신이 현재 대가족, 신앙공동체, 사회활동, 일터 등에서 다른 사람들과 맺고 있는 인간관계를 검토해 보라. 당신은 격려나 충고를 얻기 위해서 그들 중 누구를 방문했는가? 그 사람들 중에는 나이든 현인들이 있는가? 만약에 그렇지 못하다면 보다 친밀하고 깊은 수준까지 짐을 나누어 질 수 있는 사람들을 계시해 달라고 하나님께 기도하라. 그 다음에 소망을 가지고 그들에게 접근하라. 만나는 시간을 위해서 창조적인 대안들을 준비하여 제시하라. 예를 들자면 일터에 나가기 전 이른 아침이나, 또는 두 가족이 함께 만나서 잠시 동안 산보를 할 수 있는 기회를 만들어라. 신뢰와 책임감이 있는 결속을 형성할 때 불편함은 신속히 해소될 것이다.

아내

"아내된 자들아 이와 같이 자기 남편에게 순복하라 이는 혹 도를 순종치 않는 자라도 말로 말미암지 않고 그 아내의 행위로 말미암아 구원을 얻게 하려 함이니 너희를 두려워하며 정결한 행위를 보려 함이라"(벧전3:1~2)

아내는 남편에게 복종하는 가운데서 주 예수님께 진정으로 순종하게 된다. 예수님은 남편에게 그녀에 대한 권위를 부여해 주셨다. 여인들은 충고와 지혜를 얻기 위해서 나이든 여인을 찾을 필요가 있다. 그 누구도 젊은 아내가 모든 것을 알 것이라고 기대해서는 안된다. "저들로 젊은 여자들을 교훈하되 그 남편과 자녀를 사랑하며 근신하며 순전하며 집안일을 하며 선하며 자기 남편에게 복종하게 하라 이는 하나님의 말씀이 훼방을 받지 않게 하려 함이니라"(딛2:4~5).

늙은 여인과 젊은 여인 사이의 관계는 지극히 중요하다. 이러한 관계 속에서 이루어진 지혜는 하나님의 말씀이 비방을 받지 않도록 막아줄 것이라는 사실을 사탄은 알고 있다. 사탄은 교회 내에서 이러한 관계가 형성되는 것을 막기 위하여 모든 일을 다할 것이다. 당신이 어떤 일을 생활 속에 적용시킬 수 없는 이유에 대해서는 여러 가지 변명들이 있을 것이다. 그러나 하나님께서 당신에게 조언을 해줄 수 있는 여인들을 계시해 주실 때, 당신이 가정의 조화를 위해서 우선순위를 매기는 것은 혹 불편이 따를 지라도 감수할 만한 가치가 있다.

당신은 마음 속으로 하나님의 현숙한 여인들이라고 생각하는 소중한 동성친구들을 가지고 있는가? 그들에게 당신이 현재 겪고 있는 문제에 대한 교훈들을 가르쳐 달라고 요구하라. 즉 그들의 성공과 실패 뿐만 아니라 어떤 성경적 원리들을 적용시키거나 배제해야 하는지 가르쳐 달라고 요구하라. 그리고 하나님께 신앙의 초보자이거나 또는 인생 여행의 초기에 있는 여인을 보내 달라고 기도하라. 그런 여인은 당신을 조언자와 친구로 삼음으로써 큰 축복을 받게 될 것이다.

우리에게 이십 대의 친구가 있는데 교인들 중에서 자기보다 더 젊은 어떤 여인들이 그 친구에게 부끄럽게 다가와 자신을 제자로 삼아줄 수 있는지 물었을 때 그녀는 놀랍고도 기뻤다. 우리의 친구는 결코 자기 자신을 '나이 든 여자'라고 생각해 본 적이 없었다. 그러나 그녀가 교회에서 보다 더 나이든 여인들로부터 받았던 현명한 조언을 통해서 배운 자신의 교훈들을 다시 전달해 주면서 그녀 또한 새로운 친구를 양육할 수 있다는 사실에 크게 기뻐했다.

"무릇 지혜로운 여인은 그 집을 세우되 미련한 여인은 자기 손으로 그것을 허느니라" (잠14:1)

현재 일터에 아내와 어머니들이 넘쳐나고 있음에도 불구하고, 그래도 여전히 가정은 여인의 영향력의 심장부이다. 히브리 신자들은 여성의 가치를 인식했다. 즉 여성은 자녀들을 경건하게 양육했으며, 샬롬 바이트(shalom bayit), 즉 가정의 평화를 유지했다. 성경시대에는 개인이 아니라 오히려 가정이 사회의 기초적 단위였다. 남자 뿐만 아니라 여자들도 항상 다른 사람들과 접촉하는 것을 볼 수 있다. 특별히 여자들은 남편이나 아버지를 통해서 접촉하였기 때문에 하나님께서는 여자들을 보호해 줄 수 있는 사람들을 세워 주셨다. 여자가 젊었을 때에 남편이 죽는다면 그녀는 재혼하라는 충고를 받았다. 그럴 때 그녀는 게으름과 잡담의 빵을 먹지 않을 것이다.: "그러므로 젊은이는 시집가서 아이를 낳고 집을 다스리고 대적에게 훼방할 기회를 조금도 주지 말기를 원하노라"(딤전5:14).[5]

가정이 너무나도 소중했기 때문에 매주 안식일마다 남편은 잠언 31장 10~31절을 읽음으로써 자기 아내를 찬양했다. '실제적으로 예수님 시대에는 남편이 그것을 노래로 만들어 아내에게 불러주었다.' 이 구절들은 가정에서 여성들이 지녀야할 경건과 부부 상호간의 의존적 관계를 상기시켜 주었다. 만약에 부부 사이에 불화가 있다면 위선이 안식일을 망치지 않도록 하기 위해서 그 잠언서 구절들을 읽기 이전에 그러한 상황을 개선시키는 것이 필요했다.

결혼을 법적인 책임이라기보다는 오히려 거룩한 신뢰로 생각하였기 때문에 남편은 자기 아내가 자기에게 성별되어진 자, 즉 특별한 관계를 위해서 구별되어진 자로 인식했다. 만약에 크리스쳔들이 언약과 성별의 의미를 파악했다면 혼인서약에 대한 현대적 견해와는 얼마나 다른지를 알게 될 것이다.

성령께서는 남편이 자녀가 있는 곳에서 잠언 31장 10~31절을 읽어 주기를 원할 것이다. 그와 같은 것들이 아내가 가정에서 가지고 있는 가치를 분명하게 해 줄 뿐만 아니라 아내 스스로도 경건을 소망하게 도울 것이다.

가정을 다스리는 일

"여인들이 가로되 우리가 하늘 여신에게 분향하고 그 앞에 전제를 드릴 때에 어찌 우리 남편의 허락이 없이 그에게 경배하는 과자를 만들어 그 앞에 전제를 드렸느냐"(렘44:19)

위에서 인용한 예레미야 구절에서 언급되고 있는 아내들은 남편이 자기들의 우상숭배에 대해서 잘 알고 있었다고 말하면서 자기들의 죄에 대하여 변명을 했다. 우리가 기도원에서 있었던 수 년 동안에 결혼한 남자들은 자기 아내들의 잘못을 고칠 수 있는 능력이 자신들에게 없다는 사실이 가장 어려운 문제들 중에 한 가지라고 고백했다. 아내의 잘못을 보고도 묵인하고 지나치는 것은 이러한 상황을 대처하는 법에 대해서 남편이 무지하다는 사실을 드러낸다. 아내를 너무나도 사랑하는 남편들조차도 아내와 맞서거나 아내와 다른 견해를 말하는 데에는 큰 용기가 필요하다는 사실을 인정했다. 무지에 대해서는 변명할 만하다고 생각하는 사람들에게 주님은 다음과 같이 경고하신다. "네가 말하기를 나는 그것을 알지 못하였노라 할지라도 마음을 저울질 할 수는 없다 어찌 통찰하지 못하시겠느뇨 네 영혼을 지키시는 이가 어찌 알지 못하시겠느냐 그가 각 사람의 행위대로 보응하시리라"(잠 24:12).

기도원에서 결혼한 여인들 중 대다수는 자기들이 남편이나 가족들에 대해서 부적절한 통제수단을 사용했음을 고백했다. 슬프게도 통제의 부작용들 중 한 가지는 이중적인 분위기에서 자녀들이 성장한다는 것이다. 자녀들이 성장해 감에 따라서 그들은 어머니가 아버지의 '등 뒤에서' 어떤 일을 은밀하게 할 때에 아무런 제지도 받지 아니하고 잘못된 자세나 행위를 하는 것을 보게 된다.(아버지들도 자주 이중적인 통제를 하며 이러한 통제의 결과는 동일하다.) 이것은 자녀들의 마음을 너무나도 심하게 흔들어 놓는다. 그들은 두려움이나 소외감이나 반항이나 움츠리는 태도로 반응을 보인다. 그리고 부모의 권위나 일반적으로 권위있는 지위에 대하여 왜곡된 개념을 지니게 된다.

아마 당신의 결혼생활은 지배적이고 억압적인 통제나 위선적인 속임수 때문에 파괴되었을 수도 있다. 그 정도가 그리스도를 닮아갈 수 있기에는 너무나도 절망적인 상황에 도달했을지도 모른다. 저술가요, 상담가인 루이스 모데이(Louis Mowday)가 한 다음과 같은 격려의 말을 명심하라.

우리는 우리의 문제가 대단히 심각하다는 사실을 받아들일 필요가 있다. 그리고 적극적인 결단으로 하나님의 위대하심을 받아들일 필요가 있다… 하나님께서는 상한 마음과 굳은 마음을 회복시켜 주신다. 하나님께서는 상한 생명을 환상적이고 이전에 볼 수 없었던 방법으로 온전하게 만들어 주신다. 하나님은 우리의 부서진 꿈들을 새로운 만족으로 대체해 주신다. 하나님께서 우리의 생활 가운데서 이러한 기적들을 성취하시는 데 필요한 요소들은 회개, 용서, 헌신, 하나님을 첫 번째 자리에 갖다 놓으려는 결심, 괴로운 고통 가운데서도 하나님께 복종하는 삶, 그리고 시간 등이다.6)

젊은 아내들과 어머니들에게 친구와 조언자로서 헌신하는 나이 든 여인들이 부족하기 때문에 생긴 가혹한 결과로 인하여 너무나도 많은 사람들이 고통을 당하고 있다는 사실은 아무리 강조해도 지나치지 않는다. 당신이 기도할 때 진지하게 하나님을 구하면 당신의 인생 뿐만 아니라 배우자의 인생 가운데서도 하나님께서 역사하신다는 사실을 기꺼이 믿는가? 당신은 가정의 행복 뿐만 아니라 자신의 행복을 위해서 영적인 중보자가 될 수 있는 나이들고 현명한 여인을 기도하는 가운데 열심히 찾고 있는가? 만약에 당신이 늙은 여인이라면 기꺼이 어려움에 처한 젊은 여인을 지도하고 격려해 줄 수 있겠는가?

> "자기 집을 잘 다스려 자녀들로 모든 단정함으로 복종케 하는 자라야 할지며 사람이 자기 집을 다스릴 줄 알지 못하며 어찌 하나님의 교회를 돌아보리요"(딤전3:4~5)

장로, 즉 회당이나 초대 교회의 머리털이 하얗게 센 사람들이 가지고 있었던 지도력의 특징은 시간을 통해서 습득되었다는 것이다. 인격 발달을 위한 기본적인 '학교'는 그 사람의 가정이었다. "그러나 나는 너희가 알기를 원하노니 각 남자의 머리는 그리스도요, 여자의 머리는 남자요, 그리스도의 머리는 하나님이시라"(고전11:3). 그의 가정적 지도력은 아내와의 협조적 관계 속에서 발전되었으며 사람들은 그가 자기 자녀들을 어떻게 양육 했는 가를 통해서 인식할 수 있었다. 아래의 말씀에 나오는 사람은 자기 아내의 고귀한 성품 때문에 다른 장로들과 어울릴 수가 있었다. "그 남편은 그 땅의 장로로 더불어 성문에 앉으며 사람의 아는 바가 되며"(잠31:23).

히브리 장로는 공동체 내에서 영향력 있는 지도자였다. 즉 공적인 여론을 형성하는 사람이었으며 반대를 두려워하지 않는 지도자였다. 성문에 앉은 장로들은 공동체 전체를 위한 결정을 했다. 그들이 물려준 결정들은 **할라카**(halakhah)였는데 그것은 성경에 기록된 원리들을 실천에 옮기는 방법이었다. 오늘날에도 크리스천 지도자로서 성장하기를 원하는 사람들에게 온전한 역할 모델이 될 수 있는 성숙한 하나님의 사람들이 크게 필요하다. "내가 그리스도를 본받는 자 된 것같이 너희는 나를 본받는 자 되라"(고전11:1). 히브리서 기자는 사람들이 어떤 사람의 가르침에 주의를 기울이는데 있어서 필수불가결한 전제조건이 그 사람이 실제생활에서 맺는 열매임을 명시하고 있다. "하나님의 말씀을 너희에게 이르고 너희를 인도하는 자들을 생각하며 저희 행실의 종말을 주의하여 보고 저희 믿음을 본받으라 예수 그리스도는 어제나 오늘이나 영원토록 동일하시니라"(히13:7~8).

"예수 그리스도는 어제나 오늘이나 영원토록 동일하시니라"는 말씀이 "저희 행실을 본받으라"는 말씀 바로 뒤에 따라 나오고 있다. 이것은 성령께서 사도들과 그리고 그 후의 모든 교회 지도자들에게 내리는 훈계이다. 즉 종되신 예수님의 모범을 따르라는 것이다. 당신이 지도자들의 생활을 개인적으로 알 수 없거나 모방할 수 없는 비인격적인 체제를 피하라. 그 자신의 축복이나 당신의 축복을 위해서 그 어떤 지도자도 성직 특권주의에 사로 잡혀서는 안된다. 즉 하나님과 교인들 사이에 개입하는 대제사장이나 중보자가 되어서는 안된다.

당신은 자식들을 위하여, 모든 사실들을 다 잘 알고 있지만 인격적 도덕적 생활은 수치스러운 교사를 원하는가? 우리는 형제를 지키는 자들이다. 정죄하는 것이 아니라 사랑으로 변화시켜 그리스도와 순종적이고도 신뢰적인 관계를 맺게 만드는 것이다. 영적인 지도자들이 하나님의 영광을 위하여 다른 사람들의 생활에 영향을 미칠 때 그는 영적인 공격을 더욱 많이 받게 될 것이라는 사실을 인식하라. 따라서 당신은 영적인 지도자와 상담자들, 그리고 그 가족들을 위하여 정기적으로 기도를 드려야 한다.

> "그러므로 누구든지 우리 온전히 이룬 자들은 이렇게 생각할지니 만일 무슨 일에 너희가 달리 생각하면 하나님이 이것도 너희에게 나타내시리라 오직 우리가 어디까지 이르렀든지 그대로 행할 것이라"(빌3:15~16)

우리가 이스라엘에서 살고 있을 동안에 마이크는 우리 이웃에 사는 두 사람이 열띤 논쟁을 하는 것을 우연히 듣게 되었다. 집 주인 버트(Bert)는 그들의 관계가 강한 의견대립으로 인해서 위태롭게 될 것이라고 생각하는지 마이크에게 물었다. 마이크는 그토록 심하게 소리를 지른 후에는 결코 친구로 지낼 수 없을 것이라고 생각했다. 그러나 버트는 다음과 같이 말했다. "그것은 이방인들의 방식입니다. 그들은 의견이 다를 때 서로 소원해지고 멀어지게 됩니다. 그러나 유대인의 경우에는 그렇지 않습니다. 우리의 인간관계는 의견의 일치를 보지 못한 그 문제보다도 더욱 중요합니다." 우리는 버트의 행동을 보고 깊은 감명을 받았다. 우리는 또한 결혼한 부부들이 그들의 관계를 소중하게 여겨야 할 필요가 있으며 어떠한 문제가 있을지라도 갈라져서는 안된다는 사실을 깨닫게 되었다. "허물을 덮어주는 자는 사랑을 구하는 자요, 그것을 거듭 말하는 자는 친한 벗을 이간하는 자이니라"(잠17:9).

당신은 사회에서 뿐만 아니라 교회 내에서도 사람과 사람 사이에 존재하는 차이점들을 참지 못하는 경향이 믿을 수 없을 정도로 증가하고 있다는 것을 아는가? 사람들은 사소한 문제 때문에 서로 헤어지고 있다. 이처럼 참지 못하는 마음이 결혼과 가정과 우정을 파괴하고 있다. 헬라적 이방인적 경향은 의견의 일치에 대하여 적대적 방법을 취하며 다른 사람들이 자신과 다를 때 직접적으로 반항한다. 따라서 상호간의 애정이 멀어질 정도에까지 이르게 된다. 이기느냐 지느냐, 옳으냐 그르냐는 식의 헬라적 영향력은 사람들이 인간관계의 기쁨을 경시하도록 만들며 그 결과에 대해서만 초점을 맞추게 하고 있다. 이러한 관점에서 볼 때 어떤 사람은 반드시 승자가 되어야만 하며 다른 어떤 사람은 반드시 패배자가 되어야만 한다.

신자들은 우리가 서로 다르기 때문에 차이점들이 존재하고 있다는 사실을 인식하지 못하고 있다. 성별, 개성, 그리고 배경 이외에도 영적인 은사가 우리로 하여금 상황을 서로 다르게 인식하도록 만든다. 다른 사람에게 우리의 견해에 동의하라고 설득하기보다는 오히려, 하나님께서 논점을 분명하게 밝혀주실 때까지 기다리라는 바울의 훈계에 더욱 주목하자(빌3:15).

사도행전 15장 36~41절에서 바울과 바나바는 다음 선교여행 때에 마가를 데리고 갈 것인지 말 것인지에 대해서 논쟁했다. "서로 심히 다투어 피차 갈라서니 바나바는 마가를 데리고 배타고 구브로로 가고"(행 15:39). 비록 심하게 다투었을지라도, 많은 이방인들이 이 사건에 대해서 흔히 생각했듯이 그 사건이 그들의 관계를 단절시키지 못했다. 바울이 회심한 후에 다른 모든 사람들은 여전히 그를 두려워했을지라도 바나바는 용기있게 바울과 접촉했다는 사실을 기억하라. "사울이 예루살렘에 가서 제자들을 사귀고자 하나 다 두려워하여 그의 제자됨을 믿지 아니하니 바나바가 데리고 사도들에게 가서 그가 길에서 어떻게 주를 본 것과 주께서 그에게 말씀하신 일과 다메섹에서 그가 어떻게 예수의 이름으로 담대히 말하던 것을 말하니라"(행9:26~27).

다툼이 일어났을 때 안디옥 교회는 그 문제를 하나님의 손에 맡겼다. "바울은 실라를 택한 후에 형제들에게 주의 은혜에 부탁함을 받고 떠나"(행15:40). 바나바가 젊은 마가 때문에 바울을 비난 했다는 것은 재고해 봐야할 일이다. 왜냐하면 마가는 나중에 바울의 선교여행에 동참했기 때문이다. "나와 함께 갇힌 아리스다고와 바나바의 생질 마가와 (이 마가에 대하여 너희가 명을 받았으매 그가 이르거든 영접하라)"(골 4:10). "누가만 나와 함께 있느니라 네가 올 때에 마가를 데리고 오라 저가 나의 일에 유익함이라"(딤후4:11).

또 다른 상황에서 바울은 용기있는 행동으로 베드로에게 맞서야만 했다. "게바가 안디옥에 이르렀을 때에 책망할 일이 있기로 내가 저를 면책하였노라"(갈2:11). 바울은 그러한 의견대립이 자기에게 피해를 준 만큼 격심한 감정 표현을 했다. "내가 너희 가운데 거할 때에 약하며 두려워하며 심히 떨었노라"(고전2:3). 성경 전체를 통해서 볼 때 친밀한 인간관계를 유지하면서도 어떤 문제에 대하여 서로 다른 의견을 가질 경우 솔직하고 담대하게 대립할 수 있는 능력은 하나님의 백성들이 가지고 있는 특징이다. "내 형제가 죄를 범하기로 가서 너와 그 사람과만 상대하여 권고하라"(마18:15). "그러므로 예물을 제단에 드리다가 거기서 네 형제에게 원망들을 만한 일이 있는 줄 생각나거든 예물을 제단 앞에 두고 먼저 가서 형제와 화목하고 그 후에 와서 예물을 드리라"(마5:23~24).

이것이 우리의 인간관계에 있어서 주요한 약점이 아니겠는가? 우리는 우리의 차이점들을 인식하고 그에 맞설 만큼 충분히 서로를 사랑하지 않기 때문에 하나님께 영광을 돌릴 수 있는 인간관계의 싹을 잘라버린다. 우리는 서로 의견이 다른 문제에 직면하기를 두려워하기 때문에 상처나 적개심이 곪아 터지게 만든다. 잠재적인 긴장과 염려가 우리들 사이의 품질증명서가 되었다. 그러나 헌신과 진정한 교제는 서로에게 속할 것을 요구한다.

우리는 하나님께서 부부간이나 다른 밀접한 인간관계 속에서도 다른 의견들이 생길 것을 기대하시고 또 심지어 그것을 야기시키기도 하신다고 믿는다. 우리는 우리가 가치있게 생각하는 인생의 다른 일들과 마찬가지로 우리의 견해나 신념들을 강력한 확신으로 굳게 고수한다. 그러나 하나님께서는 은혜와 말씀의 가르침을 통해서 사람들이 사람들 사이에 존재하는 차이점을 인식하고 또한 그것을 통해서도 함께 일해 나가기를 기대하신다. 우리는 서로 사랑으로 맞서는 방법을 배워야만 한다.

"노하기를 더디하는 것이 사람의 슬기요 허물을 용서하는 것이 자기의 영광이니라"
(잠19:11)

부부 사이나 다른 인간관계에서 종종 일어나는 서로 대립되는 의견들이나 문제들이 양당사자 사이에 존재하는 차이점에서 기인된 것이라고 본다면 쉽게 해소될 수 있을 것이다. 즉 "당신에게 문제가 있다"가 아니라 "우리에게 문제가 있다"라고 생각하는 것이다. 만약에 여러분의 가정이 무질서와 하찮은 일로 서로 다투는 자녀들과 바쁜 스케줄로 가득차 있다면, 여러분의 배우자에게 가정을 잘못 운영하고 있다고 비난하거나 자녀들에게 반항적이라고 비난하지 말라. 그 대신에 문제의 본질을 파악하라. 즉 서로 너무나 많은 활동을 하고 있는가? 밤늦게 들어오는가? 질서에 대해서 비현실적인 기대를 하는가? 협동심이 너무 적은가? 등등. 일단 문제점을 파악하고 난 다음에는 그 목표를 달성할 수 있는 가능한 해결책을 실시하라. 이 경우에 있어서 해결책으로 가정의 조화, 업무의 분담, 또는 외부 활동의 배제 등이 제시될 수 있을 것이다.

배우자의 인격을 변화시키는 것보다 오히려 문제점들을 파악하고 해결하는 데 초점을 맞추라. 그리스도 안에 있는 우리는 주님의 몸된 교회의 구성원으로서 다른 사람과 관련을 맺고 있다. 우리는 감정적으로 심도 있게 우리의 차이점에 대해서 말할 수 있도록 허용해야만 한다. 그리고 표현된 감정에 의해서 마음이 상하는 것을 느끼지 않고 그 일이 이루어겨야만 한다. 자제심은 성령의 열매이며 성령의 역사하심을 나타내는 증거이다. "유순한 대답은 분노를 쉬게 하여도 과격한 말은 노를 격동하느니라"(잠15:1).

서방교회가 헬라 철학자로부터 물려 받은 스토아 학파적 풍습은 감정을 강하게 드러내는 것에 대하여 눈쌀을 찌푸린다. 그러나 감정적 표현은 그것이 무기로서 다른 어떤 사람을 겨냥하지 않는 한 성경적이다. "혹은 칼로 찌름같이 함부로 말하거니와 지혜로운 자의 혀는 양약같으니라"(잠12:18). 많은 사람들이 스토아 학파의 덫에 걸려 있다. 그들은 오랫 동안 감정을 자제하고 있기 때문에 결국 그러한 감정을 폭발하게 될 때 자주 그것을 파괴적으로 표현하게 된다. 만약에 우리가 성경적인 히브리인들의 모습을 파악한다면 즉 인간관계가 문제보다도 더욱 중요하다는 사실을 인식한다면 우리의 신앙은 그 모든 차이점들 가운데서 "하나님이 그것을 분명히 해주실 것이다"는 사실을 믿을 수 있을 것이다.

제 ● 10 ● 장

일 대 일 : 자녀 양육

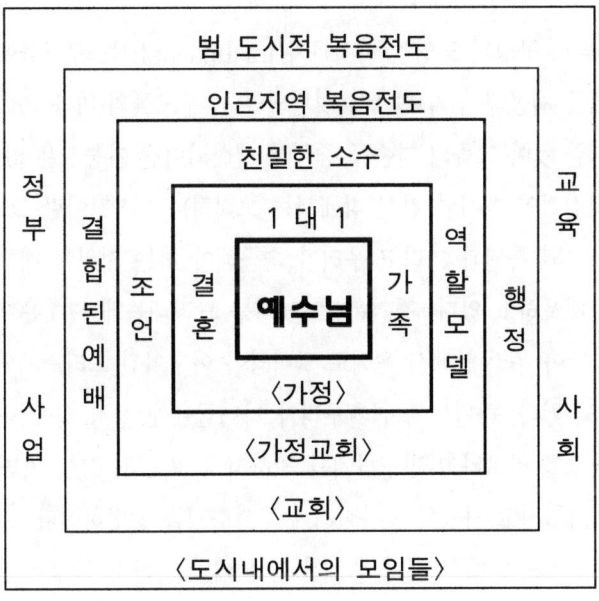

성경말씀은 혼인서약의 중요성과 그리고 또 남편과 아내 사이의 관계의 지속성을 강력하게 강조한다. 왜냐하면 하나님께서는 남자와 여자의 관계에 인간적 성취를 초월하는 특별한 계획과 목적을 갖고 계시기 때문이다. 하나님의 시각에서 결혼에 대하여 살펴보자.: "그는 네 짝이요 너와 맹약한 아내로되… 여호와는 오직 하나를 짓지 아니하셨느냐 어찌하여 하나만 지으셨느냐 이는 경건한 자손을 얻고자 하심이니라 그러므로 네 심령을 삼가 지켜 어려서 취한 아내에게 궤사를 행치 말지니라" (말2:14~15). 태를 여신 여호와께서(창29:36를 보라) 부모들에게 경건한 자손을 생산하는 방법에 대해서 가르쳐 주셨다. 그의 말씀은 실제적인 적용으로 가득 차 있다.

신자들로 구성된 모임인 미시파카(mishpachah)는 부모들에게 충고와 지혜를 제공해 주기 위해서 설립되었다. 부모들의 마음 속에 심어지지 아니한 것이 그들의 자손들 중에서 생산되어질 가능성은 없다.(하나님의 직접적인 계시와 간섭 밖에서는 그러하다.) 경건이란 그리스도의 주권과 그의 특권과 그리고 우리가 순종해야 하는 지위에 대한 믿음과 순종을 내포하고 있다. 경건은 또한 의를 드러내는데 그것은 성령으로 권능을 받아 우리 안에서 은혜로 말미암아 이루어진 그리스도의 사역을 반영하고 있다. 하나님께서는 우리가 자녀들에게 성경 속에 나타난 모든 명령들을 따르라고 명령하기를 원하시지 않는다. 그는 자녀들의 마음이 사랑하시고 거룩하신 아버지께로 향하기를 갈망하신다. 그들이 하나님을 기쁘시게 하는 것이 무엇인 지를 깨닫게 하기 위해서 말씀의 지혜를 적용하라. 다음 구절에 대해서 곰곰히 묵상할 때에 하나님의 열정적인 부르짖음이 당신의 심령을 불태울 것이다. "다만 그들이 항상 이같은 마음을 품어 나를 경외하며 나의 모든 명령을 지켜서 그들과 그 자손이 영원히 복받기를 원하노라"(신5:29).

우리는 자녀들에게 하나님의 존재를 시인하는 것과 진심으로 마음을 다하여 섬기는 것 사이의 차이점을 어떻게 가르칠 수 있는가? 히브리적 의미에서 볼 때 마음은 인간을 짐승과 구별해 주는 내적 존재이다. 사람은 마음을 통해서 사랑을 표현하고, 자기가 사랑하는 자를 위하여 자신을 희생하며, 자신의 개인적인 성향을 극복할 수 있다. 하나님께서는 나를 살피사 내 마음을 아시매 나를 시험하신다(시139:23). 따라서 우리는 겉으로는 거룩하게 보이지만 악한 동기를 숨기고 있는 외적인 행위를 통해서 우리들 자신이나 다른 사람들을 바보로 만들지 말아야 한다.

우리가 불로 시련을 당할 때 마음은 반응을 보인다. 이스라엘 백성들이 40년 동안 그랬던 것처럼 우리도 기꺼이 우리 자신의 광야 체험을 받아들일 수 있는가?(신8:2) 그것은 하나님께서 우리를 겸손하게 만들고 또 우리의 순종을 시험하기 위한 것이다. 하나님께서는 이스라엘 자손들에게 극심한 굶주림을 가져다 주셨다. 그리고 그 굶주림은 오직 그가 그들에게 만나를 공급해 주시는 권능을 통해서만 채워질 수 있었다. 우리도 영적인 만나를 절실하게 필요로 하고 있다. "사람이 떡으로만 사는 것이 아니요 여호와의 입에서 나오는 모든 말씀으로 사는 줄을"(신8:3). 진정으로 하나님을 찾고 또 그의 목적을 기다리는 마음은 젊거나 늙거나 간에 하나님께서 만들기를 원하시는 토기그릇이다.

"이는 곧 너희 하나님 여호와께서 너희에게 가르치라 명하신 바 명령과 규례와 법도를 너희가 건너가서 얻을 땅에서 행할 것이니 곧 너와 네 아들과 네 손자로 평생에 네 하나님 여호와를 경외하며 내가 너희에게 명한 그 모든 규례와 명령을 지키게 하기 위한 것이며 또 네 날을 장구케 하기 위한 것이라
이스라엘아 듣고 삼가 그것을 행하라 그리하면 네가 복을 얻고 네 열조의 하나님 여호와께서 네게 허락하심같이 젖과 꿀이 흐르는 땅에서 너희 수효가 심히 번성하리라

이스라엘아 들으라 우리 하나님 여호와는 오직 하나인 여호와시니 너는 마음을 다하고 성품을 다하고 힘을 다하여 네 하나님 여호와를 사랑하라 오늘날 내가 네게 명하는 이 말씀을 너는 마음에 새기고 네 자녀에게 부지런히 가르치며 집에 앉았을 때에든지 길에 행할 때에든지 누웠을 때에든지 일어날 때에든지 이 말씀을 강론할 것이며"(신6:1~7)

신명기 6장의 처음 몇 구절을 검토해 보면 그리스도의 성육신 전후에 히브리인들을 인도했던 자녀 양육의 본질적인 규례들이 나타난다. 신명기 5장에서 하나님께서는 십계명에 대하여 서술하시고 "이스라엘아 들으라"(1절)는 말씀으로 그들의 구원을 시작하셨다. 모세는 동일한 말을 6장에서 두 번 더 반복했다(3~4절). 이처럼 주목하라는 요구는 순종을 명령하기 위해서 언급하였다. 이것은 스스로 선택할 권한이 없는 규례였다. 하나님의 계명과 율례는 그 백성들을 가르치기 위한 것이었다. 그것은 단순한 지식을 위한 것이 아니라 그들로 하여금 그것에 순종하게 만들기 위한 것이었다. 그렇게 하면 그들의 수명이 길어질 것이다.

하나님께서는 그 백성들이 자기를 두려워하도록 만드셨다. 즉 하나님

은 보상이나 징벌을 해주실 수 있다는 사실을 인식하고 존경심과 두려움을 갖게 하려는 것이었다. 그러나 그와 동시에 진심으로 자기를 사랑하게 만들기 위한 것이었다. 하나님께서 그들 모두에게 축복을 주시기 위하여 "너와 네 아들과 네 손자"(2절)에게 명령하셨을 때 세대적 영향력을 찾아볼 수 있다. 정신이 확 들지 않는가? 당신이 자녀들을 훈련하는 방법은 그들이 당신의 손자들을 훈련하는 방법에 영향을 줄 것이다. 하나님께서 자손을 양육하는 일에 관하여 그토록 명백한 지시를 하셨다는 것은 결코 놀라운 일이 아니다. 부모들에게 권고한 "주의깊게 순종하라"(3절)는 말은 히브리어로 **파수꾼처럼 지킨다, 보존한다, 가시로 울타리를 세운다** 등의 의미를 가지고 있다. 하나님의 견지에서 볼 때 하나님의 명령은 얼마나 아름다운 삽화인가? 우리의 축복을 위한 놀라운 보물은 우리가 하나님을 기쁘시게 하는 것을 귀한 보석처럼 주의깊게 보존하기를 요구한다.

우리는 우리의 생활 주변에 파수대를 설치해야만 하는데 그것은 적의 침입을 막기 위해 가시 울타리를 세우는 것과 같다. 이것은 당신이 자녀들과 함께 나누는 사랑과 순종의 파노라마가 아닌가? 하늘에 계신 우리 아버지께서는 우리에게 무엇이 가장 좋은지를 알고 계시며 또한 그의 길을 신뢰하기를 바라신다는 사실을 경건하게 인식해야 하지 않겠는가? 도덕적 타락, 상대주의, 경제적 염려로 얼룩진 이 세대에 "만사가 잘 될 것이다"(3절)는 하나님의 약속에 매달리는 것은 얼마나 좋은 일인가? 우리가 잘된다는 것은 여러 가지 형태를 띠고 있을 수 있다. 그것은 감정적인 것일 수도 있고 영적인 것일 수도 있고 육적인 것일 수도 있다.(하나님께서는 우리들 각자에게 가장 필요한 것이 무언인지 알고 계신다.) 우리가 그의 은혜를 필요로 하고 있다는 사실을 인식하고 신뢰 가운데서 순종할 때, 우리를 사랑하시고 권위를 가지신 분과 우리 사이의 관계는 더욱 강화될 것이다. 하나님의 뜻에 우리가 반응을 보일 때 눈에 보이지는 않지만 실질적으로 존재하고 계시는 하나님의 실재를 자녀들에게 가르쳐 줄 수 있을 것이다.

하나님께서 이 장에서 특히 강조하고 계시는 진리는 무엇인가? 그것은 오직 그분만이 하나님이시다는 사실이다(4절). 오직 그분만이 모든 예배와 찬양을 받으실만한 자격이 있으시며 주님으로서 의지할 수 있다. 우리는 이 유일하신 하나님께 어떻게 반응해야 하며 그와의 관계 속에서 우리의 자녀들을 어떻게 훈련시켜야 하는가? "너는 마음을 다하고 성품을 다하고 힘을 다하여 네 하나님 여호와를 사랑하라"(5절). 여기서 말하는 사랑은 히브리어로는 아하브(ahav)로 사랑의 대상이 되는 자 안에서 느끼는 기쁨과 소망을 의미하고 있다. 즉 그를 소유하고 그와 함께 있기를 열렬히 갈망하는 감정적인 애착이다.[1] 그것은 당신이 '하나님과 동행하는 것', 즉 자녀들이 알고 있는 당신과 하나님과의 관계를 묘사하고 있지 않는가? 따라서 그들은 그것을 본받을 수 있을 것이다. 흥미롭게도 이것은 신명기 4:37("여호와께서 네 열조를 사랑하신 고로"), 이사야 43:4("내가 너를 보배롭고 존귀하게 여기고 너를 사랑하였은즉"), 말라기 1:2("여호와께서 가라사대 내가 너희를 사랑하였노라")에서 하나님께서 그 백성들에게 표현하신 것과 같은 종류의 사랑이다.

그와 같은 사랑을 신약성경에서는 아가페(agape)라는 헬라어 단어에서 찾을 수 있다. 이 단어는 하나님의 본성, 인류를 향한 하나님의 마음, 성령을 통해서 이뤄지는 신자들의 단결 등을 내포하고 있다. 이와 동일한 사랑은 부모가 자녀들에게 보여주는 희생적 헌신을 통해서 볼 수 있다. "네 아들 네 사랑하는 독자 이삭을 데리고"(창22:2). "이스라엘이 여러 아들보다 요셉을 깊이 사랑하여"(창37:3). "내가 상전과 내 처자를 사랑하니 나가서 자유하지 않겠노라"(출21:5). 이상하게도 성경은 자녀들에게 그들의 부모들을 그와 같이 사랑하라고 지시하지는 않는다. 자녀들은 그들의 어머니와 아버지를 공경하고, 존경하며, 그들에게 순종할 것을 명령하고 있다. 이러한 것들은 부모와 자녀가 서로에게 마땅히 가져야 할 감정적인 것뿐만 아니라 그것이 구체적인 행동으로 구현되어야 함을 가리킨다.

하나님께서는 마음 뿐만 아니라 혼으로부터 우리의 사랑을 표현하라고 명령하신다. 히브리인들은 혼이 호흡하는 존재의 중요한 부분이라고 생각했다. 그러한 견지에서 동물들도 혼을 가지고 있다. 그들도 살기 위해서 호흡한다는 의미에서 그렇다. 이 단어는 우리의 문화가 해석하듯이 '영'이라는 형이상학적 본질을 내포하지 않고 있다. 오히려 그것은 삶에 대한 정열, 내적인 인격에 대한 귀중한 반영 등을 나타내고 있다.[2]

'성품을 다하여', 즉 혼을 다하여 하나님을 사랑하는 것과 그러한 열정을 자녀들에게 전달해 주기 위해서는 하나님께서 당신의 축복을 증진시켜 주기 위해서 해주신 모든 일에 대해서 탐구하고 이해해야 할 필요가 있다. 하나님께서는 당신을 자기 자신에게로 이끌어 주셨고(요6:44),

새 생명을 주셨으며, 필요에 따라 그의 영광의 부요하심을 공급해 주셨으며(빌4:19), 그의 형상으로 창조하셔서 진정한 예배와 또 그와의 교제를 누릴 수 있게 해주셨다(창1:26). 자녀들과 함께 성경을 연구하여 그토록 큰 사랑을 보여주신 것에 대하여 하나님께 개인적으로 감사할 수 있다는 것은 얼마나 큰 특권인가!

당신은 또한 힘을 다하여 하나님을 사랑하라는 명령을 받고 있다. 즉 가능한 모든 에너지로 한없이 강렬하게 사랑하라는 것이다. 우리는 지금 하나님이 존재하신다는 사실에 대해서 단순히 동의하는 것이나 또는 성경에 기록된 말씀에 대해서 무미건조한 교리적 순종의 자세로 반응하는 것을 말하고 있지 않다. 이 분은 교회를 자기의 신부라고 부를 정도로 그 백성에 대하여 불타는 정열이 가득 차 있는 당신의 하나님이시다. 하나님은 사랑의 관계를 열심히 찾고 계셨다. 그리고 그것은 크리스천들로 하여금 하나님을 소중히 여기고 찬양하기 위해서 모든 세상적인 교만과 자기 중심적인 것을 버리도록 강요하고 있다. 이것이 바로 그가 당신을 창조하신 목적이다. 그리고 당신이 자녀를 훈련시킬 때에도 그의 목적은 마찬가지이다. 만약에 당신이 하나님을 소중하게 여기지 않는다면 자녀들에게 하나님을 사랑하라고 말할 수 없을 것이다. 그것은 랍비 자신은 사기꾼이면서 자기 학생들에게 진실하게 살라고 말할 수 없는 것과 같다. 이런 것들은 그냥 지나가는 말로 하는 일시적인 교훈이 아니다. 그와는 반대로 여러 가지 의무들과 책임들이 당신의 마음을 흩어놓기 이전인 하루를 시작할 때부터 잠들기 직전까지 그것들을 부지런히 가르치고 반복적으로 권고하여 꿈속에서도 하나님의 선하심을 기억할 정도가 되도록 해야만 한다. 자녀들과 이와 같은 상호작용을 나눌 수 있는 상황을 마련하도록 항상 주의하라. "집에 앉았을 때에든지 길에 행할 때에든지"(7절).

많든 적든 당신과 자녀들이 함께 있을 수 있는 시간에 대해서 생각해 보라. 당신은 그 시간들 중 대부분을 어떻게 보내는가? TV 앞에 앉아 있는가? 형제들의 싸움을 말리는가? 좌절감을 느끼며 장난감 전화놀이를 하는가? 문자 그대로 '길에 있을 때'에는 어떠한가? 오솔길을 산책하면서 그들의 마음을 하나님께로 인도할 시간을 갖는가? 하나님의 원리를 자동차 여행에 적용시키는가? 당신은 회의나 또는 당신의 자녀나 당신 자신에게 '유익하다고 생각되는' 다른 의무나 활동들에 대해서 너무나 열중하고 있기 때문에 하나님을 찬양할 생각이 떠오르지도 않는가? 스포츠, 피아노 레슨, 발레 등도 좋을 것이다. 그러나 만약에 그것이 부모와 자식간에 나눠야 할 상호작용을 빼앗아간다면 좋지 않을 것이다. 하나님께서는 당신과 자녀사이에 상호작용이 필요하다는 사실을 알고 계신다.

> "너는 또 그것을 네 손목에 매어 기호를 삼으며 네 미간에 붙여 표를 삼고 또 네 집 문설주와 바깥문에 기록할지니라"(신6:8~9).

당신은 전통 유대인 남자들이 팔과 이마에 작은 메모지를 착용하고 다니는 풍습에 대해서 알고 있는가? 그 대답은 위의 구절 가운데서 발견되어진다. 그 메모지는 사람이 정신이 산만해지고 또 죄를 짓는 경향이 있는 연약한 존재라는 사실을 인식하며 하나님의 도우심 아래 마음을 다하여 하나님께 순종하기를 바란다는 사실을 보여 주고 있다. 사람들은 시각적이다. 우리가 눈으로 보는 것은 깊은 인상을 남긴다. 이스라엘 백성들이 호렙산 기슭 깊은 흑암 가운데서 빛을 발하는 불길을 보았을 때 얼마나 깊은 인상을 받았을지 생각해 보라. "여호와께서 화염 중에서 너희에게 말씀하시되 음성뿐이므로 너희가 그 말소리만 듣고 형상은 보지 못하였느니라"(신4:12). 여호와의 음성과 화염은 그들의 관심을 완전히 사로잡았다. 이것이 바로 하나님이셨다.

 이 사건을 목격한 세대가 사라지자 하나님과 그의 권능에 대한 두려움은 감소되었다. 그것은 하나님께서 모세를 통하여 이스라엘 백성들에게 그렇게 될 것이라고 경고하신 대로였다. 그들은 날마다 그들에게 나타나셔서 사랑으로 공급해 주신 여호와를 믿지 못하고 그 대신에 나무나 돌로 만든 우상에게로 돌아섰다. 이스라엘 백성들은 그들의 자녀들에게 하나님의 명령을 가르치라는 지시를 무시했다. 오늘날 전통적 유대인들은 그들의 이마 위에 하나님의 명령을 붙이고 다닌다. 그것은 눈으로 보는 모든 것들과 마음으로 생각하는 모든 것들이 반드시 하나님을 통해서 여과되어져야만 한다는 것을 상기시켜 준다. 그 명령은 심장에서 가까운 왼팔에 착용하고 있는데, 그것은 하나님을 따르겠다는 결심을 나타내는 것이다. 이러한 것들은 여호와께서 진실로 매우 가까이 계신다는 사실을 시각적으로 상기시켜 준다. 바울도 빌립보서 4장 5절에서 그것에 대하여 거듭해서 설명하고 있다. 그것은 하나님께서 그의 사랑하시는 자들과 맺은 언약적 관계를 나타내는 표시, 즉 상징이다.

표시는 개념이나 소망이나 명령을 전달하기 위해서 사용된다. 그것은 목표나 목적지에 이르는 길을 가리키고 있다. 크리스천들은 유대인들과 같이 하나님의 명령을 자기들의 몸에 착용하지는 않지만 하나님께서 함께 계신다는 사실을 상기시켜 주는 시각적인 물건들을 가까이 두고 있다. 당신은 명상을 하거나 또는 필요할 때 찾아보기 위하여 성경책을 항상 동일한 장소에 보관하는가? 혼자 있거나 또는 다른 사람들과 함께 있거나 간에 당신 앞에 식사가 제공될 때마다 여호와께 감사하는가? 자동차에 성구를 적어 넣은 스티커를 붙이고 다니는가? 성구를 적어 넣은 커피잔을 가지고 있는가? 그리고 그런 것을 보면 예수님에 대하여 생각하는가? 낮 동안에도 하나님께서 우리의 마음에 다가오신다는 사실을 상기시켜 줄 수 있는 것들은 수없이 많다. 그리고 그것은 우리가 하나님과 교통하는 것을 촉진시켜 준다. 식탁에 둘러앉아 있을 때나 같이 길을 걸을 때처럼 자연스러운 상황에서 우리의 자녀들에게 하나님의 임재하심에 대하여 상기시켜 줄 때 그것은 하나님 아버지에 대한 인식을 더욱 강화시켜 줄 것이다. 이러한 것들은 자녀들이 마음 속으로 하나님의 자비를 더욱 잘 이해할 수 있도록 도와준다.

위와 같은 것은 데살로니가전서 5장 17절에 나오는 "쉬지 말고 기도하라"는 바울의 훈계와 결합된다. 심령을 다하여 끊임없이 하나님에 대하여 인식할 때 우리는 정기적으로, 또 자연스럽게 하나님께로 돌아갈 수 있게 된다. 이것이 바로 우리가 젊은이들과 새신자들에게 전달해 주어야 할 필요가 있는 교훈이다. 하나님과 우리의 관계는 어떤 특정한 장소(교회 건물)나 종교의식(기도회나 성경 연구)이나 다른 신자들에게 얽매여 있지 않다. 우리가 매순간마다 하나님에 대한 인식으로 우리의 마음을 적실 수 있으면 있는 만큼, 우리의 자녀들과 우리가 밀접한 관련을 맺고 있는 다른 사람들도 우리를 내부로부터 변화시키시는 살아 계신 하나님을 더욱 더 잘 볼 수 있게 될 것이다.

우리가 이스라엘에 있었을 때 자주 유대인 가정의 현관에 달려 있는 독특한 모습의 작은 박스, 즉 매주조트(Mezuzot)를 보았다. 그 작은 박스 속에는 우리가 방금 논의한 신명기 6장의 명령들이 들어 있다. 그것은 하나님의 명령에 대한 순종과, 그리고 또 우리와 하나님 사이의 관계에 초점을 맞추고 있다. 가족들이 집으로 들어오다가 그것을 볼 때마다 집 안에서 행동을 거룩하게 해야만 한다는 사실을 상기하게 된다. 그와 마찬가지로 그들이 집을 떠날 때에도 어디를 가든지 간에 자기들의 행동이 하나님을 반영하고 있다는 사실을 상기하게 된다.

오늘날 그리스도를 따르는 자들에게 있어서도 이와 같은 상징적 의사 표시가 풍부한 의미를 가져야만 한다. 당신의 현관을 다니는 사람들이, 이 집에 사는 사람들은 하나님을 사랑한다는 사실을 알 수 있도록 해야만 한다. 하나님과 동행할 때 그의 말씀에 대해서 순종을 나타내야만 한다. 하나님께서 성령을 통하여 당신에게 동기를 부여해 줄 때 그렇게 될 수 있을 것이다. 그러므로 당신의 가정은 성결을 반영하고 있어야만 하며 하나님의 목적과 영광을 위하여 구별된 존재가 되어야만 한다.

대문을 통과하여 바깥 세상으로 나갈 때 "세상의 나그네와 행인 같은"(벧전2:11) 당신은 악을 피하고 선을 택하는가? 자녀나 친구들이 당신을 순전하고 또 그 일에 확신을 가진 사람이라고 말하는가? 당신은 하나님의 말씀을 고수하기 위해서 명예와 금전적으로 손해를 볼 만한 어려운 선택을 기꺼이 할 수 있는가? 이러한 질문에 대한 당신의 대답은 자녀들의 마음 속에 의식으로써의 종교와 생활양식으로써의 신앙 사이의 차이점을 인식하게 만들어 줄 것이다.

당신은 '전문가들(목사, 청년회 지도자들, 크리스천 학교 교사들)'이 여러분을 대신하여 자녀들에게 영적인 진리를 가르치고 그들을 인도하도록 허용하는 덫에 빠졌는가? 신명기에 나오는 하나님의 복음, 즉 부모들이 자기 자녀들을 가르쳐야 할 의무를 무시한 것은 얼마나 비극적인가? 이스라엘 백성들은 하나님의 놀라운 권능을 목격했다. 그것은 그들이 여호와는 하나님이시다라는 사실을 알게 하였다(신4:25). 당신 자신의 인생과 사랑하는 사람들 가운데서 그와 같은 하나님의 역사가 일어났다는 것은 되풀이해서 말하고 또 찬양할 만한 가치가 있다.

사람들은 흔히 구약성경은 육적인 진리를 제시하며 그것들은 신약시대의 신자들에 의해서 영적으로 실천된다고 말한다. 그것을 염두에 두고 이 구절 뒤에 숨어 있는 의미에 대하여 생각해 보자. "오직 너는 스스로 삼가며 네 마음을 힘써 지키라 두렵건대 네가 목도한 그 일을 잊어버릴까 하노라 두렵건대 네 생존하는 날 동안에 그 일들이 네 마음에서 떠날까 하노라 너는 그 일들을 네 아들들과 네 손자들에게 알게 하라"(신4:9). 부모든 아니든간에 예수님을 따르는 자들에게 있어서 '자신을 자세히 살피는 일'은 얼마나 필요한가? 우리 주님의 적들은 '도적질하고 죽이고 멸망시키려고'(요10:10) 찾아왔다. 그의 목표물 속에는 마음을 다하여 하나님께 헌신하려는 사람들과 또 의로운 화살통 속의 강력한 화살이 될 수 있는 자녀들을 포함하고 있다.

> "소망의 하나님이 모든 기쁨과 평강을 믿음 안에서 너희에게 충만케 하사 성령의 능력으로 소망이 넘치게 하시기를 원하노라"(롬15:13)

평화란 무엇인가? 샬롬(shalom), 즉 평화의 성경적 개념은 완전함, 온전함, 건전함 등을 내포하고 있다.3) 이것은 전쟁이나 갈등이 없는 것 이상이다. 그것은 만족, 건강, 마음의 평정, 단결, 회복 등을 가리키는 적극적인 용어이다. 하나님을 신뢰하는 가운데 평화를 위하여 기도할 때 하나님께서는 당신에게 풍성한 축복을 허락하실 것이다. 당신의 인생을 순례여행으로 볼 때 하나님과의 이러한 관계의 본질에 대하여 더욱 분명하게 알 수 있다. 당신이 당신의 생활 속에 개입하시는 하나님에 대하여 날마다 간증할 때 그것은 자녀로 하여금 그들 주변에서 역사하시는 하나님의 손길에 대하여 더욱 주의를 기울이도록 만들어 줄 것이다.

당신이 하나님께서 사용하실 수 있는 준비된 그릇이 될 때 하나님께서는 당신을 모든 기쁨과 평화로 가득 채워 주실 수 있다. 그럴 때 당신의 소망은 당신이 만나는 자들에게로 넘쳐 흘러가게 될 것이다. 당신의 가정도 이와 같은 소망으로 가득 차 있는가? 가정은 이러한 일이 일어날 수 있는 피난처인가? 당신은 하나님께 온전히 의존하는 가운데서 그 분을 신뢰하고 있는가? 예수님께서는 적어도 두 번 믿음과 평화를 연관시키고 있다. "네 믿음이 너를 구원하였으니 평안히 가라"(눅7:59). "딸아 네 믿음이 너를 구원하였으니 평안히 가라 네 병에서 놓여 건강할지어다"(막5:34). 당신과 하나님의 관계는 당신이 가정에 제공해 줄 수 있는 평화의 양을 결정할 것이다.

가정의 조화, 즉 샬롬 바이트(shalom bayit)는 중요한 목표이다. 가정은 당신이 죄악된 본성에 대항하고 성령의 열매를 맺을 기회를 가질 수 있는 용광로이다. 조화는 저절로 찾아오는 것이 아니다. 그것은 날마다 양성되고 강화되어져야만 한다. "이러므로 우리가 화평의 일과 서로 덕을 세우는 일에 힘쓰나니"(롬14:19). 당신은 자신이 먼저 생활 속에서 실천하지 아니한 것을 자녀들에게 가르쳐 줄 수 없다. 당신에게 있어서 개인적인 평화는 얼마나 중요한가? 평화의 그릇이 되기 위하여 어떤 활동들이나 인간관계를 기꺼이 희생시킬 수 있는가? 이 구절에 대해서 조심스럽게 숙고해 보자. "그러므로 생명을 사랑하고 좋은 날 보기를 원하는 자는 혀를 금하여 악한 말을 그치며 그 입술로 궤휼을 말하지 말고 악에서 떠나 선을 행하고 화평을 구하여 이를 좇으라"(벧전3:10~11).

분명히 평화는 당신이 이해할 수 있는 실재가 아니다. 평화는 마음을 다하여 하나님과의 친밀함을 찾고 그의 얼굴을 구하는 데서부터 온다. "주 앞에서 점도 없고 흠도 없이 평강 가운데서 나타나기를 힘쓰라"(벧후3:14). 진지하고도 순수한 마음으로 그의 임재하심을 갈망할 때에만 당신의 마음은 믿음 가운데서 안식을 발견하게 될 것이다(시24:3). 평화를 발견하기 위해서 힘쓰라는 이분법은 히브리의 블록식 논리를 반영하고 있다.: 만약에 당신이 그것에 대하여 그토록 열심히 노력해야 한다면 어떻게 평화를 발견할 수 있겠는가? 그의 평화를 방해하는 것을 밝혀내고 또 사랑과 순종의 관계로 되돌아가는 것도 역시 일생의 과정이다. 그의 영광스러운 은혜를 끊임없이 인식할 때 평화는 회복될 것이다.

평화의 개념이 너무나도 중요하기 때문에 그것은 하나님의 이름으로도 사용되고 있다. 즉 야훼 살롬(Yahweh Shalom: 삿6:24)과 평강의 왕(사9:6)이다. 하나님의 이름은 그의 성품의 일부를 반영하고 있기 때문에 당신이 하나님을 믿을 때 하나님의 평화를 소유할 수 있게 될 것이다. 그는 시련과 갈등 속에서도 평화의 하나님이시다. "평강의 하나님께서 속히 사단을 너희 발 아래서 상하게 하시리라"(롬16:20). 이것은 자녀들을 위한 놀라운 시각적 이미지이다. 평강의 하나님께서 평안의 복음을 예비하여 신을 신는 신체부분인 우리의 발 아래에서 사탄을 상하게 하신다.(엡6:15)

예수님께서 자기가 방문하시고자 하는 모든 성읍에 자기보다 앞서 72명의 제자들을 파송하셨을 때 그들에게 다음과 같이 가르치셨다. "어느 집에 들어가든지 먼저 말하되 이 집이 평안할지어다 하라 만일 평안을 받을 사람이 거기 있으면 너희 빈 평안이 그에게 머물 것이요 그렇지 않으면 너희에게로 돌아오리라"(눅10:5~6). 방문자들이 당신의 집에 들어와서 그곳이 평안의 장소라는 사실을 알게 하기 위해서는 먼저 당신의 마음을 점검해야만 한다. 당신은 아무도 보는 사람이 없이 혼자 있을 때에도 의롭게 행하고 있는가? 진실함과 순전함은 하나님을 향한 존경과 경외심을 내포하고 있으며 진리로 충만하여 '선의의 거짓말'을 위한 여지도 남겨놓지 않는다. 정직은 은혜와 겸손한 마음에 의해서 능력이 더해진다.

어린 아이들은 자기들에게 가장 중요한 사람들, 즉 그들의 부모들의 행동과 자세를 눈여겨 보고 있다. 당신의 말과 행동 사이에 모순이 있을 때 자녀들은 완벽한 평화 속에 보존해 주시는 하나님의 신뢰성에 대하여 의심을 갖게 될 것이다. 자녀들 앞에서 자신의 죄와 부족한 점들을 솔직하게 고백하라. 그럴 때 그들은 하나님의 용서와 깨끗케 하심을 볼 수 있을 것이다(요일1:9). 당신이 자녀들에게 죄를 지었을 때 용서를 빌라. 그리고 상황이 요구한다면 원상회복시켜라.

성령께서는 당신의 마음의 '사면의 벽들' 안에서 살고 계시며 여러분에게 하나님의 귀한 약속들을 상기시켜 주신다. "보혜사 곧 아버지께서 내 이름으로 보내실 성령 그가 너희에게 모든 것을 가르치시고 내가 너희에게 말한 모든 것을 생각나게 하시리라 평안을 너희에게 끼치노니 곧 나의 평안을 너희에게 주노라 내가 너희에게 주는 것은 세상이 주는 것 같지 아니하니라 너희는 마음에 근심도 말고 두려워 하지도 말라" (요14:26~27). 다른 활동들 심지어 잠자는 것까지도 희생하라. 그럴 때에 여러분은 기도하고 말씀을 연구하여 성령께서 여러분이 알기를 원하시는 것들을 기억할 수 있게 될 것이다.

세상이 주는 평강(불안정하고 덧 없으며 환경과 사람에게 의존함)과 예수님이 주시는 평화(거룩하고 숨은 동기가 없으며 환경과는 상관없고 그분 자신과 관계가 있음) 사이를 구별하라. 자녀들에게 양자 사이의 차이점이 무엇인지를 보여 달라고 요구하라. 그리스도의 평화는 열매를 맺고 자기를 희생하기 위한 것이다. 그렇게 해서 다른 사람들이 복을 받고 하나님께 찬양을 돌리게 한다. 신자들은 그들의 마음을 괴롭게 해서는 안된다는 훈계를 받았다. 당신을 사랑하는 다른 사람들에게 걱정과 불안과 절망이 얼마나 찾아오는지 생각해 보라. 대부분의 사람들은 당신의 문제를 신속히 해결하기를 원할 것이다. 어떤 사람들은 당신과 함께 고통을 당하기까지 할 것이다. 어떤 죄악이 당신과 하나님을 분리시키는지, 또는 어떤 영적인 요새가 당신으로 하여금 하나님의 주권과 사랑에 대하여 눈을 감게 하는지, 하나님께 가르쳐 달라고 간구하라. 먼저 영적인 수준에서 당신이 처한 상황에 접근하라. 그리고 나서 다른 요인들에 대하여 생각하라.

예수님께서도 "두려워하지 말라"고 훈계하셨다. 이것은 베드로가 한 말과 유사하다. "너희가 선을 행하고 아무 두려운 일에도 놀라지 아니함으로 그의 딸이 되었느니라"(벧전3:6). 당신에게 두려워해야 하는 어떤 이유가 있는가? 예수님께서는 다음과 같이 말씀하셨다. "내가 세상에 화평을 주러 온 줄로 생각지 말라 화평이 아니요 검을 주러 왔노라"(마 10:34). 사탄은 신자들에게 전쟁을 선포했다. "용이 여자에게 분노하여 돌아가서 그 여자의 남은 자손 곧 하나님의 계명을 지키며 예수의 증거를 가진 자들로 더불어 싸우려고 바다 모래 위에 섰더라"(계12:17). 이 세상에 속해 있으며 당신이 믿는 주님을 미워하는 자들은 분명히 당신에게 박해를 가할 것이다. "인자를 인하여 사람들이 너희를 미워하며 멀리하고 욕하고 너희 이름을 악하다 하여 버릴 때에는 너희에게 복이 있도다"(눅6:22). 당신은 그와 같은 모욕과 세상으로부터 격리되는 것을 축복으로 받아들일 수 있는가? 자녀들에게 예수님과 친밀한 관계를 유지하여 결과적으로 그와 같은 '축복'에 이르라고 가르칠 수 있는가?

그토록 두려운 공격들 가운데서도 그리스도를 따르는 자들은 제자들과 마찬가지로 오직 하나님만을 두려워하라는 교훈을 받았다. "마땅히 두려워 할 자를 내가 너희에게 보이리니 곧 죽인 후에 또한 지옥에 던져 넣는 권세 있는 그를 두려워하라 내가 참으로 너희에게 이르노니 그를 두려워하라"(눅12:5). 당신이 두려운 위기 앞에 직면 할 때도 즉시 온전한 초점과 생각과 의지적 결단과 감정을 평화의 유일한 원천이신 하나님께로 향하게 해야만 한다. 예수님께서 그의 제자들에게 하나님을 두려워하라고 말씀하신 후 다시 그들에게 "두려워하지 말라"고 말씀하셨다(눅12:7). 이것은 서로 모순되는 말이 아니다. 그들과 당신은 하나님의 권능과 능력에 대해서 경외심을 가지라는 명령을 받고 있다. 그러나 그의 귀한 자녀로서 당신은 하나님께 매우 귀중한 자들이다. 이토록 무서운 여호와께 복종한다는 것은 비굴하게 끌려가는 것이 아니라 여호와께 더욱 더 가까이 이끌리심을 받는다는 것을 의미한다. 당신이 하나님께 갖고 있는 자세와 행동을 보면서 당신의 자녀나 제자들은 두려운 하나님과 아바 아버지로서 사랑의 하나님 사이의 균형을 깨달을 수 있게 될 것이다. 빌립보서 4장 5~7절을 읽을 때 하나님께서 주시는 위로에 대하여 생각해 보라. "너희 관용을 모든 사람에게 알게 하라 주께서 가까우시니라 아무것도 염려하지 말고 오직 모든 일에 기도와 간구로 너희 구할 것을 감사함으로 하나님께 아뢰라 그리하면 모든 지각에 뛰어난 하나님의 평강이 그리스도 예수 안에서 너희 마음과 생각을 지키시리라."

"의의 공효는 화평이요 의의 결과는 영원한 평안과 안전이라"(사32:17)

20세기 랍비인 아브라함 조슈아 헤셸(Abraham Joshua Heschel)은 "만약에 하나님이 지극히 중요한 분이 아니시라면 전혀 중요하지 않으신 분이다."라고 썼다.4) 당신이 가지고 있는 삶의 우선순위가 무엇이냐에 따라 24시간을 보내는 방법과 내용이 달라지게 된다. 당신의 말과 행동이 일치하지 않을 때 자녀들이 그것을 깨닫는 데는 오랜 시간이 걸리지 않는다. 우리가 한 번은 신자이면서도 결혼생활에 어려움을 가지고 있던 어떤 친구에게, 열두 살 된 자기 딸에게 아버지가 무엇을 가장 중요하게 생각하고 있을 것 같은지를 물어보라고 촉구했다. 그 딸아이는 "골프, 하나님, 엄마, 그리고 나"라고 네 가지를 말했다. 당신도 배우자나 자녀들에게 이와 같은 질문을 해보라. 만약에 당신이 독신자라면 가장 가까운 친구들에게 그런 평가를 해달라고 부탁하라.

이것은 심각한 일이다. 왜냐하면 하나님께서는 그의 자녀들 각각에 대해서 목적을 가지고 계시기 때문이다. 만약에 당신이 개인적인 기도와 예배와 성경묵상을 통해서 준비하고 힘을 얻어 하나님께 유용한 자로 준비되어 있지 못한다면 당신은 하나님께서 당신의 의를 개발하시는 것을 방해하고 있는 것이다.

하루를 시작하기 전이나 또는 밤의 고요함이 깃든 후에 남는 시간은 다가올 시간에 당신에게 필요한 것을 하나님께서 여러분의 '토기 그릇'에 채워 주실 수 있는 기회가 될 것이다. 히브리서 기자의 축도는 하나님과 은밀한 대화를 나눌 수 있게 하는 자극제가 아닌가? "평강의 하나님이 모든 선한 일에 너희를 온전케 하사 자기뜻을 행하게 하시고 그 앞에 즐거운 것을 예수 그리스도로 말미암아 우리 속에 이루시기를 원하노라 영광이 그에게 세세무궁토록 있을지어다"(히13:20~21).

　가족들이 서로 가까이 다가갈 수 있도록 이끌어 주고 또 자녀를 경건한 모습으로 훈련시킬 수 있도록 도움을 주는 안내서들이 많이 있다. 우리는 당신이 가정을 성소로 만들 필요성을 인식한다면 당신의 의욕을 자극하거나 적어도 아이디어를 제공해 줄 수 있는 '유익한 힌트들'을 가지고 있다. 행동만으로는 당신이나 자녀들의 성품을 확립시킬 수 없다는 사실에 주목하라. 진정한 개혁은 성품이 형성되는 마음에서부터 시작된다.

　배우자와 함께(만약에 당신이 독신자거나 또는 홀아비나 과부라면 책임있는 파트너와 함께) 다음과 같은 하나님의 명령들을 어떻게 실천할 수 있을지 생각해 보라. 그것들은 비록 불가능한 것은 아니지만 이상적인 것처럼 보인다. 그러나 하나님께서는 성령을 통하여 자신의 자녀들이 명령을 따를 수 있는 능력을 부여해 주셨다. "그러므로 너희는 하나님의 택하신 거룩하고(그의 목적을 위해서 구별되어졌으나 아직까지 완전하지는 않다.) 사랑하신 자처럼 긍휼과 자비와 겸손과 온유와 오래 참음을 옷 입고 누가 뉘게 혐의가 있거든 서로 용납하여 피차 용서하되 주께서 너희를 용서하신 것같이(용서받은 사람이 그럴 만한 자격이 있든지 없든지 간에) 너희도 그리하고(바울은 이 말을 반복하고 있다. 그것은 중요한 문제임에 틀림없다) 이 모든 것 위에 사랑을 더하라(감정적 표현 뿐만 아니라 행동으로 순종) 이는 온전하게 매는 띠니라 그리스도의 평강이 너희 마음을 주장하게 하라 평강을 위하여 한 몸으로 부르심을 받았나니 또한 너희는 감사하는 자가 되라"(골3:12~15).

가족들로 하여금 이 구절에 나타난 각각의 미덕들, 즉 겸손, 용서, 감사 등에 대한 사례들을 적거나 그리도록 하라. 낮 동안에 이러한 미덕들을 발휘할 수 있는 기회를 가질 수 있게 해 달라고 기도하라. 스트레스를 받는 환경 가운데서도 육적인 반응을 보이기 보다는 오히려 이러한 의로운 자질들 중 한 가지를 발휘한 가족들을 격려하라. 이 명령들 중 한 가지를 범한 사람들에게 권고하고 그들에게 하나님 앞에서 고백할 수 있는 기회와 원상회복할 수 있는 기회를 허용해 주라. 사람들은 자주 사실상 하나님께 죄를 범했다는 사실을 인정하기보다는 오히려 죄악된 선택에 대하여 변명을 하는 경향이 있다.("오, 그녀는 너무 어려서 그것을 이해할 수 없습니다." 또는 "그는 그 일을 당해 마땅합니다.") 회개하고 고백하여 용서함과 깨끗케 함을 받았을 때 하나님께서 당신에게 보여주신 은혜에 대하여 감사하라(히10:22). 전 가족들을 위한 기도일지를 쓰라. 날짜와 기도제목을 제시한 사람을 기록하라. 그리고 그것을 정기적으로 갱신하라. 따로 시간을 마련하여 온 가족 전체가 그 일지를 다시 읽어보라. 그리고 하나님의 신실함에 대하여 감사를 표현하라. 다니엘이 자기의 기도가 응답되기 전에 21일 동안 기다려야만 했던 사실을 기억해라. 그러나 하나님께서는 첫 날에 그 기도를 들으셨다. 끈길기게 기도하라는 것은 중요한 교훈이다. 하나님의 시간은 항상 완벽하기 때문이다. 그리고 하늘에는 성도들이 기도하는 것을 막는 영적인 세력들이 있다. "여호와의 영예와 그 능력과 기이한 사적을"(시78:4) 전하는 것은 성경적이다. 이스라엘 백성들은 자녀들에게 그와 같은 것들을 가르치라는 격려를 받았다. "이는 저희로 후대 곧 후생 자손에게 이를 알게 하고 그들은 일어나 그 자손에게 일러서 저희로 그 소망을 하나님께 두며 하나님의 행사를 잊지 아니하고 오직 그 계명을 지켜서"(시78: 6~7).

  자녀들이 그 부모들에 대하여 가지고 있는 존경의 수준이나 또는 존경심이 없는 것은 그들이 하나님에 대하여 인식하고 있는 권위의 정도를 반영하고 있다. 만약에 당신의 자녀들이 부모나 교사나 경찰이나 다른 공적인 대표자들 등과 같이 정당한 권한을 가진 사람들의 권한을 인정하지 않는다면 그들은 분명히 보이지 아니하는 하나님께도 경의를 표하지 않을 것이다. 잠언기자는 6장 20절에서 잠언 전체에서 발견되어지는 주제를 반복하고 있다. "내 아들아 네 아비의 명령을 지키며 네 어미의 법을 떠나지 말고." 그와 같은 명령은 '권리'를 주장하는 90년대의 분위기에서는 반문화적이다. 그러나 말씀은 시간을 초월하며 문화적인 제약도 받지 않는다. 에베소서 4장 2절에서는 부모가 아이들을 지도할 때 가혹함이나 지배하려는 마음을 가지지 말라고 말하고 있다. "모든 겸손과 온유로 하고 오래 참음으로 사랑 가운데서 서로 용납하고 평안의 매는 줄로 성령의 하나되게 하신 것을 힘써 지키라." 여기서 "힘써 지키라"는 말은 하나님의 사랑과 그리고 또 서로를 위하여 이루어지는 수많은 노력과 견고함과 힘을 가리키고 있다.

  당신의 가정의 분위기는 어떠한가? 당신은 음악을 통해서 조화로운 환경을 조성할 수 있는가? 하나님을 영광스럽게 하는 말씀과 여러분의 마음 속에서 울려 퍼지는 멜로디와 마음을 동요시키기보다는 오히려 진정시키는 리듬은 가족 전체에 기쁨을 가져다 주는 수단이 될 수 있다.

하나님 앞에서 한 시편 기자의 결심에 대해서 심각하게 생각해 보라.

"내가 완전한 마음으로 내 집 안에서 행하리이다 나는 비루한 것을 내 눈 앞에 두지 아니할 것이요"(시101:2~3)

만약에 가정에서 어떤 사람이 그 눈 앞에 '비루한 것'을 둔다면 어떨지 생각해 보라. 당신은 자녀들에게 TV시청을 허용하는 것 뿐만 아니라 자신이 TV를 보는 것에 관하여 어떻게 생각하는가? 만약에 예수님이 그 자리에 함께 앉아 계신다면 예수님은 어떻게 느끼시겠는가? 사실상 예수님은 성령을 통하여 그 자리에 계신다. 텔레비전 시청은 자녀들로 하여금 악에 대하여 무감각하게 만들어 준다. 아이들은 상업방송을 보면서 세상적 가치관에 노출될뿐만 아니라 시간을 낭비하고 창조력은 억제된다. 또한 끊임없이 변화하는 영상이 아닌 그 어떤 것에는 주의력을 가질 수 없게 된다.

가정에서 TV시청 외에 다른 활동들을 가져보라. 즉 도서관을 방문하여 가치있는 독서자료를 큰 소리로 함께 읽고, 보드게임을 만들고(정신집중 게임, 어린이들을 위한 도미노, 빙고 등과 같은 것들) 또는 청지기의 수단으로 정원을 가꾸는 일 등을 해보라.(씨를 뿌리고, 과일나무를 키우고, 열매를 거두어 궁핍한 자들에게 나누어 주라.)

가족단위의 취미들은 앞으로 가질 수도 있는 가족적 사업의 준비단계가 될 수도 있다. 사람들로부터 칭찬을 받는 어떤 기술을 당신은 가지고 있는가? 그 기술들을 자녀들에게 가르쳐 주라. 목수일이나 자동차 수리는 어떤가? 그 일을 하는 동안에 자녀들과 대화를 나눌 수 있으며 자녀들은 당신을 도와주거나 또는 수리하는 일을 함께 할 수 있을 것이다. 재봉은 어떤가? 제과는 어떤가? 회계는 어떤가? 그러한 일을 가르쳐 주는 훈련과정 중에 실제적으로 자녀들 뿐만 아니라 부모들도 책임감, 인내심, 근면성 등을 키울 수 있다.

무엇인가를 만드는 창조적 활동들은 그 과정 속에서 필요시되는 것을 얻기 위해서 물물교환 체계를 확립시켰다. 그들은 기술적인 분야부터 기술이 필요 없는 분야에 이르기까지 서로에게 서비스를 제공해 줄 수 있다. 예를 들자면 어떤 아버지는 카펫트를 세탁하는 일을 한다. 그는 다른 사람의 식당에서 카펫트를 세탁해 주어 점수를 쌓을 수 있다. 그는 거기서 그것들을 '쓸 수도 있으며', 또는 다른 사람의 서비스를 '살 수도' 있다. 당신과 당신의 자녀들은 다른 사람들에게 기술과 재능을 제공해 줄 수 있는 금광을 가지고 있다. 거기서는 돈보다도 서비스를 교환할 수 있다.

만약에 십대의 자녀들이 TV를 보는 대신 아르바이트를 한다면 나름대로 돈을 계획성있게 쓰는 법을 배울 수 있다. 예를 들면 이웃에 살던 어떤 젊은 친구는 자주 피곤하고 지친 모습으로 학교에서 집으로 돌아와 집에 오면 할 일이 아무 것도 없다고 불평을 하곤 했다. 그 때 이웃 사람이 일주일에 며칠씩 방과 후에 아기 돌보는 사람이 필요하다고 말했다. 그 젊은 친구는 마지못해 동의했다. 2주 후에 그녀의 어머니는 자신의 딸이 얼마나 책임감이 강해졌는지 흥분해서 말했다. 그녀는 숙제와 어린아이들을 돌보는 일을 위하여 시간을 할당했으며 자신의 수입에 대해서도 계획을 짰다. 학년이 올라감에 따라서 그녀의 저축도 늘어갔다. 그녀는 이제 오후에 해야 할 일이 있었으며 그리고 성취해야 할 목표도 가지고 있었다.

　가정은 가족들의 영적인 상태를 훈련하는 성소로써 성경적인 진리를 실천하고 경건한 성품을 개발할 수 있는 곳이다. 자기집이 무질서하고 너저분하다고 서로 비난하기보다는 오히려 함께 앉아서 목표를 세우고 (조직, 단정함, 질서) 각자 그 목표를 달성하기 위하여 어떤 일을 할 수 있는지 토의하라. 부모로서 자신을 먼저 점검하라. 당신은 아침에 분주하게 서두르지 않을 만큼 충분히 일찍 일어나는가? 전날 밤에 준비해야 할 일들이 있는가? 옷정리, 책정리, 열쇠와 지갑은 항상 제자리에 있는가? 가정은 어지럽게 널려진 골동품들이나 혹은 지나치게 넓은 정원 같이 시간이 많이 들고 추가적인 유지비가 필요한 물건들로 가득 차 있는가? 이러한 것들은 가정으로부터 시간을 빼앗아간다. 그러므로 이처럼 시간을 낭비하게 만드는 것들이 가지는 중요성과 그것들을 유지하는 데 필요한 노력들을 비교해 보라. 단순한 환경은 조화와 평화를 배가시켜 줄 것이다. 특히 모든 가족들이 어떤 물건이 어디에 있는지를 다 알고 있을 때 그러하다.

　가족이 모두 한자리에 모여 경건의 시간을 가질 수 없을 만큼 바쁜 업무스케줄을 가지고 있는 크리스쳔은 거의 없다. 어떤 가정은 매일 아침 5시 30분에 일어나 하나님의 말씀을 읽고 기도하면서 시간을 보낸다. 그 가정에서 가장 어린 자녀는 큰 소리로 읽은 것을 그림으로 그리며, 보다 나이든 자녀들은 자기 차례가 되면 성경을 읽고 자기가 생각한 바를 이야기한다. 우리는 자수나 블록쌓기 등과 같은 수작업은 그 손이 나쁜 일을 하는 것을 막아준다는 사실을 발견했다. 그것이 당신의 생활양식이 될 때까지는 많은 노력과 인내가 필요할 것이다. 그러므로 자녀들이 처음에는 초조해할지라도 낙심하지 말라. 특히 가족들의 필요에 주의를 기울이고 하나님의 말씀, 즉 레마를 그러한 관심사에 적용시켜라. 자녀들은 하나님의 생명력을 이해하고 생활 속에서 역동적으로 임재해 계신 하나님을 이해할 필요가 있다.

하나님께서 사람들을 음식물이 필요한 존재로 만드셨다는 것은 얼마나 놀라운 사실인가. 음식을 준비하고 감사하며, 함께 나누고 설거지를 하면서 서로에 대한 협동과 배려를 더 많이 가질수 있다. 이러한 것들이 없다면 사람들은 어려운 일을 당하고 있는 사람들의 내부에서 어떤 일이 진행되고 있는지 염려하는 마음을 직접적으로 말해야만 한다. 그들이 체험하는 상황들 중에서 충고나 지혜나 계획을 필요로 하는 경우가 있지 않은가? 함께 식사하는 시간이 너무나도 중요하기 때문에 운동이나 음악 레슨이나 전화 등과 같이 그것을 방해하는 활동들에 대하여 심각하게 재고해야만 한다. 성경도 자주 사람들이 편안한 자세로 함께 식사를 나눌 때 예수님께서 중요한 교훈을 말씀해 주신 장면들을 자주 기록하고 있다. 우리가 그토록 중요한 모범을 무시해서야 되겠는가?

식사시간은 친밀한 의사소통과 감정적인 표현을 할 수 있는 기회이다. 리더스 다이제스트 여론조사에 의하면 자녀들이 학교생활에 흥미를 느끼게 하는 데에는 가정도 매우 중요한 역할을 한다. "가정은 다음 세대에게 학교와 세상에서 성공 할 수 있도록 이끌어 주는 가치관과 행동들을 전달해 주는 주된 사회적 장소이다. 어린 아이들은 자기가 알고 있는 많은 것들을 학교에서 배우는 것이 아니라 어머니와 아버지로부터 배운다. 양친부모와 함께 사는 것보다도 함께 식사를 하는 것이 훨씬 더 큰 차이점을 만들어내는 것 같다. 이것은 가정이 단순히 존재하는 것이 아니라 뭔가 그 사명을 다하고 있다는 사실을 의미하고 있다. 당신은 최근에 자신의 가정에 손님을 모시고 환대를 나눈 적이 있는가? 바울은 신자들에게 "손님 대접하기를 힘쓰라"(롬12:13)고 권고하고 있다. 다시 말하자면 그리스도 안에서 한 가족이 된 어떤 궁핍한 사람이 예고도 없이 찾아왔을 때 순수한 사랑으로 받아들일 마음의 준비를 해야만 한다는 것이다. 그들도 역시 당신 가족의 일부이다. 손님들이 도착하기 이전에, 그리고 그들이 가정에 머무르는 동안에 일반적인 분위기는 어떠한가? 그들이 환영 가운데서 하나님의 평화를 느끼는가? 그들의 존재가 의무라기보다는 오히려 진정한 기쁨이 되고 있는가? 손님들을 위하여 식사를 준비하고 봉사하고 함께 나누는 일에 자녀들을 참여시켜라. 그럴 때 당신은 자녀들에게 가족 이외의 사람들과 개인적인 수준에서 교제를 나누는 방법을 훈련시키고 있는 것이다.

"열심으로 서로 사랑할지니"(벧전4:8)라는 베드로의 훈계는 아무런 불평도 하지 아니하고 호의를 베푸는 것을 포함하고 있다. 훌륭한 음식과 호화스러운 가구들이 손님보다는 저녁식사에 대해서 더욱 염려하다가 지쳐 떨어진 주인을 보상할 수 없다. 다른 사람들과 즐거운 시간을 가지고 또 사려깊은 대화를 나누는 것이 당신에 대해서 염려하는 사람들에게 감사를 표현하고 또 가정의 단란함을 함께 나눌 수 있는 기회가 된다는 사실을 자녀에게 보여주라.

> "너희는 기쁨으로 나아가며 평안히 인도함을 받을 것이요 산들과 작은 산들이 너희 앞에서 노래를 발하고 들의 모든 나무가 손바닥을 칠 것이요"(사55:12)

당신이 마음 속으로 가족들을 양육할만한 하나님의 평화를 가지고 있을 때 당신은 '기쁨으로 나아갈' 준비를 하게 되는 것이다. 성령이 당신 안에서 열매로 맺은 정신적 평정은 당신에게, 어린 아이처럼 신기하게 여기고, 하나님께서 그 손으로 하시는 일 가운데서 그의 무한한 창조력을 인식하며, 그리고 또 그것으로 인해서 하나님께 감사할 수 있는 자유를 제공해 준다. 신자들에게 힘을 불어 넣어주는 예수님의 생명력을 성경도 자주 "생수"(요4:10, 7:38, 계7:17)로 묘사한다. 생명을 유지시켜 주는 물은 그 입구에서 출구로 흘러 나오며, 당신의 생활환경이 변화함에 따라서 항상 새롭게 변하며 당신을 깨끗케 만들어 준다.

당신을 평화의 도성 예루살렘으로 볼 때, 당신의 생활과 자녀들의 생활이 대문밖에 있는 사람들에게 어떤 영향을 줄 수 있는지 생각해 보라. "여호와께서 이같이 말씀하시되 보라 내가 그(예루살렘)에게 평강을 강 같이(하나님께서 우리에게 주시는 평안은 한계가 없다.) 그에게 열방의 영광을 넘치는 시내같이(우리의 부는 경건한 유산이다. 홍수같이 넘쳐 흐르는 성령충만한 생활은 다른 사람에게 축복이 된다.) 주리니 너희가 그 젖을 빨 것이며 너희가 옆에 안기며 그 무릎에서 놀 것이라(평화로운 가정에서 우리는 음식을 먹고 우리의 인간관계는 번성하고, 기쁨과 휴식을 발견하게 된다.) 어미가 자식을 위로함같이 내가 너희를 위로할 것인즉 너희가 예루살렘에서 위로를 받으리니"(사66:12~13).

샬롬 바이트(shalom bayit) 즉 평화의 가정은 하나님을 사랑하는 자들로 하여금 자기 가족을 초월하여 다른 사람들을 위로하고 동정심을 발휘할 수 있게 만들어 준다. 성령이 가정 안에서 당신을 통하여 이루시는 평화는 온전한 누룩과 같이 그 영향력을, 이웃과 일터와 사회 등 더욱 넓은 범위로 확장시킨다. 날마다 스가랴 7장 9~10절 말씀에 순종하는 것이 무엇을 의미하는지 자녀들에게 본을 보여주고 말로 설명해 줄 수 있는 기회를 가지도록 하라. "만군의 여호와가 이미 말하여 이르기를 너희는 진실한 재판을 행하며 피차에 인애와 긍휼을 베풀며 과부와 고아와 나그네와 궁핍한 자(유학생이나 피난자들도 포함)를 압제하지 말며 남을 해하려 하여 심중에 도모하지 말라(여러분의 외적인 행동과 내적인 생각이 일치하게 하라)." 그리고 또 다음과 같은 사람들을 위하여 열심히 기도하라. "임금들과 높은 지위에 있는 모든 사람을 위하여 하라 이는 우리가 모든 경건과 단정한 중에 고요하고 평안한 생활을 하려 함이니라 이것이 우리 구주 하나님 앞에 선하고 받으실 만한 것이니"(딤전2:2~3).

접촉의 실제적인 수단은 서신을 통한 것이다. 자녀들에게 받은 축복에 대하여 감사를 표현하라고 가르칠 뿐만 아니라 본보기를 통해서 그들이 자주 보지 못하는 사람들에게 생명의 그릇과 격려가 되도록 훈련시켜라. 바울과 베드로의 서신들은 "하나님 아버지로부터 은혜와 자비와 평강이 너희에게 있을지어다"라는 말로 시작되고 있다. 그 서신들은 그들 자신과 다른 사람들의 생활 속에서 하나님께서 어떻게 미덕들을 드러내 보여주셨는지에 대한 사례들로 가득 차 있다. 당신의 서신들도 이와 같은 요소들을 포함하고 있어야만 한다.

"자비를 보여주는 것"은 매우 실제적인 방법으로 표현될 수 있다. 어떤 어머니는 자기 자식들이 보답해 줄 능력이 없는 사람들을 도와주도록 훈련시키기를 원했다. 그녀는 교인들을 통해서 그 지역에 살고 있던 보스니아 피난자 가족들을 정착시키려고 도와주고 있는 중간 연락원의 위치를 알아냈다. 이 가족은 친구들과 이웃들과 동료 신자들을 찾아다니며 담요, 코트, 기타 생활 필수품을 모아 피난자 가족들에게 전달해 주었다. 그들은 통역자를 통해서 마음속에 있는 말을 서로 나눌 수가 있었다. 선교사였던 그들도 수년 전에는 '낯선 땅의 이방인'이었다. 우정의 결속이 오늘날까지 계속적으로 이어지고 있다. 그들은 단지 물질적 필요만을 채워주는 선행을 한 것이 아니었다. 그 가정은 고난을 당하는 자들에게 예수님의 사랑을 전해준 예수님의 손과 발이 되었던 것이다. 이와 같은 일을 할 수 있는 기회는 얼마든지 많이 있다. 당신은 단지 기도하고 하나님께서 주시는 응답에 주의를 기울이기만 하면 된다. 당신이 믿음을 실천하면서 살 때 자녀들도 그것이 진정한 신앙이라는 사실을 알게 될 것이다.

자녀 양육에는 교사나 상담자 등의 전문가들이 아이들에게 해주는 활동이상으로 많은 것들이 필요하다. 자녀들은 하나님께서 당신에게 맡겨 주신 것이다. 따라서 당신은 하나님의 은혜와 권능과 사랑에 의지하여 그들을 훈련시켜, 하나님을 알고 사랑하고 섬기게 만들어야 한다. 그와 같은 책임은 엄청나게 보일 것이다. 그러나 다음 두 장들 가운데서 알 수 있듯이, 하나님께서 당신의 부족한 점을 채워주셔서 서로 짐을 나누어 지는 집단 속에 들어가게 하시며, 따라서 그들과 함께 하나님을 신뢰할 수 있을 것이다.

제●11●장

가정교회
서로간에 의를 격려하는 가정교회

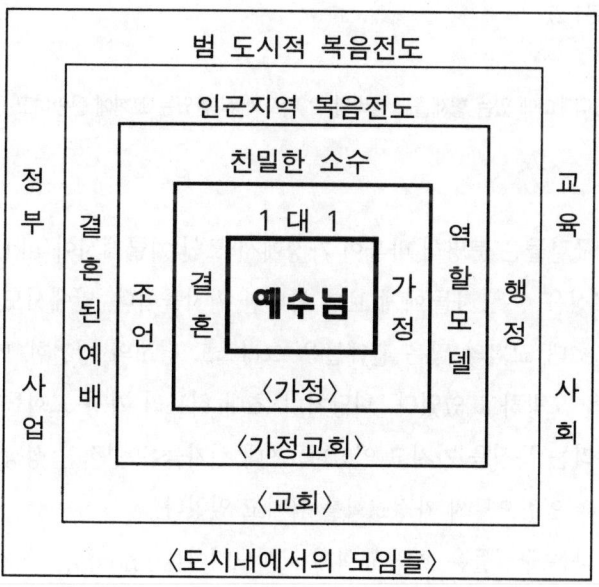

"날마다 마음을 같이 하여 성전에 모이기를 힘쓰고 집에서 떡을 떼며 기쁨과 순전한 마음으로 음식을 먹고 하나님을 찬미하며 또 온 백성에게 칭송을 받으니 주께서 구원받는 사람을 날마다 더하게 하시니라"(행2:46~47)

"또 저희 교회에게도 문안하라 나의 사랑하는 에배네도에게 문안하라 저는 아시아에서 그리스도께 처음 익은 열매니라"(롬16:5)

"아시아의 교회들이 너희에게 문안하고 아굴라와 브리스가와 및 그 집에 있는 교회가 주 안에서 너희에게 간절히 문안하고"(고전16:19)

"자매 압비아와 및 우리와 함께 군사 된 아킵보와 네 집에 있는 교회에게 편지하노니"(몬1:2)

"라오디게아에 있는 형제들과 눔바와 그 여자의 집에 있는 교회에 문안하고"(골4:15)

위의 구절들은 분명히 바울이 가정에서 모인 에클레시아(ekklesia), 즉 '부르심을 받은 자들'에게 보낸 특별한 편지들이다. 앞에서도 살펴보았듯이 초대 교회의 많은 관례들은 그리스도 당시의 경건한 회당들의 관례들을 모방하고 있었다. 회당처럼 초대 히브리 가정 교회들은 개인적 참여라는 특징을 가지고 있었다. 초대 신자들은 영적인 성장을 위하여 가정의 연장으로써 가정교회를 가지고 있었다.

앞에 나온 구절들은 초대 교회의 코이노니아(koinonia), 즉 가정에서 모인 교인들이 주고 받았던 교제와 친교를 반영하고 있다. 그리스도 당시에 가정은 유대인들을 위한 영적인 훈련기지였으며 부모들이 주님의 지혜와 뜻 가운데서 자녀들을 훈련시킬 책임을 지고 있는 장소였다. 가정교회는 성전에서 모인 보다 규모가 큰 회중의 틀에 박힌 프로그램적 활동이 아니라 가정의 연장이었다. 만약에 당신이 예수님과의 일 대 일 관계에서부터 가정에서의 영적인 성장, 짐을 나누어 지는 동료들과의 친밀성, 교회에서 예배드리는 자들이 전체적으로 모이는 것에 이르기까지 일련의 과정에 대한 의미를 이해한다면, 이것이 중요한 특징을 지니고 있다는 사실을 알게 될 것이다.

우리는 어떤 큰 교회를 위해서 새로운 가정교회 사역을 시작하려는 사람과 면담했다. 면담하는 도중에 우리는 면담자와 의사 소통을 원활하게 할 수 없다는 사실을 발견했다. 그는 교인들을 점령하고 조종하기 위한 프로그램이나 활동들을 찾고 있었다. 즉 그들을 인위적으로 고안된 캐어 그룹(care groups)으로 만들려는 것이었다. 사실상 그는 참석자들을 지도하고 가르칠 수 있는 '크리스천 프로그램'을 원했다. 그리고 그 결과는 너무나도 자명한 것이었다. 우리가 예수님에 대한 개인적 신뢰에 기초하여 성도간에 의와 짐을 나누어 지는 인간관계를 강조하자 그는 두려워하는 것 같았다. 또 다른 교파 출신의 교회 지도자가 우리에게 말했다. "우리는 교인들이 예수님을 신뢰하도록 내버려 둘 수 없다. 그것은 마이헴(mayhem)을 야기시키게 될 것이다. 우리는 교회 내에서 교인들의 영적인 활동을 통제하고 지도할 필요가 있다."

하나님을 신뢰하고 또 그에게 복종하는 것이 진정으로 마이헴을 야기시키는가? "하나님은 어지러움의 하나님이 아니시오 오직 화평의 하나님이시니라"(고전14:33).

친밀한 소수, 또는 가정 친교 형태(Home Fellowships)를 다른 자료들에서는 캐어 그룹(care groups), 셀 그룹(cell groups:흔히 한국의 구역을 영어권에서는 셀 그룹이라고 한다.-역자 주), 또는 가정교회라고 불르기도 한다. 용어에 관계없이 초대 교회에서 그것은 예수님을 따르는 자들이 서로에게 일주일 동안 내내 헌신하는 것을 의미했다. 가정의 연장인 가정교회는 개인적인 의를 유지시켜 주는 관계 네트워크였다. 본 장을 읽을 때에 이러한 특징을 염두에 두라. 오늘날 많은 교회에서 캐어 그룹은 주로 자기 자신에 대해서 관심을 가지고 있는 소수의 개인들이 스케줄을 정해서 만나는 것으로 본다. 그러나 초대 교회의 초점은 두 가지였다. 즉 예수님을 따르는 자들을 경건한 삶과 복음전파를 위하여 준비시켜 주는 의롭운 짐을 나누어 지는 친교였다.

당신이 예수님과 함께 하는 순례 여행의 목적은 주님을 더욱 신뢰하며 또 그를 위해 열매를 맺도록 하는 개인적인 관계를 증진시키는 것이다. 가정교회의 진정한 사역은 그리스도를 따르는 자들이 생명과 공급의 유일한 원천이신 분을 신뢰하게 만드는 것이다. 진정한 교제는 신자들이 마음을 다하여 하나님을 신뢰하는 가운데서 서로를 격려하고 짐을 나누어 지는 것이다. 그리스도를 따르는 어떤 사람이 다른 사람으로 하여금 어떤 환경에서도 주님을 신뢰할 수 있도록 도와줄 때에 진정한 사역이 이루어지는 것이다. 바울은 신자들이 예수님을 따를 때에 주님께서 어려운 상황을 극복할 수 있게 해주신다는 사실을 이해했다. "이는 우리로 자기를 의뢰하지 말고… 하나님만 의뢰하게 하심이라"(고후1: 9). 하나님께서는 자기의 백성들이 자기 자신을 초월하여 궁핍한 자들에게 하나님의 자비를 나누어 줄 수 있도록 격려하신다.

위와 같은 체험을 하기 위해서는 오늘날 교회 문화에 광범위하게 침투해 있는 제도적 접근 방법에서 탈피해야 한다. 만약에 당신이 하나님께서 그 백성들에게 회복시켜 주시는 사랑과 이해와 친절을 체험하려면 지금까지 익숙해진 비인격적인 형태의 단체들을 포기해야만 한다. 오직 참가자들에게만 유익을 주는 프로그램적 활동에 의존하던 교인들이 초대 교회 모델에 기초한 가정교회의 인격적 책임에 적응하는 데에는 수개월이 걸릴 것이다.

> "그런즉 사랑하는 자들아 이 약속을 가진 우리가 하나님을 두려워하는 가운데서 거룩함을 온전히 이루어 육과 영의 온갖 더러운 것에서 자신을 깨끗케 하자"(고후7:1)

초대 교회 신자들은 예배를 드리기 위하여 하나님께 접근했으며, 그리고 기도의 응답을 받았다. 이것이 작은 일처럼 들릴지도 모른다. 그러나 다음에 대하여 생각해 보자. 초대 교회가 주목한 것은 기도하는 행위 자체가 아니라 응답받는 기도였다. 사도행전은 적은 무리의 제자들로 시작되었다. "여자들과 예수의 모친 마리아와 예수의 아우들로 더불어 마음을 같이 하여 전혀 기도에 힘쓰니라"(행1:14). 베드로와 요한이 공회에 붙잡혔다가 풀려났을 때(사도행전 4장을 보라.) 그들은 곧바로 동료 신자들에게 갔다. "빌기를 다하매 모인 곳이 진동하더니 무리가 다 성령이 충만하여 담대히 하나님의 말씀을 전하니라"(행4:31). 이 사람들이 기도했을 때 어떤 일이 일어났다. 그들이 마음을 다하여 기도의 대상이 되시는 분을 신뢰했을 때 기적적인 응답들이 풍성해졌다. 베드로가 감옥에서 기적적으로 풀려나자(사도행전 12장을 보라.) 그들은 기도가 하나님의 마음을 움직여 응답하시게 만들었다는 사실을 더욱 확신하게 되었다.

바울과 또 기도하라는 그의 수 많은 요구에 대해서 생각해 보라. "쉬지 말고 기도하라"(살전5:17). "모든 기도와 간구로 하되 무시로 성령 안에서 기도하고 이를 위하여 깨어 구하기를 항상 힘쓰며 여러 성도를 위하여 구하고"(엡6:18). "이러므로 우리도 항상 너희를 위하여 기도함은 우리 하나님이 너희를 그 부르심에 합당한 자로 여기시고 모든 선을 기뻐함과 믿음의 역사를 능력으로 이루게 하시고"(살후1:11). 바울은 하나님께 단순히 말만 하라고 요구하지 않았다. 그는 그러한 기도에 대한 응답으로 하나님께서 주시는 반응을 진지하게 구하고 있었다.

> "너희는 먼저 그의 나라와 그의 의를 구하라 그리하면 이 모든 것을 너희에게 더하시리라"(마6:33)

초대 교회는 히브리 성경을 통해서 하나님에 대하여 알고 있었기 때문에 어떤 경우에 하나님께서 그 백성들의 기도에 응답하시는 가를 잘 알고 있었다. 야고보서는 초대 교회와 관련된 많은 히브리적 경향의 주제들을 포함하고 있다. 즉 행위로 나타난 믿음, 가난하고 특권이 없는 자들에 대한 관심, 겸손과 거만함 등에 관한 것이다. "여호와는 악인을 멀리 하시고 의인의 기도를 들으시느니라"는 잠언 15장 29절의 말씀을 통합적으로 이해한 야고보는 응답받는 기도가 되기 위해서 하나님께 갖춰야 할 전제조건을 재차 강조하고 있다. 그 전제조건은 의다.

> "이러므로 너희 죄를 서로 고하며 병 낫기를 위하여 서로 기도하라 의인의 간구는 역사하는 힘이 많으니라
> 엘리야는 우리와 성정이 같은 사람이로되 저가 비오지 않기를 간절히 기도한즉 삼년 육개월 동안 땅에 비가 아니오고
> 다시 기도한즉 하늘이 비를 주고 땅이 열매를 내었느니라"(약5:16~18)

히브리서 5장 7절은 예수님의 기도에 관해서 언급하면서 "그의 경외하심을 인하여 들으심을 얻었느니라"고 말하고 있다. 그리고 또 히브리서 기자는 의의 중요성에 관해서 다음과 같이 강조하고 있다. "대저 젖을 먹는 자마다 어린 아이니 의의 말씀을 경험하지 못한 자요 단단한 식물은 장성한 자의 것이니 저희는 지각을 사용함으로 연단을 받아 선악을 분변하는 자들이니라"(히5:13~14)

예수님을 따르는 자들은 히브리 초대 교회가 지니고 있었던 개인적 인식 뿐만 아니라 공동체적 인식을 통해서 개인적 의와 공동체적 의가 가지고 있는 중요성을 알고 있었다. 히브리 성경은 하나님께서 아간이라는 한 사람의 숨겨진 죄 때문에 이스라엘 백성 전체가 아이 성을 정복하는 것을 막으셨다(여호수아 7장을 보라)는 사실을 보여준다. 하나님께서는 아나니아와 삽비라의 생명을 취해 가심으로 갓 태어난 교회를 위하여 이와 동일한 의의 표준을 세우셨다(행5:1~11).

유월절 규례에 기초한 주의 만찬은 그 땅에서 모든 누룩을 제거하기를 요구했다. 누룩을 제거한다는 것은 성결(의)의 상태를 상징했다. 예수님과 그의 제자들은 먼저 모든 누룩, 즉 영적인 더러움을 씻어내지 않고는 유월절을 지킬 수 없었다. 바울은 성만찬에 참여하는 자들이 갖춰야 하는 의의 상태에 관하여 다음과 같이 상세히 설명하고 있다.

> "내가 너희에게 전한 것은 주께 받은 것이니 곧 주 예수께서 잡히시던 밤에 떡을 가지사 축사하시고 떼어 가라사대 이것은 너희를 위하는 내 몸이니 이것을 행하여 나를 기념하라 하시고
> 식후에 또한 이와 같이 잔을 가지시고 가라사대 이 잔은 내 피로 세운 새 언약이니 이것을 행하여 마실 때마다 나를 기념하라 하셨으니 너희가 이 떡을 먹으며 이 잔을 마실 때마다 주의 죽으심을 오실 때까지 전하는 것이니라
> 그러므로 누구든지 주의 떡이나 잔을 합당치 않게 먹고 마시는 자는 주의 몸과 피를 범하는 죄가 있느니라 사람이 자기를 살피고 그 후에야 이 떡을 먹고 이 잔을 마실지니
> 주의 몸을 분변치 못하고 먹고 마시는 자는 자기의 죄를 먹고 마시는 것이니라 이러므로 너희 중에 약한 자와 병든 자가 많고 잠자는 자도 적지 아니하니 우리가 우리를 살폈으면 판단을 받지 아니하려니와"(고전11:23~31)

초대 교회에서 성만찬에 참여하는 것은 진지한 공동체적 활동이었다. 초대 교회의 유대 신자들은 유월절의 거룩함을 이해했으며 "이것은 내 몸이라", "이것은 내 피라"는 예수님의 말씀을 믿었다. 영과 물질을 구별한 플라톤의 이원론이 아직까지 교회에 영향을 주지 못했다. 그러므로 오늘날 그토록 많은 교파들로 분리시킨 성만찬의 떡과 포도주에 관한 철학적 논쟁(화체설, 양체공존설, 영적인 기념설)은 진정한 신자들

을 분리시키지 못했다. 신뢰에 근거한 히브리의 블록식 논리는 예수님의 말씀을 더 이상의 설명도 필요없이 그대로 받아들였다. 예수님은 죄가 없으신 하나님의 아들이었다. 예수님이 희생양으로서 예언을 성취하신 것은 결코 피흘리기를 금하라는 하나님의 명령을 범한 것이 아니었다. 따라서 예수님은 제자들에게 다음과 같이 말씀하실 수가 있으셨다. "살리는 것은 영이니 육은 무익하니라 내가 너희에게 이른 말이 영이요 생명이라"(요6:63). 다른 제자들은 정신적 갈등 때문에 등을 돌리고 예수님을 버렸을지라도 열 두 제자의 신앙은 그의 말씀을 받아들일 수가 있었다(요6:60~68).

초대 교회에 관한 어떤 연구는 예수님을 따르는 자들이 성만찬이라는 특별한 목적을 위해서 가정에서 함께 모였다는 사실을 나타내고 있다. 성만찬은 참여의 시간과 회개의 기회를 내포하고 있다. 후에 성만찬이 성례전적인 특성을 띠게 되었을 때 참여는 안식일 날 가지는 교인들의 모임으로 통합되었다. 따라서 초대 교회 시절 매우 중요한 의미를 가지고 있었던 개인적이면서 동시에 공동체적 특성은 사라졌다. 죄를 고백하고 하나님의 은혜로 의롭게 된 곳에서 드리는 기도는 강력하게 응답되었다. 이것은 '하나님과 같은 사이즈'의 응답들이었다. 죄를 고백하지 않았을 때에 기도는 아무런 권능이 없는 형식적인 것이 된다.

초대 교회의 관례들 중에서 가장 중요한 것은 하나님과의 교제였다. 하나님과 올바른 관계를 맺지 않고서는 다른 관계가 있을 수 없었다. "우리가 보고 들은 바를 너희에게도 전함은 너희로 우리와 사귐이 있게 하려 함이니 우리의 사귐은 아버지와 그 아들 예수 그리스도와 함께 함이라"(요일1:3). 자비롭고 은혜로우신 하나님은 죄로 말미암아 파괴되어진 교제와 의를 회복시킬 수 있는 수단을 제공해 주셨다. "만일 우리가 우리 죄를 자백하면 저는 미쁘시고 의로우사 우리 죄를 사하시며 모든 불의에서 우리를 깨끗케 하실 것이요"(요일1:9).

가정에서 떡을 떼는 일은 강력한 인간관계를 유지하는 것 뿐만 아니라 의를 보존하는 것에도 지극히 중요한 의미를 지녔다. 가정의 모임은 책임 있는 수단을 제공해 주었다. 따라서 죄를 지은 사람을 다루는 것에 관한 주님의 가르침을 따를 수가 있었다.

> "네 형제가 죄를 범하거든 가서 너와 그 사람과만 상대하여 권고하라 만일 들으면 네가 네 형제를 얻은 것이요 만일 듣지 않거든 한 두 사람을 데리고 가서 두 세 증인의 입으로 말마다 증참케 하라
> 만일 그들의 말도 듣지 않거든 교회에 말하고 교회의 말도 듣지 않거든 이방인과 세리와 같이 여기라 진실로 너희에게 이르노니 무엇이든지 너희가 땅에서 매면 하늘에서도 매일 것이요 무엇이든지 땅에서 풀면 하늘에서도 풀리리라
> 진실로 다시 너희에게 이르노니 너희 중에 두 사람이 땅에서 합심하여 무엇이든지 구하면 하늘에 계신 내 아버지께서 저희를 위하여 이루게 하시느니라 두세 사람이 내 이름으로 모인 곳에는 나도 그들 중에 있느니라"(마18:15~20)

이 구절의 주된 목적은 개인과 공동체의 의를 유지하고 회개하는 자를 원상회복시키는 것이다. 하나님께서는 인간이 연약하여 항상 의에 대한 하나님의 표준을 유지할 수 없다는 사실을 알고 계신다. 하나님의 마음에 합한 사람이었던 다윗 왕까지도 간음과 살인을 행한 자였다. 여호와께서는 친목을 회복시키기 위하여 나단 선지자를 보내 그를 책망하

셨다. 다윗은 상한 마음으로 하나님 앞에서 통회하고 자기의 죄를 회개하고 고백했다. 그러자 하나님과의 친밀성이 회복되어졌다.

오늘날 가정예배에 있어서도 고백과 회개가 하나님의 응답을 가져다 주는 기도를 유지하는 열쇠이다. 초대 교회에서 '거듭난다는 것은' 예수 그리스도를 신뢰하고 의존하는 것을 의미했다. 그리스도를 따르는 자들은 주인과 종의 관계로 들어갈 것을 서약했다. 이러한 관계의 기초는 책임을 수반하는 상호간의 사랑이었다. 주인되신 예수님은 그의 종으로부터 순종을 요구했다. 종에게 신뢰가 없거나 사랑이 없거나 불순종한다면 그것은 죄였으며 하나님과의 교제를 끊어버리는 것이었다. 고백이란 진정으로 죄를 지었음을 인정하는 것이었다. 하나님께서는 자신과의 친밀성이 멀어진 것에 대하여 슬퍼하는 회개를 찾고 계셨다. 이러한 슬픔은 회개를 낳는데 그것은 악으로부터 등을 돌리고 하나님을 향하게 만든다. "내가 지금 기뻐함은 너희로 근심하게 한 까닭이 아니요 도리어 너희가 근심함으로 회개함에 이른 까닭이라 너희가 하나님의 뜻대로 근심하게 된 것은 우리에게서 아무 해도 받지 않게 하려 함이라 하나님의 뜻대로 하는 근심은 후회할 것이 없는 구원에 이르게 하는 회개를 이루는 것이요 세상 근심은 사망을 이루는 것이니라"(고후7:9~10).

수세기 동안 교회는 무례한 행동을 범했다는 죄인의 고백을 방관해왔다. 혹 죄인의 고백을 받아들였을지라도 단지 인식의 차원에 관한 것이였으며 불법적인 행동을 사법적으로 다루는 것이다. 사실상 범죄자의 잘못된 행동에만 초점을 맞추고 있지 단절된 인간관계에 대해서는 관심이 없다. 그러나 이러한 태도는 불완전하다. 히브리 초대 교회는 인식적이 아니라 관계적이었다. 회개는 범죄를 회복시키는 것 뿐만 아니라 인간관계에 입힌 손상에 대해서도 책임을 질 것을 요구했다. '상처를 가져다 주는 행동'에 초점을 맞추는 것과 '그 행동에 의해서 상처를 입은 사람'에 대하여 관심을 가지는 것 사이의 차이점을 주목해 보라. 거듭남의 실재가 하나님에 대한 신뢰이기 때문에 개인적인 죄의 엄중함은 더욱 통렬하다. 왜냐하면 범죄자가 사랑과 신뢰의 관계를 누리던 분에 대하여 죄를 범했기 때문이다.

속죄는 오직 피흘림을 통해서만 이루어질 수 있었다(히9:22). 유대인들은 히브리 성경을 알고 있었기 때문에 인간적 노력에 의한 속죄는 아무런 소용이 없다는 사실을 깨달았다. 용서는 하나님의 은혜를 필요로 했다. 하나님께서는 흠 없는 어린 양을 매년 대속제물로 받으셨다. 유대 신자들은 거룩한 하나님의 요구에 부응하기 위해서 예수님께서 피를 흘리시는 것이 얼마나 중요한지를 이해했다.

히브리 성경은 하나님께 접근하면 반드시 가혹한 결과가 찾아온다는 사실을 분명히 밝혀두고 있다. 유대 민족 전체를 대표하는 대제사장도 일 년에 한 번씩 피를 뿌린 후에야 지성소에 들어갈 수 있었다. 예수님은 하나님의 나라를 설명하기 위해서 혼인잔치의 비유를 사용하셨다(마 22:1-14). 예수님은 청중들에게, 어떤 사람들은 노골적으로 왕의 제안을 거부했으며 다른 사람들은 그의 사자를 죽이기까지 했다고 말씀하셨다. 어떤 사람들은 그의 초대를 받아들였지만 그 앞에 나아가기 위한 준비는 하지 못했다.

"임금이 손을 보러 들어올쌔 거기서 예복을 입지 않은 한 사람을 보고 가로되 친구여 어찌하여 예복을 입지 않고 여기 들어왔느냐 저가 유구무언이어늘 임금이 사환들에게 말하되 그 수족을 결박하여 바깥 어두움에 내어 던지라 거기서 슬피 울며 이를 갊이 있으리라 하니라"(마22:11~13)

모든 신자들은 심지어 세상의 왕들 앞에 나아가기 위해서도 어떤 기준이 있다는 사실을 알고 있다. 곧 멸망하게 될 유대인들을 위하여 모르드개가 에스더에게 그녀의 남편 아하수에로 왕에게 나아가라고 간청했을 때 에스더도 이 사실을 알고 있었다.

"왕의 신복과 왕의 각 도 백성이 다 알거니와 무론 남녀하고 부름을 받지 아니하고 안뜰에 들어가서 왕에게 나아가면 오직 죽이는 법이요 왕이 그 자에게 금홀을 내어 밀어야 살 것이라 이제 내가 부름을 입어 왕에게 나아가지 못한지가 이미 삼십일이라 하라"(에4:11)

히브리서 4장 16절을 읽을 때 위에서 말한 왕에게 접근할 수 있는 조건에 대하여 생각하라. "그러므로 우리가 긍휼하심을 받고 때를 따라 돕는 은혜를 얻기 위하여 은혜의 보좌 앞에 담대히 나아갈 것이니라." 이것만 따로 떼어 본다면 이 구절은 신자들이 회개하지 아니한 죄로 가득 차 있어도 보좌에 나아갈 수 있다고 말하는 것 같다. 그러나 초대 교회는 그와 같은 추측이 잘못된 것이라는 사실을 분명하게 알고 있었다. 히브리서 기자는 예수께서 흘리신 보혈이라는 전제조건을 강조하고 있다.

"염소와 송아지 피로 아니하고 오직 자기 피로 영원한 속죄를 이루사 단번에 성소에 들어가셨느니라…
하물며 영원하신 성령으로 말미암아 흠없는 자기를 하나님께 드린 그리스도의 피
가 어찌 너희 양심으로 죽은 행실에서 깨끗하게 하고 살아계신 하나님을 섬기게
못하겠느뇨"(히9:12,14)

우리의 기도가 하나님께 상달되어지는 것은 우리의 의를 통해서가 아니요. 우리가 우리의 죄를 덮어주는 예수님의 보혈에 겸손하게 의지하기 때문에 우리가 고백하고 회개할 때 하나님으로부터 용서를 받는 것이다. 하나님 말씀에 두려워 떨고 마음을 다하고 뜻을 다하고 힘을 다하여 하나님을 신뢰하는 겸손하고 통회하는 사람은 하나님에 의해서 높이 평가되어지는 사람이다(사66:3).

초대 교회에 있어서 기도는 영적인 전투를 의미했다. 히브리 성경에 나타난 다니엘의 사례는 끈질긴 기도와 사랑의 하나님에 대한 신뢰가 하나님의 응답을 받을 수 있는 열쇠라는 사실을 입증해 주었다. 마귀의 세력이 하나님의 응답을 가지고 오는 영을 막았다(단10장, 히1:14). 하늘의 사자가 천사장 미가엘의 도움으로 하나님의 응답을 가지고 나타나기 전에 의로운 다니엘은 21일 동안 기도했다. 예수님께서도 그를 따르는 자들에게 쉬지 않고 기도하기를 격려하기 위해서 끈길진 과부의 비유를 말씀해 주셨다. " 하물며 하나님께서 그 밤낮 부르짖는 택하신 자들의 원한을 풀어주지 아니하시겠느냐 저희에게 오래 참으시겠느냐"(눅 18:7).

사탄은 응답을 받을 때까지 끈질기게 하는 기도와 함께 의의 중요성을 인식하고 있다. 만약에 그가 고백하지 아니한 죄를 통하여 방해할 수

없다면, 여호와께서 응답해 주실 것이라는 사실에 대한 의심과 불신을 주입시켜 줌으로써 하나님의 백성들로 하여금 기도하지 못하게 만들 것이다. 이것이 바로 가정교회가 서로에게 끈질긴 기도를 하도록 격려해야 하는 지극히 중요한 이유이다. 자기들의 기도에 대해서 하나님의 응답을 체험하지 못한 오늘날의 가정교회는 이미 사탄의 계략에 굴복했다.〔로저 개렛(Roger Garret)과 마이크 & 수잔 도기비치가 쓴 "성령의 은사를 회복하라"는 책을 참조 하라.[1] 이 책은 신앙공동체 내에서 성령의 은사를 전투적 무기로 사용하는 것에 관해서 논의하고 있다.〕

> "서로 돌아보아 사랑과 선행을 격려하며 모이기를 폐하는 어떤 사람들의 습관과 같이 하지 말고 오직 권하여 그 날이 가까움을 볼수록 더욱 그리하자"(히10:24~25)

초대 교회의 가정교회들은 성도들이 성경적 기준들을 유지하기 위해서 성만찬에 참여할 것을 격려했다. 그곳에 모인 사람들은 교제에 참여하는지 아니면 배제되었다. 오늘날처럼 사람들이 사회적 이유로 가정교회에 참여한다는 것은 생각할 수도 없었다. 성경은 하나님의 백성들이 서로 교제를 나누는 것에 있어서 기준을 세워 주었다. 말씀도 역시 남자와 여자들이 밀접한 관계를 통하여 선한 것이든 악한 것이든 간에 서로 간에 영향을 받는 선례를 마련해 주었다.

다음에 나오는 구절들은 연구해 보라.

> "지혜로운 자와 동행하면 지혜를 얻고 미련한 자와 사귀면 해를 받느니라"(잠13:20)

"강포한 사람은 그 이웃을 꾀어 불선한 길로 인도하느니라"(잠16:29)

"노를 품는 자와 사귀지 말며 울분한 자와 동행하지 말지니
그 행위를 본받아서 네 영혼을 올무에 빠칠까 두려움이니라"(잠22:24~25)

"형제들아 사람이 만일 무슨 범죄한 일이 드러나거든 신령한 너희는 온유한 심령으로 그러한 자를 바로잡고 네 자신을 돌아보아 너도 시험을 받을까 두려워하라"(갈 6:1)

"이단에 속한 사람을 한두 번 훈계한 후에 멀리하라"(딛3:10)

의로운 표준을 유지하기 위하여 행악자들을 멀리할 수 있는 권한은 성경적인 특권이다. 바울도 고린도 교회에게 보내는 그의 훈계 가운데서 교회 내에서의 단체적인 의의 중요성을 강조했다. "주 예수의 이름으로 너희가 내 영과 함께 모여서 우리 주 예수의 능력으로 이런 자를 사단에게 내어 주었더니 이는 육신을 멸하고 영은 주 예수의 날에 구원얻게 하려 함이라"(고전5:4~5).

오늘날 교회 내에 이원론이 만연해 있기 때문에 많은 사람들이 하나님께서 자신의 백성들을 온전하게 만들기 위하여 때때로 사탄을 사용하신다는 사실을 믿지 못하고 있다. 성경은 하나님께서 욥을 시험하기 위하여(욥1:6-2:10), 베드로를 밀 까부르듯 하기 위하여(눅22:31), 사탄을 사용하셨다는 사실을 분명히 보여주고 있다. 하나님께서는 교회 내에서도 다른 모든 인간적인 요소들이 실패했을 때 그 백성들의 죄악된 본성을 파괴하기 위하여 사탄을 사용하신다. 이것이 바로 바울이 의와

멀리 떨어져 살고 있으면서 겨우 천국에 이르게 된 신자들에 관해서 다음과 같이 쓴 이유이다. "자기는 구원을 얻되 불 가운데서 얻은 것 같으리라"(고전3:15).

"악인은 쫓아 오는 자가 없어도 도망하나 의인은 사자같이 담대하니라"(잠28:1).

상호간에 미치는 영향력의 중요성에 대하여 생각하라. 그것은 영적인 전투 가운데서 기도로 하나님을 신뢰하는 가정교회 신자들에게 영향을 줄 것이다.

"너희가 싸울 곳에 가까이 가거든 제사장은 백성에게 나아가 고하여 그들에게 이르기를 이스라엘아 들으라 너희가 오늘날 너희의 대적과 싸우려 나아왔으니 마음에 겁내지 말며 두려워 말며 떨지 말며 그들로 인하여 놀라지 말라
유사들은 오히려 또 백성에게 고하여 이르기를 두려워서 마음에 겁내는 자가 있느냐 그는 집으로 돌아갈지니 그 형제들의 마음도 그의 마음과 같이 떨어질까 하노라"(신20:2,3,8).

성경은 올바른 관계는 신자들에게 박차를 가하여 더 큰 사랑과 용기를 주고 또한 여호와를 섬길 수 있도록 만들어 준다는 사실을 가르쳐 주고 있다. 잘못된 관계는 그 백성들이 그들을 통하여 하나님의 목적을 성취하는 데 요구되어지는 용맹과 용기를 갖지 못하도록 방해한다. 가정교회에서 서로 짐을 나누어 짐으로써 크리스천들은 개인적인 방식으로 서로를 도와줄 수 있게 된다. 따라서 그들은 하나님의 목적을 실행할 수 있다. 성경은 용기와 용맹을 높이 평가하고 있는데 오늘날 이스라엘에

서도 마찬가지이다. 오늘날 이스라엘의 군사적 지도자들은 지혜와 용기를 가지고 있는데, 그것 때문에 앞선 전투에서 승리를 거둘 수 있었다.

용기를 가진 성경적인 사람들이 다른 사람들의 마음을 얼마나 사로잡을 수 있는지 생각해 보라. 사무엘상 14장은 믹마스에서 여호와를 위하여 보여준 요나단의 용기에 대해서 설명하고 있다. "요나단이 자기 병기든 소년에게 이르되 우리가 이 할례없는 자들의 부대에게로 건너가자 여호와께서 우리를 위하여 일하실까 하노라 여호와의 구원은 사람의 많고 적음에 달리지 아니하였느니라"(삼상14:6). 다윗이 골리앗에게 대항할 때 다윗은 하나님의 영광을 위해서 동일한 용기를 보여주었다. "다윗이 블레셋 사람에게 이르되 너는 칼과 창과 단창으로 내게 오거니와 나는 만군의 여호와 이름 곧 네가 모욕하는 이스라엘 군대의 하나님의 이름으로 네게 가노라"(삼상17:45).

이토록 용감한 두 사람이 처음 만났을 때 서로에게 마음이 이끌렸다. "요나단이 다윗을 사랑하므로 그로 다시 맹세케 하였으니 이는 자기 생명을 사랑함같이 그를 사랑함이었더라"(삼상20:17). 그들의 용기는 놀라운 헌신을 낳았으며 다윗은 그에 대해 찬사를 보냈다. "내 형 요나단이여 내가 그대를 애통함은 그대는 내게 심히 아름다움이라 그대가 나를 사랑함이 기이하여 여인의 사랑보다 승하였도다"(삼하1:26).

하나님을 위하여 용기있는 사람은 다른 용기 있는 사람들의 마음을 끌게 된다. 사무엘 선지자는 다윗에게 합류한 '용사들'을 다음과 같이 묘사하고 있다.

"다윗의 용사들의 이름은 이러하니라 다그몬 사람 요셉밧세벳이라고도 하고 에센 사람 아디노라고도 하는 자는 군장의 두목이라 저가 한 때에 팔백 인을 쳐죽였더라 그 다음은 아호아 사람 도대의 아들 엘르아살이니 다윗과 함께 한 세 용사 중의 하나이라 블레셋 사람이 싸우려고 모이매 이스라엘 사람들이 물러간지라 세 용사가 싸움을 돋우고
저가 나가서 손이 피곤하여 칼에 붙기까지 블레셋 사람을 치니라 그 날에 여호와께서 크게 이기게 하셨으므로 백성들은 돌아와서 저의 뒤를 따라가며 노략할 뿐이었더라
그 다음은 하랄 사람 아게의 아들 삼마라 블레셋 사람이 떼를 지어 녹두나무가 가득 한 밭에 모이매 백성들은 블레셋 사람 앞에서 도망하되 저는 그 밭 가운데 서서 막아 블레셋 사람을 친지라 여호와께서 큰 구원을 이루시니라"(삼하23:8~12)

이 세 사람들에게 30명의 다른 용사들이 합류했는데, 그들도 역시 보통 이상의 용기를 지니고 있었다. 당신의 인생 가운데에도 시련과 영적인 전투가 당신을 공격할 때 하나님의 권능 가운데서 곁에 굳건히 서 있을 수 있는 사람이 누구인가?

초대 교회에 비추어서 오늘날의 가정교회에 대하여 생각해 보자. 의는 담대한 마음을 만든다. 용기의 중요성에 대하여 생각해 보자. 용맹한 사람들은 다른 용기있는 사람들의 마음을 끌게 된다. 신앙 가운데서 맺은 밀접한 인간관계가 당신에게 반영되고 있다고 믿는가? 만약에 그렇다면 당신과 그리고 또 가까운 사람들을 정직하게 바라보라. 그들은 지속적으로 예수님과 동행하고 있는가? 예수님은 그들을 통해서 열매를 맺고 계시는가?(요한복음 15:1~17에 나오는 포도나무와 가지의 관계에 대하여 생각해 보라.) 히브리서 기자는 그리스도를 따르는 자들이 죄의 덫에 걸리지 않도록 하기 위해서 용기와 격려가 중요함을 다음과 같

이 묘사하고 있다.

"그리스도는 그의 집 맡은 아들로 충성하였으니 우리가 소망의 담대함과 자랑을 끝까지 견고히 잡으면 그의 집이라…
형제들아 너희가 삼가 혹 너희 중에 누가 믿지 아니하면 악심을 품고 살아계신 하나님에게서 떨어질까 염려할 것이요 오직 오늘이라 일컫는 동안에 매일 피차 권면하여 너희 중에 누구든지 죄의 유혹으로 인하여 강퍅케 됨을 면하라
우리가 시작할 때에 확실한 것을 끝까지 견고히 잡으면 그리스도와 함께 참예한 자가 되리라"(히3:6, 12~14).

당신이 항상 발전하는 세상의 표준에 의해서 더욱 더 억압을 받고 있다는 사실을 발견하게 될 때 기도하는 자세로 하나님의 말씀에 몰두하라. "모든 신령한 지혜와 총명"(골1:9)으로 채워달라고 간구하라. 예레미야 시대의 이스라엘 사람들은 사기(Deception)와 세상적 만족의 유혹에 굴복했다. 그들에게 주시는 하나님의 경고에 대하여 주의를 기울이라. "너희는 길에 서서 보며 옛적 길 곧 선한 길이 어디인지 알아보고 그리로 행하라 너희 심령이 평강을 얻으리라"(렘6:16). 하나님의 평강은 환경이 개선되고, 시련이 진정되고, 시름이 중단되는 것을 의미하는가? 아마 그렇지 않을 것이다. 그러나 영혼과 감정적이고 단적으로 반응을 보이는 당신의 행동은 소란스러운 환경 가운데서도 평강을 찾을 수 있게 될 것이다. 하나님의 "옛적 길"은 의와 신뢰를 요구한다. 그 길로 걸어갈 수 있도록 서로에게 박차를 가하자.

제 ● 12 ● 장

가정교회
짐을 나누어 지는 관계

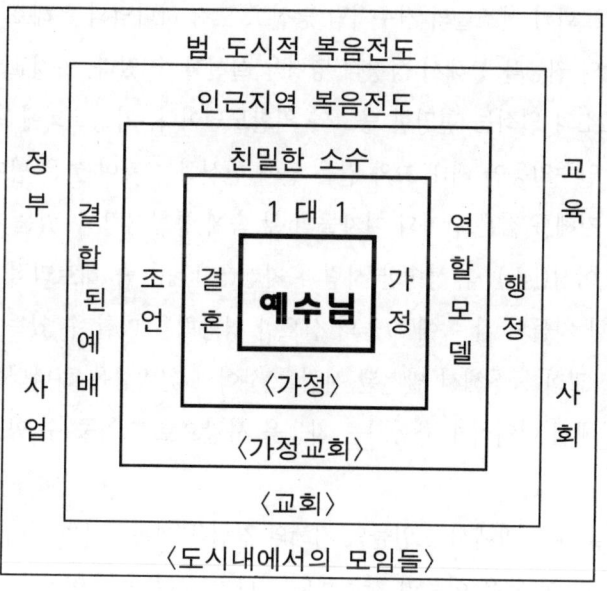

"너희가 진리를 순종함으로 너희 영혼을 깨끗하게 하여 거짓이 없이 형제를 사랑하기에 이르렀으니 마음으로 뜨겁게 피차 사랑하라"(벧전1:22)

히브리 초대 교회는 영적이었을 뿐만 아니라 실제적이었다는 사실을 기억하라. 앞 장에서는 가정교회의 '수직적 요소', 즉 가정교회의 신자들이 하나님의 나라를 위해서 거룩한 담대함에 이르게 하는 의를 유지하는 과정에 대해서 설명했다. 그런 신자들은 주님을 위하여 용기 있는 다른 사람들의 마음을 끈다. 본 장은 초대 교회의 '수평적 요소'에 대해서 설명할 것이다. 이것은 주 예수님에 대한 사랑 때문에 당신의 믿음을 행동으로 옮기는 것이다.

초대 교회의 선조들의 경우처럼 당신도 오직 하나님의 은혜로 말미암아 성령의 권능을 통해서 성경적 명령을 실천할 수 있다. 가정교회의 수평적 요소의 열쇠는 현명한 충고와 역할모델이다. 가정교회에 속한 신자들이 일주일동안 내내 그와 같은 일에 헌신하는 것이 늙은 남자와 여자들의 지혜를 젊은 남자와 여자들의 삶 속에 통합시킬 수 있는 길이다. 이것은 이시(ish) 즉 성숙한 사람과 자켄(zaken) 즉 히브리적 장로가 미성숙한 자들의 삶 속에 그들의 심오한 영향력을 미칠 수 있는 수단이다. 가정교회를 통해서 발전된 사람들 사이의 친밀함은 하나님이나 다른 사람에게 어리석게 행동하는 자들을 사랑으로 고쳐줄 수 있을 것이다.

오늘날 교회 안에서 노인들의 지혜와 경험을 회복시키는 것이 얼마나 중요한가? 이 일은 아무리 강조해도 지나치지 않는다. 이차 세계 대전 이후에 이러한 것들이 상실되는 현상이 나타났다는 사실을 명심하라.

만약에 초대 교회의 활력을 되찾으려 한다면 신자들이 노인들의 지혜와 체험을 다시 한 번 더 소중하게 여겨야만 한다.

> "사랑하는 자들아 하나님이 이같이 우리를 사랑하셨은즉 우리도 서로 사랑하는 것이 마땅하도다 어느 때에나 하나님을 본 사람이 없으되 만일 우리가 서로 사랑하면 하나님이 우리 안에 거하시고 그의 사랑이 우리 안에 온전히 이루느니라"(요일4:11~12)

히브리인들의 가정교회를 모델로 삼을 때, 당신의 가족이 예배나 함께 나누는 일이나 교제를 위하여 다른 가족이나 개개인들과 함께 모이는 것은 특별한 일이다. 그것은 영적으로 가족관계를 갖고 있는 친구들과 시간을 함께 보내는 것이다. 즉 함께 있기를 기대하게 되는 가족, 점점 깊어지며 짐을 나누어 지는 인간관계를 함께 개발하는 가족들과 같이 시간을 보내는 것이다. 만약에 당신이 이러한 시간을 소중한 친척들과 자신의 생활을 나눌 수 있는 기회로 보지 않는다면 그런 모임은 비인격적인 것이 될 것이다. 사람이 아니라 활동이 우선하게 될 것이다. 그런 모임은 하나님에 대한 신뢰를 강화시켜 주는 기도와 간증을 통하여 서로를 격려하면서 관계의 질을 강화시키는 대신에, 시간이 지나면 당신이나 가족들에게 일종의 의무로 변할 것이다. 잠시 후에 당신은 또다시 함께 모이는 것을 '시중을 드는 것'으로 생각하게 될 것이다.

수 년 전에 친구 칼 더프(Karl Duff)는 우리에게 '짐을 지는 것'의 개념을 가르쳐 주었다. 어느 날 오후 우리 거실에 앉아 있던 그가 지붕을 떠받치고 있던 들보를 가리켰다. 그리고 그는 다음과 같이 말했다. "마이크, 저 들보는 끊임없이 지붕의 무게를 지고 있고 지붕은 그것에 의존하고 있어. 오늘날 신자들 사이에서도 저와 같이 짐을 지는 관계가 필요하다네." 그의 말은 우리에게 바울이 염두에 두고 있던 친밀성에 대하여 상기시켜 주었다. "형제를 사랑하여 서로 우애하고 존경하기를 서로 먼저하며… 즐거워 하는 자들로 함께 즐거워 하고 우는 자들로 함께 울라"(롬12:10,15). "각각 자기 일을 돌아볼 뿐더러 또한 각각 다른 사람들의 일을 돌아보아 나의 기쁨을 충만케 하라"(빌2:4).

가정교회에서 신자들과 함께 모였을 때 그러한 모임은 이미 당신의 가정에서 행하고 있던 것의 연장이라고 생각하라. 가정교회가 당신의 가정에서 부족했던 점을 보충해 주는 것이 되어서는 결코 안된다. 신자들은 다른 사람의 가정에서 무책임 때문에 부족해진 어떤 것을 보충하려고 노력해서는 결코 안된다. 다른 사람들이 하나님께 신뢰성을 갖도록 도와주는 것은 적절한 일이다. 그러나 다른 사람의 일에 개입하여 그들의 책임을 대신 지는 일은 결코 해서는 안된다. 많은 교회 지도자들은 우리에게, 그들의 교회에서 실시하고 있는 많은 프로그램들이 특히 믿음직스럽지 못한 아버지들의 역할을 보충해 주기 위해서 계획된 것이라는 사실을 인정했다. 무책임은 다른 사람들에게 점점 증가하는 짐이 되고 죄를 더욱 길게 지속시킨다.

가정교회는 가정이 가족 구성원의 영적 개발을 위한 기본적인 건축 벽돌이 되도록 지원해야만 한다. 만약에 당신의 가족들이 가정에서 정기적으로 영적인 훈련을 하지 못하고 있을 경우 가정교회가 그러한 일을 대신 할 것이라고 기대하지 말라. 가정의 모임은 자녀들이 섬김을 주고 받을 수 있는 시간이다. 그러나 그것이 한 주간 중에서 경건한 삶의 원리들에 대하여 토의할 수 있는 유일한 기회로 사용 되어서는 안된다. 대부분의 부모들은 집에서 자녀들이 하나님을 더욱 사랑하고 섬기고 체험하도록 도와 줄 수 있는 프로그램에 대한 아이디어를 나누기를 좋아한다. 당신의 자녀들이 진정으로 당신을 그들의 주된 영적 권위자로 보게 할 필요가 있다. 그것은 성경적으로 볼 때도 올바른 것이다. 만약에 다른 가족들이 당신의 가정에서도 개발하고 싶은 좋은 습관들이나 관례들을 보여준다면 그러한 자질들이 당신의 가정생활의 일부가 될 때까지 도와달라고 부탁하라. 예를 들자면 만약에 당신이 고집이 센 어린 아이의 행동 때문에 고민하고 있다면 그룹 중에서 체험을 통하여 승리하는 방법을 배운 부모들에게 충고와 기도를 해달라고 요청하라. 만약에 십대자녀가 갑자기 말을 하지 않거나 혼자 처박혀 있다면 체험과 연구를 통해서 통찰력을 얻은 사람들로부터 기도와 충고를 부탁하라. 하나님께서는 진실로 당신이 자녀들을 경건하게 양육하기를 원하시며 당신에게 진리와 지혜를 제공해 줄 수 있는 자료들을 공급해 주셨다.

어떤 어머니가 열세 살된 자기 딸이 이따금씩 눈물을 흘리며 비명소리를 질러서 당황한다고 말했다. 같은 나이의 딸을 가진 또 다른 어머니는 자기의 딸도 감정을 자제하지 못하고 발끈 화를 낸다고 말했다. 이 어머니는 자기와 같은 상황에 처해 있는 사람들에게 충고를 해주었다. 그녀는 자기 딸이 울 때에 팔로 감싸 안아 주어 딸의 내적인 동요와 고통과 좌절을 이해하고 있다는 사실을 확인시켜 주었다고 말했다. 그리고 비명을 지르는 것이 감정을 발산하는 방법으로 바람직하지 못한 것임을 일러 주었다고 했다. 이 여인과 그녀의 남편은 이미 딸이 바람직하지 못한 행동을 했을 경우 주어질 결과도 정해 놓았다. 그녀의 딸이 진정했을 때 어머니는 딸에게 이러한 것들을 상기시켜 주었다. 그뿐만 아니라 가정을 평화의 성소로 유지해야 한다는 가정의 목표도 상기시켜 주었다. 이와 같은 식으로 해서 그 소녀는 행동에 대한 가정의 기준에 순종할 것인지 말 것인지에 대한 책임있는 결정을 내리는 방법을 배울 수 있었다. 왜냐하면 그녀는 그 결과에 대해서 알고 있었기 때문이었다. 그녀도 역시 가정 내에서 평화를 위하여 다른 가족들의 요구를 인식할 수 있는 기회를 확장시켰으며 자신의 눈길을 자기 이외의 다른 사람에게로 돌릴 수가 있었다. 이와 같은 형태의 나눔은 다른 사람들로 하여금 서로의 짐을 나누어 지며 하나님의 지혜와 동정심으로 인하여 하나님께 영광을 돌리도록 격려해 준다.

본서의 저자들이 참여하고 있는 가정교회는 다음과 같은 두 가지 원리들을 가지고 있다.

첫째, 예수님을 가장 먼저 생각해야 한다.
둘째, 자녀들을 그 모임의 필수적인 구성원으로 인식하고 환영한다.

다음과 같은 사실에 대하여 생각해 보자. 만약에 예수님께서 당신의 모임 가운데 '나타나지' 않으신다면 어떻게 하겠는가? 다른 말로 표현하자면 진정한 교제는 예수님과 당신 사이의 교제와, 하늘에 계신 아버지와 당신사이의 교제를 실제적으로 표현해 주고 있다. "우리가 보고 들은 바를 너희에게도 전함은 너희로 우리와 사귐이 있게 하려 함이니 우리의 사귐은 아버지와 그 아들 예수 그리스도와 함께 함이라"(요일1: 3). 예수님과 당신의 관계가 친밀하다면 가정교회의 모임도 그것을 반영하게 될 것이다. 주님께서 그의 성령을 통하여 당신의 시간을 안내해 줄 것이다.

만약에 당신과 하나님 사이의 교제가 인격적인 것이 아니라면 당신이 맺고 있는 다른 모든 관계에도 뭔가 부족할 것이다. 당신과 하나님 사이, 그리고 당신과 다른 사람들 사이에 친밀함이 없다면, 당신은 당신의 모임에 '친교'에 대해서 가지고 있는 잘못된 인식을 전달하기 위해서 어떤 형태의 장치를 찾게 될 것이다. 이러한 예로 사람들의 기분을 즐겁게 만들기 위하여 분위기를 띄우는 노래나 음악을 사용하는 것을 들 수 있다. 그것은 감정적으로는 고조시켜 주겠지만 상실된 하나님과의 교제를 회복시켜 주지는 못한다. 그것은 오직 회개와 회복을 통해서만 이루어질 수 있다.

소그룹이 모였을 때 잠재하고 있는 또 다른 함정을 조심하라. 즉 그 어떤 개인도 모임의 결과에 대하여 혼자서 심히 고민하고 발생한 모든 일들을 통제하려고 애써서는 안된다. 만약에 그렇게 된다면 당신은 누군가가 여러분과 예수님 사이에 중보자가 되려고 시도하는 성직특권주의(the sacerdotal)로 되돌아 가게 될 것이다. 당신이 모인 주된 이유는 예수님과 다른 사람들에 대한 사랑 때문이다. 따라서 준비된 자료에 너무 많이 의존하지 않도록 조심하라. 당신과 사람들이 만났을 때 지도자들은 목표를 달성하려고 노력하는 것보다 예수님과 여러분에 대해서 더 큰 관심을 보여주는가? 수 년간의 사역을 통해서 우리는 성직특권주의가 나타날 때 성령께서는 침묵을 지키신다는 사실을 발견했다.

> "삼가 이 소자 중에 하나도 업신여기지 말라 너희에게 말하노니 저희 천사들이 하늘에서 하늘에 계신 네 아버지의 얼굴을 항상 뵈옵느니라"(마18:10)

가정교회는 어린 아이들을 하나님 나라의 이류 시민으로 취급해서는 안된다. 예수님께서는 그의 제자들에게 스스로 겸손하고 어린 아이와 같이 되라고 훈계하셨다(마18:3~4). 이러한 시각은 하나님의 자녀로서 당신에 대한 시각을 근본적으로 바꾸어 줄 수 있을 것이다. 당신은 자녀들이 당신을 신뢰하기를 바라는 것과 동일하게 하나님을 겸손하게 신뢰할 수 있는가? 모임에서 어린 아이들을 성가신 존재로 생각하기 전에 그들에 관한 주님의 말씀에 대하여 곰곰히 생각해 보라. 아이들이 자기들이 가지고 있는 통찰력과 호기심들을 서로 나누도록 격려함으로써 당신이 아이들에게 부여하고 있는 가치들을 보여주고 있다. 심지어 장로들도 열두 살 되신 예수님이 성전에서 "그 지혜와 대답"(눅2:47)을 말하도록 허용해 주었다.

우리가 참여한 가정교회는 여섯 가정으로 구성되어 있었는데, 한 살에서 열일곱 살에 이르는 어린 아이들이 열 두 명, 그리고 어른들이 열한 명이었다. 일반적으로 우리가 모일 때 어른들과 나이든 자녀들은 원을 그리고 앉았으며, 그 동안에 작은 아이들은 정해진 지역에서 블록쌓기, 장난감 자동차, 색칠공부, 그림책 등을 가지고 놀았다.(화려한 누비 이불로 어린 아이들이 노는 지역의 경계선으로 삼을 수 있었다.) 단지 가정교회 시간에는 장난감들을 치워버렸다. 그래서 아무도 소유권을 주장하지 못했다. 어느 정도 나이를 먹은 아이들은 때때로 손으로는 바쁘게 플라스틱 블록을 만지면서도 어른들의 말에 귀를 기울였다!

  토의가 진행되는 동안에 작은 어린 아이들 중 하나가 어른들의 무릎에 기어들어와 조용히 이야기를 듣거나 또는 부엌에서 마실 물을 달라고 했다. 이 어린 아이들에게 있어서 어른들은 아주머니와 삼촌들이 되었다. 십대들은 큰 형이나 누나로 간주되어졌다. 따라서 그 그룹에서 장소적으로 가정을 확장시킨 사람은 거의 없었을지라도 가족처럼 친밀한 인간관계는 어느 정도의 수준까지 발전되었다.

  주일 날에 우리의 가정교회가 우리 회중(congrecation) 내의 다른 가정교회들과 함께 모여서 찬양과 예배를 드릴 때, 우리는 자주 예배가 시작되기 전에 한 시간 이상 그곳에 미리 머물러 있었다. 어른들이 감독하고 커피를 마시고 대화하고 기도를 하는 동안에 어린 아이들은 함께 놀았다. 찬양과 예배를 드리는 동안 우리의 가정교회는 어린 아이들과 함께 앉아 있었다. 그 곳에 있는 모든 어린 아이에 대한 사랑과 배려 때문에 그 어린 아이들이 누구의 자식인지도 알 수 없었다.

  조용히 노는 데 익숙하지 못했던 어린이들도 점진적으로 그것을 배우가고 있다는 사실도 알게 되었다. 노골적으로 반항할 때 그 부모는 그 어린 아이를 침실로 데리고 가서 자기가 원하는 방식대로 그 상황을 다루었다. 어른들의 지속적인 헌신과 동연배나 보다 나이든 어린 아이들이 보여준 모범은 활동적인 어린 아이들이 스스로 얌전히 있는 습관을 터득 하는데 도움을 주었다. 그렇다고 두살짜리 어린 아이가 한 시간 동안 조용히 앉아 있기를 바라는 비현실적인 기대는 갖지 않는다. 부모들은 다른 사람들이 자신의 자녀들을 돌보는 일을 돕게 했다. 이것은 그 부모들에게 짧은 휴식시간을 주었을 뿐만 아니라 어린 아이들과 어른들 사이에 신뢰감을 촉진시켜 주었다. 누구든지 코를 닦아주거나 작은 손을 잡고 산책할 수 있었다.

주 중에 자발적인 모임은 이와 같은 관계를 더욱 강화시켜 주었다. 바베큐, 하이킹, 슬라이드 쇼, 홈 비디오, 피크닉, 즉흥적인 기도 시간, 게임 등을 즐겼다. 이 모든 것들은 "우리는 서로 아끼고 사랑한다."라고 말해주는 표현들이었다. 모든 사람들이 다 모든 집회에 참석할 수는 없었다. 그래도 괜찮았다. 각자 전화를 통해서 기도하고 기뻐하고 짐을 나누어 질 수 있다는 사실을 알고 있었다. 독신자나 이혼한 사람들은 이러한 관계가 특별히 중요하다. 가정교회 내에서 그들이 나누는 사랑이, 그들이 체험하는 가족적인 배려의 원천들 중에서 가장 큰 위로를 가져다 주었기 때문이다.

때때로 성별에 따라 각각 다른 방에서 모이는 것도 좋은 일이라는 사실을 발견했다. 청소년들은 자기들의 말을 들어준다고 느낀다면 자주 어른들과 토론하는 데 참여했다. 남녀를 불문하고 어린 아이들의 활동을 감독할 수 있었다. 만약에 토론의 주제가 젊은 사람들에게는 부적합한 것 같다면 그들은 밖으로 나가 잠시 동안 보다 나이가 어린 아이들과 쉬거나 또는 부엌에서 간식을 먹을 수도 있었다. 열쇠는 유연성과 융통

성이다. 만약에 여러분이 어린 아이들에게 안전하지 못한 가정에서 모인다면 주인은 만져서는 안될 물건들을 어린 아이들의 손이 닿지 않는 곳에 옮겨 놓으며 부모들은 자신의 자녀들을 위하여 장난감을 가져다 주고 그들의 활동을 제한된 범위 내로 국한시켜야만 한다. 어떤 가정교회는 어른들이 교대로(남자들 뿐만 아니라 여자들도) 어린 아이들의 활동을 감독한다. 그런 활동은 책임을 맡은 사람의 특별한 재능과 또 어린 아이들의 연령에 달려 있다. 예를 들자면 노래, 수공예, 이야기, 빵굽기, 게임 등이다. 일주일 내내 개인적인 방문이나 전화를 통해서 접촉이 유지되기 때문에 어린 아이들은 마치 가족들과 함께 있는 것처럼 느끼게 된다. 그러한 교제 속에 어떤 새로운 것들을 첨가시킬 수도 있다. 어른들 뿐만 아니라 어린 아이들도 모든 연령층의 그룹들과 대화하는 방법을 배울 수 있다. 그것은 동질그룹으로 요약되어지는 사회나 교회 문화 속에서는 개발할 수 없는 기술이다. 만약에 어린 아이들이 서로 다툰다면 그들 스스로 그 문제를 해결할 수 있는 기회를 제공해 주라(그러나 발끈 화를 내거나 싸우기를 좋아하는 것까지 그렇게 해서는 안된다.).

아이들의 행동이 완전하지 못하다고 해서 부모들이 너무 서둘러서 개입하거나 당황해서는 안된다. 불화는 서로의 권리를 인정하고 도와주는 것을 배울 수 있는 기회이다. 때때로 보다 나이가 많은 아이들이 그들의 책임감을 고무시키는 창조적인 방식으로 개입하기도 한다. 어떤 부모들은 자녀들의 파괴적인 행동에 대해서 무관심한 것 같다. 이것은 나이든 조언자들이 부모들과 나란히 앉아 적절한 가정의 규칙들에 대해서 토론할 수 있는 좋은 기회이다. 그렇게 함으로써 다른 사람들의 염려를 감소시킬 수도 있을 것이다. 이미 그런 단계를 지난 자녀들을 가진 부모들은 그들 자신의 경험들에 근거하여 유익한 충고를 제공해 줄 수 있을 것이다.

"그러므로 우리는 기회있는 대로 모든 이에게 착한 일을 하되 더욱 믿음의 가정들에게 할지니라"(갈6:10)

당신 주변에 있는 사람들, 특히 영적인 가정에 속한 사람들에게 축복해 줄 수 있는 방법을 찾을 때 하나님께서 당신을 위하여, 당신 안에서, 당신을 통하여 해주신 모든 일들에 대한 감사로 가득찬 마음을 보여주라. 사랑의 관계라는 비옥한 토양에서 여러분은 진실로 그러한 필요성들을 분별할 수 있으며 또 그것들을 채워줄 수 있다. 우리의 가정교회 내에 속해있는 한 어머니는 고통스러운 이혼을 겪고 나서 감정적으로나 육체적으로 고갈되어 갔다. 그녀의 아홉 살 된 딸은 우리에게 매우 특별했다. 가정교회에 속한 각각의 가족들은 남는 시간을 그녀와 함께 지냈다. 즉 썰매를 타기도 하고, 개를 끌고 산책을 하기도 했다. 또한 서로의 집을 방문하며 놀기도 했다. 다시 어머니 뿐만 아니라 그 자녀도 같이 어울릴 수 있었고 서로간에 참다운 기쁨을 나눌 수 있었다. 그 후 이 가정은 다른 주로 이사를 갔다. 그러나 우리는 여전히 한 가족으로서 전화와 서신을 교환하고 있다.

초대 교회는 예수님을 만나기 위하여 영적인 준비를 하고 함께 모였다는 사실을 기억하라. 예배를 드리기 위하여 모이기 전에 자신과 가족들을 준비시키는 것은 매우 중요한 일이다. "그런즉 형제들아 어찌할꼬 너희가 모일 때에 각각 찬송시도 있으며 가르치는 말씀도 있으며 계시도 있으며 방언도 있으며 통역함도 있나니 모든 것을 덕을 세우기 위하여 하라"(고전14:26). 성령께서 인도하시는 대로 참여 할 것을 기대하면서 함께 모이는 예배자들은 미리 스스로를 영적으로 준비해야만 한다. 당신을 괴롭히는 것이 예배를 드리기 위하여 모였을 때에는 어떤 식으로든지 해결되어질 것이라고 바라면서 예배시간을 기다리지 말라. 각각의 날들은 그 자체의 괴로움을 가지고 있다. 당신이 이러한 것들을 직면할 때 다른 사람의 도움으로 당신이 참석한 몸된 교회 안에서 하나님의 역사에 초점을 맞출 수 있다. 집에 돌아갔을 때 직면해야만 하는 걱정과 염려들은 잊어버려라. 그 대신에 하나님의 장엄하심과 주권에 집중하라. 하나님께서는 당신이 체험하고 있는 모든 것을 알고 계신다. 하나님을 경배하라!

"네 손이 선을 베풀 힘이 있거든 마땅히 받을 자에게 베풀기를 아끼지 말며"(잠3: 27)

어떤 사람을 배려하는 마음과 그 사람에게 실제로 무엇인가를 나누어 주는 것 사이에는 밀접한 연관성이 있다. 위의 구절과 히브리 성경 속에 있는 그와 유사한 다른 구절들에 대한 통합적 이해가 신약 성경을 가득 채우고 있다. 예를 들자면 바울은 다음과 같은 구절들 가운데서 위에서 말한 잠언 3장 27절을 통합적으로 이해하고 있다. "오직 너희는 믿음과 말과 지식과 모든 간절한 말과 우리를 사랑하는 이 모든 일에 풍성한 것 같이 이 은혜도 풍성하게 할지니라… 이는 다른 사람들은 평안하게 하고 너희는 곤고하게 하려 하는 것이 아니요 평균케 하려 함이니"(고후 8:7,13).

예수님은 사람들이 자기의 일을 위하여 물질이 필요하다는 사실을 인식하셨다. 마태복음 20장 14~15절에 나오는 예수님의 비유는 포도원의 주인과 고용된 일꾼들에 대하여 말하고 있다. "나중 온 이 사람에게 너와 같이 주는 것이 내 뜻이니라 내 것을 가지고 내 뜻대로 할 것이 아니냐 내가 선하므로 네가 악하게 보느냐." 만약에 당신이 어떤 가정교회에 속해 있다면 스스로 다음과 같이 물어라. "다른 사람들이 나에게서 어떤 유익을 얻을 수 있는가? 나는 영적인 가족이라고 고백하는 자들에게 나 자신을 후히 주는 자인가? 하나님 아버지께서 내게 베푸신 모든 것들에 대해서 감사하는 마음으로 다른 사람들에게 헌신을 하고 있는가?"

믿음으로 다른 사람들의 재정적 책임을 지는 것은 모든 것들을 하나님의 것으로 보는 히브리적 이해에 기초하고 있다. 초대 교회는 이점을 분명하게 인식하고 있었다. "믿는 무리가 한 마음과 한 뜻이 되어 모든 물건을 서로 통용하고 제 재물을 조금이라도 제 것이라 하는 이가 하나도 없더라"(행4:32). 야고보도 다른 사람의 복지를 위한 책임을 다음과 같이 설명했다. "만일 형제나 자매가 헐벗고 일용할 양식이 없는데 너희 중에 누구든지 그에게 이르되 평안히 가라, 더웁게 하라, 배부르게 하라 하며 그 몸에 쓸 것을 주지 아니하면 무슨 이익이 있으리요 이와 같이 행함이 없는 믿음은 그 자체가 죽은 것이니라"(약2:15~17).

성령께서는 자주 그의 백성들이 다른 사람의 영적인 필요에 반응 할 것을 명하신다. 본서의 저자들도 자주 필요한 만큼의 돈을 얻은 적이 있었다. 예를 들자면 우리가 집에서 일천 마일이나 떨어진 목적지에 도달하자마자 자동차의 라지에이터가 고장이 났다. 우리는 이토록 예상치 못한 고장에 대비한 돈이 없었다. 그러나 어떤 친구가 나중 일이야 어떻게 되든 그것을 수리해 주기로 동의했다. 다음날 그 수리비에 해당하는 두 장의 수표가 도착했다. 그 기증자들은 우리의 특별한 필요에 대하여 알지 못했다. 그러나 도움을 주라는 성령의 촉구에 응답했을 뿐이었다.

　자비의 선한 행위는 히브리인에게 일상생활의 품질증명서였다. "의인은 죽음에서 건지느니라"(잠10:2,11:4)는 말은 추상적인 개념이 아니라 진정한 필요성에 응하기 위하여 의도적으로 물질을 기증하는 것이다. 의를 나타내는 히브리어 단어는 **옳거나 정의로운 행동**, 즉 우리가 **자선**이라고 부르는 것을 의미한다. 궁핍한 형제들에 대해서 하나님께서 요구하시는 자세는 다음과 같은 것이다. "너는 반드시 그에게 구제할 것이요 구제할 때에는 아끼는 마음을 품지 말 것이니라 이로 인하여 네 하나님 여호와께서 네 범사와 네 손으로 하는 바에 네게 복을 주시리라 땅에는 언제든지 가난한 자가 그치지 아니하겠으므로 내가 네게 명하여 이르노니 너는 반드시 네 경내 네 형제의 곤고한 자와 궁핍한 자에게 네 손을 펼지니라"(신15:10~11). 히브리인의 관점에서 볼 때 의를 행하는 것은 하나님께 드리는 예배의 일부였다. 하나님을 사랑한다는 것은 이웃 사람들의 필요를 충족시켜 줌으로써 그들을 사랑하는 것이었다.

　　"우리가 이 계명을 주께 받았나니 하나님을 사랑하는 자는 또한 그 형제를 사랑할 지니라"(요일4:21)

크리스천의 생활에 대해서 히브리인들이 가지고 있었던 이러한 견해에 대해서 생각해 보라. 예수님께서 말씀하신 사랑의 본질은 말에 있지 아니하고 행동에 있다. 예수님은 최후의 심판을 '지극히 작은 하나에게 한 것'(마25:40)과 연관시키셨다. 위선은 도덕적인 충고를 거부하는 삶이다. "비록 아이라도 그 동작으로 자기의 품행의 청결하며 정직한 여부를 나타내느니라"(잠20:11).

바울은 빌레몬에게 다음과 같이 권고했다. "이로써 네 믿음의 교제가 우리 가운데 있는 선을 알게 하고 그리스도께 미치도록 역사하느니라 형제여 성도들의 마음이 너로 말미암아 평안함을 얻었으니 내가 너의 사랑으로 많은 기쁨과 위로를 얻었노라"(6~7절). 당신이 가지고 있는 믿음의 산 증거는 예수 안에서 당신의 여러 가지 보물들을 다른 사람들에게 나누어 줄 때 나타난다. 당신이 만나는 사람들이 당신의 행동을 통하여 그리스도의 사랑에 대하여 더욱 많은 것을 알게 될 때 그들은 당신 안에서 역사하시는 예수님께 더욱 큰 감사를 드리고 좋은 사람인 당신에게는 보다 적은 공을 돌리기 시작할 것이다. 따라서 그들은 "너희 착한 행실을 보고 하늘에 계신 너희 아버지께 영광을 돌릴 것이다"(마5:16).

야고보는 신앙공동체에게 "행함으로 네 믿음을 보이라"(약2:18)고 권고하고 있다. 이러한 믿음의 완성은 사람들이 가장 귀중하게 여기는 것으로 자기 재량대로 할 수 있는 여지가 가장 적은 부분이다. 만약에 스스로 "예수님이라면 어떻게 할 것인가?"라고 묻지 않는다면 매일 24시간을 사용하는 가운데서 이루어지는 선택들이 흔들리게 될 것이다. 그러므로 성령께서 주시는 응답에 따르라.

　가족들에 대한 책임과는 별도로, 예수님 안에서 함께 성장하고 있는 사람들에게 힘을 북돋워 주라. 하나님의 신령한 집 안에 있는 "산 돌"(벧전2:5)인 당신은 당신 안에 계시는 그리스도의 반영이며 베드로의 권고에 속박되어 있다. "너희가 이방인 중에서 행실을 선하게 가져 너희를 악행한다고 비방하는 자들로 하여금 너희 선한 일을 보고 권고하시는 날에 하나님께 영광을 돌리게 하려 함이라"(벧전2:12).

　오직 친밀하고도 서로 짐을 나누어 지는 관계만이 당신에게 박차를 가하여 예수님을 위하여 당신의 인생을 적극적으로 소비할 수 있게 해줄 것이다. 결코 당신의 친절한 행동으로는 구원을 얻을 수 없다. 그러한 행동은 성령께서 당신에게 가져다 주신 사랑의 결과이며, 당신 안에서 하나님께서 역사하신 증거이다. 이스라엘에서 우리는 바울이 갈라디아 교인들에게 권고한 "너희가 짐을 서로 지라 그리하여 그리스도의 법을 성취하라"(갈6:2)는 말씀이 놀라울 정도로 생생하게 실천되는 것을 보았다. 버스 안에서 젊은이들은 기쁜 마음으로 자리에서 일어나 노인들이 앉게 했다. 그것은 "너는 센 머리 앞에 일어서고 노인의 얼굴을 공경하며 네 하나님을 경외하라 나는 여호와니라"(레19:32)라는 명령을 실천하는 것이었다. 승객들은 버스에서 내려 어머니들을 위하여 유모차를 운반해 주었다. 만약에 어떤 사람이 빗물로 인해서 미끄러워진 바닥 위에서 비틀거린다면 즉시 수많은 손길들이 그를 붙잡아 주었다. 이러한 사례들을 열거하자면 끝이 없을 것이다. 우리는 예수님께서 "내 이웃이 누구오니이까?"(눅10:29~37)라는 질문을 받으셨을 때 해주신 사마리아 인에 관한 가르침을 상기하게 되었다. 예수님은 예수님의 사랑을 통하여 우리가 짐을 나누어 질 수 있는 사람들이 곧 이웃이라고 대답하셨다.

"성도들의 쓸 것을 공급하며 손 대접하기를 힘쓰라"(롬12:13)

히브리 초대 교회는 손님을 대접하는 일을 잘했는데 그것은 사랑의 또 다른 표현이었다. 자신의 가정을 다른 사람들에게 개방하는 것은 중동지역의 문화에서는 깊이 뿌리박고 있었다. 그리고 그것은 유대인들 뿐만 아니라 이방인들 사이에서도 기대할 수 있는 것이었다. 성경적인 손님 대접은 미국에서 '사람들을 초대하는 것'과는 전혀 다른 현상이다. 미국인들은 즐겁게 해주기를 좋아한다. 그러나 미국인들의 모임은 손님들과 더불어 인간관계를 발전시키기보다는 오히려 활동(바베큐, 카드놀이, 독서나 비디오에 대한 토론)에 더욱 중심을 두고 있다. 예를 들자면 많은 교회 프로그램들은 성경 연구나 또는 어떤 정해진 커리큘럼을 모임의 초점으로 삼고 있다.

프로그램에 기초한 의제들은 자주 참석자들의 필요와 관심사보다는 오히려 내용 전달을 강조하고 있다. 성경적 진리를 현실적인 상황에 적용시켰을 때 하나님의 말씀이 가져다 주는 지속적인 영향력에 대하여 생각해 보라. 그것은 살아 있는 비유들이다. 특히 그러한 진리들을 가족처럼 친밀한 관계에 있는 사람들과 서로 나누어 가진다면 하나님의 진리가 변화된 삶을 가져다 줄 가능성은 훨씬 더 커진다. 잘 짜여진 프로그램들은 참석자들에게 정보를 전달해 주고 또 흥미를 느끼게 해 줄 것이다. 그러나 만약에 그 정보가 역할 모델을 통하여 실제적으로 적용되지 않는다면, 그것은 마음 속에 간직되었다가 곧 잊어지게 될 가능성이 크다.

서방 크리스천 공동체가 가정의 중요성에 대한 인식을 잃어버렸기 때문에 진심에서 우러나오는 손님 접대는 매우 희귀한 현상이 되었다. 히브리에서는 신자들에게 다음과 같은 사실을 상기시켜 주고 있다. "손님 대접하기를 잊지 말라 이로써 부지중에 천사들을 대접한 이들이 있었느니라"(히13:2). 우리가 만난 목사들과 교회 지도자들 중에서 디도서 1장 8절과 디모데전서 3장 2절에서 요구하는 손님 대접의 기준을 실천하는 사람은 거의 없었다. 우리가 기도원에서 실시한 조사를 통해서 단순히 인간관계를 깊이 있게 하기 위해서 다른 신자의 가정에 초대를 받은 사람들은 거의 없다는 사실을 발견했다. 가까운 우정을 나누는 사람들은 자주 영적인 영역 밖에서 접촉하고 있었는데 그것은 마치 어린 아이들이 동일한 스포츠팀이나 카풀 활동에 참여하는 것과 같다.

이스라엘에서 우리는 우리가 받은 호의에 압도당했다. 그것은 사람에 대한 따뜻한 마음과 배려로부터 나오는 것이었다. 손님 접대는 유대 가정의 기본적인 기능이었다. 성경이 분명하게 밝히고 있듯이 이러한 관례는 초대 교회의 히브리적 유산에 있어서 중심적인 것이었다. 베드로는 하나님의 백성들에게 "서로 대접하기를 원망없이 하라"(벧전4:9)고 가르쳤다. 분명히 매주 즐거운 마음으로 안식일을 거행하는 것은 재통합을 위한 길이다. 그러나 다른 자발적인 모임들은 사람들 사이에 헌신과 보다 깊은 인간관계를 맺도록 도와 줄 것이다.

어느 날 오후 우리가 피스가트 제예프(Pisgat Zeev)라는 예루살렘 교외를 산책하면서 오랫 동안 그 땅에 정착하고 있던 이스라엘 가정을 만날 수 있게 해달라고 기도했다. 그 때 갑자기 두 마리의 독일 세퍼드가 우리에게 달려들었는데 그 주인이 웃고 소리치며 뒤를 따르고 있었다. 그는 히브리어로 그 개들을 꾸짖고 난 다음에 우리들을 향하여 돌아서서 손을 내밀며 자신을 예후다(Yehuda)라고 소개했다. 그리고 그는 다음과 같은 말을 덧붙였다. "당신들은 슬로스버그(Schlossberg)씨 집에 머물고 있는 미국 사람들이군요. 그들은 참 좋은 사람들입니다!" 우리는 열심히 고개를 끄덕거리고 그와 더불어 이스라엘에 대한 우리의 체험과 인상에 대하여 대화를 나누었다. 비록 때때로 영어를 잘 알아듣지 못했을지라도 예후다는 프랑스어는 유창하게 말했다. 그리고 수잔이 고등학교 때 프랑스 어를 배웠기 때문에 별 무리 없이 대화를 할 수 있었다. 그는 떠나려고 돌아설 때 눈을 깜박거리면서 "우리 집에도 한 번 방문해 주십시오."라고 말했다. 후에 슬로스버그의 집으로 돌아왔을 때 우리는 버트에게 그러한 초대를 진지하게 받아 들여야 하는지 물었다. 그러자 그는 "물론이지요. 그와 시간약속을 하십시오."라고 대답했다. 그 다음 번에 우리가 길에서 예후다를 만났을 때 우리는 지난 번에 중단했던 대화를 이어갔다. 그는 또 다시 말했다. "우리 집도 한 번 방문해 주십시오." 우리는 웃으면서 물었다. "언제가 좋을까요?" 그도 싱글벙글 웃으며 대답했다. "금요일 오전 9시가 좋겠습니다." 금요일 오전이 되자 우리는 꽃으로 장식된 예후다의 집 계단을 올라갔다. 그리고 짖어

대는 개들의 인사를 받았다. 우리가 통풍이 잘되고 약간 어지럽혀진 집에 들어갔을 때 상냥스러운 예후다의 아내인 베르테(Berte)는 우리의 손을 움켜 잡고 부엌으로 인도했다. "여기에 앉으십시오." 그녀는 부엌을 분주히 돌아 다니면서 물었다. "커피를 원하세요? 쥬스도 있습니다. 소다는 어떠세요? 예후다, 여기 파이껍질들을 좀 치우세요. 내가 그것들을 만들었답니다. 그것은 매우 훌륭해요. 여기에 과일들도 있습니다. 당신들은 이스라엘산 과일을 좋아하십니까?" 우리는 우리의 입맛에 대한 그녀의 관심에 압도되어 단지 고개를 끄덕이고 미소를 짓고, 또 고개를 끄덕이고 미소를 지을 수밖에 없었다. 우리가 우리 앞에 차려진 잔치상을 마주했을 때 우리 사이에는 질문과 논평과 대답이 넘쳐흘렀다. 우리는 마치 수년 동안 알고 지냈던 것처럼 환영을 받았다.

가족 이야기와 도덕적으로 타락하고 있는 각자의 문화에 대해서 대화를 나누는 동안에 우리는 공통적인 면들이 많이 있음을 발견했다. 그러나 서로에 대한 우리의 관심을 보증해준 것은 성경에 대한 사랑의 표현이었다. 우리는 지난 몇 주간 동안 히브리 성경에서 많은 것을 얻었다. 그래서 유대인들에 대해 가지고 계시는 하나님의 약속들을 발견할 수 있었고 이에 대해 예후다 부부와 이야기를 나누었다. 마침내 성령의 감동을 받은 마이크는 눈물을 흘리면서 대학살 기간 동안에 자신의 폴란드 조상들이 유대인들에게 자행했던 잔악행위에 대하여 베르테와 예후다에게 용서를 빌었다. 우리는 서로 눈물을 흘리며 껴안았다. 그리고 서로의 마음을 받아드렸다. 우리가 떠나려 했을 때 그들은 말했다. "잠시만 더 기다려 주세요. 파이도 더 있고 과일도 더 있습니다. 좀 더 대화를 나눕시다."(우리는 나중에 다음과 같이 논평했다. "당신이 이스라엘 가정에서 떠날 준비를 할 때에는 반드시 미리 떠날 계획을 세우라. 그 문을 나서는 데에는 적어도 한 시간이 걸릴 것이다.")

그 다음 방문했을 때에도 동일하게 후한 마음과 친절함을 제공해 주었다. 베르테가 우리들에게 물었다. "당신들과 같은 크리스천들이 또 있습니까?" 우리는 그들과 함께, 하나님께서 유대인들을 사랑하시기 때문에 그들에 대하여 우리가 느끼는 사랑을 나누었다. 그리고 로마서 11장으로부터 비롯된, 하나님께서는 그들을 통하여 이루시려는 특별한 계획을 갖고 계신다는 우리의 신념을 확실히 했다. 우리는 그들에게 우리만 이렇게 하는 것이 아니라는 점을 확실히 말했다. 우리가 집으로 돌아가는 비행기를 타던 날 아침에 서로를 껴안고 작별인사를 나누었을 때 얼마나 슬펐겠는가! 손님접대로 시작되었던 것이 우정을 나눈 사이로 끝을 맺었다.

우리는 오늘날 미국 기독교 공동체 내에서 성경적인 손님접대가 없는 현실이 수많은 교회 내에서 찾아볼 수 있는 얕은 인간관계에 공헌하고 있다고 생각한다. 어떤 친구는 자기 교회 교인들 사이의 인간관계가 폭은 일 마일이나 되지만 깊이는 일 인치 밖에 안된다고 말했다.

히브리적 손님접대는 자발적이기 때문에 친구들이 사전 준비도 없이 자유롭게 방문할 수 있다. 이토록 개방적이고 예고없는 침입은 그들이 필요한 시기에 서로를 방문하는 것을 쉽게 만들어준다. 우리 서구인들은 모든 교회의 모임과 활동에 대하여 스케줄을 정한다. 그리고 그것은 우리에게 문제가 발생했을 때 다른 신자들을 방문하는 것을 훨씬 더 어렵게 만들고 있다. 우리가 어렸을 때에는 자연스럽게 친구의 집을 방문할 수 있었다는 것은 아이러니칼한 일이다. 어렸을 때에는 자연스러웠던 것이 성숙했을 때에는 침입으로 인식되어질 만큼 우리의 문화는 덫에 빠져 있다.

어느 으스스한 예루살렘의 밤에 버트와 액시 슬로스버그는 길 건너편에 살고 있는 그들의 이웃을 본 지 수 주간이 지났다는 사실을 깨달았다. 오후 9시쯤 우리가 방으로 들어간 후에 그들은 그 이웃집 대문을 두드렸다. 엘리(Eli)와 리브가(Rivka)는 목욕가운을 입은 채로 대답했다. 그리고 친구들을 보자 기뻐하며 웃었다. 그들은 즉시 집 안에 불을 켜고 과자를 내놓았으며 세 시간 동안 활기찬 대화를 나누었다. 당신은 계획에 없던 방문을 환영하거나 또는 방문시간이 적절하지 않다고 솔직하게 말할 수 있을 정도로 정직한 인간관계를 필요로 한다. 다른 사람들이 어떻게 반응할까 미리 추측하기 때문에 자발적인 배려를 베풀어 주지 못하는 일이 없도록 하라. 주인이 없을 때 대문에 당신이 방문했다는 표시로 메모를 적어두는 것은 당신이 항상 그들을 마음 속에 두고 있다는 사실을 보여줄 수 있을 것이다. 만약에 당신이 인생 가운데서 만나서 다양한 사람들과 맺은 관계의 깊이를 점검해 본다면 그들 중 많은 것들이 너무나도 깊이가 없다는 사실을 발견하고는 충격을 받을 것이다. 당신은 정치, 높은 물가고, 도덕적 타락, 범죄, 젊은이들의 알콜과 마약문제 등과 같은 주제를 벗어나서 서로에게 밀접히 연관된 대화를 나눈적이 자주 있는가? 좀 더 깊이 파고 들어 당신에게 고통을 가져다 주고, 당신이 하나님과 동행하는 것을 방해하는 일들에 대하여 대화를 나눈 적이 얼마나 많은가? 진정으로 짐을 나누어 지는 자들은 "즐거워 하는 자들로 함께 즐거워 하고 우는 자들로 함께 운다"(롬12:15).

그들은 자기들을 괴롭히는 고통스럽거나 혼란스러운 상황에 대한 하나님의 응답을 발견하기 위해서 함께 기도하고 금식한다. 그들은 또한 "친구의 통책은 충성에서 말미암은 것이다"(잠27:6)라는 경건한 훈계에 겁을 먹고 꽁무니를 빼지 아니하는 열린 마음의 자세를 가지고 있다. 그와 같은 통렬한 책망은 오랜 시간 동안 슬픔과 기쁨을 함께 나눈 데서 생겨난 깊은 헌신과 동정심을 필요로 한다. 우리는 기도원이나 교회에 찾아가는 사람들에게 다음과 같은 두 가지 질문으로 여러번에 걸쳐 조사를 했다.

1. 교인들 중에서 당신이 인생의 깊은 환난 가운데 처했을 때 찾아 갈 수 있는 세 사람의 이름을 적어보라.
2. 교인들 중에서 당신이 망설임 없이 어떤 행동을 해줄 것을 요청 할 수 있는 사람이 있으면 세 사람만 적어보라.

우리가 그 대답들을 비교하고 분석했을 때 교인들 사이의 인간관계가 얼마나 깊이가 없고 헌신적이지 못한 지를 입증해 주었다. 각각의 항목에 대하여 세 사람의 이름을 모두 제시할 수 있는 사람은 거의 없었다. 여섯 명의 이름을 전부 다 열거한 사람들에게 우리는 더욱 자세한 조사를 했다. 많은 사람들이 실제적으로 그들 중 어떤 사람과는 접촉할 수 없을 것이라는 점을 인정했다. 6명의 이름을 모든 적은 사람들이 질문을 제대로 이해했는지, 또는 재미로 그런 대답을 했는지 의심스러웠다. 이 자료에 비추어 볼 때 '서로의 짐을 지는' 크리스천적 인간관계는 비교적 드물다는 사실을 알 수 있었다.

> "만군의 여호와께서 말씀하시되 이는 힘으로 되지 아니하며 능으로 되지 아니하고 오직 나의 신으로 되느니라"(슥4:6)

초대 교회의 수직 – 수평적 측면들 중 한 가지는 결단을 내리는 것이었다.(수직적 측면은 하나님과의 관계를 말하는 것이며 수평적 측면은 세상 사람들과의 관계를 말하는 것이다.) 히브리 신자들은 그들 자신의 논리적 사고나 이해력에 의지하기 보다는 하나님의 레마, 즉 하나님이 계시하신 뜻이나 결정을 끈질기게 찾았다. 헬라 철학은 오늘날의 교회가 '찬반양론적' 토론방법을 사용하는 합리화에 크게 의존하도록 영향력을 미쳤다. 이와 같은 형태의 인간적 논리는 사람들을 분열시키고 이간시키는 통제와 조종의 요소들을 포함하고 있다. 하나님의 인도하심을 진지하고 경건하게 구하는 것은 예수 그리스도가 '부르심을 받은 자들'의 머리가 되신다는 사실을 입증해 주고 있다. 하나님의 백성들이 하나님과의 친밀성을 회복하기를 갈망할 때 그들은 가정 먼저 하나님의 인도하심을 바랄 것이다. "만군의 여호와가 말하노라 그 후에 여러 백성과 많은 성읍의 거민이 올 것이라 이 성읍 거민이 저 성읍 거민에게 가서 이르기를 우리가 속히 가서 만군의 여호와를 찾고 여호와께 은혜를 구하자 할 것이면 나도 가겠노라 하겠으며"(슥8:20~21). 여호와의 계속적인 인도하심을 추구하는 것이 당신의 가정에서 최우선적인 문제가 되어야만 한다. 당신이 하나님의 인도하심을 듣기를 거부할 때 스가랴는 다음과 같이 경고하고 있다. "내가 불러도 그들이 듣지 아니하였은즉 그들이 불러도 내가 듣지 아니하고"(슥7:23).

당신이 하나님을 구하지도 아니하고 자신의 가정에서 그의 성결을 유지하지도 않으면서 하나님께서 그 능력과 임재하심을 나타내 주시기를 기대한다는 것은, 당신의 가정교회에 속한 다른 사람들이나 심지어 교회 수준에 이르기까지 얼마나 큰 손실이 되겠는가? 본서의 저자들이 하나님을 구하는 무리들과 함께 했을 때 성령께서 우리나 또는 그 무리들 가운데 속한 어떤 사람에게 "아간의 죄가 있는 곳에서 하나님께서는 너희들의 요구를 듣지 않으실 것이다"(수7장을 보라.)라는 사실을 일깨워 주신 적이 너무나도 많았다. 아간은 자신의 개인적인 죄를 숨기려고 노력했다. 그러나 하나님께서는 그 죄에 대한 책임을 온 이스라엘에게 물으셔서 그들로 하여금 아이 백성들에게 패배하게 하셨다. 죄를 드러내고 올바르게 처리했을 때 이스라엘은 그들의 적을 정복할 수 있었다. 숨겨둔 죄악은 하나님으로 하여금 당신을 인도하고 당신을 위하여 역사하지 못하시게 막는다는 사실을 인식하라. 가정교회 내에서 체험되는 영적인 인도와 결정의 패턴은 이미 가정에서 실천되어진 것의 연장이 되어져야만 한다.

신약교회는 하나님과 동행하기 위해서 오직 성령님과 그리고 또 히브리 성경에 대해서 성령님이 조명 하시는 뜻에만 의존했다. 그들은 오늘날과 같이 도서관이나 비디오테이프를 찾지 않았다. 복음전도자 데이비드 듀플레시스(David DuPlessis)가 현명하게 말했듯이, "그들은 성령과 성령의 가르침과 성령의 인도하심에 의존해야만 한다. 그들은 성령의 영감 하에 섬기고 설교하고 글을 쓰는 것 이외의 다른 선택권은 없다."[1]

성령을 구하라. 하나님의 레마가 없이는 앞으로 나아가지 말라. 레마는 그 일을 성취할 수 있는 능력을 가져다 주는 하나님의 인도하심이다. "나는 포도나무요 너희는 가지니 저가 내 안에, 내가 저 안에 있으면 이 사람은 과실을 많이 맺나니 나를 떠나서는 너희가 아무것도 할 수 없음이라"(요15:5).

"여호와의 말씀에 내 생각은 너희 생각과 다르며 내 길은 너희 길과 달라서 하늘이 땅보다 높음같이 내 길은 너희 길보다 높으며 내 생각은 너희 생각보다 높으니라"
(사55:8~9)

초대 교회는 히브리 성경을 기초로 하여 결정을 내릴 때에 하나님의 주권을 이해할 수 있었다. "여호와께서 온갖 것을 그 위에 씌우매 적당하게 지으셨나니 악인도 악한 날에 적당하게 하셨느니라… 사람이 마음으로 자기의 길을 계획할지라도 그 걸음을 인도하는 자는 여호와시니라"(잠16:4,9). 결단을 내리는 것은 하나님을 신뢰하는 가운데 성도간에 헌신하고 의존하는 관계성의 중요한 측면이다. 세속적인 방법이나 과정을 사용하여 결정한 후에 적절하지 못한 방법이 사용되었다고 생각되면 친구들 사이에 긴장감이 조성될 수도 있을 것이다.

가정에서 뿐 아니라 가정교회에서도 하나님께서 정해 주신 결단을 선택하라. 결단을 내리는 것에 대한 성경적인 사례들은 다음과 같은 것들이 있다. 물론 그것들에만 국한되어지는 것은 아니다. 제자들이 열 두 명을 채우기 위해서 다른 사람으로 하여금 유다를 대신하게 했을 때 그들은 "사람이 제비는 뽑으나 이를 작정하기는 여호와께 있느니라"는 잠언 16장 33절의 원리와 "제비 뽑는 것은 다툼을 그치게 하여 강한 자 사이에 해결케 하느니라"는 잠언 18장 18절의 원리를 따랐다. 유다가 떠난 빈자리를 채우기 위해서 두 명의 제자들이 추천되었다. 그 때 그들은 여론조사나 투표를 하지 않았다. 그러한 방법은 나중에 그 결정이 정확했는지 어쨌는 지에 대한 의문을 남길 수도 있을 것이다. 그 대신에 그들은 제비를 뽑았다. "제비를 뽑아 맛디아를 얻으니 저가 열한 사도의 수에 가입하니라"(행1:26). 논쟁이 생길 여지가 있을 때 이 방법을 사용하면 "모든 결정은 여호와로부터 비롯되어진다"는 인식이 널리 확산될 것이다.

모든 신자들은 자기들의 마음이 한 없이 거짓되다는 사실을 인식했다. "만물보다 거짓되고 심히 부패한 것은 마음이라 누가 능히 이를 알리요마는"(렘17:9). 그들은 어린 아이때부터 잠언 3장 5~6절에 기초하여 양육되어졌다. "너는 마음을 다하여 여호와를 의뢰하고 네 명철을 의지하지 말라 너는 범사에 그를 인정하라 그리하면 네 길을 지도하시리라."

아나니아와 삽비라의 속임수(행5장을 보라)와 그 결과는 성령에게 거짓말하는 것에 관하여 분명한 경고를 해주었다. "베드로가 가로되 아나니아야 어찌하여 사단이 네 마음에 가득하여 네가 성령을 속이고 땅값 얼마를 감추었느냐… 아나니아가 이 말을 듣고 엎드러져 혼이 떠나고 이 일을 듣는 사람이 다 크게 두려워하더라"(행5:3~5).

하나님의 백성들이 그들 자신의 개인적인 욕망에 의해서 속지 않도록 막아주시는 하나님의 보호방법은 두세 사람의 증언을 포함하는 것이다. 개인들에 의한 독단적인 결정은 이방인의 개념이다. 초대 교회가 결정을 내리기 위해서 사용했던 방법은 히브리 성경에서 통합적으로 이해한 것이다. "두 증인의 입으로나 세 증인의 입으로 그 사건을 확증할 것이요"(신19:15). 예수님의 가르침도 이것을 다시 확인하고 있다. "진실로 다시 너희에게 이르노니 너희 중에 두 사람이 땅에서 합심하여 무엇이든지 구하면 하늘에 계신 네 아버지께서 저희를 위하여 이루게 하시리라"(마18:21). 바울도 동일한 원리를 되풀이해서 말하고 있다. "두 세 증인의 입으로 말마다 확증하리라"(고후13:1).

안디옥 교회는 바울과 바나바를 파송하기 위하여 영적인 은사와 기도와 예배와 금식을 하는 증인들을 사용했다. "안디옥 교회에 선지자들과 교사들이 있으니… 주를 섬겨 금식할 때에 성령이 가라사대 내가 불러 시키는 일을 위하여 바울과 바나바를 따로 세우라 하시니 이에 금식하며 기도하며 두 사람에게 안수하여 보내니라"(행13:1~3). 금식은 수세기 동안 영적인 생활의 한 요소였다. 육체를 부인하고 영적인 것에 초점을 맞추는 것은 응답을 구하기 위하여 하나님께 전심으로 의존하는 것을 의미했다. 최근에 과테말라에서 300개의 가정교회를 가진 교회가 각 가정교회에 속한 두 사람의 신자들로 하여금 일주일에 하루씩 금식하게 했다. 따라서 날마다 최소한 600명의 신자들이 금식과 기도를 하게 되는 것이다. 그들은 자기들 가운데서 하나님께서 능력있게 개입하시는 것을 보게 되었다. 예수님께서도 "만약에 너희가 금식한다면"이라고 말씀하지 않으시고 "너희가 금식할 때에"(마6:16)라고 말씀하셨다. 신자들이 주님의 보좌 앞에서 기도와 금식을 통하여 서로를 겸손하게 섬길 때에 분명히 축복이 주어질 것이다.

하나님께서는 그의 백성들이 홀로 하나님의 뜻을 분별하기 위하여 애쓰도록 내버려두지 않으셨다. 크리스천들은 서로 동료신자로서 하나님의 자녀들인 서로를 위하여 하나님의 최선의 것을 구하는 데 헌신하고 있다. 따라서 그들은 주님께 순종할 준비를 하고 있다. 바울처럼 다른 사람을 위하여 하나님께 열심히 간구하라. "너희로 하여금 모든 신령한 지혜와 총명에 하나님의 뜻을 아는 것으로 채우게 하시고"(골1:9). 기도실에서 하나님을 찾고 레마를 위하여 그의 말씀을 부지런히 연구하라. 당신이 하나님을 신뢰할 때에 하나님께서는 배우자나 믿음의 가족들을 사용하셔서 당신을 위한 자신의 계획들을 확인해 주실 것이다.

제●13●장

예언의 성취
오늘날의 이스라엘과 유대인들

"나 여호와는… 말하노라
이 규정이 내 앞에서 폐할진대 이스라엘 자손도 내 앞에서 폐함을 입어 영영히 나
라가 되지 못하리라 나 여호와가 이같이 말하노라 위로 하늘을 측량할 수 있으며
아래로 땅의 기초를 탐지할 수 있다면 내가 이스라엘 자손의 행한 모든 일을 인하
여 그들을 다 버리리라 여호와의 말이니라"(렘31:35~37)

하나님과 그의 말씀에 대한 순종적 신뢰는 하나님께서 하신 약속들을 지키실 것이라는 하나님에 대한 완전한 신뢰성에 기초하고 있다. 신약성경은 히브리 성경에서 말씀하신 약속들이 성취됨에 따라서 그 영광이 더욱 풍성해진다. 따라서 그리스도를 따르는 자들은 하나님의 맹세들이 때가 되면 반드시 성취되어질 것이라는 보증을 갖고 있다.

우리가 예루살렘에 삼일 동안 머무르는 동안에 성령께서는 이스라엘과 유대인에 관하여 말씀하신 윗 구절들의 의미를 우리에게 일깨워 주셨다. 우리는 유대인들에게 중요한 약속을 주고 있는 각각의 구절들을

특별한 범주들로 나눌 수 있다는 사실을 깨달았다. 이러한 약속들 중에서 많은 것들은 세상 사람들이 보는 앞에서 성취되고 있다. 지금은 진실로 미국 교회 신자들 사이에서 '이방인의 각성'이 필요한 시기이다! 매스컴에 이스라엘에 대한 뉴스가 나타나지 않고 지나가는 날은 거의 없다. 세속적인 견지에서 볼 때 그처럼 작은 땅덩어리가 그토록 많은 관심을 끌고 있다는 것은 놀라운 일이 아닐 수 없다. 그러나 성경적인 관점에서 볼 때 하나님께서는 수 세기 동안 유대인들과 크리스천들을 분리시킨 벽을 노출하고 또 허물고 계시는 것이다. 그러나 많은 크리스천들은 이처럼 극적인 사건들을 마치 자기들과는 아무런 관계가 없는 것처럼 관심도 없이 지나쳐 버리고 있다. 그러나 성경은 그렇게 말하지 않고 있다. 본 장은 그러한 약속들의 성취가 가지고 있는 중요한 의미를 강조할 것이며, 그것들은 여러분이 예수님과 동행하는 데에 적용될 수 있을 것이다.

이스라엘 : 하나님은 무슨 일을 하고 계시는가? 그것은 나에게 어떤 의미를 가지고 있는가?

"너를 축복하는 자에게는 내가 복을 내리고 너를 저주하는 자에게는 내가 저주하리니 땅의 모든 족속이 너를 인하여 복을 얻을 것이니라 하신지라" (창12:3)

유대교와 기독교의 뿌리는 우리의 공통의 조상인 아브라함에게로 거슬러 올라간다. 1900년 동안 교회가 가지고 있었던 히브리적 뿌리에 대한 편견과 무지는 결과적으로 유대인에 대한 박해로 나타났다. 수 백년 동안 교회는 사도행전에 분명하게 기록되어 있는 1세기 교회의 능력과 활력을 잃어버렸다. 하나님의 말씀에 대한 히브리적 이해가 회복되고 있듯이, 하나님께서는 오늘날의 교회들이 유대인들을 축복해 주기를 원하시는가? 하나님께서는 유대인들을 축복하는 자에게 복을 주시겠다는 자신의 약속을 성취하지 않으실 것인가? 교회가 받은 축복이 과거에 교회가 가졌던 활력과 능력의 회복을 수반할 것인가?

하나님께서는 이방인의 마음을 변화시키시고 계신다

하나님께서 자기의 말씀에 신실하시다는 사실을 믿고 이에 관심이 많은 그리스도인들은 유대인들과 이스라엘 땅에서 '하나님의 활동'이 더욱 증가되고 있다는 사실을 점점 더 인식하고 있다. 개신교 교회들 사이에서 회개, 즉 역사적으로 유대인들을 박해한 것을 인정하고 돌이킬 것을 강조하는 다음의 기사들에 대하여 생각해 보라.

1962년에 교황 요한 23세는 제2차 바티칸 공회를 소집했다. 그는 그 모임에서 유대인들은 '그리스도를 죽인 자'라는 혐의에 대해서 무죄라고 선언하였다.[제2차 세계 대전 중에 몬시뇨 안젤로 론칼리(Monsignor Angelo Roncalli: 그는 나중에 교황 요한 23세가 되었다.)는 루마니아와 헝가리와 불가리아에서 유대인들에게 위조된 카톨릭 세례증명서를 제공해 줌으로써 수천 명의 유대인들을 구출했다는 비범한 명성을 얻었다.]1)

폰티프(Pontiff)가 죽기 직전에 만들어진 다음과 같은 기도는 유대인들에게 지은 교회의 죄를 인정했으며 불의를 범한 데 대하여 하나님께 용서를 구하고 있다.

"우리는 이제 수세기 동안 우리의 눈이 멀었음을 깨닫나이다. 따라서 우리는 당신이 택한 백성들의 아름다움을 보지 못했으며 그들의 면전에서 장자로서의 특징을 인정하지 못했나이다. 우리는 우리의 이마에 가인의 마크가 찍혀진 것을 깨닫나이다. 수세기 전에 아벨은 피와 눈물 가운데 누워 있었나이다. 그것은 우리가 당신의 사랑을 망각했기 때문입니다. 우리가 부당하게 유대인의 이름 위에 퍼부었던 저주에 대하여 우리를 용서하소서. 우리의 저주로 우리가 두 번째로 당신을 십자가로 못박았나이다. 우리를 용서하소서."

신시내티(Cinecinnati)의 주교도 그에 동의했다. "모든 유대인들이 예수 그리스도를 수난과 죽음으로 인도한 죄를 범하지는 않았으며 예수님을 메시아로 인정하기를 거부하지도 않았다. 유대인들은 저주를 받지도 않았고 선택된 백성으로서의 특권을 박탈당하지도 않았다. 그들의 고난과 분산과 박해는 예수님을 십자가에 못박고 거부한 것에 대한 징벌이 아니다."[2]

최근의 신문은 다음과 같이 지적하고 있다. "바티칸도 수세기 동안 교회가 반유대주의를 조장했으며 대량학살을 중지시키는 데 실패했음을 인정하는 자료를 초안하고 있다고 전해진다."[3]

루터교도 유대인들에 대해 적대적인 마르틴 루터의 저술들을 철회했다. 1984년에 루터 탄생 500주년을 기념하는 자리에서 세계 루터 연맹은 다음과 같은 성명을 발표했다. "우리는 종교개혁자들이 유대인들에게 행한 폭력적인 공격을 인정하거나 용서할 수 없다. 루터가 반유대적인 말을 한 죄와 유대인들에게 행한 폭력적인 공격의 죄를 아픈 마음으로 인정해야만 한다. 그리고 현재나 미래에 그와 유사한 죄를 저지를 수 있는 모든 가능성이 교회에서 제거되어져야 한다… 오늘날 루터 교인들은 반유대적인 루터의 발언에 속박되기를 거부한다."4)

미국 감리교회는 죄악된 잔악행위에 대한 이러한 고백 이외에 다음과 같은 자료를 첨가했다. "유대인들은 조직적인 억압과 불의의 희생제물이었다… 크리스천들도 자신들이 유대인들과 소원한 관계에 있었던 역사에 대해 더욱 인식해야만 한다… 크리스천들은 수 세기동안 유대인들에게 행했던 박해에 대해 분명한 회개와 결심을 해야 한다. 즉 과거의 불의를 거부하고 현재의 그것을 제거하려고 결심해야만 한다."5)

"나 여호와는 변역지 아니하나니"(말3:6)

본 장에 인용된 성경 구절들은 다음과 같은 사실들에 대하여 말하고 있다.

◎ 아브라함의 언약이 가지는 영원한 본질
◎ 유대인들과 관련된 하나님의 약속들
◎ 유대인들을 증오하는 아랍인들을 언급하고 있는 성경말씀

◎ 하나님과 이스라엘 땅 사이의 무조건적인 관계
◎ 이스라엘로 다시 돌아오는 유대인들
◎ 전 세계 이방인들과 관련해서 유대인들의 이스라엘 귀환에 두고 계신 하나님의 목적

우리는 유대인들과 관련된 성경 상의 약속들에 대하여 진지하게 생각하는 신자들이 그들의 믿음 가운데서 격려를 받게 되기를 소망한다. 하나님께서는 진실로 자기의 말씀을 지키셨다. 자신의 약속들을 신실하게 지키시는 하나님에 대한 무지가 크리스천들을 낙심하게 하고 절망하게 만든다. 하나님의 신실하심에 대하여 전심으로 신뢰할 때 신자들은 신뢰감과 희망과 기쁨으로 가득 차게 될 것이다. 자기 말씀을 지키시는 분, 즉 메시아 되시는 예수님과 친밀성을 유지하라.

다음의 구절들을 신중하고도 기도하는 마음으로 되돌아 보라.

아브라함의 언약

하나님께서는 주권적으로 아브라함과 언약을 맺으시고 그것을 지키겠다고 맹세하셨다. 오직 하나님만이 "내가 ~을 할 것이다."라고 말씀하실 권리를 갖고 계시며 또 그렇게 될 것이다. "내가 너로 큰 민족을 이루고 네게 복을 주어 네 이름을 창대케 하리니 너는 복의 근원이 될지라 너를 축복하는 자에게는 내가 복을 내리고 너를 저주하는 자에게는 내가 저주하리니 땅의 모든 족속이 너를 인하여 복을 얻을 것이니라 하

신지라"(창12:2~3).

하나님께서 이스라엘 백성들과 맺으신 언약의 기간은 영원이었다. "보이는 땅을 내가 너와 네 자손에게 주리니 영원히 이르리라"(창13:15).

아브라함에게 준 땅의 경계선은 하나님께서 정하셨다. "그날에 여호와께서 아브람으로 더불어 언약을 세워 가라사대 내가 이 땅을 애굽 강에서부터 그 큰 강 유브라데까지 네 자손에게 주노니"(창15:18).

하나님은 이 언약을 아브라함의 아들 이삭과 영원히 그 후손들에게 전달되도록 하겠다고 약속하셨다. 그것은 이슬람 교도들이 주장하듯이 이스마엘에게 계승되지 않았다. "하나님이 가라사대 아니라 네 아내 사라가 정녕 네게 아들을 낳으리니 너는 그 이름을 이삭이라 하라 내가 그와 내 언약을 세우리니 그의 후손에게 영원한 언약이 되리라"(창17:19).

하나님께서는 이삭의 아들 야곱과 그 후손들에게 약속의 땅과 또 그들에게 부어질 축복의 언약을 확인해 주셨다. "또 본즉 여호와께서 그 위에 서서 가라사대 나는 여호와니 너희 조부 아브라함의 하나님이요 이삭의 하나님이라 너 누운 땅을 내가 너와 네 자손에게 주리니 네 자손의 땅이 티끌같이 되어서 동서남북에 편만할지며 땅의 모든 족속이 너와 네 자손을 인하여 복을 얻으리라 내가 너와 함께 있어 네가 어디로 가든지 너를 지키며 너를 이끌어 이 땅으로 돌아오게 할지라 내가 네게 허락한 것을 다 이루기까지 너를 떠나지 아니하리라 하신지라"(창28: 13~15).

하나님께서 모세에게 족장들과 맺은 언약을 확인해 주셨다. 그리고 모세는 이스라엘 백성들에게 그들이 곧 들어가게 될 그 땅에 대한 하나님의 언약을 상기시켜 주었다. "내가 아브라함과 이삭과 야곱에게 주기로 맹세한 땅으로 너희를 인도하고 그 땅을 너희에게 주어 기업을 삼게 하리라 나는 여호와로라 하셨다 하라"(출6:8). "여호와께서 너를 인도하여 가나안 사람과 헷 사람과 아모리 사람과 히위 사람과 여부스 사람의 땅 곧 네게 주시려고 네 조상들에게 맹세하신바 젖과 꿀이 흐르는 땅에 이르게 하시거든 너는 이 달에 이 예식을 지켜… 여호와께서 너와 네 조상에게 맹세하신 대로 너를 가나안 사람의 땅에 인도하시고 그 땅을 네게 주시거든"(출13:5,11).

이스라엘 백성들이 그 땅을 떠나 흩어져 유랑하는 동안에도 하나님께서는 그 언약을 잊지 않으셨다. "그런즉 그들이 대적의 땅에 거할 때에 내가 싫어 버리지 아니하며 미워하지 아니하며 아주 멸하지 아니하여 나의 그들과 세운 언약을 폐하지 아니하리니 나는 여호와 그들의 하나님이 됨이라 내가 그들의 하나님이 되기 위하여 열방의 목전에 애굽에서 인도하여 낸 그들의 열조와 맺은 언약을 그들을 위하여 기억하리라 나는 여호와니라"(레26:44~45).

주권적으로 유대인을 선택하신 하나님은 또한 그의 뜻에 따라 교회를 선택하셨다

이스라엘을 위한 하나님의 행동들은 그들에 대한 사랑과 또 족장들에 대한 맹세에서 비롯되었다. "여호와께서 너희를 기뻐하시고 너희를 택하심은 너희가 다른 민족보다 수효가 많은 연고가 아니라 너희는 모든 민족 중에 가장 적으니라 여호와께서 다만 너희를 사랑하심을 인하여, 또는 너희 열조에게 하신 맹세를 지키려 하심을 인하여 자기의 권능의 손으로 너희를 인도하여 내시되 너희를 그 종 되었던 집에서 애굽 왕 바로의 손에서 속량하셨나니"(신7:7~8).

이와 마찬가지로 베드로도 신자들에게, 그들도 역시 하나님에 의해서 선택되었다는 사실을 상기시켜 주었다. 유대인의 선택 뿐만 아니라 그리스도를 따르는 자들의 선택도 하나님께서 그 기쁘신 뜻대로, 그의 목적에 따라, 그의 영광을 위해서 주도적으로 하신 일이었다. "예수 그리스도의 사도 베드로는 본도, 갈라디아, 갑바도기아, 아시아와 비두니아에 흩어진 나그네 곧 하나님 아버지의 미리 아심을 따라 성령의 거룩하게 하심으로 순종함과 예수 그리스도의 피 뿌림을 얻기 위하여 택하심을 입은 자들에게 편지하노니 은혜와 평강이 너희에게 더욱 많을지어다"(벧전1:1~2).

그리스도 안에 있는 자들은, 아무도 하나님의 택한 자들을 송사할 수 없다는 사실을 확신했다. "자기 아들을 아끼지 아니하고 우리 모든 사람을 위하여 내어 주신 이가 어찌 그 아들과 함께 모든 것을 우리에게 은사로 주지 아니하시겠느뇨 누가 능히 하나님의 택하신 자들을 송사하리요 의롭다 하신 이는 하나님이시니"(롬8:32~33).

이스라엘 땅은 하나님의 소유물이다

이스라엘 땅은 하나님께 속해 있다. 유대인들은 하나님의 자산을 차용한 자들이다. 따라서 그것을 파괴하거나 팔아 버릴 수 없다.: "토지를 영영히 팔지 말 것은 토지는 다 내 것임이라 너희는 나그네요 우거하는 자로서 나와 함께 있느니라"(레25:23).

하나님께서는 유대인들과 그 땅에 대하여 소유권을 가지고 계신다고 말씀하셨다. 그리고 그것을 범하면 가혹한 결과가 있을 것이라고 말씀하셨다.: "내가 만국을 모아 데리고 여호사밧 골짜기에 내려가서 내 백성 곧 내 기업된 이스라엘을 위하여 거기서 그들을 국문하리니 이는 그들이 이스라엘을 열국 중에 흩고 나의 땅을 나누었음이며"(욜3:2).

하나님과 유대인의 관계는 영원하다

유대인들은 하나님의 귀한 소유물이다. 따라서 하나님은 그들에게 특별한 목적을 위하여 남겨두셨다. "너는 여호와 네 하나님의 성민이라 네 하나님 여호와께서 지상 만민 중에서 너를 자기 기업의 백성으로 택하셨나니"(신7:6).

하나님께서는 자기 이름을 위하여 그리고 영원한 관계를 맺으시기 위하여 유대인들을 택하셨다. "땅의 어느 한 나라가 주의 백성 이스라엘과 같으리이까 하나님이 가서 구속하사 자기 백성을 삼아 주의 명성을 내시며 저희를 위하여 큰 일을, 주의 땅을 위하여 두려운 일을 애굽과 열국과 그 신들에게서 구속하신 백성 앞에서 행하셨사오며 주께서 주의 백성 이스라엘을 세우사 영원히 주의 백성을 삼으셨사오니 여호와여 주께서 저희 하나님이 되셨나이다"(삼하7:23~24).

하나님께서는 유대인을 제외한 다른 모든 나라들을 멸망시키려 준비하고 계신다. 하나님께서는 유대인들을 징계하셨지만 그들을 완전히 멸망시키지는 않으실 것이라고 약속하셨다. "나 여호와가 말하노라 내 종 야곱아 내가 너와 함께 하나니 두려워 말라 내가 너를 흩었던 그 열방은 다 멸할지라도 너는 아주 멸하지 아니하리라 내가 너를 공도로 징책할 것이요 결코 무죄한 자로 여기지 아니하리라"(렘46:28).

하나님과 이스라엘의 관계는 유모와 어린 아이의 관계만큼 친밀했다. 그 백성들은 하나님의 손에 아로새겨졌다. "여인이 어찌 그 젖먹는 자식을 잊겠으며 자기 태에서 난 아들을 긍휼히 여기지 않겠느냐 그들은 혹

시 잊을지라도 나는 너를 잊지 아니할 것이라 내가 너를 내 손바닥에 새겼고 너의 성벽이 항상 내 앞에 있나니"(사49:15~16).

예수 그리스도께서는 하나님께서 족장들에게 주신 약속들을 확인하시고, 많은 나라들이 아브라함의 씨를 통하여 축복을 받을 것이라는 그의 약속을 성취하셨다. "내가 말하노니 그리스도께서 하나님의 진실하심을 위하여 할례의 수종자가 되셨으니 이는 조상들에게 주신 약속들을 견고케 하시고 이방인으로 그 긍휼하심을 인하여 하나님께 영광을 돌리게 하려 하심이라"(롬15:8~9).

하나님과 유대인의 관계에 비추어 보면 이방인 신자들도 자기들의 자원을 유대인들과 나누어 가져야 한다는 마음이 생길 것이다. "저희가 기뻐서 하였거니와 또한 저희는 그들에게 빚진 자니 만일 이방인들이 그들의 신령한 것을 나누어 가졌으면 육신의 것으로 그들을 섬기는 것이 마땅하니라"(롬15:27).

오늘날 하나님께서는 유대인들을 이스라엘 땅으로 다시 불러 모으심으로 그들에게 재보증해 주고 계신다

하나님께서는 그 백성들에게 유대인들이 사방에서 이스라엘 땅으로 다시 모이게 될 것이라고 보증해 주셨다.7) 그리고 그 일을 성취하시는 분도 하나님이시다. "그 날에 이새의 뿌리에서 한 싹이 나서 만민의 기호로 설 것이요 열방이 그에게로 돌아오리니 그 거한 곳이 영화로우리라 그 날에 주께서 다시 손을 펴사 그 남은 백성을 앗수르와 애굽과 바드로스와 구스와 엘람과 시날과 하맛과 바다 섬들에서 돌아오게 하실 것이라 여호와께서 열방을 향하여 기호를 세우시고 이스라엘의 쫓긴 자를 모으시며 땅 사방에서 유다의 이산한 자를 모으시리니"(사11:10~12).

하나님께서는 이방인들을 사용하여 유대인들을 다시 이스라엘로 모으실 것이라고 약속하셨다. "나 주의 여호와가 이르노라 내가 열방을 향하여 나의 손을 들고 민족들을 향하여 나의 기호를 세울 것이라 그들이 네 아들들을 품에 안고 네 딸들을 어깨에 메고 올 것이며"(사49:22).

예레미야는 유대인들이 애굽에서 떠난 출애굽 이외에, 미래에 있을 이스라엘로의 '이주'에 대해서 말했다. 이 유대인들의 귀환은 그들이 애굽에서 떠난 것보다도 더욱 주목할 만한 일이 될 것이다. "여호와께서 가라사대 그러나 보라 날이 이르리니 다시는 이스라엘 자손을 애굽 땅에서 인도하여 내신 여호와의 사심으로 맹세하지 아니하고 이스라엘 자손을 북방땅과 그 모든 쫓겨났던 나라에서 인도하여 내신 여호와의 사심으로 맹세하리라 내가 그들을 그 열조에게 준 그들의 땅으로 인도하여 들이리라"(렘16:14~15).

하나님께서는 에스겔을 통하여 자기가 유대인들을 흩으시고 또 모으신 분이라는 사실을 다시 한 번 확인하셨다. 하나님이 그들을 이스라엘로 되돌아 오게 하신 후에 그들에게 새로운 영과 새로운 마음을 주실 것이다. "너는 또 말하기를 주 여호와의 말씀에 내가 너희를 만민 가운데서 모으며 너희를 흩은 열방 가운데서 모아 내고 이스라엘 땅으로 너희에게 주리라 하셨다 하라 그들이 그리로 가서 그 가운데 모든 미운 물건과 가증한 것을 제하여 버릴지라 내가 그들에게 일치한 마음을 주고 그 속에 새 신을 주며 그 몸에서 굳은 마음을 제하고 부드러운 마음을 주어서 내 율례를 좇으며 내 규례를 지켜 행하게 하리니 그들은 내 백성이 되고 나는 그들의 하나님이 되리라"(겔11:17~20).

하나님께서는 앞으로 있을 유대인들의 귀환이 다른 나라들에게 하나님의 성결의 표시가 될 것이라고 말씀하셨다. 하나님께서는 에스겔서에서 "그들이 내가 여호와 그들의 하나님임을 알리라"는 구절을 59번씩이나 반복적으로 사용하셨다. 유대인들에 대한 하나님의 궁극적인 목적은 자기 자신과 영적으로 화해하는 것이다. 하나님께서 이스라엘을 포로에서 귀환시키실 때 그들은 여호와를 인정하게 될 것이다.
"그러므로 나 주 여호와가 말하노라 내가 이제 네 거룩한 이름을 위하여 열심을 내어 야곱의 사로잡힌 자를 돌아오게 하며 이스라엘 온 족속에게 긍휼을 베풀지라 그들이 그 땅에 평안히 거하고 두렵게 할 자가 없게 될 때에 부끄러움을 품고 내게 범한 죄를 뉘우치리니 곧 내가 그를 만민 중에서 돌아오게 하고 적국 중에서 모아내어 열국 목전에서 그들로 인하여 나의 거룩함을 나타낼 때에라 전에는 내가 그들로 사로잡혀 열국에 이르게 하였거니와 후에는 내가 그들을 모아 고토로 돌아오게 하고 그 한 사람도 이방에 남기지 아니하리니 그들이 나를 여호와 자기들의 하나님인 줄 알리라 내가 다시는 내 얼굴을 그들에게 가리우지 아니하리니 이는 내가 내 신을 이스라엘 족속에게 쏟았음이니라 나 주 여호와의 말이니라"(겔39:25~29).

이스라엘 백성들이 그 땅으로 되돌아온 후에
하나님께서는 그들과 새로운 언약을 세우시고
그들의 죄를 깨끗게 해줄 것이다

하나님께서는 모세와 맺은 이전의 언약과는 다른 새로운 언약을 이스라엘과 더불어 맺으실 것이다. "나 여호와가 말하노라 보라 날이 이르리니 내가 이스라엘 집과 유다 집에 새 언약을 세우리라 나 여호와가 말하노라 이 언약은 내가 그들의 열조의 손을 잡고 애굽 땅에서 인도하여 내던 날에 세운 것과 같지 아니할 것은 내가 그들의 남편이 되었어도 그들이 내 언약을 파하였음이니라"(렘31:31~32).

새로 세운 언약은 영원할 것이다. "나 여호와가 말하노라 그 날 그 때에 이스라엘 자손이 돌아오며 그와 함께 유다 자손이 돌아오되 그들이 울며 그 길을 행하며 그 하나님 여호와께 구할 것이며 그들이 그 얼굴을 시온으로 향하여 그 길을 물으며 말하기를 너희는 오라 잊어 버리지 아니할 영영한 언약으로 여호와와 연합하자 하리라"(렘50:4~5).

그들이 돌아온 후에 하나님께서 유대인들을 정결케 해주시고 그들에게 새로운 마음과 새로운 영을 주실 것이다. 그들의 순종은 크리스천의 경우와 마찬가지로 성령의 임재하심과 권능에 기초하게 될 것이다. "내가 너희를 열국 중에서 취하여 내고 열국 중에서 모아 데리고 고토에 들어가서 맑은 물로 너희에게 뿌려서 너희로 정결케 하되 곧 너희 모든 더러운 것에서와 모든 우상을 섬김에서 너희를 정결케 할 것이며 또 새 영을 너희 속에 두고 새 마음을 너희에게 주되 너희 육신에서 굳은 마음을 제하고 부드러운 마음을 줄 것이며 또 내 신을 너희 속에 두어 너희로 내 율례를 행하게 하리니 너희가 내 규례를 지켜 행할지라 내가 너희 열조에게 준 땅에 너희가 거하여 내 백성이 되고 나는 너희 하나님이 되리라 내가 너희를 모든 더러운 데서 구원하고 곡식으로 풍성하게 하여 기근이 너희에게 임하지 아니하게 할 것이며"(겔36:24~29).

이러한 귀환의 시기와 성령의 부어주심은 그리스도의 첫번째 강림이 있은 후에 나타날 것이다. "내가 다윗의 집과 예루살렘의 거민에게 은총과 간구하는 심령을 부어 주리니 그들이 그 찌른 바 그를 바라보고 그를 위하여 애통하기를 독자를 위하여 애통하듯 하며 그를 위하여 통곡하기를 장자를 위하여 통곡하듯 하리로다"(슥12:10).

하나님께서 예루살렘(시온 산)에서 영원히 유대인들을 다스리실 것이다. "여호와께서 말씀하시되 그 날에는 내가 저는 자를 모으며 쫓겨난 자와 내가 환난받게 한 자를 모아 그 저는 자로 남은 백성이 되게 하며 멀리 쫓겨났던 자로 강한 나라가 되게 하고 나 여호와가 시온 산에서 이제부터 영원까지 그들을 치리하리라 하셨나니 너 양떼의 망대요 딸 시온의 산이여 이전 권능 곧 딸 예루살렘의 나라가 네게로 돌아오리라"(미4:6~8).

그 자신의 이름을 위한 하나님의 행사

하나님께서는 하나님 자신의 이름을 위하여 이스라엘과 관련된 행동을 하셨다. "그러나 내가 그들의 거하는 이방인의 목전에서 그들에게 나타나서 그들을 애굽 땅에서 인도하여 내었었나니 이는 내 이름을 위함이라 내 이름을 그 이방인의 목전에서 더럽히지 않으려 하여 행하였음이로라"(겔20:9).

아브라함에게 약속을 주신 하나님 자신의 그 이름을 위하여, 하나님께서는 이스라엘을 그 행위에 따라 처리하지 않으셨다. "이스라엘 족속아 내가 너희의 악한 길과 더러운 행위대로 하지 아니하고 내 이름을 위하여 행한 후에야 너희가 나를 여호와인 줄 알리라 나 주 여호와의 말이니라 하셨다 하라"(겔20:44).

하나님께서는 이스라엘 백성들의 공로 때문이 아니라 그 자신의 이름을 위하여 그들의 죄를 용서해 주셨다. "나 곧 나는 나를 위하여 네 허물을 도말하는 자니 네 죄를 기억지 아니하리라"(사43:25).

자기의 이름 때문에 하나님께서는 유대인들을 멸절하지 않겠다고 약속하셨다. 하나님께서는 그들을 회개로 인도하기 위하여 그들에게 고난을 주셨다. "내 이름을 위하여 내가 노하기를 더디할 것이며 내 영예를 위하여 내가 참고 너를 멸절하지 아니하리라 보라 내가 너를 연단하였으나 은처럼 하지 아니하였고 너를 고난의 풀무에서 택하였노라 내가 나를 위하여 내가 나를 위하여 이를 이룰 것이라 어찌 내 이름을 욕되게 하리요 내 영광을 다른 자에게 주지 아니하리라"(사48:9~11).

이스라엘에 대해서 아랍인들이 가지는 증오심은 이삭의 자손들에 대한 이스마엘 자손들의 적개심으로 기록되어 있다

하나님께서는 애굽의 노예였던 하갈에게, 아브라함을 통해서 잉태한 자식(이스마엘, 아랍인의 조상)은 그 형제들의 적이 될 것이라고 예언하셨다. 이삭은 아브라함과 사라에게서 태어났으며 이스마엘의 이복형제였다. "여호와의 사자가 또 그에게 이르되 네가 잉태하였은즉 아들을 낳으리니 그 이름을 이스마엘이라 하라 이는 여호와께서 네 고통을 들으셨음이니라 그가 사람 중에 들나귀같이 되리니 그 손이 모든 사람을 치겠고 모든 사람의 손이 그를 칠지며 그가 모든 형제의 동방에서 살리라 하니라"(창16:11~12)

하나님의 백성들 중에서 이삭의 아내(리브가)를 얻어준 아브라함과는 달리, 하갈은 애굽에서 이스마엘의 아내를 얻어주었다. "그가 바란 광야에 거할 때에 그 어미가 그를 위하여 애굽 땅 여인을 취하여 아내를 삼게하였더라"(창21:21).

이삭의 아들이었던 에서와 그의 쌍둥이 형제 야곱은 이스마엘의 두 딸들과 결혼했다. 에돔이라고도 불리워지는 에서는 에돔 사람들의 조상이 되었으며 그들은 이스라엘 백성들이 애굽에서 나와 약속의 땅으로 들어갔을 때에 그들에게 해를 끼쳤다.(이스라엘 동쪽 산악지대에 있던 세일은 지금 요르단이라고 불리는 곳에 위치해 있었다.) "이에 에서 곧 에돔이 세일 산에 거하니라"(창36:8).

여호사밧 왕은 하나님께 이스라엘 사람들이 암몬과 모압의 손에서 당한 부당한 대우를 상기시켜 드렸다(창19:37~38). 그런데 그들은 아브라함의 조카 롯이 자기의 딸들과 근친상간한 결과 생겨난 후손들이었다. 세일 산은 에서의 후손들인 에돔의 땅이었다. "옛적에 이스라엘이 애굽 땅에서 나올 때에 암몬 자손과 모압 자손과 세일 산 사람을 침노하기를 주께서 용납하지 아니하시므로 이에 치우쳐 저희를 떠나고 멸하지 아니하였거늘 이제 저희가 우리에게 갚는 것을 보옵소서 저희가 와서 주께서 우리에게 주신 주의 기업에서 우리를 쫓아내고자 하나이다 우리 하나님이여 저희를 징벌하지 아니하시나이까 우리를 치러 오는 이 큰 무리를 우리가 대적할 능력이 없고 어떻게 할 줄도 알지 못하옵고 오직 주만 바라보나이다"(대하20:10~12).

아랍 사람들은 느헤미야 시대에 이스라엘 사람들이 바벨론 포로에서 이스라엘 땅으로 되돌아 왔을 때에도 그들을 대적했다. "산발랏과 도비야와 아라비아 사람들과 암몬 사람들과 아스돗 사람들이 예루살렘 성이 중수되어 그 퇴락한 곳이 수보되어간다 함을 듣고 심히 분하여 다함께 꾀하기를 예루살렘으로 가서 쳐서 요란하게 하자 하기로 우리가 우리 하나님께 기도하며 저희를 인하여 파수꾼을 두어 주야로 방비하는데" (느4:7~9).

시편기자 시대에 아랍인들은 이스라엘 백성들에게 교활한 방법을 사용했다. 그것은 마치 오늘날 아랍국가들이 자기들의 땅을 확보하기 위하여 이스라엘 사람들에게 대항하는 것과 같다. "하나님이여 침묵치 마소서 하나님이여 잠잠치 말고 고요치 마소서 대저 주의 원수가 훤화하며 주를 한하는 자가 머리를 들었나이다 저희가 주의 백성을 치려 하여 간계를 꾀하며 주의 숨긴 자를 치려고 서로 의논하여 말하기를 가서 저희를 끊어 다시 나라가 되지 못하게 하여 이스라엘의 이름으로 다시는 기억되지 못하게 하자 하나이다 저희가 일심으로 의논하고 주를 대적하여 서로 언약하니 곧 에돔의 장막과 이스마엘인과 모압과 하갈인이며" (시83:1~6).

에스겔은 에서의 후손들인 에돔에게 불리한 예언을 했다. 하나님의 손길이 에돔 사람들을 칠 것이다. 그 이유는 다음과 같다. 첫째, 그들은 옛날부터 이스라엘을 증오했다. 둘째, 그들은 이스라엘의 피를 흘렸다.

셋째, 그들은 이스라엘의 땅을 원했다. 넷째, 그들은 신성모독적인 말을 했다. 다섯째, 그들은 여호와 앞에서 자랑했다. 이러한 동기 때문에 아랍국가들은 유대인들에 대하여 적대적인 자세를 지니게 되었다. 사실상 이러한 다섯 가지 사항들은 1964년에 PLO 창설 헌장에서 재확인되었다. 그것은 이스라엘의 완전한 파멸을 요구했다.8) 현재의 평화회담에도 불구하고 그 헌장은 오늘날까지 여전히 유효하다. "내가 옛날부터 한을 품고 이스라엘 족속의 환난 때 곧 죄악의 끝 때에 칼의 권능에 그들을 붙였도다… 네가 말하기를 이 두 민족과 이 두 땅은 다 내게로 돌아와서 내 기업이 되리라 하였도다 그러나 나 여호와가 거기 있었느니라 그러므로 나 주 여호와가 말하노라 내가 나의 삶을 두고 맹세하노니 네가 그들을 미워하여 노하며 질투한 대로 내가 네게 행하여 너를 국문할 때에 그들로 나를 알게 하리라 네가 이스라엘 산들을 가리켜 말하기를 저 산들이 황무하였으니 우리에게 붙이워서 삼키게 되었다 하여 욕하는 모든 말을 나 여호와가 들은 줄을 네가 알리로다 너희가 나를 대적하여 입으로 자랑하여 나를 대적하여 여러 가지로 말한 것을 내가 들었노라"(겔 35:5,10~13).

이스라엘에 살고 있는 외인들에 대한 하나님의 명령은 오늘날에도 여전히 유효하다

비유대인들도 이스라엘 땅에서 살도록 허용되어졌다. 현재 팔레스틴 사람들로 불리워지는 많은 아랍 사람들도 이스라엘 내에 가정과 자산을 소유하고 있다. 그들 중 어떤 사람들은 이스라엘 자치단체의 구성원이기도 하다. "그런즉 너희가 이스라엘 모든 지파대로 이 땅을 나누어 차지하라 너희는 이 땅을 나누되 제비뽑아 너희와 너희 가운데 우거하는 외인 곧 너희 가운데서 자녀를 낳은 자의 기업이 되게 할지니 너희는 그 외인을 본토에서 이스라엘 족속같이 여기고 그들로 이스라엘 지파 중에서 너희와 함께 기업을 얻게 하되 외인이 우거하는 그 지파에서 그 기업을 줄지니라 나 주 여호와의 말이니라"(겔47:21~23).

단 하루만에 탄생한 이스라엘 : 보는 것이 믿는 것이다

만약에 1947년 11월 29일에 하나님께서 미국으로 하여금 영국이 점령하고 있던 팔레스틴 지역을 분할하는 투표를 하도록 만들지 않으셨다면, 많은 이방인들은 이사야 66장 8~11절을 아무런 주목도 하지 않은 체 그냥 지나쳤을 것이며 또한 아무런 의미도 갖지 못했을 것이다. 이 투표로 인해서 공식적으로 유대인들의 고향땅이 생기게 되었다. 거대한 아랍 국가들의 반대에 직면한 가운데 1948년 5월 14일 단 하루만에 이스라엘이라는 국가가 탄생했다. "이러한 일을 들은 자가 누구이며 이러한 일을 본 자가 누구이뇨 나라가 어찌 하루에 생기겠으며 민족이 어찌 순식간에 나겠느냐 그러나 시온은 구로하는 즉시에 그 자민을 순산하였도다 여호와께서 가라사대 내가 임산케 하였은즉 해산케 아니하겠느냐 네 하나님이 가라사대 나는 해산케 하는 자인즉 어찌 태를 닫겠느냐 하시니라 예루살렘을 사랑하는 자여 다 그와 함께 기뻐하라 다 그와 함께 즐거워하라 그를 위하여 슬퍼하는 자여 다 그의 기쁨을 인하여 그와 함께 기뻐하라 너희가 젖을 빠는 것 같이 그 위로하는 품에서 만족하겠고 젖을 넉넉히 빤 것 같이 그 영광의 풍성함을 인하여 즐거워 하리라"(사 66:8~11).

하나님께서는 이스라엘을 향한 행동을 통해서 이방인들을 각성시키신다

하나님께서는 두번째로 유대인들을 이스라엘에 모으시고 계시며 이러한 인도하심을 열방들에 대한 깃발이나 신호로 사용하신다. 하나님은 이방인들이 유대인의 귀환을 도와주기를 바라신다.: "너를 축복하는 자에게 내가 복을 내리고"(창12:3). "나 주 여호와가 이르노라 내가 열방을 향하여 나의 손을 들고 민족들을 향하여 나의 기호를 세울 것이라 그들이 내 아들들을 품에 안고 네 딸들을 어깨에 메고 올 것이며"(사49:22).

하나님께서 이스라엘에게 은총과 동정심을 보여주실 때 세상의 다른 나라들은 여호와의 이름을 두려워하게 될 것이다. "여호와여 주는 영원히 계시고 주의 기념명칭은 대대에 이르리이다 주께서 일어나사 시온을 긍휼히 여기시리니 지금은 그를 긍휼히 여기실 때라 정한 기한이 옴이니이다 주의 종들이 시온의 돌들을 즐거워 하며 그 티끌도 연휼히 여기나이다 이에 열방이 여호와의 이름을 경외하며 세계 열왕이 주의 영광을 경외하리니 대저 여호와께서 시온을 건설하시고 그 영광 중에 나타나셨음이라 여호와께서 빈궁한 자의 기도를 돌아보시며 저희 기도를 멸시치 아니하셨도다"(시102:12~17).

말세에 사람들은 이스라엘로 올라갈 것이며 거기서부터 하나님의 율법이 흘러나올 것이다. 열방에 평화가 넘치고 전쟁은 과거의 일이 될 것이다. "말일에 여호와의 전의 산이 모든 산 꼭대기에 굳게 설 것이요 모든 작은 산 위에 뛰어나리니 만방에 그리로 모여들 것이라 많은 백성들이 가며 이르기를 오라 우리가 여호와의 산에 오르며 야곱의 하나님의 전에 이르자 그가 그 도로 우리에게 가르치실 것이라 우리가 그 길로 행하리라 하리니 이는 율법이 시온에서부터 나올 것이요 여호와의 말씀이 예루살렘에서부터 나올 것임이니라 그가 열방 사이에 판단하시며 많은 백성을 판결하시리니 무리가 그 칼을 쳐서 보습을 만들고 그 창을 쳐서 낫을 만들 것이며 이 나라와 저 나라가 다시는 칼을 들고 서로 치지 아니하며 다시는 전쟁을 연습지 아니하리라"(사2:2~4).

열방들이 여호와께 영광을 돌리기 위해 예루살렘으로 모여들 것이다. "그 때에 예루살렘이 여호와의 보좌라 일컬음이 되며 열방이 그리로 모이리니 곧 여호와의 이름으로 인하여 예루살렘에 모이고 다시는 그들의 악한 마음의 강퍅한 대로 행치 아니 할 것이며"(렘3:17).

하나님께서 유대인들을 불러 모아 이스라엘을 재건하실 때 열방들은 그가 여호와신 줄 알게 될 것이다. 그의 말씀은 신뢰할만하며 진실하시다. "너희 사면에 남은 이방 사람이 나 여호와가 무너진 곳을 건축하며 황무한 자리에 심은 줄 알리라 나 여호와가 말하였으니 이루리라"(겔 36:36)

하나님께서는 열방들에게, 만약에 그들이 하나님께서 유대인들에게 가르쳐 주신 것을 배운다면 그들을 그 백성 중에 세워줄 것이라고 약속하셨다. 하나님께 순종하기를 배우지 못한 사람들에게는 심각한 결과들이 기다리고 있다. "내가 내 백성 이스라엘에게 산업으로 준 산업을 다치는 나의 모든 악한 이웃에게 대하여 나 여호와가 이같이 말하노라 보라 내가 그들을 그 땅에서 뽑아 버리겠고 유다 집은 그들 집에서 뽑아 내리라 내가 그들을 뽑아 낸 후에 내가 돌이켜 그들을 긍휼히 여겨서 각 사람을 그 산업으로, 각 사람을 그 땅으로 다시 인도하리니 그들이 내 백성의 도를 부지런히 배우며 사는 여호와 내 이름으로 맹세하기를 자기들이 내 백성을 가리켜 바알로 맹세하게 한 것 같이 하면 그들이 내 백성 중에 세움을 입으려니와 그들이 그리하지 아니하면 내가 반드시 그 나라를 뽑으리라 뽑아 멸하리라 여호와의 말이니라"(렘12:14~17).

하나님께서 유대인들을 이스라엘로 귀환시키신 후에 열방들을 심판할 것이다. 그런데 그 심판은 그들이 유대인들을 어떻게 대접했는가에 근거해서 이루어질 것이다. "그날 곧 내가 유다와 예루살렘의 사로잡힌 자를 돌아오게 할 그때에 내가 만국을 모아 데리고 여호사밧 골짜기에 내려가서 내 백성 곧 내 기업된 이스라엘을 위하여 거기서 그들을 국문하리니 이는 그들이 이스라엘을 열국 중에서 흩고 나의 땅을 나누었음이며"(욜3:1~2).

신자들이 해야 할 일

성령께서는 크리스천들을 감동시키셔서 유대인들을 "하나님의 눈동자"(슥2:8)처럼 보게 하신다. 그러므로 신자들은 회개를 위한 기도를 해야 하며 크리스천들과 유대인들 사이의 단결을 위하여 기도해야만 한다.

◎ 500,000명의 유대인들이 구소련에서 이스라엘로 이주했다. 15,000명의 유대인들이 에디오피아에서 이스라엘로 공수되어졌다. 또 다른 유대인들은 중국에서 이스라엘로 돌아왔는데, 그들의 조상들이 유랑생활을 하던 시기에 그곳으로 건너갔다. 하나님께서는 자신의 활동을 "열방들에 대한 깃발"로 사용하고 계신다. 여러분도 이러한 일련의 사건들이 하나님께서 유대인들에게 해주신 약속의 성취과정임을 알게 될 것이다. 성령께서 여러분의 신앙을 격려하여 그가 인도하시는 대로 유대인들을 축복하게 되기를 기원한다.

◎ 성경은 단순한 행동, 즉 기도하라고 명령하신다. "예루살렘을 위하여 평안을 구하라 예루살렘을 사랑하는 자는 형통하리

로다 네 성 안에는 평강이 있고 네 궁중에는 형통이 있을지어다 내가 내 형제와 붕우를 위하여 이제 말하리니 네 가운데 평강이 있을지어다"(시 122:6~8).

미국에는 600만 명의 유대인들이 있으며 이스라엘에는 그보다 더 많은 수의 유대인들이 있다. 이들 중에서 250,000명의 유대인들이 메시아를 믿고 있다. 즉 그들은 예수님이 약속된 메시아이시며 또 다시 재림하실 분이시라는 것을 인정하는 아브라함의 자손들이다. 메시아닉 타임즈(Messianic Times)가 실시한 조사에 따르면 그들 중 71%가 만약에 자기들에게도 알리야(Aliyah), 즉 이스라엘 국가가 모든 유대인들에게 보장하고 있는 귀환법이 허용된다면 이스라엘로 돌아갈 것이라는 사실을 보여주고 있다.9) 현재 이스라엘 정부는 메시아를 믿는 유대인들을 크리스천이라고 생각한다. 따라서 그들은 귀환법에 따라 이스라엘 국민이 될 자격이 없다. "모든 권세는 다 하나님의 정하신 바"(롬13:1)이기 때문에 하나님께서 이스라엘 정부 당국자들의 마음을 변화시켜서 유대인 신자들도 고국땅으로 돌아가는 것을 허용해 주도록 기도해야 한다.

◎ 유대인들에게 용서를 구하라. 당신은 유대인 친구나 이웃이나 동역자들이 있을 것이다. 그들의 마음에 드리워진 '베일'을 제거하고 그들도 메시아 되시는 예수님을 갈망할 수 있도록 기도하라. 하나님과 유대인의 관계를 이해하려는 새로운 비전을 가지고 성경을 부지런히 연구하라. 본서의 마지막 부분에 나와 있는 참고자료에 열거되어져 있는 단

체들과 기관들에 대하여 조사해 보라. 그러한 단체들은 유대인들이 이스라엘로 귀환하는 것과 그들이 정착하는 것을 돕는 일에 관하여 매우 현실적인 방법들을 제시해 줄 것이다.

제●14●장

결론 : 예수님은 머리이시다
그의 백성들은 어떤 역할을 하는가?

당신도 보시다시피, 우리는 도표상으로 나와 있는 오늘날의 교회 수준에 대해서는 상세하게 설명하지 않았다. 만약에 하나님의 백성들이 하나님과 순종과 사랑의 관계를 맺어 하나님의 인도하심에 의존한다면, 그리고 만약에 하나님께서 그들의 가정과 가정교회 내에서 히브리적 이해를 재확립시켜 주시기를 열망한다면, 하나님께서는 교회도 인도해 주실 것이라고 믿는다. 오늘날 교회 내에서 그리스도를 따르는 자들은 우선순위를 바꾸어야 한다. 우리는 교인들을 보다 작은 단위로 분리시키는 일을 중단해야만 한다. 그것은 지도자들로 하여금 교인들을 더욱 효과적으로 통제하고 운영할 수 있도록 만들어 준다. 그러나 그 대신에 우리는 주님께서 그리스도를 따르는 자들을 세워주시고 준비시켜 주시는 것과 연관시켜서 "모든 지혜로 피차 가르치며 권면해야만 한다"(골3: 16).

우리의 친구인 캐세이 사벨라(Casey Sabella)는 시기적절하게 예언적인 책인 "타이타닉의 경고: 현 시대에서 하나님의 음성을 듣자"라는 책을 썼다.[1] 특별히 교회와 관련된 다음과 같은 주장에 대하여 생각해 보라.

"수십년 전에 세계적으로 유명했던 이 배 타이타닉 호는, 수많은 사람들이 그 배는 결코 침몰할 수 없다는 패러다임을 믿었기 때문에 바다 속으로 가라앉았다… 그 배가 처녀항해 때 가졌던 많은 측면들이 교회가 수세기 동안 진리로 받아들였던 잘못된 패러다임과 일치하고 있다… 타이타닉 호는 예언적 횃불의 역할을 했다. 그것은 오늘날의 그리스도인들에게 정확한 항로에서 벗어날 경우 그 미래가 어떻게 될 것인지에 대하여 가르쳐주고 있다. 교회는 올바른 방향으로 여행하고 있지만 잘못된 이유로 잘못된 배를 타고 있다고 하나님께서는 말씀하고 계신다. 그러나 우리는 그 말씀을 들으려는 노력을 하지 않았다. 비효과적인 교회 전통이 우리로 하여금 하나님의 말씀을 듣지 못하게 만들었다."-(29페이지)

"외면적으로 볼 때 타이타닉호는 안전과 사치의 이미지를 보여주었다. 그러나 사실상 그 배는 머지 않아 일어날 사고를 기다리고 있었다."-(54페이지)

"미국 교회는 그 사명을 잃어버렸다. 그리고 맹목적 편견을 가지고 파멸을 향하여 달려가고 있다… 너무나도 많은 교회들이 그 자체의 조직,

더 나쁘게는 그것을 이끌어나가는 목사를 중심으로 하고 있다. 교인들이 모이는 목적과 의미를 잃어버렸다."-(55페이지)

"타이타닉 스타일의 교회들은 하나님이 귀하게 여기는 것으로부터 멀어졌다. 나는 하나님의 진리의 줄과 추가 이미 드리워졌다고 믿는다. 그리고 그것은 많은 경우에 있어서 서방의 기독교가 부족한 점이 있다는 사실을 노출시켜 주었다. 타이타닉 호에 승선하기로 예약한 것은 개인적인 가치관과 필요성에 근거한 선택이었다. 우리도 역시 타이타닉 호와 같은 교만과 탐욕의 철학이 스며나오는 기독교 조직에 대하여 의심스럽게 생각한다."-(96페이지)

많은 사람들이 캐세이의 의견에 동조하고 있다. 이러한 남자들과 여자들은 하나님의 권능 안에서 그들의 신앙을 확립시켜 하나님께서 하나님의 방식대로 교회를 세우실 때에 거기에 동참할 것이다. 초대 교회가 성장하고 번영하도록 만들어 준 진리가 성령의 임재하심으로 이방인들에게도 회복되고 있다. 이러한 회복은 유대인들에게 주신 하나님의 약속의 성취와 관련되어 있다.

우리는 지금 이 시간 하나님께서 교회를 위하여 우리에게 주셨다고 믿는 메시지를 당신에게 전달해 주었다. 이것은 새로운 메시지가 아니라 옛 메시지이다. 우리가 연구하는 동안에 하나님께서 본서에 나타난 진리들 중 많은 것들을 앞선 수많은 종교 개혁자들에게 제시해 주셨다는 사실을 발견하고 매우 슬펐다. 그들이 그것을 진리로 인식하고도 거기에 대하여 아무런 주목도 하지 않았기 때문이다. 오늘날의 크리스천들은 용기를 가질 수 있겠는가? 그것은 당신이 성공할 것인가의 문제가 아니라 당신이 순종할 것인가의 문제이다. 하나님께서는 우리뿐만 아니라 여러 사람들을 부르셔서 "비전을 지키는 사람들"의 역할을 맡겨주셨다. 우리를 도와준 사람들은 우리에게 그 비전을 다른 목적으로 타락시키거나 왜곡시키지 말라고 경고했다. 우리는 하나님의 목적을 보존해야만 한다. 우리의 소망은 그 비전을 통제하는 것이 아니라 회복이 이루어지고 있다고 믿는 다른 사람들을 통해서 확산시키는 것이다. 반드시 어떤 사람이 일어나서 회복의 메시지를 전하고 그것들을 교육과 사업과 정치에 적용시켜야 한다.

우리의 소명은 하나님께서 이스라엘에서 우리에게 주신 비전을 열린 마음으로 보존하고 또 하나님께서 다른 사람들을 세우셔서 그것을 실행에 옮기시기를 기다리는 것이다. 회복은 예수님을 최초로 메시아로 받아들인 히브리 조상들에 대하여 이해하고 성령의 감동을 받은 사람들 속에서 생긴 능력으로 이루어 질 수 있을 것이다.

만약에 개인이나 가정이나 그리고 가정교회가 성령의 레마 안에서 행한다면["그 안에 뿌리를 박으며 세움을 입어 교훈을 받은 대로 믿음에 굳게 서서 감사함을 넘치게 하라"(골2:7)] 교회는 초대 교회에서 구현된 하나님과의 관계, 그리고 다른 사람들과의 관계를 소생시킬 수 있을 것이다. 회복이란 당신의 신앙적인 행위가 변화한다는 것 그 이상이다. 그것은 당신의 본성이 내부로부터 변화하는 것이다.

어떤 사람들은 대규모의 비인격적인 교회에 속해 있었을 것이다. 또는 그런 교회를 떠났다 할지라도, 교회 내의 조직을 운영하기 위해서 고용된 재능있는 사람들이 지도 하는 조직이나 그룹을 찾고 싶어 했을 것이다. 그러나 당신은 이제 그것들이 예수님께서 자기 방식대로 세우신 교회와 같지 않음을 발견하게 될 것이다. 교회를 구성하고 있는 여러 요소들은 이미 전 세계적으로 성경적 복음전도자, 즉 교회 개척자의 부활을 필요로 하고 있다. 그는 머리털이 하얀 자켄들, 즉 장로들로 하여금 교회에 봉사하도록 임명하며 성령의 권능으로 무장해서 환난에 직면한 교인들을 도와준다.

만약에 당신이 조직화된 교회 시스템 속에 들어 있고 또 하나님께서 당신을 거기서 이끌어내 주지 않으신다면 그냥 그곳에 머물러 있어라. "오직 하나님의 계명을 지킬 따름이니라"(고전7:19). 하나님께서 원하시는 변화를 일으키시도록 기도하라. 하나님께서 당신을, 짐을 나누어 지고 인간적 관계를 맺기를 원하는 다른 사람들과 통합시켜 달라고 기도하라. 우리의 제안들을 되돌아 보고 체제나 조직을 당신의 신앙의 매개체로 이용하지 않겠다고 결심하라. 본서에 나타난 제안들은 신앙과 관계에 대해서 당신이 개인적으로 가지고 있는 생각에 대한 리트머스 시험지 역할을 할 수 있을 것이다.

문제는 예수 그리스도와의 진정한 관계로 되돌아가는 것이다. 그것은 사도행전에서 우리의 조상들이 보여준 것과 동일한 종류의 간증을 하게 만들어 줄 것이다. 만약에 우리가 '그리스도를 따르는 자들'로서 우리의 유산을 진정으로 우리의 것으로 만들려 한다면 반드시 이 책이 말하고 있는 것을 받아들여야만 할 것이다.

마지막으로,

"우리가 보고 들은 바를 너희에게도 전함은 우리로 너희와 사귐이 있게 하려 함이니 우리의 사귐은 아버지와 그 아들 예수 그리스도와 함께 함이라 우리가 이것을 씀은 우리의 기쁨이 충만케 하려 함이로라"(요일1:3~4)

우리와 시편 기자가 발견한 진정한 축복을 당신에게도 나누어 주는 바다.

"또 여호와를 기뻐하라 저가 네 마음의 소원을 이루어 주시리로다 너희 길을 여호와께 맡기라 저를 의지하면 저가 이루시고"(시37:4~5)

참고 문헌

서문

1) Carle C. Zimmerman, Family and Civilization (New York, NY: Harper and Bros., 1947) p.761.
2) Ibid, pp.776-777
3) Michael McManus, Marriage Savers Study Guide (Grand Rapids, MI: Zonervan Publishing House, 1994). p.3.
4) Taken from A New Face for the Church by Lawrence O. Richards. Copyright © 1970 by Zondervan Publishing House. Used by permission of Zondervan Publishing House; p.6.
5) David Wilkerson, Pulpit Series Letter, Times Square Church, 6-13-94.
6) David Wilkerson, Pulpit Series Letter, Times Square Church, 5-23-94.
7) C. Peter Wagner, "Those Amazing Post-Denominational Churches" Ministries Today, July/August 1994, p.7.
8) Wayne Jacobsen, A Passion for God's Presence (Eugene, OR: Harvest House Publishers, 1987) pp. 169-170.
9) Quoted in David J. Duplessis, The Spirit Bade Me Go (Plainfield, NJ: Logos International, 1970) p.53.
10) John Stott, reported in World Pulse, June 24, 1994.
11) Jacobsen, A Passion for God's Presence, P.25.

12) Don Gill, Editor, The New England Church Resource Handbook(Boston, MA: Evangelistic Association of New England, 1980) p.27.
13) The Random House Dictionary of the English Language(New York, NY: Random House, 1971) p.1227.

제1장

1) Arnold G. Fruchtenbaum, Jesus Was a Jew (Tustin, CA: Ariel Ministries, 1974) p.12.

제2장

1) Trevor McIlwain, Building on Firm Foundations(Sanford, FL: New Tribes Missions, 1991), p.7.
2) Ibid, p. 25
3) Phillip Sigal, Judaism — The Evolution of a Faith(Grand Rdpids, MI: William B. Eerdmans Publishing Co., 1988) p.244.
4) Herman Wouk, This Is My God(Boston, MA: Little, Brown & Co., 1959) p.73.
5) Sigal, Judaism — The Evolution of a Faith, p.244.
6) Reproduced with permission of Charles Scribner's Sons, an imprint of Simon & Schuster MacMillan, from Contemporary Jewish Religious Thought, Arthur A. Cohen and Paul Mendes-

Flohr, Editors, Copyright © 1987 Charles Scribner's Sons; p. 101.
7) Excerpted from the Jewish New Testament by Dr. David H. Stern, PO Box 615, Clarksville, MD: 21029, (410)764-6144, Used with permission.(Jewish New Testament Publications, 1990), pp.211, 199-200, 202-3.
8) David B. Hartman, "Halakhah", Contemporary Jewish Religious Thought, p.314.
9) Marvin R. Wilson, Our Father Abraham (Grand Rapids, MI: William B. Eerdmans Publishing Co., 1989) p.199.
10) Wouk, This is My God, p. 138-9.
11) Abram Leon Sacher, A History of the Jews (New York, NY: Alfred A.Knopf, 1967) p.812.
12) J. Allen Petersen, Homemade, Reprinted with permission from the Reader's Digest(October 1993, p.201).
13) Wilson, Our Father Abraham, p.212.
14) Duplessis, The Spirit Bade Me Go, p. 84.
15) Derek Prince, Faith to Live By(Ft. Lauderdale, FL: Derek Prince Publications, 1977)p.79,80. Prince further explains that logos is revealed in Psalm 119:89: "Forever, O Lord, Thy Word is settled in heaven." He adds that rhema is a "living voice" to us — the very words have life imparted to them, and our response to them is "hearing by faith."(p.80).
16) Hartman, "Halakhah", Contemporary Jewish Religious

Thought, p.310.

제3장

1) The Jesus Connection by Leonard C. Yaseen. Copyright ⓒ 1985 by Leonard Yaseen. All rights reserved. Used with permission of The Crossroad Publishing Company, New York, p.47.
2) Isaiah 29:13.
3) Wilson, Our Father Abraham, p.150.
4) Carl J. Kinbar, The Olive Tree(published by Carl Kinbar, 1993), p.4.
5) Michael Fishbane, "Prayer", Contemporary Jewish Religious Thought, pp.728-9.
6) Charles F. Pfeiffer,Old Testament History (Grand Rapids, MI: Baker Book House, 1973) p. 542.
7) Wouk, This is My God, p.103.
8) Ron Cantrell and Olivia Wheatly Stachorek, Dispatch from Jerusalem, May/June 1994, p.8.
9) The Masculine Journey by Robert Hicks ⓒ 1993. Used by permission of NavPress. For copies call 1-800-366-7788;pp.20-21.
10) Ibid, pp. 23-27.
11) May Sarton, "Journal of a Solitude", Reprinted with permission from the Readers' Digest (September 1995, p.191).

12) Wilson, Our Father Abraham, p. 283.
13) Arthur Waskow, "Rest", Contemporary Jewish Religious Thought, p. 803.
14) Jamie Lash, "The Blessings of God", in The Messianic Times, Winter 1994, p.6.
15) Ronald E. Kotzsch,"Why We Need the Sabbath", in The Christian Reader, July/August 1994, p.72.

제4장

1) Glenn W. Barker, William L. Lane, J. Ramsey Michaels, The New Testament Speaks(New York, NY:Harper & Row, publishers, 1969) Copyright ⓒ 1969 by Glenn W. Barker, William L. Lane, J. Ramsey Michaels; p.126.
2) Aaron Singer,"Holy Spirit", Contemporary Jewish Religious Thought,p.410.
3) John 15:13
4) Lars Wilhelmson, The Church and Spiritual Gifts(printed by the Church of The Valley, Inglewood, CA, ca. 1997).
5) 1 Timothy 2:2: "And the things you have heard me say in the presence of many witnesses entrust to reliable men who will also be qualified to teach others";and Titus 1:5: "The reason I left you in Crete was that you might straighten out what was left unfinished, and appoint elders in every town, as I directed

you."
6) Kinbar, The Olive Tree, p. 9.
7) James, H. Rutz, The Open Church(Auburn, ME: The Seed Sowers, 1992)p. 2.
8) Gerald Renner, "Interim Ministers Answer Calling of Churches in Need", The Hartford (Conn) Courant, June 3, 1994.
9) Ralph Winter, "Thy Kingdom Come", Mission Frontiers (US Center for World Mission) Sept/Oct. 1995, Volume 17, #9-10, p. 37.
10) Reprinted from Judaism in the Beginning of Christianity by Jacob Neusner, copyright © 1984 Fortress Press. Used by permission of Augsburg Fortress; p.57.
11) Alexander Strauch, Biblical Eldership:An Urgent Call to Restore Biblical Church Leadership Study Guide(Littleton, CO:Lewis & Roth Publishers, 1987) p.16.
12) Rutz, The Open Church, p.51.
13) Paul Tournier, quoted by James H. Rutz, The Open Church, p. 38.

제5장

1) Wilson, Our Father Abraham, pp. 90,91.
2) Carrie Hart, "Jews Need Divine Help As Anti-Semitism Rises", Charisma, September 1995, p.17.

3) John 11:45-53
4) Sachar, A History of the Jews, p.122.
5) Abba Eban, My People—The Story of the Jews Published 1968 by Behrman House, Inc., 235 Watchung Ave., W. Orange, NJ 07052. Used with Permission; p. 113.
6) 1 Corinthians 7:18,19
7) Michael L. Brown, Our Hands Are Stained with Blood (Shippensburg, PA:Destiny Image Publishers, 1992)p.10.
8) Kinbar, The Olive Tree,p.7
9) Acts 2:46
10) Marvin R. Wilson, Our Father Abraham, p. 93,94.
11) Eban, My People, p.127.
12) Brown, Our Hands Are Stained with Blood, p.63.
13) Malcolm Hay, The Roots of Christian Anti-Semitism(New York, NY: Liberty Press,1981) p.167.
14) Hal Lindsay, The Road to Holocaust(NY: Bantam Books, Division of Bantam Doubleday Dell Publishing Group, 1989) p.23,24
15) Rabbi Joseph Telushkin, Jewish Literacy(NY: William Morrow and Co., Inc., 1991) p.371.

제6장

1) Genesis 8:21
2) Christian Overman, Different Windows(Wheaton, IL:Tyndale House Publishers, Inc., 1989) p.108.
3) 1 John 1:2,3
4) Genesis 2:15
5) A.W. Tozer, The Pursuit of God(Harrisburg, PA: Christian publications, Inc., 1948) p.127.
6) Ed Silvoso, How to Reach Cities for Christ video series(Oak Brook, IL: Institute in Basic Life Principles, 1992)
7) Silvoso, How To Reach Cities for Christ video series.
8) A History of Christianity by Kenneth Scott Latourette. Copyright 1953 by Harper & Brothers, renewed © 1981 by Wilma E.Hogg, Errol Hollowell and Alan Hollowell. Revised edition copyright © 1975 by Harper & Row,Publishers, Inc.; p. 123.
9) Lindsay, Road to Holocaust, p. 58.
10) Romans 8:11
11) Overman, Different Windows, p. 62.
12) Will Durant, The Life of Greece—The Story of Civilization (NY: Simon & Schuster, 1939) p.568.

제7장

1) Alexander Hay, The new Testament Order for Church and Missionary(Audubon, NJ: New Testament Missionary Union, 1947) p. 263-4.
2) Rutz, The Open Church, p.55.
3) A. Christian Pilgrim, The Forbidden Book (Shippensburg, PA: Lollard House, 1992) p.6.
4) Ibid, p.86.
5) A. Hay, The New Testament Order for Church and Missionary, p. 266.
6) Daniel 9:3-19

제3부

1) Romans 8:29
2) Matthew 28:19~20
3) Acts 2:46
4) DuPlessis, The Spirit Bade Me Go, p.84.
5) Tozer, The Pursuit of God, pp.9,10.
6) 2 Thessalonians 1:3

제8장

1) Stern, Jewish New Testament, p.211.

2) Jacobsen, A Passion For God's Presence, pp.17~21.
3) Sigal, Judaism: The Evolution of a Faith, p. 234.
4) Carl Henry, "No Wine Before Its Time", World magazine, January 5, 1996, p.30.
5) Silvoso, "How to Conquer Bitterness", How to Reach Cities for Christ video series.
6) Henry T. Blackaby and Claude V. King, Experiencing God: Knowing and Doing the Will of God (Nashville, TN: LifeWay Press, 1990) p.225. All rights reserved. Used by permission.
7) Mike and Susan Dowgiewicz, Demolishing Strongholds (Alpharetta, GA: Aslan Group Publishing, 1996)

제9장

1) Taken from Man and Woman in Biblical Perspective by James Hurley. Copyright © 1981 by James A. Hurley. Used by permission of Zondervan Publishing House; p. 209.
2) Dr. Donald Joy, "The Innate Differences Between Males and Females", interview with Dr. James Dobson, audiotape #cs 099(Colorado Springs, CO: Focus on the Family, 1984, 1990).
3) Telushkin, Jewish Literacy, p.418.
4) Hicks, The Masculine Journey, pp.165-7.
5) Stern, Jewish New Testament, p. 284.
6) Lois Mowday, The Sanre(Reading, Great Britain: Cox &

Wyman, Ltd., 1988), p.212.

제10장

1) Jim Gerrish, Jerusalem Prayer Letter(Tulsa, OK: Bridges for Peace)
2) Telushkin, Jewish Literacy, p. 420.
3) Excerpted with permission from "what's Behind Success in School?" by Rachel Wildavsky, Readers'Digest(October 1994) pp. 49-50.

제11장

1) Roger Garret with Mike and Susan Dowgiewicz, The Restoration of Spiritual Gifts(Alpharetta, GA:Aslan Group Publishing, 1996).

제12장

1) DuPlessis, The Spirit Bade Me Go, p.75.

제13장

1) Tad Szulc, "An Interview with Pope John Paul Ⅱ", Parade

magazine, April 4, p. 6. Reprinted with Permission from Parade, copyright ⓒ 1966.
2) Eban, My People, p. 67.
3) Nicholas B. Tatro, "Israel, Vatican to Establish Formal Diplomatic Relations", Journal Inquirer (Rockville, CT),June 15, 1994.
4) Brown, Our Hands Are Stained with Blood, p.180-1.
5) Eban, My People, p.68.
6) Note the bourdaries of Israel, both current and promised. What changes God will need to make in the current geopolitical scene to fulfill His promise to Abraham, Moses, Joshua, and the Israelites! 창세기 15:18, 신명기 1:7~8, 여호수아 1:4를 보라.
7) 지난 수십년 동안 남부지역으로는 예맨, 에디오피아로부터, 북부지역으로는 러시아로부터, 동부지역으로는 아프카니스탄, 인도, 중국으로 부터 엄청난 수의 유대인들이 이스라엘로 이민왔으며, 미국과 캐나다에서는 비교적 적은 수의 유대인들이 이민을 왔다.
8) David Dolan, Holy War for the Promised Land(Nashville, TN: Thomas Nelson Publishers, 1991) p.126.
9) "Response to Spring Issue Poll on Mid-East Peace Process", The Messianic Times, Summer 1994, p.4.

제14장

1) Casey Sabella, Titanic Warning: Hearing the Voice of God in

This Modern Age(Green Forest, AR: New Leaf Press Inc., 1994)

🖧 환원운동 지원단체 및 출판물

1. 단체

Restoration Ministries
(3595 Webb Bridge Rd, Alpharetta, GA 30202, USA
Tel. (770)740-1658; Fax (770)442-1844;
email: mikedowg@ aol.com)

하나님께서 중요하게 여기시는 초대 교회의 회복을 위해 헌신하고 있는 가정이나 영적으로 친밀한 교제, 모임, 환원 운동부는 개인적으로 혹은 그룹 내에서 함께 사용할 수 있는 자료들을 만든다. 하나님과 성령님의 도우심 아래 진정으로 변화하고자 하는 설교자들은 작은 그룹이나 큰 모임에서 워크샵이나 세미나를 개최하여 이 자료들을 사용할 수 있을 것이다.

Bridges for Peace
(Box 33145, Tulsa, OK 74153-1145 USA; Tel. (918)664-9100; FAX (918)663-4843)

예루살렘에 소재하고 있는 비영리 단체인 Bridge for Peace는 다양한 연구물과 서비스를 제공하여 이스라엘과 그 백성들에 대해 더 많은 관심을 가질 수 있도록 격려한다. 그리고 BFP는 새로운 이민자들과 궁핍한 거주자들에게 구체적이고 헌신적인 도움을 제공한다. 음식류, 의류, 의학품류 등의 원조와 임신중절 반대활동을 펼치는 Operation Ezra, 세계적인 Chai Night 중보기도그룹들, 이스라엘이나 해외에서 열리는 교육 세미나, 단기 서비스 계획, 이스라엘에서 연수를 받으려는 사람들이 계획짜는 것을 보조하는 기구들, Tabor 산에 나무를 심는 등의 다양한 봉사 프로그램에 참여할 수 있다.

Christian Friends of Israel
(PO Box 1813, Jerusalem, 91015 Israel; Tel. 972-2-894172/187; FAX 972-2-894955)

CFI는 예루살렘에 소재하고 있는 운동본부로 의류나 식품구입권, 가구류, 생활용품 등을 공급하여 새 이주민들이나 가난한 시민들과 같은 궁핍한 사람들에게 정착원조나 물질원조를 하는 기구이다. 이스라엘을 방문할 때 여러분은 양호한 재활용 의류를 본부로 보내거나 새 속옷, 여분의 화장품류들을 여행가방에 넣어 가지고 와서 직접 참여할 수 있다. 그리고 이스라엘의 보호와 조화를 간구하는 중보기도가 필요하다.

International Christian Embassy Jerusalem
(PO Box 1192, Jerusalem, 91010, Israel; Tel. 972-669823)

Christian Embassy는 이스라엘을 보호하는 크리스천들이 전 세계에 있음을 이스라엘 민족에게 알리는 노력을 한다. 여러분은 매년 9월에 개최되는 초막절행사에 참석하거나 ICEJ를 위하여 개인적으로 혹은 협력적으로 중재하거나 그들의 사회보조프로그램에 참여함으로써 '주님의 길을 예비' 할 수 있다.

Jerusalem House of Prayer for All Nations
(PO Box 31393, Jerusalem, 91313, Israel; Tel. 972-274126)

올리브 산에 소재하고 있는 이 단체는 메시야의 이름으로 유대인들, 아랍인들 그리고 다른 모든 나라들과의 조화를 위해서 24시간 내내 기도하고 찬양하고 금식하는 것을 지휘하기 위해서 1987년에 설립되었다. 단체는 기도회를 소개하고 참여시키기 위해서 그리고 그 도시에 있는 명소들을 안내하기 위해서 외국인들을 팀이나 개인자격으로 초청한다. 식비나 숙박비는 저렴한 편이다.

Operation Exodus-Ebenezer Emergency Fund
(PO Box 271653, Fort Collins, CO 80527-1653, USA;
Tel. (303)223-7353)

이 단체는 이스라엘로 귀환하려는 사람들을 돕는 단체이다. 러시아에 거주하고 있는 수만명의 유대인들이 이스라엘로 들어가기를 소망하고 있다. Operation Exodus의 도움아래 첫번째 배가 CIS이민자들을 싣고 이스라엘에 도착했다. 그 후 3년 동안 41개 이상의 단체들이 이스라엘로 이민했다. 여러분은 그들의 소식을 듣고 기도하거나, 이민자들을 위해서 기금을 적립하는 것 등을 통해서 참여할 수 있다.

2. 출판물

◈ DISPATEH FROM JERUSALEM/ 격월간, 이스라엘에 관한 명확하고 적절한 뉴스들과 예언적인 식견들을 싣는 신문. 논설들은 크리스쳔의 관점, 고고학적 발견물, 이민 뉴스, 처방전, 과학의 약진, 복음연구물 등의 시사사건을 포함한다. 기부금을 모금함.

◈ JERUSALEM PRAYER LETTER/ 월간, 이스라엘이나 기독교에서

의 유대적 뿌리에 관한 기사를 다룸. 특별한 기도요청과 이스라엘에 대한 궁금증에 대해서 설명을 싣고 있다. 기부금을 모금함.

◈ WATCHMAN'S PRAYER LETTER/ 월간지, 이스라엘에 관한 기도제목을 제시하는 안내서. 무료

◈ ISRAEL NEWS DIGEST/ 월간지, 노련한 저널리스트인 David Dolan과 Robert Franklin이 저술함

◈ MIDDIE EAST UPDATE/ 예언의 은사를 가진 저자 Lance Lambert가 1년에 4번 제작하는 카세트테잎. 중동현지 상황에 대해서 성경적인 견해와 관점을 제공한다. 1년에 24$

◈ ZION QUARTERLY/ 이스라엘과 중동에 관련된 사건과 해설들을 통찰력있는 견해로 싣고 있음.

◈ MIDDLE EAST INTELLIGENCE DIGEST/ 월간, 이스라엘에서 보고되는 시사사건들과 그 사건들의 배경에 깔려있는 의미가 크리스천과 유대인들에게 미치는 영향력에 관해 보고하고 있다. 1년에 25$.

◈ A WORD FROM JERUSALEM/ 격월간, 이 소식지는 이스라엘에서 활동을 하고 있는 이 단체의 소식을 싣고 있다. 그리고 유대와 아랍에 있는 선교단체에 관한 소식을 전함. 무료.

◈ ISRAEL VISTAS/ 이스라엘에 소재하고 있는 Jerusalem Vistas (PO Box 02726, Mevassevet zion, 90805, Jerusalem. Israel)에서 발행함. 뉴스외에도 인터뷰, 사람들의 관심분야를 실음(자유롭게 후원 할 수 있음)

◈ MESSIANIC TIMES/(PO Box 1857, Hagerstown, MD 21742/ Tel. 301-766-4770;FAX 301-766-4773)
격월간 신문, 이스라엘을 비롯하여 전 세계에서 일어나는 사건들과 활동들 중에서 크리스천들과 그리스도를 구세주로 여기는 유대인들에게 중요한 논설 등을 싣고 있다. 논평, 견해, 고고학적 소식, 서평, 전 세계에 있는 성경적인 모임들과 단체들에 관한 폭넓은 자료들을 싣고 있다. 1년에 25$.

◈ FIRST FRUITS OF ZION/(PO Box 280827, Lake Wood, Co 80228-0827/ Tel.800-775-4807, email ffoz @ netvision.net.il)
월간, 풍부한 일러스트를 가지고 있는 이 간행물은 성경에 관한 히브리인들의 해설 등을 싣고 있다.

가정사역 중심의 새밀레니엄 교회

지은이 : 마이크, 수잔 도기비치(Mike and Susan Dowgiewicz)
옮긴이 : 홍원팔
펴낸이 : 김명철
펴낸곳 : 도서출판 비울
등 록 : 제 1998-6호
초판인쇄 : 1999. 4. 6.
초판발행 : 1999. 4.15.
주 소 : 인천광역시 부평구 십정동 409-27
연락처 : TEL/032-427-1719, FAX/032-428-1928
ISBN : 89-7286-325-4/03230

책값은 뒷표지에 있습니다.

기도 시리즈

한시 동안도 깨어 있을 수 없더냐

래리 리 지음/ 김병국 옮김
/ 234면/ 6,500원

〈한 시 동안도 깨어 있을 수 없더냐〉는 전 미국에 신선한 기도 운동을 전개하여 잠자던 미국을 영적으로 깨우고 있는 현장 목회자 래리 리의 기도와 순종에 대한 체험서이다. 이 책을 통하여 당신은 기도의 자리로 당신을 부르시는 하나님의 음성을 듣게 될 것이다.

도서출판 바울

신앙성숙을 위한 지침서
주님과 동행하십니까

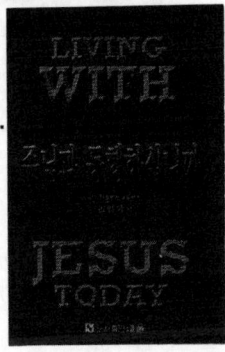

예수 그리스도는 지금 우리가 있는 바로 이 자리에 계신다. 그는 멀리 하늘나라에 있는 것이 아니다. 또 2천년 전에 살다가 가신 분도 아니다.

후안 까를로스 오르띠즈 지음/
김병국 옮김/ 242면/ 6,500원

    이 책 〈주님과 동행하십니까〉를 통하여 후안 까를로스 오르띠즈는 자신이 어떻게 주님과 동행하는 삶을 살았는지를 보여 주면서 우리 곁에 살아계신 주님을 생생하게 느낄 수 있도록 인도한다. 당신은 몇 페이지만 넘겨 보아도 이 책이 얼마나 새롭고 놀라운 내용들로 가득차 있는가를 알게 될 것이다. 즉 그리스도의 눈물. 감격. 기쁨. 평화. 사랑을 맛보게 된다. 당신은 이제 더이상 주님을 찾아 헤멜 필요가 없다. 바로 지금 당신 곁에 주님이 동행하고 계시기 때문이다.

도서출판 바울

행복한 가정생활의 안내서
크리스천의 연애와 결혼

빌 하이벨스 지음/ 백준호
옮김/ 319면/ 6,500원

"우리가 스물 두 살이었을때 서로에 대한 사랑과 기대 때문에 이상적인 배우자가 될 수 있다고 확신했다. 그러나 서른 두 살까지의 결혼생활은 다툼과 분노로 이어졌고 절망만이 느껴졌다. 이제 또 새로운 십년간의 세월 막바지에 서 있다. 스물 두살 때보다도 덜 이상적이지만 서른 두 살때 보다는 훨씬 더 행복하다. 그리고 이제 우리는 오래전에 순진하게 말했던 '우리는 정말로 한 몸을 이루기에 적합하다.'고 자신있게 말할 수 있다." 이것은 이 책의 저자인 빌 하이벨스의 고백이다. 여러분은 이 책을 읽음으로써 저자보다 더 적은 시행착오를 겪으면서도 훌륭한 결혼생활을 영위할 수 있을 것이다.

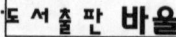

신앙성숙의 필독서
인간 심성의 외침

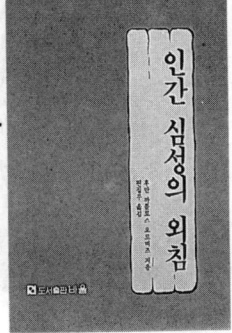

후안 까를로스 오르띠즈 지음/
편집부 옮김/ 208면/ 3,000원

영적인 갈망을 이룰 수 없어 좌절하고 낙망할 때 이러한 고통에서 해방될 수 있는 방법은 무엇인가? 오늘날 우리가 살아가고 있는 삶은 우리의 갈증을 해결해 줄 수 있는가? 여러분은 후안 까를로스 오르띠즈의 두 번째 책인 이 책을 통하여 현재의 상황에 맞는 하나님의 뜻을 찾아 영혼의 풍성함을 누릴 수 있다.

도서출판 바울

성공적인 전도를 위한 필독서!!

전도 하러 갑시다

잭 하일즈 지음/ 임창우 옮김/ 88면/ 2,900원

　이 책은 "전도"에 대한 성경의 관점을 제시하고 있는 성경구절의 나열이 아니다.
　이 책은 훌륭한 이론가가 책상에서 고심하여 얻은 전도를 위한 조직적인 안내서도 아니다.
　이 책은 복음을 명쾌하게 나타내는 여섯 구절의 말씀에 100%의 믿음과 순종으로 수 천명 사람을 실제로 전도하면서 얻은 실제적이고 귀한 경험들의 모음이며 이런 사람에게 함께 하시는 하나님의 전폭적인 도우심에 대한 기록이다.

도서출판 바울